U0856278

中国农村金融统计年鉴

1992

中国农业银行 编

中国统计出版社

（京）新登字041号

中国农村金融统计年鉴
ZHONGGUO NONGCUN JINRONG
TONGJI NIANJIAN
1992
中国农业银行 编
*
中国统计出版社出版
（北京三里河月坛南街38号 100826）
中国科学院印刷厂印刷
*
787×1092毫米 16开本 24.75印张 74 万字
1992年12月第1版 1992年12月北京第1次印刷
印数：1—4000
ISBN 7-5037-0933-2/F·406
定价：37.00元

编 者 说 明

一、《中国农村金融统计年鉴—1992》是一部全面反映农业银行与农村信用合作社发展情况的资料性年刊，收录了全国和各省、自治区、直辖市、各计划单列城市农业银行、农村信用社1991年信贷、现金、机构、人员、财务、专项调查等方面的统计数据，同时摘录了有关金融与农村经济方面的统计数据。

二、全书内容共分为九个部分：(1)信贷；(2)现金；(3)机构、人员、财务；(4)农业银行教育；(5)利率；(6)信贷资金使用情况专项调查；(7)金融主要指标；(8)国民经济与农村经济主要指标；(9)农民家庭经济调查。

三、书中所涉及的金融方面统计数字均未包括西藏自治区（农行未设机构）、台湾省和香港、澳门地区。

四、本书信贷部门的年末余额均为结转数，信贷增减额、增长率、构成与贷款累计收回数的计算也使用结转数，信贷各项目口径与《中国农村金融统计年鉴（1991）》相同，均为可比数。

五、各地区信贷数据均以各行上报的结转数为准。各计划单列城市分行的数据均含在有关地区数据中。

六、书中的国民经济与农村经济主要指标、国家金融指标，主要选自国家统计局《中国统计年鉴》、人民银行《中国金融年鉴》。

七、书中信贷资金使用情况专项调查数据来源于农业银行信贷专项调查年度统计报表。农民家计调查资料系我行对全国29个省、自治区、直辖市2万多农户进行定点抽样调查所取得。

八、本书所列的年平均增长速度，也就是递增速度，采用“水平法”计算。从某年到某年平均增长速度的年份，均不包括基期年在内。

九、表中的“#”表示其中的主要项。

十、本年鉴由信息电脑部统计处编辑。提供资料的有信息电脑部调查信息处、人事部劳资处、工业信贷部乡镇企业信贷处、国营工业信贷处、农业信贷部农业信贷一处、二处、三处、商业信贷部二处、信用合作管理部社务处、会计部财务处、综合计划部货币流通处、教育部院校处。信息电脑部运行处、数据库处进行有关数据采集和处理。

目　　录

农业银行、信用社资产负债

农业银行资产负债（1991年12月31日）………… 1
农业银行资产负债（1990年12月31日）………… 1
农业银行资产负债（1989年12月31日）………… 2
农村信用社资产负债（1991年12月31日）…… 2
农村信用社资产负债（1990年12月31日）…… 3
农村信用社资产负债（1989年12月31日）…… 3

一、信　　贷

(一）农业银行

农业银行信贷资金平衡表 ………………………… 7
农业银行各项存款余额分月统计 ………………………… 8
农业银行各项贷款余额分月统计 ………………………… 9
各地区农业银行各项存款 ……………………11
各地区农业银行各项贷款 ……………………16
农业银行信贷资金来源 ………………………27
农业银行信贷资金来源增减额 ………………………… 28
农业银行信贷资金来源增长率 ………………………………29
农业银行信贷资金来源构成……………………30
农业银行信贷资金运用 ………………………31
农业银行信贷资金运用增减额 ………………………………32
农业银行信贷资金运用增长率 ………………………………33
农业银行信贷资金运用构成……………………34
各地区农业银行各项存款……………………35
各地区农业银行储蓄存款……………………36
各地区农业银行各项贷款……………………37
各地区农业银行商业贷款……………………38
各地区农业银行一般商业贷款………………39
各地区农业银行农副产品收购贷款…………40
各地区农业银行乡镇企业贷款………………41
各地区农业银行农业贷款……………………42
农业银行各项贷款累计发放与收回 ………………………………………43
农业银行各项贷款累计发放与收回（1989—1991年）………………44
各地区农业银行各项贷款累计发放与收回……………………………………46
农业银行贷款与国民经济有关指标比较………57
农业银行商业贷款与农村社会商品零售总额比较………………………………58
供销社贷款与供销社经济指标比较……………59
农业银行农副产品收购贷款余额分月分析…………………………………………60
农业银行农副产品收购贷款累放额分月统计…………………………………………61
农业银行农副产品收购贷款和农副产品收购额比较……………………………………62
农业银行农副产品收购贷款累放额和农副产品收购额比较 ……………………………62
各地区农业银行农副产品收购贷款年末余额比重……………………………………63
各地区农副产品收购贷款占主要存、贷款比重…………………………………………64
各地区农副产品收购贷款累放额与商业收购额比较 ……………………………………65
各地区占农副产品收购贷款累放、商业收购额比重……………………………………66
中国农业银行外汇资产负债（1990—1991年）………………………67
农业银行外汇信贷收支分月统计 …………………………………………68

(二）农村信用社

信用社信贷资金平衡表…………………………68
信用社各项存款余额分月统计 ………………69
信用社各项贷款余额分月统计 ………………69
信用社转存银行款分月统计…………………70
各地区信用社各项存款 ………………………71
各地区信用社各项贷款 ………………………74
信用社信贷资金来源 …………………………77
信用社信贷资金来源增减额 …………………77
信用社信贷资金来源增长率 …………………78

信用社信贷资金运用……78
信用社信贷资金运用增减额……79
信用社信贷资金运用增长率……79
信用社信贷资金来源构成……80
信用社信贷资金运用构成……80
各地区信用社各项存款……81
各地区信用社储蓄存款……82
各地区信用社各项贷款……83
各地区信用社乡镇企业贷款……84
各地区信用社农业贷款……85
信用社各项贷款累计发放与收回……86
各地区信用社各项贷款累计发放与收回……87

（三）农业银行、信用社

农业银行、信用社信贷资金情况……90
各地区农业银行、信用社各项存款……91
各地区农业银行、信用社各项贷款……95
农业银行、信用社各项存款……100
农业银行、信用社各项存款增减额……100
农业银行、信用社各项存款增长率……101
农业银行、信用社各项贷款……101
农业银行、信用社各项贷款增减额……102
农业银行、信用社各项贷款增长率……102
农业银行、信用社各项存款构成……103
农业银行、信用社各项贷款构成……103
各地区行、社存款、农业产值比重……104
农业百元产值占用行、社贷款分省比较……109
农业银行、信用社储蓄存款……112
农业银行、信用社储蓄存款增减额……112
农业银行、信用社储蓄存款增长率……113
农业银行、信用社储蓄存款构成……113
农业银行、信用社人均储蓄分省比较……114
农业银行、信用社乡镇企业贷款……116
农业银行、信用社乡镇企业贷款增减额……117
农业银行、信用社乡镇企业贷款增长率……118
农业银行、信用社乡镇企业贷款构成……119
行、社乡镇企业贷款分月余额……120
农业银行、信用社乡镇企业贷款分析……121
各地区行、社乡镇企业贷款与产值分布……123
农业银行、信用社集体、农户农业贷款增减额……126
农业银行、信用社集体、农户农业贷款增减额……127
农业银行、信用社集体、农户农业贷款增长率……128
农业银行、信用社集体、农户农业贷款构成……129
各地区农业银行、信用社各项存款……130
各地区农业银行、信用社储蓄存款……131
各地区农业银行、信用社各项贷款……132
各地区农业银行、信用社乡镇企业贷款……133
各地区农业银行、信用社农业贷款……134
各地区农业银行、信用社种植业贷款……135
各地区农业银行、信用社养殖业贷款……136
各地区种植业百元产值占用行、社贷款比较……137
各地区林业百元产值占用行、社贷款比较……139
各地区渔业百元产值占用行、社贷款比较……141
各地区牧业百元产值占用贷款比较……143
农业银行、信用社各项贷款累计发放与收回……145
各地区农业银行、信用社各项贷款累计发放与收回……146

二、现　金

（一）农业银行

农业银行现金收支分月统计……155
农业银行农副产品采购现金支出分月统计……157
农业银行现金收支分上半年、下半年、季度统计……159
各地区农业银行现金投放(＋)回笼(－)

分上半年、下半年、季度统计 …… 160
农业银行现金投放（1985—1991年）…… 161
农业银行现金收入与支出(1987—1991年)…… 161
农业银行现金投放(＋)回笼(－)分月统计…… 162

（二）农村信用社

信用社现金收支分月统计 …… 164
信用社现金收支分上半年、下半年、季度统计…… 165
各地区信用社现金投放(＋)回笼(－)分上半年、下半年、季度统计 …… 166
信用社现金收入与支出(1986—1991年)…… 167
信用社现金投放（1985—1991年）…… 167
信用社现金投放(＋)回笼(－)分月统计…… 168
农业银行、信用社现金投放(1985—1991年)…… 170

三、机构、人员、财务

农业银行系统机构、人员统计…… 173
各地区农业银行系统机构情况 …… 177
各地区农业银行系统年末职工总数情况 …… 179
农业银行系统全部职工人数和工资统计 …… 181
各地区农业银行系统全部职工人数和工资统计 …… 184
农业银行系统全部职工工资总额构成情况 …… 187
各地区农业银行系统全部职工工资总额构成情况 …… 189
农业银行系统在职职工保险福利费用构成情况 …… 191
各地区农业银行系统在职职工保险福利费用构成情况 …… 193
全部职工专业技术职务资格情况 …… 195
全部职工基本情况 …… 199
各地区农业银行系统全部职工基本情况 …… 211
专业技术职务聘任情况 …… 215
各类专业技术人员基本情况 …… 219
农业银行损益（1987—1991年）…… 231
信用社机构状况 …… 232
信用社人员状况 …… 234
农村信用社职称评聘状况 …… 236

四、农业银行教育

农业银行系统中专学校教育情况统计(1985—1991年)…… 241
农业银行高等教育统计(1989—1991年)…… 242

五、利　率

中国农业银行现行利率…… 245

六、信贷资金使用情况专项调查

农业银行国营集体工业贷款统计 …… 249
农业银行乡镇企业贷款统计分析(1988—1991年)…… 250
农业银行乡镇企业贷款分行业统计分析 …… 251
各地区农业银行乡镇企业贷款企业数…… 253
各地区农业银行乡镇企业分行业贷款企业固定资产原值 …… 254
各地区农业银行乡镇企业分行业贷款企业固定资产净值 …… 256
各地区农业银行乡镇企业分行业贷款企业自有流动资金数额 …… 258
各地区农业银行乡镇企业分行业贷款企业全部流动资金占用额 …… 259
各地区农业银行乡镇企业分行业贷款企业储备资金占用额 …… 261
各地区农业银行乡镇企业分行业贷款企业生产资金占用额 …… 263
各地区农业银行乡镇企业分行业贷款企业成品资金占用额 …… 264
各地区农业银行乡镇企业分行业贷款企业发出商品占用额…… 265
各地区农业银行乡镇企业分行业贷款企业应收款占用额 …… 266
各地区农业银行乡镇企业分行业贷款企业累计总产值 …… 267
各地区农业银行乡镇企业分行业贷款企业累计销售收入 …… 269

各地区农业银行乡镇企业分行业贷款企业利税总额 …… 271
农业银行农贷投向及结构统计 …… 272
农业银行扶贫专项贴息贷款统计 …… 273
农业银行土地治理与开发贷款统计 …… 274
农业银行林业项目贷款统计 …… 274
大中城市副食品基地贷款统计 …… 275
农业银行国营农业种养业投资性贷款统计 …… 276
农业银行国营农业流动资金贷款统计 …… 277
农业银行商办工业贷款情况（1990年） …… 279

七、金融主要指标

国家银行信贷资金来源、运用 …… 283
国家银行信贷资金来源、运用增减额 …… 284
各地区专业银行各项存款 …… 285
各地区专业银行各项贷款 …… 287
农业银行存款占国家银行比重（1986—1991年） …… 289
农业银行贷款占国家银行比重（1988—1991年） …… 289
全国城乡储蓄存款 …… 289
全国城乡储蓄存款增减额 …… 289
全国人均储蓄存款（1986—1991年） …… 290
黄金和外汇储备（1986—1991年） …… 290
农业银行现金收支占国家银行的比重（1986—1991年） …… 290
各专业银行存、贷款变化情况（1985—1991年） …… 290
各地区专业银行储蓄存款 …… 291
国家银行现金收入、支出 …… 293
国家银行现金收入、支出增减额 …… 294
各时期全国城乡储蓄存款增长情况 …… 295
国家银行人员、机构情况 …… 296
金融系统人员、机构情况（1986—1991年） …… 296

八、国民经济与农村经济主要指标

自然状况及资源 …… 299
国民经济主要指标（1978—1991年） …… 300
全国行政区划 …… 303
国民收入（1978—1991年） …… 304
社会总产值（1978—1991年） …… 304
工农业总产值（1978—1991年） …… 305
工农业总产值构成（1978—1991年） …… 305
国家财政收支总额（1978—1991年） …… 306
国家财政收支分项目数（1978—1991年） …… 306
全社会固定资产投资（1987—1991年） …… 307
各地区社会商品零售总额（1991年，按用途和对象分） …… 308
各地区社会商品零售总额（1991年，按经济类型分） …… 309
社会消费品零售额（1987—1991年） …… 310
粮食、食用植物油和棉花收购量占产量的比重（1987—1991年） …… 310
社会农副产品收购总额（1987—1991年） …… 310
社会农副产品收购量（1987—1991年） …… 311
农副产品收购价格分类指数（1987—1991年） …… 312
农村基层组织和劳动力情况 …… 313
各地区农村社会总产值 …… 314
农村社会总产值及构成（1987—1991年） …… 315
各地区农业总产值 …… 316
农业分项产值（1990—1991年） …… 317
各地区耕地面积 …… 318
主要农作物播种面积和产量（1990—1991年） …… 319
各地区农作物总播种面积 …… 320
各地区主要农作物播种面积 …… 321
各地区主要农产品产量 …… 324
主要农产品产量与解放前最高年产量比较 …… 327
按人口平均的主要农产品产量（1949—1991年） …… 327
主要农产品单位面积产量（按播种面积计算）（1987—1991年） …… 328
各种物价总指数（1987—1991年） …… 329
集市贸易价格分类指数 …… 329
各地区集市贸易价格指数 …… 330
农村零售物价分类指数（1987—1991年） …… 331
机耕、灌溉面积、化肥施用量、农村小水电站和农村用电量（1987—1991年） …… 331
各地区农用化肥施用量 …… 332
乡镇企业单位数（1979—1991年） …… 333

乡镇企业职工人数（1979—1991年）……… 333
乡镇企业总产值（1978—1991年）………… 334
乡镇企业主要经济效益指标
（1978—1991年）……………………………… 334
乡镇企业主要财务指标(1978—1991年)…… 335
全国乡镇企业主要经济指标
（1978—1991年）……………………………… 336
全国乡村企业主要经济指标
（1978—1991年）……………………………… 337
全国乡镇企业总产值占社会总产值比重
（1978—1991年）……………………………… 338
各地区乡镇企业情况
（1990—1991年）……………………………… 339
各地区牲畜饲养情况 ……………………… 342
各地区畜产品产量 ………………………… 344
各地区水产品产量 ………………………… 346
农村经济收入分配情况(1990—1991年)…… 348

九、农民家庭经济调查

农民家庭总收支 …………………………… 351
农民家庭现金收支 ………………………… 353
农民家庭储蓄存款情况 …………………… 355
农民家庭定期储蓄存款情况……………… 356
各地区农民家庭储蓄存款情况 …………… 357
各地区农民家庭新增储蓄存款情况
…………………………………………………… 358
农民家庭贷款情况分析 …………………… 359
农民家庭贷款情况分析(比重) …………… 361
各地区农民家庭新增贷款情况 …………… 363
各地区农民家庭贷款情况 ………………… 365
农民家庭基本情况 ………………………… 367
农民家庭拥有主要生产性固定资产情况
…………………………………………………… 367
农民家庭生产经营总收入情况 …………… 368
农民家庭生产经营费用总支出情况
…………………………………………………… 368
农民家庭生产资金（现金）使用情况
…………………………………………………… 369
农民家庭生活消费总支出情况 …………… 370
农民家庭生活消费现金支出情况
…………………………………………………… 370
各地区农民家庭现金收入情况…………… 371
各地区农民家庭现金支出情况 …………… 373
各地区农民家庭手持现金情况…………… 375
农民家庭主要产品生产、出售情况
…………………………………………………… 376
农民家庭购买生产资料及建筑材料情况
…………………………………………………… 377
农民家庭购买生活用品情况……………… 379
按人均纯收入分组调查农户构成情况
…………………………………………………… 380

农业银行资产负债

1991年12月31日　　单位：亿元人民币

资　　产	余　额	负　　债	余　额
贷　款	4 578.07	存　款	3 319.51
企业流动资金	3 782.76	企事业存款	714.21
企业固定资产	99.86	农业存款	1 027.66
农业贷款	695.45	储蓄存款	1 577.64
外汇业务	171.54	外汇业务	146.78
信托资产	120.69	信托负债	120.69
代理业务	94.13	代理业务	96.35
现　金	70.69	向人民银行借款	1 749.93
在人民银行存款	427.84	同业存放	301.33
缴存准备金	431.32	发行农村金融债券	14.81
存放同业	278.31	其他负债	796.31
购买债券	61.29	负债合计	6 545.71
固定资产（净值）	72.52	净　值	322.77
其他资产	562.08	资本金	303.82
资产总额	6 868.48	呆帐准备金	2.90
		本年纯益	16.05
		负债和净值总额	6 868.48

农业银行资产负债

1990年12月31日　　单位：亿元人民币

资　　产	余　额	负　　债	余　额
贷　款	3 774.34	存　款	2 640.55
企业流动资金	3 134.98	企事业存款	574.78
企业固定资产	76.43	农业存款	853.67
农业贷款	562.93	储蓄存款	1 212.10
外汇业务	106.70	外汇业务	87.37
信托资产	55.00	信托负债	55.00
代理业务	79.81	代理业务	81.89
现　金	65.94	向人民银行借款	1 438.88
在人民银行存款	387.77	同业存放	275.88
缴存准备金	340.15	发行农村金融债券	9.68
存放同业	168.10	其他负债	649.68
购买债券	46.18	负债合计	5 238.93
固定资产（净值）	67.48	净　值	301.50
其他资产	448.96	资本金	287.35
资产总额	5 540.43	呆帐准备金	2.60
		本年纯益	11.55
		负债和净值总额	5 540.43

农业银行资产负债

1989年12月31日　　　　单位：亿元人民币

资　产	余　额	负　债	余　额
贷　款	3 058.17	存　款	2 055.46
企业流运资金	2 528.66	企事业存款	484.43
企业固定资产	65.58	农业存款	722.52
农业贷款	463.93	储蓄存款	848.51
外汇业务	52.86	外汇业务	45.23
信托资产	83.00	信托负债	83.00
代理业务	62.21	代理业务	64.20
现　金	59.58	向人民银行借款	1 182.87
在人民银行存款	250.00	同业存放	159.81
缴存准备金	258.75	发行农村金融债券	10.11
存放同业	104.96	其他负债	598.98
购买债券	32.62	负债合计	4 199.66
固定资产（净值）	51.00	净　值	279.91
其他资产	466.42	资本金	264.65
资产总额	4 479.57	呆帐准备金	3.00
		本年纯益	12.26
		负债和净值总额	4 479.57

农村信用社资产负债

1991年12月31日　　　　单位：亿元人民币

资　产	余　额	负　债	余　额
贷　款	1 808.64	存　款	2 709.34
流动资金	1 007.31	企事业存款	191.65
农业贷款	801.33	农业存款	201.02
转存银行款	582.18	储蓄存款	2 316.67
存款准备金	333.73	借入银行款	50.81
特种存款	90.95	其他资金收入	426.15
库存现金	40.77	其他负债	68.67
其他资金占款	602.56	负债合计	3 254.97
其他资产	230.83	净　值	434.69
资产总额	3 689.66	自有资金	334.79
		股　金	91.33
		本年结益	8.57
		负债和净值总额	3 689.66

农村信用社资产负债

1990年12月31日　　单位：亿元人民币

资　　产	余　额	负　　债	余　额
贷　款	1 413.01	存　款	2 144.94
流动资金	760.67	企事业存款	149.88
农业贷款	652.34	农业存款	153.46
转存银行款	486.92	储蓄存款	1 841.60
存款准备金	285.57	借入银行款	42.01
特种存款	52.62	其他资金收入	296.20
库存现金	34.56	其他负债	345.93
其他资金占款	408.19	负债合计	2 829.08
其他资产	318.62	净　值	170.41
资产总额	2 999.49	自有资金	82.33
		股　金	79.36
		本年结益	8.72
		负债和净值总额	2 999.49

农村信用社资产负债

1989年12月31日　　单位：亿元人民币

资　　产	余　额	负　　债	余　额
贷　款	1 090.72	存　款	1 663.37
流动资金	570.26	企事业存款	125.92
农业贷款	520.46	农业存款	130.64
转存银行款	365.69	储蓄存款	1 406.81
存款准备金	290.45	借入银行款	37.63
特种存款	36.92	其他资金收入	210.61
库存现金	33.16	其他负债	250.33
其他资金占款	275.68	负债合计	2 161.94
其他资产	217.36	净　值	148.04
资产总额	2 309.98	自有资金	76.64
		股　金	62.75
		本年结益	8.65
		负债和净值总额	2 309.98

1

信　贷

农业银行信贷资金平衡表

（1991年）

单位：亿元

资金来源项目	余额	比上年增减	比上年增长（%）	资金运用项目	余额	比上年增减	比上年增长（%）
资金来源总计	5 786.23	1 049.92	22.16	资金运用总计	5 786.23	1 049.92	22.16
一、各项存款合计	3 319.51	678.96	25.71	一、各项贷款合计	4 578.07	803.72	21.29
（一）企业存款	546.46	108.06	24.64	（一）流动资金贷款	3 675.29	632.93	20.80
1. 工业存款	44.24	9.61	27.75	1. 工业贷款	307.89	58.34	23.38
2. 商业存款	380.38	70.19	22.62	(1) 国营工业流动资金	146.65	31.66	27.53
3. 乡镇企业存款	86.36	20.03	30.19	(2) 集体工业	136.92	23.24	20.44
4. 单位定期存款	35.48	8.23	30.20	(3) 集体工业固定资产	24.32	3.44	16.49
（二）农业存款	1 027.66	173.99	20.38	2. 商业贷款	2 868.97	509.70	21.60
1. 国营农业企事业存款	136.49	21.46	18.65	(1) 国营商业贷款	147.33	20.59	16.24
2. 集个体农业存款	24.48	5.27	27.45	(2) 供销社贷款	671.72	47.67	7.63
3. 信用社存款	532.09	97.65	22.47	(3) 农机公司贷款	32.59	3.19	10.83
4. 信用社存款准备金	334.60	49.61	17.40	(4) 预购定金贷款	5.55	0.87	18.67
（三）储蓄存款	1 577.64	365.54	30.15	(5) 乡镇企业供销公司	37.12	4.97	15.45
1. 活期	242.94	60.58	33.22	(6) 集体商业贷款	75.19	9.93	15.21
2. 定期	1 334.70	304.96	29.61	(7) 个体商业贷款	13.47	0.96	7.69
（四）其他存款	167.75	31.37	22.99	(8) 收购农副产品贷款	1 818.30	412.47	29.33
二、金融债券	14.81	5.14	53.09	(9) 其他商业贷款	67.70	9.05	15.43
三、财政性存款	71.62	12.88	21.92	3. 乡镇企业贷款	498.43	64.89	14.96
四、向人行借款	1 749.93	311.05	21.61	(1) 流动资金贷款	377.15	47.38	14.36
* 临时借款	806.15	256.45	46.65	(2) 固定资产贷款	121.28	17.51	16.86
五、同业往来	301.33	25.45	9.22	（二）固定资产贷款	99.86	23.43	30.65
六、信贷基金	279.07	11.06	4.12	1. 国营工业技改贷款	37.00	10.62	40.23
七、纯益	16.05	4.50	38.96	2. 国营商业技改贷款	17.05	1.48	9.53
八、其他	33.91	0.88	2.70	3. 国营农业技改贷款	26.96	3.65	15.66
				4. 基本建设贷款	18.85	7.68	68.77
				（三）农业贷款	695.45	132.53	23.54
				1. 国营农业贷款	248.64	45.64	22.48
				2. 集体农业贷款	143.10	29.50	25.96
				3. 农户贷款	114.85	15.44	15.53
				4. 信用社贷款	41.35	3.88	10.34
				5. 扶贫贴息贷款	58.39	10.68	22.39
				6. 外资配套贷款	21.90	5.24	31.46
				7. 开发性贷款	67.22	22.15	49.13
				（四）特种贷款	25.93	0.14	0.52
				（五）其他贷款	81.54	14.69	21.97
				二、缴存准备金	431.32	91.16	26.80
				三、在人行存款	427.84	40.06	10.33
				四、同业往来	278.31	110.22	65.56
				五、现金	70.69	4.76	7.21

农业银行各项存款余额分月统计

（1991年）　　　　单位：亿元

项　　目	1月	2月	3月	4月	5月	6月
存 款 合 计	2 692.55	2 783.11	2 802.79	2 812.27	2 839.21	2 900.11
1. 工业存款	35.29	33.44	36.04	37.76	40.17	40.36
2. 商业存款	303.89	318.67	320.00	332.86	339.08	338.83
3. 单位定期存款	28.30	28.97	29.99	29.94	31.47	33.10
4. 乡镇企业存款	66.94	57.89	61.96	66.07	70.19	70.85
5. 农业存款	873.04	895.24	864.77	832.05	822.66	852.76
（1）国营农业企事业存款	112.85	105.62	106.57	108.48	109.06	109.89
（2）集个体农业存款	19.29	18.60	18.19	18.62	18.87	19.26
（3）信用社存款	453.23	478.65	443.12	404.86	393.91	420.61
（4）信用社存款准备金	287.67	292.37	296.89	300.09	300.82	303.00
6. 储蓄存款	1 250.75	1 322.08	1 362.83	1 386.14	1 407.93	1 435.04
*定期存款	1 061.24	1 122.09	1 164.41	1 189.08	1 206.11	1 224.78
7. 信托存款	1.15	1.20	1.15	1.17	1.16	1.13
8. 其他存款	133.19	125.62	126.05	126.28	126.55	128.04

项　　目	7月	8月	9月	10月	11月	12月	月平均余额
存 款 合 计	2 972.76	3 020.86	3 082.99	3 201.34	3 360.90	3 319.51	2 982.37
1. 工业存款	42.58	43.24	43.86	44.84	49.11	44.24	40.91
2. 商业存款	352.63	365.88	379.57	395.46	424.86	380.38	354.34
3. 单位定期存款	33.31	34.46	35.35	35.60	36.60	35.48	32.71
4. 乡镇企业存款	72.19	75.97	77.92	80.50	85.36	86.36	72.68
5. 农业存款	873.44	877.14	897.94	961.23	1 043.99	1 027.65	901.84
（1）国营农业企事业存款	113.39	115.73	118.17	124.70	133.63	136.49	116.22
（2）集个体农业存款	19.98	20.46	20.72	21.13	22.66	24.48	20.19
（3）信用社存款	432.74	429.84	445.12	497.32	563.16	532.08	457.89
（4）信用社存款准备金	307.33	311.11	313.93	318.08	324.54	334.60	307.54
6. 储蓄存款	1 462.97	1 482.12	1 501.69	1 528.27	1 556.86	1 577.64	1 439.53
*定期存款	1 246.16	1 262.63	1 276.30	1 297.50	1 320.31	1 334.70	1 225.44
7. 信托存款	1.25	1.37	1.37	1.28	1.14	1.05	1.20
8. 其他存款	134.39	140.68	145.29	154.16	162.98	166.71	139.16

农业银行各项贷款余额分月统计

(1991年)　　单位：亿元

项　　目	1月	2月	3月	4月	5月	6月
贷 款 合 计	3 764.57	3 738.09	3 757.72	3 745.00	3 739.62	3 812.75
1. 工业贷款	251.05	253.10	259.21	263.17	268.57	275.66
2. 商业贷款	2 350.72	2 312.75	2 292.97	2 243.14	2 205.07	2 238.98
*(1) 供销社贷款	632.18	624.82	627.77	610.87	603.14	608.70
(2) 国营商业贷款	127.47	126.70	130.23	132.44	134.33	138.58
(3) 收购农副产品贷款	1 306.11	1 354.31	1 315.26	1 267.23	1 230.54	1 249.55
(4) 农机公司贷款	29.78	30.48	30.63	29.83	29.12	29.30
(5) 集个体贷款	79.70	79.26	81.45	83.72	85.33	86.55
3. 技术改造贷款	64.22	64.07	63.82	63.87	64.55	66.68
(1) 工业技术改造贷款	26.18	26.21	26.13	26.29	26.73	27.98
(2) 商业技术改造贷款	15.13	15.01	14.91	14.79	14.96	15.14
(3) 国营农业技术改造贷款	22.91	22.85	22.78	22.79	22.86	23.56
4. 基本建设贷款	10.91	10.88	10.90	11.35	11.37	12.30
5. 乡镇企业贷款	431.32	433.31	439.64	445.92	451.27	457.20
(1) 乡镇企业流动资金贷款	329.81	332.04	338.07	343.86	347.88	351.73
(2) 乡镇企业固定资产贷款	101.51	101.27	101.57	102.06	103.39	105.47
6. 农村电力工业贷款	28.74	28.75	28.88	29.12	29.22	29.40
7. 农业贷款	562.60	569.15	596.04	621.92	643.13	665.25
(1) 国营农业贷款	202.89	204.65	213.07	218.97	224.43	232.68
(2) 集体农业贷款	113.58	114.33	118.72	123.23	128.34	133.57
(3) 农户贷款	100.40	102.32	108.05	113.82	117.66	119.73
(4) 信用社贷款	37.61	38.97	45.42	52.40	55.86	58.52
(5) 扶贫贴息贷款	47.58	47.54	47.98	48.52	49.18	49.95
(6) 外资配套贷款	16.80	17.28	17.83	18.58	19.42	20.29
(7) 开发性贷款	43.74	44.06	44.97	46.40	48.24	50.51
8. 信托贷款	14.49	14.68	14.41	14.83	15.14	15.31
9. 特种贷款	25.46	25.43	25.29	24.88	24.64	24.86
10. 其他贷款	25.06	25.97	26.56	26.80	26.66	27.11

农业银行各项贷款余额分月统计(续)

（1991年）

单位：亿元

项　　目	7月	8月	9月	10月	11月	12月	月平均余额
贷 款 合 计	3 845.91	3 902.41	4 033.68	4 272.34	4 455.81	4 586.23	3 971.18
1. 工业贷款	278.68	283.46	289.41	292.43	298.35	307.89	276.75
2. 商业贷款	2 256.70	2 286.47	2 386.02	2 614.11	2 784.10	2 868.97	2 403.33
#(1) 供销社贷款	597.98	595.58	608.48	618.85	642.75	671.72	620.24
(2) 国营商业贷款	139.73	140.55	142.31	145.64	145.92	147.33	137.60
(3) 收购农副产品贷款	1 273.29	1 305.28	1 390.34	1 604.11	1 755.22	1 818.30	1 405.80
(4) 农机公司贷款	29.57	30.02	30.07	30.18	30.70	32.59	30.19
(5) 集个体贷款	87.42	88.73	90.06	90.70	90.08	88.66	85.97
3. 技术改造贷款	67.31	68.11	72.25	73.96	75.94	81.01	68.82
(1) 工业技术改造贷款	28.23	28.82	31.79	32.61	34.03	37.00	29.33
(2) 商业技术改造贷款	15.32	15.34	15.88	15.99	16.18	17.05	15.48
(3) 国营农业技术改造贷款	23.76	23.95	24.58	25.36	25.73	26.96	24.01
4. 基本建设贷款	12.71	13.06	15.48	16.18	17.44	18.85	13.45
5. 乡镇企业贷款	461.73	468.77	475.26	480.58	486.66	498.43	460.84
(1) 乡镇企业流动资金贷款	355.41	361.08	365.88	369.90	373.60	377.15	353.87
(2) 乡镇企业固定资产贷款	106.32	107.69	109.38	110.68	113.06	121.28	106.97
6. 农村电力工业贷款	29.30	29.51	30.82	31.02	31.13	31.83	29.81
7. 农业贷款	673.00	686.01	697.08	696.87	694.30	695.45	650.07
(1) 国营农业贷款	235.14	239.12	242.91	243.51	243.64	248.64	229.14
(2) 集体农业贷款	135.53	139.39	142.82	143.50	143.54	143.10	131.64
(3) 农户贷款	120.25	121.72	123.73	122.99	119.63	114.85	115.43
(4) 信用社贷款	58.98	59.01	56.93	53.57	49.19	41.35	50.65
(5) 扶贫贴息贷款	50.60	51.43	52.26	53.22	54.23	58.39	50.91
(6) 外资配套贷款	20.74	21.73	22.77	22.81	24.24	21.90	20.37
(7) 开发性贷款	51.76	53.61	55.66	57.27	59.83	67.22	51.93
8. 信托贷款	15.11	15.17	15.21	15.10	15.22	15.36	15.00
9. 特种贷款	25.08	25.40	25.45	25.44	25.57	25.93	25.29
10. 其他贷款	26.29	26.45	26.70	26.65	27.10	42.51	27.82

各地区农业银行各项存款

（1991年） 单位：万元

	各项存款合计		（一）企业存款		1. 工业存款	
	余额	比上年增减	余额	比上年增减	余额	比上年增减
总行	42 239	41 213	42 239	41 213		
北京	862 392	165 039	223 180	43 318	11 262	1 593
天津	556 142	96 372	127 518	19 046	16 193	3 101
河北	2 157 382	463 095	206 978	1 797	16 756	5 108
山西	851 702	118 742	90 876	9 098	5 235	616
内蒙古	429 760	49 115	43 811	−4 167	3 441	346
辽宁	1 578 199	297 662	203 818	28 038	14 972	2 438
吉林	666 461	130 740	81 353	11 919	2 090	30
黑龙江	1 117 838	205 325	137 199	30 751	8 590	2 144
上海	1 369 828	370 416	432 351	126 960	45 677	14 677
江苏	2 389 900	474 571	385 179	69 337	12 554	2 583
浙江	1 746 703	374 999	258 189	42 348	20 430	3 564
安徽	859 379	166 315	136 333	32 976	8 571	1 794
福建	902 405	189 158	154 844	25 352	19 956	2 954
江西	748 370	137 763	126 171	22 121	11 227	1 930
山东	2 501 135	377 322	298 247	23 123	16 756	287
河南	1 678 315	449 887	243 959	41 478	11 234	1 131
湖北	1 270 099	235 782	237 194	49 402	12 904	3 948
湖南	1 053 892	212 265	138 573	23 103	8 880	1 489
广东	3 608 035	859 079	715 929	202 066	69 531	21 228
广西	836 894	158 173	122 674	21 303	15 505	2 686
海南	302 944	60 502	41 125	9 413	1 633	44
四川	2 037 314	456 241	325 519	69 185	46 466	5 461
贵州	400 960	106 593	102 061	25 056	15 172	4 576
云南	911 426	179 665	255 968	64 366	21 747	8 992
陕西	706 549	133 367	85 739	13 742	7 448	2 321
甘肃	419 468	55 991	68 939	7 943	5 296	623
青海	119 675	14 131	23 083	899	2 354	−261
宁夏	133 135	24 937	21 562	3 317	3 785	−674
新疆	936 510	185 096	133 994	26 130	6 744	1 372
*重庆	268 913	65 619	43 302	11 987	3 357	668
武汉	283 863	69 728	88 155	26 569	5 229	2 067
沈阳	346 785	88 589	51 995	11 308	3 548	427
大连	360 074	61 730	46 095	3 894	5 134	742
哈尔滨	186 414	60 801	40 667	12 891	1 291	−422
广州	737 097	179 914	162 620	42 071	16 334	2 196
西安	161 515	27 946	20 408	1 437	1 648	1 229
青岛	265 647	52 606	45 300	8 643	2 099	228
宁波	288 568	67 179	44 082	9 218	2 478	80
厦门	72 152	21 326	20 984	7 084	986	69
深圳	485 450	195 141	208 857	86 718	25 484	12 866
长春	150 637	32 022	21 112	2 253	748	57
南京	195 818	44 397	45 060	12 220	860	282
成都	373 669	95 308	63 811	14 527	5 093	1 510
合计	33 195 051	6 789 556	5 464 605	1 080 633	442 409	96 101

各地区农业银行各项存款(续1)

(1991年)　　　　单位：万元

	2. 商业存款		3. 乡镇企业存款		4. 单位定期存款	
	余　额	比上年增减	余　额	比上年增减	余　额	比上年增减
总　行	42 239	41 213				
北　京	144 090	25 347	32 856	5 081	34 972	11 297
天　津	74 352	12 292	31 312	3 197	5 661	456
河　北	151 800	-8 635	34 505	9 468	3 917	-4 144
山　西	64 482	7 031	16 674	367	4 485	1 084
内蒙古	36 215	-4 921	3 353	719	802	-311
辽　宁	146 711	23 722	34 345	4 585	7 790	-2 707
吉　林	68 251	9 750	9 492	2 233	1 520	-94
黑龙江	114 423	27 112	7 964	1 079	6 222	416
上　海	261 080	77 315	112 409	31 053	13 185	3 915
江　苏	237 390	38 769	107 816	22 480	27 419	5 505
浙　江	165 558	20 140	51 801	9 797	20 400	8 847
安　徽	100 427	21 208	19 006	10 079	8 329	-105
福　建	94 573	13 654	31 838	5 933	8 477	2 811
江　西	92 421	15 335	17 175	3 412	5 348	1 444
山　东	235 068	10 854	23 988	1 446	22 435	10 536
河　南	199 310	33 523	28 458	5 372	4 957	1 452
湖　北	182 894	34 209	13 816	3 810	27 580	7 435
湖　南	107 365	17 574	14 466	4 845	7 862	-805
广　东	462 955	123 813	138 313	45 570	45 130	11 455
广　西	79 919	14 840	19 573	2 620	7 677	1 157
海　南	32 307	10 055	1 498	263	5 687	-949
四　川	206 574	45 649	46 813	13 660	25 666	4 415
贵　州	75 318	17 417	8 316	1 866	3 255	1 197
云　南	193 082	39 441	26 622	5 486	14 517	10 447
陕　西	62 594	9 411	11 564	2 895	4 133	-885
甘　肃	52 416	5 051	7 713	1 061	3 514	1 208
青　海	18 218	1 828	1 082	113	1 429	-781
宁　夏	15 365	3 979	2 114	21	298	-9
新　疆	86 364	14 958	8 728	1 780	32 158	8 020
* 重　庆	27 818	7 921	10 007	2 912	2 120	486
武　汉	63 662	18 585	3 353	615	15 911	5 302
沈　阳	42 810	9 536	4 190	332	1 447	1 013
大　连	27 707	1 768	12 626	1 062	628	322
哈尔滨	35 971	12 168	3 082	930	323	215
广　州	110 372	26 474	29 822	10 491	6 092	2 910
西　安	15 175	-197	3 073	533	512	-128
青　岛	29 486	6 701	8 625	287	5 090	1 427
宁　波	28 429	5 011	10 964	3 164	2 211	963
厦　门	16 237	5 728	1 365	104	2 396	1 183
深　圳	139 621	57 463	19 626	10 052	24 126	6 337
长　春	16 789	1 965	2 600	337	975	-106
南　京	29 529	9 786	10 378	2 461	4 293	-309
成　都	43 646	9 540	11 402	3 714	3 670	-237
合　计	3 803 761	701 934	863 610	200 291	354 825	82 307

各地区农业银行各项存款(续2)

(1991年)　　　　单位：万元

	(二)农业存款		1. 国营农业企事业存款		2. 集个体农业存款	
	余　额	比上年增减	余　额	比上年增减	余　额	比上年增减
总　行						
北　京	429 858	77 632	98 196	12 861	3 793	439
天　津	189 184	23 935	15 685	2 450	5 692	344
河　北	768 779	216 099	38 575	4 268	8 849	837
山　西	329 870	15 257	23 221	3 186	3 805	728
内蒙古	154 412	5 072	15 695	486	2 644	802
辽　宁	467 655	49 718	50 448	6 178	15 860	4 161
吉　林	176 160	23 118	26 072	4 229	2 454	76
黑龙江	330 311	35 845	64 813	1 921	5 132	1 319
上　海	181 387	47 167	41 569	11 416	29 648	5 368
江　苏	582 100	53 695	74 458	12 104	14 677	3 269
浙　江	703 556	150 177	57 474	8 801	19 773	7 265
安　徽	352 476	45 149	33 519	7 218	4 145	1 988
福　建	242 445	44 481	52 002	8 928	12 642	2 623
江　西	186 258	11 191	36 059	8 175	3 124	311
山　东	709 751	37 655	47 127	671	5 974	−243
河　南	556 877	215 667	34 797	8 718	14 305	1 331
湖　北	313 836	42 418	41 730	8 035	4 703	1 247
湖　南	348 453	61 842	42 235	6 274	4 000	1 448
广　东	1 257 974	243 346	105 343	25 460	43 242	14 735
广　西	233 676	24 279	55 845	8 959	5 997	−1 435
海　南	65 153	8 243	19 140	2 024	1 832	477
四　川	676 896	157 450	93 535	11 723	4 908	694
贵　州	116 454	34 634	27 859	5 452	1 630	65
云　南	245 100	29 827	61 511	6 036	6 534	1 229
陕　西	214 047	28 062	30 490	3 320	2 979	669
甘　肃	101 322	−1 356	24 740	1 447	3 669	690
青　海	33 061	1 750	8 456	612	2 537	−307
宁　夏	39 317	8 019	7 583	740	533	78
新　疆	270 185	49 478	136 677	32 879	9 757	2 533
*重　庆	91 528	24 300	14 781	3 491	876	263
武　汉	54 376	7 194	14 516	4 578	1 192	281
沈　阳	92 537	16 096	12 571	1 724	1 972	735
大　连	138 388	15 682	7 374	−460	6 066	581
哈尔滨	47 039	17 577	16 079	3 789	1 601	505
广　州	272 495	53 911	39 565	14 204	10 783	2 593
西　安	65 313	6 591	7 948	995	859	215
青　岛	52 432	4 424	4 144	−1 194	713	317
宁　波	118 143	27 195	5 352	161	2 239	1 199
厦　门	16 833	4 906	2 587	1 081	668	318
深　圳	104 788	51 691	8 057	3 804	8 430	3 890
长　春	35 728	4 844	5 214	312	658	−220
南　京	39 927	5 742	10 515	2 618	1 174	361
成　都	120 189	31 230	19 834	1 253	817	322
合　计	10 276 553	1 739 850	1 364 854	214 571	244 838	52 741

各地区农业银行各项存款(续3)

(1991年)　　单位：万元

	3. 信用社存款		4. 信用社存款准备金		(三) 储蓄存款	
	余额	比上年增减	余额	比上年增减	余额	比上年增减
总行						
北京	239 468	46 444	88 401	17 888	181 898	42 299
天津	118 297	12 611	49 510	8 530	215 628	45 736
河北	406 992	163 372	314 363	47 622	1 142 599	242 151
山西	178 666	−2 599	124 178	13 942	395 118	88 054
内蒙古	109 130	5 781	26 943	−1 997	203 293	44 570
辽宁	255 088	22 278	146 259	17 101	843 566	206 021
吉林	100 328	14 160	47 306	4 653	374 418	87 646
黑龙江	191 241	36 312	69 125	−3 707	612 500	129 511
上海	43 802	13 590	66 368	16 793	681 855	176 912
江苏	226 163	−3 845	266 802	42 167	1 313 993	329 587
浙江	399 795	96 176	226 514	37 935	699 413	165 181
安徽	235 729	32 612	79 083	3 331	308 012	65 581
福建	106 102	20 989	71 699	11 941	446 745	106 813
江西	94 459	−2 502	52 616	5 207	387 994	96 092
山东	292 904	−9 000	363 746	46 227	1 373 239	297 029
河南	327 449	175 753	180 326	29 865	779 600	181 487
湖北	175 238	45 558	92 165	−12 422	610 009	128 227
湖南	197 746	35 312	104 472	18 808	501 994	118 314
广东	575 976	71 876	533 413	131 275	1 493 119	379 391
广西	117 259	7 076	54 575	9 679	433 612	105 667
海南	29 329	4 498	14 852	1 244	183 569	40 846
四川	404 360	117 331	174 093	27 702	903 843	206 829
贵州	72 344	27 594	14 621	1 523	139 681	34 183
云南	135 529	19 021	41 526	3 541	334 989	75 814
陕西	99 567	12 622	81 011	11 451	375 660	86 220
甘肃	44 388	−6 978	28 525	3 485	225 776	49 733
青海	18 787	1 373	3 281	72	53 888	8 351
宁夏	22 829	6 087	8 372	1 114	65 918	13 132
新疆	101 874	12 971	21 877	1 095	494 459	104 021
*重庆	46 998	13 758	28 873	6 788	119 283	27 184
武汉	21 517	−1 359	17 151	3 694	107 611	27 036
沈阳	55 926	9 679	22 068	3 958	182 889	55 157
大连	85 125	9 378	39 823	6 183	164 766	40 666
哈尔滨	20 861	10 020	8 498	3 263	92 075	29 596
广州	140 687	21 386	81 460	15 728	277 238	73 691
西安	33 295	2 153	23 211	3 228	69 924	18 061
青岛	17 643	667	29 932	4 634	153 321	36 917
宁波	74 474	18 126	36 078	7 709	114 310	28 059
厦门	8 276	1 635	5 302	1 872	32 337	9 069
深圳	65 788	36 499	22 513	7 498	150 870	48 069
长春	21 485	3 294	8 371	1 458	78 169	20 378
南京	16 724	1 404	11 514	1 359	99 704	24 601
成都	68 486	24 267	31 052	5 388	158 955	40 333
合计	5 320 839	976 473	3 346 022	496 065	15 776 388	3 655 398

各地区农业银行各项存款(续4)

(1991年)

单位：万元

	1．活期		2．定期		(四) 其它存款	
	余　额	比上年增减	余　额	比上年增减	余　额	比上年增减
总　行						
北　京	19 527	4 260	162 371	38 039	27 456	1 790
天　津	27 380	5 662	188 248	40 074	23 812	7 655
河　北	169 565	23 652	973 034	218 499	39 026	3 048
山　西	52 290	13 730	342 828	74 324	35 838	6 333
内蒙古	48 587	9 151	154 706	35 419	28 244	3 640
辽　宁	125 744	33 832	717 822	172 189	63 160	13 885
吉　林	87 186	20 521	287 232	67 125	34 530	8 057
黑龙江	93 276	19 539	519 224	109 972	37 828	9 218
上　海	11 753	2 412	670 102	174 500	74 235	19 377
江　苏	31 388	2 328	1 282 605	327 259	108 628	21 952
浙　江	105 054	30 055	594 359	135 126	85 545	17 293
安　徽	72 107	12 760	235 905	52 821	62 558	22 609
福　建	67 234	19 565	379 511	87 248	58 371	12 512
江　西	74 591	19 591	313 403	76 501	47 947	8 359
山　东	122 136	30 390	1 251 103	266 639	119 898	19 515
河　南	158 472	36 030	621 128	145 457	97 879	11 255
湖　北	101 903	28 137	508 106	100 090	109 060	15 735
湖　南	85 841	24 832	416 153	93 482	64 872	9 006
广　东	412 085	135 224	1 081 034	244 167	141 013	34 276
广　西	109 133	27 630	324 479	78 037	40 932	6 924
海　南	51 452	10 908	132 117	29 938	13 097	2 000
四　川	127 087	28 388	776 756	178 441	131 056	22 777
贵　州	32 304	7 684	107 377	26 499	42 764	12 720
云　南	51 254	10 672	283 735	65 142	75 369	9 658
陕　西	60 774	18 651	314 886	67 569	31 103	5 343
甘　肃	37 195	7 040	188 581	42 693	23 431	−329
青　海	9 699	1 426	44 189	6 925	9 643	3 131
宁　夏	8 752	1 938	57 166	11 194	6 338	469
新　疆	75 573	19 789	418 886	84 232	37 872	5 467
#重　庆	15 960	3 972	103 323	23 212	14 800	2 148
武　汉	16 757	3 841	90 854	23 195	33 721	8 929
沈　阳	31 809	9 964	151 080	45 193	19 364	6 028
大　连	17 982	8 560	146 784	32 106	19 364	1 488
哈尔滨	18 825	5 407	73 250	24 189	6 633	737
广　州	59 992	19 045	217 246	54 646	24 744	10 241
西　安	12 014	4 248	57 910	13 813	5 870	1 857
青　岛	14 046	4 673	139 275	32 244	14 594	2 622
宁　波	14 822	3 363	99 488	24 696	12 033	2 707
厦　门	5 346	2 117	26 991	6 952	1 998	267
深　圳	76 122	29 756	74 748	18 313	20 935	8 663
长　春	14 528	4 629	63 641	15 749	15 628	4 547
南　京	3 169	652	96 535	23 949	11 127	1 834
成　都	24 799	6 597	134 156	33 736	30 714	9 218
合　计	2 429 342	605 797	13 347 046	3 049 601	1 677 505	313 675

各地区农业银行各项贷款

(1991年)　　单位：万元

	各项贷款合计		(一) 流动资金贷款		1. 工业贷款	
	余　额	比上年增减	余　额	比上年增减	余　额	比上年增减
总　行	3 600	−1 700				
北　京	760 822	156 514	491 735	96 286	41 534	12 474
天　津	655 570	112 968	525 786	89 968	61 948	16 740
河　北	2 307 647	362 853	1 889 328	293 830	116 567	18 838
山　西	924 639	117 546	752 670	85 219	24 088	3 595
内蒙古	924 022	138 686	754 196	111 909	25 940	3 037
辽　宁	2 221 729	398 387	1 807 097	315 487	152 345	18 984
吉　林	2 143 576	463 297	1 751 113	390 883	41 410	6 456
黑龙江	2 161 497	436 950	1 662 719	357 457	88 574	18 132
上　海	1 260 754	280 224	1 045 931	232 512	362 764	100 940
江　苏	3 023 956	531 003	2 650 284	430 328	217 974	28 140
浙　江	1 595 620	237 177	1 363 239	180 729	189 791	31 578
安　徽	1 759 379	330 089	1 418 444	227 067	78 164	17 083
福　建	878 555	108 040	579 976	67 440	79 708	17 571
江　西	1 496 134	337 875	1 136 746	267 559	64 990	12 453
山　东	3 576 057	614 920	3 065 076	511 602	171 618	34 567
河　南	2 860 291	525 100	2 369 670	421 286	87 820	15 042
湖　北	2 735 144	366 118	2 303 726	289 011	181 381	21 951
湖　南	1 798 876	344 686	1 447 751	281 766	106 974	18 101
广　东	3 370 318	414 561	2 676 273	321 890	418 107	66 934
广　西	987 589	166 979	652 595	111 881	70 723	14 363
海　南	407 400	68 520	225 801	35 228	8 349	2 042
四　川	3 037 254	601 959	2 537 797	477 359	229 123	39 505
贵　州	706 209	157 189	493 648	119 716	39 210	8 181
云　南	948 373	143 709	706 545	113 886	61 838	18 870
陕　西	1 050 176	147 830	835 373	114 782	76 455	16 640
甘　肃	615 271	90 207	475 282	74 394	22 228	4 246
青　海	131 939	13 047	93 647	8 590	16 603	4 668
宁　夏	177 667	21 182	125 461	15 107	17 261	5 486
新　疆	1 260 605	351 329	914 978	286 130	25 384	6 865
#重　庆	384 653	83 806	334 169	70 230	37 306	7 765
武　汉	373 129	63 104	302 508	47 305	35 384	5 639
沈　阳	437 007	82 239	370 408	68 344	55 196	5 329
大　连	291 162	51 647	203 122	28 778	20 243	3 839
哈尔滨	309 406	119 264	239 201	95 392	18 330	3 200
广　州	469 358	53 244	338 990	34 164	69 577	13 021
西　安	231 044	32 079	189 503	24 201	21 006	7 508
青　岛	300 280	47 257	234 687	28 407	28 898	4 814
宁　波	266 100	40 032	226 535	25 900	29 557	4 210
厦　门	92 349	21 739	60 248	13 843	5 658	252
深　圳	458 826	77 498	367 403	75 265	106 271	20 658
长　春	542 978	129 810	455 286	115 885	8 315	1 076
南　京	221 434	44 182	182 364	35 521	17 092	4 988
成　都	405 934	76 992	345 504	58 474	45 451	9 260
合　计	45 780 669	8 037 245	36 752 887	6 329 302	3 078 871	583 482

各地区农业银行各项贷款（续1）

（1991年）　　单位：万元

	(1) 国营工业流动资金贷款		(2) 集体工业贷款		(3) 集体工业固定资产贷款	
	余额	比上年增减	余额	比上年增减	余额	比上年增减
总行						
北京	29 012	10 327	11 853	1 807	669	340
天津	34 696	9 529	25 806	7 475	1 446	−264
河北	68 061	9 413	43 152	6 432	5 354	2 993
山西	11 955	1 521	11 373	2 030	760	44
内蒙古	12 410	1 646	11 883	1 191	1 647	200
辽宁	89 527	9 799	54 759	7 377	8 059	1 808
吉林	18 123	3 134	20 116	3 623	3 171	−301
黑龙江	52 076	15 347	33 427	2 677	3 071	108
上海	117 932	43 776	226 514	39 321	18 318	17 843
江苏	17 139	4 594	157 345	19 419	43 490	4 127
浙江	38 283	3 466	135 415	25 991	16 093	2 121
安徽	29 863	7 375	37 301	7 636	11 000	2 072
福建	49 057	7 638	28 218	9 277	2 433	656
江西	39 809	9 071	20 974	3 232	4 207	150
山东	62 823	11 701	86 500	19 188	22 295	3 678
河南	48 183	8 898	37 851	5 474	1 786	670
湖北	57 226	11 044	92 602	9 362	31 553	1 545
湖南	43 725	7 765	46 442	7 311	16 807	3 025
广东	238 333	39 668	158 406	27 140	21 368	126
广西	43 880	9 473	23 730	4 596	3 113	294
海南	8 018	2 105	331	−62		−1
四川	166 190	30 678	46 863	9 649	16 070	−822
贵州	36 146	8 130	2 701	−89	363	140
云南	43 886	23 634	13 782	2 683	4 170	−7 447
陕西	54 165	13 455	18 156	2 746	4 134	439
甘肃	16 018	3 532	6 210	714		
青海	13 009	2 968	3 549	1 700	45	
宁夏	13 013	3 183	3 526	2 184	722	119
新疆	13 939	3 744	10 362	2 336	1 083	785
# 重庆	22 219	4 582	11 779	2 762	3 308	421
武汉	16 092	4 162	17 223	1 101	2 069	376
沈阳	35 251	3 797	17 602	1 363	2 343	169
大连	7 801	574	9 873	2 022	2 569	1 243
哈尔滨	7 418	2 143	9 556	1 000	1 356	57
广州	45 991	9 314	21 470	4 678	2 116	−971
西安	13 737	6 616	6 415	856	854	36
青岛	7 507	1 550	17 046	2 861	4 345	403
宁波	3 431	988	23 440	2 582	2 686	640
厦门	2 602	−176	2 901	560	155	−132
深圳	101 801	21 374	4 470	−716		
长春	4 496	561	3 436	453	383	62
南京	236	−84	10 451	4 157	6 405	915
成都	32 117	6 694	10 897	2 425	2 437	141
合计	1 466 497	316 614	1 369 147	232 420	243 227	34 448

各地区农业银行各项贷款(续2)

(1991年)　　单位：万元

	2. 商业贷款		(1) 国营商业贷款		(2) 供销社贷款	
	余额	比上年增减	余额	比上年增减	余额	比上年增减
总行						
北京	344 828	71 666	27 104	4 066	77 850	5 389
天津	344 032	58 737	12 290	−520	86 366	11 978
河北	1 511 223	253 361	37 920	5 141	386 896	19 972
山西	588 497	73 176	24 970	4 364	170 744	11 667
内蒙古	692 041	103 426	11 532	2 133	149 518	9 152
辽宁	1 413 712	275 254	59 863	16 414	346 231	28 895
吉林	1 603 752	371 063	23 194	7 802	326 259	27 266
黑龙江	1 469 203	328 101	57 367	11 406	303 045	22 278
上海	399 645	72 670	36 661	4 416	137 933	11 444
江苏	1 882 006	296 769	49 860	435	462 087	37 616
浙江	795 997	99 005	42 443	8 721	232 086	13 942
安徽	1 168 592	143 380	38 773	1 950	234 183	15 022
福建	372 844	35 433	42 896	4 794	122 369	5 060
江西	952 269	243 797	26 199	4 858	201 604	14 329
山东	2 563 866	448 588	60 408	9 265	418 654	23 634
河南	2 081 914	380 456	66 032	10 932	377 635	25 656
湖北	1 913 369	248 015	77 472	15 704	331 585	28 980
湖南	1 166 200	238 363	35 670	9 642	320 688	21 659
广东	1 778 884	200 201	432 129	51 015	649 583	32 273
广西	505 408	89 447	24 869	2 145	174 877	7 834
海南	207 364	34 371	40 304	2 623	50 803	1 852
四川	1 916 281	407 582	112 205	11 586	444 692	42 462
贵州	403 249	101 378	25 814	3 825	98 127	12 289
云南	570 758	87 759	17 744	1 028	151 619	2 841
陕西	636 247	85 937	37 053	3 381	229 557	15 479
甘肃	400 871	65 445	24 471	5 723	102 311	9 251
青海	66 997	3 384	14 098	2 049	13 391	317
宁夏	88 445	7 551	2 876	9	25 191	1 785
新疆	851 245	272 645	11 057	957	91 293	16 371
*重庆	234 233	54 427	13 694	439	55 823	4 109
武汉	238 457	37 358	29 532	6 760	71 510	11 070
沈阳	285 699	59 057	28 991	10 583	67 239	2 350
大连	131 786	20 615	7 112	547	42 882	2 121
哈尔滨	203 509	86 616	11 881	2 102	81 699	16 967
广州	223 231	15 897	58 324	−2 306	84 107	3 748
西安	141 698	12 772	5 573	650	80 732	3 753
青岛	156 742	19 509	7 152	2 260	36 198	1 686
宁波	130 564	12 372	6 204	2 905	34 052	2 132
厦门	49 975	12 916	23 437	7 092	4 017	346
深圳	207 773	31 724	156 905	27 888	19 249	2 054
长春	422 284	111 317	3 808	1 646	78 031	7 670
南京	116 407	16 494	3 198	433	42 495	7 293
成都	226 590	43 057	22 485	3 719	52 789	3 335
合计	28 689 739	5 096 960	1 473 274	205 864	6 717 177	476 693

各地区农业银行各项贷款(续3)

(1991年) 单位：万元

	(3) 农机公司贷款		(4) 预购定金贷款		(5) 乡镇企业供销公司贷款	
	余额	比上年增减	余额	比上年增减	余额	比上年增减
总行						
北京	22 337	1 359	75	−3	5 029	355
天津	4 496	578	16	−2	4 268	745
河北	16 195	298	1 491	55	23 400	4 025
山西	11 214	2 253	1 178	−51	15 161	2 522
内蒙古	12 542	684	1 278	511	3 826	409
辽宁	20 818	2 512	3 601	−338	8 798	1 097
吉林	17 001	1 666	2 586	−604	9 047	1 220
黑龙江	25 352	885	10 408	1 583	7 680	330
上海	3 310	25		−4	9 394	812
江苏	8 150	794	7 024	2 657	36 339	5 250
浙江	8 166	1 056	54	−43	31 036	4 934
安徽	6 284	219	5 363	1 448	7 520	460
福建	4 024	−48	140	−25	7 988	1 858
江西	5 467	894	1 606	−186	7 865	1 155
山东	30 805	1 954	1 193	−234	20 533	1 817
河南	27 764	2 509	5 882	3 728	22 551	3 084
湖北	18 573	2 340	5 783	412	10 631	899
湖南	7 105	743	600	−79	15 943	2 736
广东	19 009	3 876	1 431	−122	57 122	8 723
广西	4 829	531	963	−513	4 660	898
海南	5 576	1 176	587	−23	1 884	225
四川	13 971	1 374	540	64	33 731	4 474
贵州	2 280	387	247	−124	1 449	−136
云南	4 353	456	1 195	635	6 887	262
陕西	11 337	752	1 117	−142	9 311	631
甘肃	4 298	−364	410	87	4 342	183
青海	1 328	706	105	−10	399	−25
宁夏	879	238			896	400
新疆	8 471	2 014	630	56	3 523	349
#重庆	2 593	−103			2 803	145
武汉	4 557	975	786	−22	1 345	20
沈阳	5 932	1 524	123	−129	273	75
大连	1 276	−71		−15	655	−63
哈尔滨	3 595	769	622	391	2 421	167
广州	2 030	−126	107	−23	3 443	1 064
西安	2 962	−373	452	−9	3 069	−87
青岛	2 177	−182		−13	1 056	85
宁波	1 461	−153			7 869	965
厦门	478	60			95	−46
深圳	253	−7	3		330	−190
长春	5 117	435	1 592	330	1 165	144
南京	474	56	1 513	1 154	4 802	785
成都	3 039	55	4		7 814	814
合计	325 934	31 867	55 503	8 733	371 222	49 692

各地区农业银行各项贷款(续4)

(1991年)　　单位：万元

	(6) 集体商业贷款		(7) 个体商业贷款		(8) 收购农副产品贷款	
	余　额	比上年增减	余　额	比上年增减	余　额	比上年增减
总　行						
北　京	11 380	3 338	15	−1	197 113	56 847
天　津	6 923	1 454	226	8	215 555	51 989
河　北	22 844	2 882	6 703	−255	1 009 746	221 543
山　西	24 275	2 859	5 991	447	326 024	48 893
内蒙古	8 073	12	2 418	−4	481 858	87 657
辽　宁	29 495	2 210	1 823	−71	918 545	220 768
吉　林	20 633	2 195	1 904	276	1 180 354	326 951
黑龙江	29 142	1 049	5 619	−181	985 954	286 481
上　海	21 432	5 442	22		99 265	23 349
江　苏	77 203	11 382	1 335	50	1 211 562	234 292
浙　江	40 440	5 715	11 492	1 362	411 135	63 732
安　徽	18 696	2 053	4 282	281	834 815	114 989
福　建	19 510	3 577	2 883	590	150 483	14 077
江　西	13 860	1 047	4 889	123	681 760	221 738
山　东	42 716	3 470	560	−77	1 943 647	397 594
河　南	28 911	2 107	9 435	22	1 522 449	330 057
湖　北	30 289	2 276	8 536	248	1 400 124	192 375
湖　南	26 292	2 567	5 362	384	743 197	195 782
广　东	158 563	23 335	23 882	5 858	380 084	76 326
广　西	18 424	1 489	7 864	−107	254 543	78 571
海　南	6 017	669	4 289	578	69 702	23 180
四　川	52 102	8 778	6 062	−51	1 185 727	329 868
贵　州	2 516	—83	2 002	−62	264 420	85 101
云　南	12 433	5 072	2 316	−225	360 290	76 884
陕　西	13 462	2 410	7 214	563	296 456	60 798
甘　肃	9 114	868	3 737	−202	249 301	49 370
青　海	1 480	−259	1 095	−66	32 827	443
宁　夏	697	190	464	130	55 536	4 154
新　疆	5 014	1 185	2 261	9	720 566	250 881
# 重　庆	11 678	3 264	565	57	134 762	40 340
武　汉	9 117	1 498	630	14	118 068	16 466
沈　阳	6 306	−196	137	−25	172 944	45 388
大　连	5 780	1 483	14		70 176	15 960
哈尔滨	5 901	1 078	857	395	89 816	60 190
广　州	23 159	4 832	2 483	729	47 262	8 440
西　安	3 667	1 316	1 004	−21	42 977	7 999
青　岛	7 603	1 275			100 589	14 000
宁　波	8 227	2 293	132	−5	69 716	6 368
厦　门	4 871	1 252	223	88	7 467	1 309
深　圳	11 119	−724	799	−367	2 043	419
长　春	6 077	1 086	701	136	316 934	98 578
南　京	5 850	1 023	102	−24	57 364	5 773
成　都	9 508	1 201	188	−17	126 100	33 555
合　计	751 936	99 289	134 681	9 627	18 183 038	4 124 690

各地区农业银行各项贷款(续5)

（1991年） 单位：万元

	(9)其它商业贷款		3. 乡镇企业贷款		(1)乡镇企业流动资金贷款	
	余　额	比上年增减	余　额	比上年增减	余　额	比上年增减
总　行						
北　京	3 925	316	105 373	12 146	73 565	9 242
天　津	13 892	－7 493	119 806	14 491	93 987	11 653
河　北	6 028	－300	261 538	21 631	221 360	16 852
山　西	8 940	222	140 085	8 448	100 672	7 254
内蒙古	20 996	2 872	36 215	5 446	23 577	3 427
辽　宁	24 538	3 767	241 040	21 249	179 617	14 687
吉　林	22 774	4 291	105 951	13 364	76 477	9 388
黑龙江	44 636	4 270	104 942	11 224	77 075	8 000
上　海	91 628	27 186	283 522	58 902	188 950	35 366
江　苏	28 446	4 293	550 304	105 419	446 731	80 615
浙　江	19 145	－414	377 451	50 146	324 807	41 788
安　徽	18 676	6 958	171 688	66 604	119 455	41 012
福　建	22 551	5 550	127 424	14 436	100 707	12 997
江　西	9 019	－161	119 487	11 309	88 945	8 060
山　东	45 350	11 165	329 592	28 447	250 063	20 546
河　南	21 255	2 361	199 936	25 788	164 286	19 339
湖　北	30 376	4 781	208 970	19 045	162 734	14 298
湖　南	11 343	4 929	174 577	25 302	125 298	18 763
广　东	57 081	－1 083	479 282	54 755	378 293	39 121
广　西	14 070	－1 401	76 464	8 071	50 104	5 658
海　南	28 202	4 091	10 088	－1 185	7 740	652
四　川	67 251	9 027	392 393	30 272	272 013	23 026
贵　州	6 394	181	51 189	10 157	33 795	7 265
云　南	13 921	806	73 949	7 257	47 389	5 437
陕　西	30 740	2 065	122 671	12 205	86 979	8 957
甘　肃	2 887	529	52 183	4 703	34 441	4 041
青　海	2 274	229	10 047	538	5 686	364
宁　夏	1 906	645	19 755	2 070	12 053	1 293
新　疆	8 430	823	38 349	6 620	24 688	4 714
*重　庆	12 315	6 176	62 630	8 038	47 002	7 488
武　汉	2 912	577	28 667	4 308	24 672	4 166
沈　阳	3 754	－513	29 513	3 958	21 657	2 900
大　连	3 891	653	51 093	4 324	36 021	3 511
哈尔滨	6 717	4 557	17 362	5 576	13 082	3 839
广　州	2 316	－461	46 182	5 246	33 880	3 379
西　安	1 262	－456	26 799	3 921	20 331	3 026
青　岛	1 967	398	49 047	4 084	38 398	2 502
宁　波	2 903	－2 133	66 414	9 318	58 702	7 786
厦　门	9 387	2 815	4 615	675	4 194	879
深　圳	17 072	2 651	53 359	22 883	36 694	19 537
长　春	8 859	1 292	24 687	3 492	19 484	2 492
南　京	609	1	48 865	14 039	40 502	11 983
成　都	4 663	395	73 463	6 157	52 183	3 997
合　计	676 974	90 505	4 984 277	648 860	3 771 487	473 815

各地区农业银行各项贷款(续6)

（1991年）

单位：万元

	(2) 乡镇企业固定资产贷款		(二) 固定资产贷款		1. 国营工业技改贷款	
	余　额	比上年增减	余　额	比上年增减	余　额	比上年增减
总　行			3 600	－1 700		
北　京	31 808	2 904	37 153	4 477	10 861	2 685
天　津	25 819	2 838	16 144	3 832	8 704	852
河　北	40 178	4 779	35 405	6 297	17 155	3 617
山　西	39 413	1 194	12 309	2 017	4 745	1 577
内蒙古	12 638	2 019	16 173	3 019	9 451	1 767
辽　宁	61 423	6 562	46 865	9 946	23 039	6 322
吉　林	29 474	3 976	25 914	7 056	7 461	2 944
黑龙江	27 867	3 224	49 969	10 240	9 122	2 324
上　海	94 572	23 536	50 808	28 911	32 999	23 339
江　苏	103 573	24 804	43 366	15 406	8 989	3 002
浙　江	52 644	8 358	24 183	7 593	9 668	3 664
安　徽	52 233	25 592	32 895	12 182	9 905	3 530
福　建	26 717	1 439	30 328	2 129	18 171	3 235
江　西	30 542	3 249	27 269	4 236	6 950	775
山　东	79 529	7 901	52 510	6 467	21 513	4 184
河　南	35 650	6 449	39 718	11 423	12 552	4 850
湖　北	46 242	4 747	46 778	11 584	9 923	3 563
湖　南	49 279	6 539	31 998	3 500	12 642	2 884
广　东	100 989	15 634	50 686	5 195	28 106	3 390
广　西	26 360	2 413	29 603	9 018	13 413	2 761
海　南	2 348	－1 837	8 785	2 135	2 566	1 070
四　川	120 380	7 246	81 326	27 185	41 856	12 111
贵　州	17 394	2 892	48 645	10 042	8 533	1 483
云　南	26 560	1 820	23 002	6 850	14 659	5 331
陕　西	35 692	3 248	23 314	4 763	10 357	2 339
甘　肃	17 742	662	7 975	726	2 498	－55
青　海	4 361	174	6 222	627	4 937	472
宁　夏	7 702	777	18 029	556	3 542	1 103
新　疆	13 661	1 906	77 616	18 609	5 684	1 044
＊重　庆	15 628	550	10 240	1 349	5 772	900
武　汉	3 995	142	10 791	3 248	4 393	2 013
沈　阳	7 856	1 058	13 052	2 327	6 886	1 397
大　连	15 072	813	9 954	3 528	5 313	2 397
哈尔滨	4 280	1 737	7 728	1 604	1 431	120
广　州	12 302	1 867	14 001	1 198	9 479	916
西　安	6 468	895	7 043	564	4 296	725
青　岛	10 649	1 582	8 607	1 730	6 171	733
宁　波	7 712	1 532	3 606	1 028	630	330
厦　门	421	－204	1 991	510	1 581	385
深　圳	16 665	3 346				
长　春	5 203	1 000	4 878	860	1 349	66
南　京	8 363	2 056	4 277	780	1 747	473
成　都	21 280	2 160	16 289	7 265	9 301	3 096
合　计	1 212 790	175 045	998 588	234 321	370 001	106 163

各地区农业银行各项贷款(续7)

(1991年)　　　　单位：万元

	2. 国营商业技改贷款		3. 国营农业技改贷款		4. 基本建设贷款	
	余　额	比上年增减	余　额	比上年增减	余　额	比上年增减
总　行	3 600	−1 700				
北　京	8 579	433	17 713	1 359		
天　津	2 635	311	1 373	37	3 432	2 632
河　北	3 667	−326	9 736	980	4 847	2 026
山　西	4 083	139	3 231	301	250	
内蒙古	2 156	365	3 440	51	1 126	836
辽　宁	10 019	1 626	12 484	1 645	1 323	353
吉　林	5 500	531	12 067	2 755	886	826
黑龙江	7 273	2 075	21 401	1 568	12 173	4 273
上　海	5 800	1 232	10 709	4 290	1 300	50
江　苏	8 237	882	12 572	1 989	13 568	9 533
浙　江	4 064	557	9 733	2 654	718	718
安　徽	6 617	1 036	5 311	745	11 062	6 871
福　建	4 244	−78	4 483	942	3 430	−1 970
江　西	2 866	98	17 453	3 363		
山　东	19 517	1 932	9 380	351	2 100	
河　南	12 146	660	6 929	922	8 091	4 991
湖　北	11 702	1 360	15 525	1 580	9 628	5 081
湖　南	7 385	−37	11 526	608	445	45
广　东	7 684	1 201	14 436	144	460	460
广　西	2 178	36	10 621	2 830	3 391	3 391
海　南	299	−13	5 916	1 078	4	
四　川	11 680	1 229	7 366	1 533	20 424	12 312
贵　州	9 111	413	2 135	146	28 866	8 000
云　南	1 985	162	4 596	−105	1 762	1 462
陕　西	3 139	−73	6 818	957	3 000	1 540
甘　肃	1 039	37	4 438	744		
青　海	695	180	590	−25		
宁　夏	75	−115	1 412	−432	13 000	
新　疆	2 519	684	26 248	3 516	43 165	13 365
# 重　庆	1 733	177	1 845	−128	890	400
武　汉	1 233	385	5 165	850		
沈　阳	2 507	562	2 856	15	803	353
大　连	2 921	790	1 720	341		
哈尔滨	1 606	1 013	4 691	471		
广　州	1 331	457	2 851	−515	340	340
西　安	706	−112	2 041	−49		
青　岛	1 407	1 181	1 029	−184		
宁　波	1 181	485	1 795	213		
厦　门	380	285	30	−160		
深　圳						
长　春	1 099	181	2 430	613		
南　京	226	196	2 304	111		
成　都	993	56	1 029	147	4 966	3 966
合　计	170 494	14 837	269 642	36 526	188 451	76 795

各地区农业银行各项贷款(续8)

(1991年)

单位：万元

	(三)农业贷款		1. 国营农业贷款		2. 集体农业贷款	
	余　额	比上年增减	余　额	比上年增减	余　额	比上年增减
总　行						
北　京	185 584	41 784	132 100	28 999	47 095	13 112
天　津	74 681	11 719	34 444	5 062	35 566	7 255
河　北	332 524	65 635	64 642	10 735	58 395	18 843
山　西	152 033	29 283	24 001	5 070	45 520	7 064
内蒙古	150 670	24 024	39 534	8 622	30 789	1 185
辽　宁	333 837	61 536	127 685	25 027	113 498	18 645
吉　林	356 486	63 958	142 589	27 400	76 595	27 642
黑龙江	427 619	62 393	273 024	38 459	48 204	5 946
上　海	135 015	31 652	76 117	21 471	56 004	10 236
江　苏	258 151	65 484	122 277	26 091	76 361	17 058
浙　江	157 458	37 812	71 003	15 067	38 772	9 451
安　徽	289 876	87 222	32 476	7 373	39 267	7 964
福　建	215 069	27 821	40 189	6 725	84 601	11 929
江　西	300 383	62 237	158 508	29 215	22 418	3 181
山　东	395 632	84 756	121 091	23 692	143 920	33 898
河　南	405 282	90 450	42 643	12 967	75 165	21 444
湖　北	311 599	56 726	122 636	24 189	59 662	6 274
湖　南	260 013	53 086	80 158	16 016	43 400	12 795
广　东	485 303	81 762	213 812	27 398	131 759	22 830
广　西	276 851	41 302	75 661	12 892	38 107	1 407
海　南	164 784	28 535	92 530	13 450	18 940	1 008
四　川	305 967	68 658	88 574	24 102	57 685	22 632
贵　州	155 434	26 982	9 624	2 045	15 847	1 826
云　南	198 848	22 389	38 190	2 469	20 409	3 199
陕　西	172 670	26 832	27 842	7 920	20 776	4 490
甘　肃	128 563	14 786	23 415	3 426	14 774	−273
青　海	31 532	3 853	3 277	508	1 921	152
宁　夏	33 124	5 455	16 527	2 080	1 728	210
新　疆	259 515	47 111	191 816	27 892	13 781	3 575
* 重　庆	30 732	11 294	22 807	7 679	6 256	3 542
武　汉	50 389	9 711	41 544	9 180	5 407	464
沈　阳	39 551	8 284	24 026	5 516	10 264	2 519
大　连	65 630	11 928	10 240	2 172	48 154	7 878
哈尔滨	59 002	20 605	44 297	12 471	6 819	2 674
广　州	102 444	17 198	86 944	13 570	9 709	1 435
西　安	28 984	6 732	11 132	3 010	4 905	1 727
青　岛	35 302	7 467	13 423	3 280	19 914	6 093
宁　波	18 835	5 218	9 870	2 503	7 656	2 779
厦　门	17 169	−82	3 639	858	10 133	1 666
深　圳	31 620	282	22 216	2 299	6 949	−1 282
长　春	81 536	12 469	30 042	7 944	13 175	8 213
南　京	29 082	6 427	14 223	2 781	8 753	1 883
成　都	29 363	9 586	10 340	2 535	14 472	5 788
合　计	6 954 503	1 325 243	2 486 385	456 362	1 430 959	294 978

各地区农业银行各项贷款(续9)

(1991年)　　单位：万元

	3．农户贷款		4．信用社贷款		5．扶贫贴息贷款	
	余　额	比上年增减	余　额	比上年增减	余　额	比上年增减
总　行						
北　京	42	−3	159	−147	432	432
天　津	1 786	312	204	2		
河　北	129 522	17 643	10 071	−1 130	23 839	5 066
山　西	50 947	9 941	11 521	1 089	13 180	2 997
内蒙古	46 554	2 846	7 310	2 001	10 985	2 491
辽　宁	27 768	1 025	4 940	−286	9 367	1 910
吉　林	88 235	−1 477	15 134	−528	900	−2 702
黑龙江	74 245	5 296	76	44	1 393	708
上　海						
江　苏	3 263	1 168	14 394	5 183	225	182
浙　江	12 201	2 278	6 121	−38	5 971	1 243
安　徽	85 035	41 605	51 539	7 352	38 175	7 359
福　建	28 812	1 837	12 368	−2 660	21 358	3 293
江　西	11 617	196	6 493	699	39 215	7 001
山　东	39 434	1 278		−37	26 980	4 242
河　南	152 034	26 670	17 185	4 275	51 521	8 422
湖　北	19 126	1 807	18 629	1 189	30 170	6 054
湖　南	26 650	1 932	13 719	71	18 043	4 354
广　东	71 206	13 944	14 688	−1 558	12 299	1 886
广　西	23 349	231	35 860	4 110	46 846	9 202
海　南	33 150	4 268	7 973	317	403	270
四　川	34 091	5 026	27 615	642	61 207	10 365
贵　州	18 197	2 136	45 634	7 379	49 852	9 555
云　南	40 623	3 462	41 336	2 843	39 192	5 954
陕　西	37 617	1 445	24 287	2 905	41 346	6 055
甘　肃	57 243	6 786	12 734	1 781	18 739	2 429
青　海	11 172	116	8 119	1 861	6 173	1 097
宁　夏	5 340	597	3 195	372		
新　疆	19 282	2 041	2 190	1 027	16 119	6 891
#重　庆	791	109	114	−17		
武　汉	507	101	1 336	323	22	−1
沈　阳	3 279	−287	61	−57		
大　连	672	118				
哈尔滨	5 501	3 530	10	10	3	−1
广　州	2 740	557	750	−10		
西　安	6 194	642	929	102	3 132	433
青　岛	120	−55				
宁　波	255	−117	393	−81		
厦　门	2 533	143		−1 674		
深　圳	1 648	−451				
长　春	31 049	−7 287	4 549	3 114		
南　京	52	6	4 155	1 355	1	
成　都	562	134	633	−48	200	
合　计	1 148 541	154 406	413 503	38 767	583 930	106 846

各地区农业银行各项贷款(续10)

(1991年)

单位：万元

	6．外资配套贷款		7．开发性贷款		(四)特种贷款		(五)其它贷款	
	余　额	比上年增减	余　额	比上年增减	余　额	比上年增减	余　额	比上年增减
总　行								
北　京	2 137	−958	3 619	349	27 814	1 193	18 536	12 774
天　津		−1 900	2 681	988	14 016	1 499	24 943	5 950
河　北	2 016	1 316	44 039	13 162	14 489	−1 657	35 901	−1 252
山　西			6 864	3 122	3 224	526	4 403	501
内蒙古	3 049	2 699	12 449	4 180	2 174	−370	809	104
辽　宁	7 024	3 135	43 555	12 080	8 329	182	25 601	11 236
吉　林	13 654	8 067	19 379	5 556	4 314	−632	5 749	2 032
黑龙江	2 851	2 002	27 826	9 938	7 042	62	14 148	6 798
上　海	2 500		394	−55	1 703	−2 116	27 297	−10 735
江　苏	12 158	4 230	29 473	11 572	23 758	650	48 397	19 135
浙　江	3 462	1 392	19 928	8 419	13 394	4 048	37 346	6 995
安　徽	7 414	4 717	35 970	10 852	7 409	−614	10 755	4 232
福　建	15 241	−406	12 500	7 103	5 415	−1 458	47 767	12 108
江　西	5 772	3 455	56 360	18 490	8 418	569	23 318	3 274
山　东	22 427	10 270	41 780	11 413	20 054	2 490	42 785	9 605
河　南	27 244	5 579	39 490	11 093	9 038	227	36 583	1 714
湖　北	18 197	3 270	43 179	13 943	24 597	1 321	48 444	7 476
湖　南	24 403	4 304	53 640	13 614	12 373	−664	46 741	6 998
广　东	8 206	2 309	33 333	14 953	15 925	−636	142 131	6 350
广　西	17 584	−147	39 435	13 508	3 630	−182	24 910	4 960
海　南			11 788	9 222	198	−24	7 832	2 646
四　川	7 785	−4 684	29 010	10 575	14 057	−31	98 107	28 788
贵　州	6 020	2 399	10 260	1 642	1 771	−465	6 711	914
云　南	7 208	1 353	11 890	3 109	3 555	−237	16 423	821
陕　西	2 598	4	18 204	4 013	9 647	−1 445	9 172	2 898
甘　肃			1 658	637	1 758	−306	1 693	607
青　海			870	119	84	−269	454	246
宁　夏			6 334	2 196	502	−77	551	141
新　疆			16 327	5 685	596	−225	7 900	−296
#重　庆		−300	764	281	1 316	20	8 196	913
武　汉	962	−377	611	21	4 099	38	5 342	2 802
沈　阳	559	−41	1 362	634	4 772	700	9 224	2 584
大　连	3 005	1 264	3 559	496	1 390	−206	11 066	7 619
哈尔滨	1 020	720	1 352	1 201	1 771	382	1 704	1 281
广　州	421	−179	1 880	1 825	4 820	900	9 103	−216
西　安	836	386	1 856	432	2 158	−41	3 356	623
青　岛		−1 620	1 845	−231	5 980	1 500	15 704	8 153
宁　波			661	134	6 992	3 000	10 132	4 886
厦　门	856	−1 074	8	−1	900		12 041	7 468
深　圳			807	−284	449	−908	59 354	2 859
长　春	961	767	1 760	−282	515	−92	763	688
南　京	1 400	17	498	385	2 010	−1 066	3 701	2 520
成　都	1 140	84	2 016	1 093	1 991	83	12 787	1 584
合　计	218 950	52 406	672 235	221 478	259 284	1 359	815 407	147 020

农业银行信贷资金来源

（年末余额）　　　　单位：亿元

	1986年	1987年	1988年	1989年	1990年	1991年	1987—1991年平均每年增长（%）
资金来源总计	2 369.15	2 736.73	3 143.31	3 731.53	4 736.31	5 786.23	19.55
一、各项存款合计	1 211.80	1 487.30	1 713.73	2 055.46	2 640.55	3 319.51	22.33
（一）企业存款	262.77	305.00	351.36	369.43	438.39	546.46	15.77
1. 工业存款	19.24	25.47	28.86	28.43	34.63	44.24	18.12
2. 商业存款	196.72	221.69	253.18	266.23	310.18	380.38	14.10
3. 乡镇企事业存款	45.66	54.28	62.15	56.25	66.33	86.36	13.59
4. 单位定期存款	1.15	3.56	7.17	18.52	27.25	35.48	98.54
（二）农业存款	588.39	656.99	672.22	722.52	853.67	1 027.66	11.80
1. 国营农业企事业存款	83.53	94.65	92.23	94.29	115.03	136.49	10.32
2. 集个体农业存款	9.94	12.34	15.08	16.68	19.21	24.48	19.75
3. 信用社存款	265.86	285.51	287.17	320.86	434.44	532.08	14.89
4. 信用社存款准备金	229.06	264.49	277.74	290.69	284.99	334.60	7.87
（三）储蓄存款	257.68	426.19	593.71	848.51	1 212.10	1 577.64	43.68
1. 活期	54.38	99.91	154.24	147.60	182.36	242.94	34.90
2. 定期	203.30	326.28	439.47	700.91	1 029.74	1 334.70	45.70
（四）其他存款	102.96	99.12	96.44	115.00	136.39	167.75	10.26
二、金融债券	10.20	10.65	12.90	10.11	9.68	14.81	7.74
三、财政性存款	26.86	29.81	27.68	42.99	58.74	71.62	21.67
四、向人行借款	774.67	834.54	993.80	1 182.87	1 438.88	1749.93	17.70
* 临时借款	66.93	110.40	246.69	407.72	549.70	806.15	64.50
五、同业往来	14.51	55.15	87.87	159.81	275.88	301.33	83.43
六、信贷基金	225.26	234.37	244.92	257.01	268.02	279.07	23.89
七、纯益	10.92	13.92	15.20	12.26	11.55	16.05	46.98
八、其他	94.93	70.99	47.21	11.02	33.01	33.91	−18.61

农业银行信贷资金来源增减额

（比上年末）　　　　单位：亿元

	1987年	1988年	1989年	1990年	1991年
资金来源总计	367.58	406.58	588.22	1 004.78	1 049.92
一、各项存款合计	275.50	226.43	341.73	585.09	678.96
（一）企业存款	42.23	46.36	18.07	68.96	108.06
1．工业存款	6.23	3.39	－0.43	6.20	9.61
2．商业存款	24.97	31.49	13.05	43.95	70.19
3．乡镇企事业存款	8.62	7.87	－5.90	10.08	20.03
4．单位定期存款	2.41	3.61	11.35	8.73	8.23
（二）农业存款	68.60	15.23	50.30	131.15	173.99
1．国营农业企事业存款	11.12	－2.42	2.06	20.74	21.46
2．集个体农业存款	2.40	2.74	1.60	2.54	5.27
3．信用社存款	19.65	1.66	33.69	113.57	97.65
4．信用社存款准备金	35.43	13.25	12.95	－5.70	49.61
（三）储蓄存款	168.51	167.52	254.80	363.59	365.54
1．活期	45.53	54.33	－6.64	34.76	60.58
2．定期	122.98	113.19	261.44	328.83	304.96
（四）其他存款	－3.84	－2.68	18.56	21.39	31.37
二、金融债券	0.45	2.25	－2.79	－0.43	5.14
三、财政性存款	2.95	－2.13	15.31	15.75	12.88
四、向人行借款	59.87	159.26	189.07	256.01	311.05
# 临时借款	43.47	136.29	161.03	141.98	256.45
五、同业往来	40.64	32.72	71.94	116.07	25.45
六、信贷基金	9.11	10.55	12.09	11.01	11.06
七、纯益	3.00	1.28	－2.94	－0.71	4.50
八、其他	－23.94	－23.78	－36.19	21.99	0.89

农业银行信贷资金来源增长率

（比上年末） 单位：%

	1987年	1988年	1989年	1990年	1991年
资金来源总计	15.51	14.85	18.71	26.92	22.16
一、各项存款合计	22.73	15.22	19.94	28.46	25.71
（一）企业存款	16.07	15.19	5.14	18.67	24.64
1．工业存款	32.40	13.29	－1.46	21.79	27.75
2．商业存款	12.69	14.20	5.15	16.50	22.62
3．乡镇企事业存款	18.86	14.50	－9.49	17.92	30.19
4．单位定期存款	210.48	101.57	158.37	47.14	30.20
（二）农业存款	11.65	2.31	7.48	18.15	20.38
1．国营农业企事业存款	13.30	－2.55	2.23	21.99	18.65
2．集个体农业存款	24.13	22.28	10.54	15.22	27.45
3．信用社存款	7.39	0.57	11.73	35.39	22.47
4．信用社存款准备金	15.46	5.00	4.66	－1.95	17.40
（三）储蓄存款	65.39	39.33	42.91	42.85	30.15
1．活期	83.74	54.37	－4.30	23.54	33.22
2．定期	60.49	34.69	59.48	46.91	29.61
（四）其他存款	－3.74	－2.70	19.25	18.59	22.99
二、金融债券	4.39	21.15	－21.65	－4.27	53.09
三、财政性存款	10.99	－7.13	55.29	36.64	21.92
四、向人行借款	7.72	19.08	19.02	21.64	21.61
# 临时借款	64.95	123.45	65.27	34.82	46.65
五、同业往来	279.97	59.33	81.87	72.62	9.22
六、信贷基金	4.04	4.50	4.93	4.28	4.12
七、纯益	27.47	9.19	－19.34	－5.79	38.96
八、其他	－25.21	－33.53	－76.64	199.63	2.70

农业银行信贷资金来源构成

单位：%

	1987年	1988年	1989年	1990年	1991年
资金来源总计	100.00	100.00	100.00	100.00	100.00
一、各项存款合计	54.35	54.52	55.08	55.75	57.37
(以各项存款为100)					
(一) 企业存款	20.51	20.50	17.98	16.60	16.46
(以企业存款为100)					
1. 工业存款	8.35	8.21	7.70	7.90	8.10
2. 商业存款	72.68	72.06	72.06	70.75	69.61
3. 乡镇企事业存款	17.80	17.69	15.23	15.13	15.80
4. 单位定期存款	1.17	2.04	5.01	6.22	6.49
(二) 农业存款	44.17	39.23	35.15	32.33	30.96
(以农业存款为100)					
1. 国营农业企事业存款	13.25	12.64	11.82	13.48	13.28
2. 集个体农业存款	1.88	2.24	2.31	2.25	2.38
3. 信用社存款	44.30	43.45	45.04	50.89	51.78
4. 信用社存款准备金	40.57	41.67	40.83	33.38	32.56
(三) 储蓄存款	28.66	34.64	41.28	45.90	47.53
(以储蓄存款为100)					
1. 活期	23.44	25.98	17.40	15.04	15.40
2. 定期	76.56	74.02	82.60	84.96	84.60
(四) 其他存款	6.66	5.63	5.59	5.17	5.05
二、金融债券	0.39	0.41	0.27	0.20	0.25
三、财政性存款	1.09	0.88	1.15	1.24	1.24
四、向人行借款	30.49	31.62	31.70	30.38	30.24
五、同业往来	2.02	2.80	4.28	5.82	5.21
六、信贷基金	8.56	7.79	6.89	5.66	4.82
七、纯益	0.51	0.48	0.33	0.24	0.28
八、其他	2.59	1.50	0.30	0.71	0.59

农业银行信贷资金运用

（年末余额）　　　　　　　　　　　　　　　　　单位：亿元

	1986年	1987年	1988年	1989年	1990年	1991年	1987—1991年平均每年增长（%）
资金运用总计	2 369.15	2 736.73	3 143.31	3 731.53	4 736.31	5 786.23	19.55
一、各项贷款合计	1 996.12	2 319.26	2 632.15	3 058.17	3 774.34	4 578.07	18.06
（一）流动资金贷款	1 611.78	1 849.38	2 105.17	2 455.91	3 042.37	3 675.29	17.92
1. 工业贷款	99.55	133.10	154.43	189.20	249.54	307.89	25.33
国营工业流动资金贷款	43.11	55.97	63.46	82.32	114.99	146.65	27.74
集体工业贷款	47.04	62.72	73.91	89.44	113.67	136.91	23.82
集体工业固定资产贷款	9.40	14.41	17.06	17.44	20.88	24.32	20.94
2. 商业贷款	1 241.98	1 388.73	1 569.39	1 873.57	2 359.28	2 868.97	18.23
国营商业贷款	54.77	65.67	85.82	107.60	126.74	147.33	21.88
供销社贷款	416.34	467.36	515.52	578.57	624.05	671.72	10.04
农机公司贷款	24.12	23.70	25.64	28.18	29.41	32.59	6.20
预购定金贷款	3.70	6.37	5.56	5.13	4.68	5.55	8.45
乡镇企业供销公司贷款	20.25	24.03	24.56	27.11	32.15	37.12	12.89
集体商业贷款	40.13	53.47	60.51	61.04	65.26	75.19	13.38
个体商业贷款	8.10	11.89	14.50	12.27	12.51	13.47	10.71
收购农副产品贷款	634.12	690.21	789.80	998.82	1 405.83	1 818.30	23.45
其他商业贷款	40.45	46.03	47.48	54.85	58.65	67.70	10.85
3. 乡镇企业贷款	270.25	327.55	381.35	393.14	433.55	498.43	13.02
流动资金贷款	197.76	241.57	280.04	295.02	329.78	377.15	13.78
固定资产贷款	72.49	85.98	101.31	98.12	103.77	121.28	10.84
（二）固定资产贷款	38.52	46.88	58.45	65.58	76.43	99.86	20.99
1. 国营工业技改贷款	13.31	12.66	17.15	20.33	26.38	37.00	22.69
2. 国营商业技改贷款	11.24	14.30	15.19	15.17	15.57	17.05	8.69
3. 国营农业技改贷款	13.92	17.01	19.84	21.32	23.31	26.96	14.13
4. 基本建设贷款	0.05	2.91	6.27	8.76	11.17	18.85	227.54
（三）农业贷款	279.83	338.68	396.80	463.93	562.93	695.45	19.97
1. 国营农业贷款	89.51	111.14	134.10	164.46	203.00	248.64	22.67
2. 集体农业贷款	65.17	72.06	82.78	95.77	113.61	143.10	17.04
3. 农户贷款	64.10	79.26	86.79	90.60	99.41	114.85	12.37
4. 信用社贷款	42.08	36.46	33.69	33.97	37.47	41.35	−0.35
5. 扶贫贴息贷款	0.17	13.47	26.61	37.72	47.71	58.39	221.50
6. 外资配套贷款	3.14	5.66	7.81	10.16	16.65	21.90	47.47
7. 开发性贷款	15.66	20.63	25.02	31.25	45.08	67.22	33.83
（四）特种贷款	11.59	16.09	23.04	26.02	25.79	25.93	17.47
（五）其他贷款	54.40	68.23	48.69	46.73	66.82	81.54	8.43
二、缴存准备金	108.90	160.91	202.33	258.75	340.15	431.32	31.69
三、在人行存款	176.91	141.54	132.64	250.00	387.77	427.84	19.32
四、同业往来	40.31	71.69	127.31	105.03	168.11	278.31	47.17
五、现金	46.91	43.33	48.88	59.58	65.94	70.69	8.55

农业银行信贷资金运用增减额

（比上年末）

单位：亿元

	1987年	1988年	1989年	1990年	1991年
资金运用总计	367.58	406.58	588.22	1 004.78	1 049.92
一、各项贷款合计	323.14	312.89	426.02	716.17	803.72
（一）流动资金贷款	237.60	255.79	350.75	586.45	632.93
1. 工业贷款	33.55	21.33	34.77	60.34	58.34
国营工业流动资金贷款	12.86	7.49	18.86	32.67	31.66
集体工业贷款	15.68	11.19	15.53	24.23	23.24
集体工业固定资产贷款	5.01	2.65	0.38	3.44	3.44
2. 商业贷款	146.76	180.66	304.19	485.70	509.70
国营商业贷款	10.90	20.15	21.78	19.14	20.59
供销社贷款	51.02	48.16	63.05	45.48	47.67
农机公司贷款	−0.42	1.94	2.54	1.23	3.19
预购定金贷款	2.67	−0.81	−0.43	−0.45	0.87
乡镇企业供销公司贷款	3.78	0.53	2.55	5.04	4.97
集体商业贷款	13.34	7.04	0.53	4.22	9.93
个体商业贷款	3.79	2.61	−2.23	0.24	0.96
收购农副产品贷款	56.09	99.59	209.02	407.01	412.47
其他商业贷款	5.59	1.45	7.38	3.79	9.05
3. 乡镇企业贷款	57.29	53.80	11.79	40.41	64.89
流动资金贷款	43.81	38.47	14.98	34.76	47.38
固定资产贷款	13.48	15.33	−3.19	5.65	17.50
（二）固定资产贷款	8.36	11.57	7.13	10.84	23.43
1. 国营工业技改贷款	−0.65	4.49	3.18	6.05	10.62
2. 国营商业技改贷款	3.06	0.89	−0.02	0.40	1.48
3. 国营农业技改贷款	3.09	2.83	1.48	1.98	3.65
4. 基本建设贷款	2.86	3.36	2.49	2.41	7.68
（三）农业贷款	58.85	58.12	67.13	98.99	132.53
1. 国营农业贷款	21.63	22.96	30.36	38.54	45.64
2. 集体农业贷款	6.89	10.72	12.99	17.83	29.50
3. 农户贷款	15.16	7.53	3.81	8.82	15.44
4. 信用社贷款	−5.62	−2.77	0.29	3.49	3.88
5. 扶贫贴息贷款	13.30	13.14	11.11	9.99	10.68
6. 外资配套贷款	2.52	2.15	2.35	6.49	5.24
7. 开发性贷款	4.97	4.39	6.23	13.83	22.15
（四）特种贷款	4.50	6.95	2.98	−0.23	0.14
（五）其他贷款	13.83	−19.54	−1.97	20.12	14.69
二、缴存准备金	52.01	41.42	56.42	81.40	91.16
三、在人行存款	−35.37	−8.90	117.36	137.77	40.06
四、同业往来	31.38	55.62	−22.28	63.08	110.22
五、现金	−3.58	5.55	10.70	6.36	4.76

农业银行信贷资金运用增长率

（比上年末）

单位：%

	1987年	1988年	1989年	1990年	1991年
资金运用总计	15.51	14.85	18.71	26.92	22.16
一、各项贷款合计	16.18	13.49	16.18	23.41	21.29
（一）流动资金贷款	14.74	13.83	16.66	23.87	20.80
1. 工业贷款	33.67	16.09	22.58	31.88	23.38
国营工业流动资金贷款	29.83	13.38	29.71	39.68	27.53
集体工业贷款	33.31	17.84	21.02	27.08	20.44
集体工业固定资产贷款	53.37	18.30	2.22	19.71	16.49
2. 商业贷款	11.81	13.00	19.38	25.92	21.60
国营商业贷款	19.89	30.69	25.37	17.78	16.24
供销社贷款	12.25	10.30	12.23	7.86	7.63
农机公司贷款	−1.72	8.16	9.88	4.37	10.83
预购定金贷款	72.03	−12.72	−7.69	−8.87	18.67
乡镇企业供销公司贷款	18.67	2.23	10.36	18.60	15.45
集体商业贷款	33.26	13.15	0.87	6.90	15.21
个体商业贷款	46.85	21.91	−15.35	1.88	7.69
收购农副产品贷款	8.84	14.42	26.46	40.75	29.33
其他商业贷款	13.75	3.15	15.55	6.90	15.43
3. 乡镇企业贷款	21.19	16.42	3.09	10.27	14.96
流动资金贷款	22.15	15.92	5.34	11.77	14.36
固定资产贷款	18.60	17.82	−3.14	5.75	16.86
（二）固定资产贷款	21.71	24.68	12.19	16.53	30.65
1. 国营工业技改贷款	−4.90	35.42	18.55	29.79	40.23
2. 国营商业技改贷款	27.24	6.25	−0.15	2.63	9.53
3. 国营农业技改贷款	22.20	16.69	7.42	9.31	15.66
4. 基本建设贷款		115.46	39.71	27.42	68.77
（三）农业贷款	21.03	17.16	16.91	21.33	23.54
1. 国营农业贷款	24.16	20.65	22.63	23.43	22.48
2. 集体农业贷款	10.55	14.88	15.70	18.60	25.96
3. 农户贷款	23.65	9.50	4.37	9.73	15.53
4. 信用社贷款	−13.33	−7.60	0.84	10.29	10.34
5. 扶贫贴息贷款		97.55	41.75	26.49	22.39
6. 外资配套贷款	80.25	37.99	30.09	63.93	31.46
7. 开发性贷款	31.71	21.27	24.88	44.25	49.13
（四）特种贷款	38.78	43.19	12.92	−0.88	0.52
（五）其他贷款	25.42	−28.63	−4.04	42.99	22.03
二、缴存准备金	47.76	25.73	27.88	31.46	26.80
三、在人行存款	−19.99	−6.29	88.48	55.10	10.33
四、同业往来	77.80	77.59	−17.50	60.05	65.56
五、现金	−7.62	12.80	21.90	10.66	7.21

农业银行信贷资金运用构成

单位：%

	1987年	1988年	1989年	1990年	1991年
资金运用总计	100.00	100.00	100.00	100.00	100.00
一、各项贷款合计	84.67	83.66	81.85	79.69	79.12
(以各项贷款为100)					
(一) 流动资金贷款	80.72	80.97	81.21	81.37	80.28
(以流动资金贷款为100)					
1. 工业贷款	7.11	7.24	7.62	8.13	8.38
(以工业贷款为100)					
国营工业流动资金贷款	42.05	41.09	43.51	46.08	47.63
集体工业贷款	47.12	47.86	47.27	45.55	44.47
集体工业固定资产贷款	10.83	11.05	9.22	8.37	7.90
2. 商业贷款	74.19	73.63	75.44	76.82	78.06
(以商业贷款为100)					
国营商业贷款	4.73	5.47	5.74	5.37	5.14
供销社贷款	33.65	32.85	30.88	26.45	23.41
农机公司贷款	1.71	1.63	1.50	1.24	1.14
预购定金贷款	0.46	0.35	0.27	0.20	0.19
乡镇企业供销公司贷款	1.73	1.57	1.45	1.36	1.29
集体商业贷款	3.85	3.86	3.26	2.77	2.62
个体商业贷款	0.86	0.92	0.66	0.53	0.47
收购农副产品贷款	49.70	50.33	53.31	59.59	63.38
其他商业贷款	3.31	3.02	2.93	2.49	2.36
3. 乡镇企业贷款	18.70	19.13	16.94	15.05	13.56
(以乡镇企业贷款为100)					
流动资金贷款	73.75	73.43	75.04	76.07	75.67
固定资产贷款	26.25	26.57	24.96	23.93	24.33
(二) 固定资产贷款	2.02	2.22	2.14	2.03	2.18
(以固定资产贷款为100)					
1. 国营工业技改贷款	27.02	29.33	30.99	34.52	37.05
2. 国营商业技改贷款	30.49	25.99	23.13	20.37	17.07
3. 国营农业技改贷款	36.28	33.96	32.52	30.50	27.00
4. 基本建设贷款	6.21	10.72	13.36	14.61	18.88
(三) 农业贷款	14.60	15.08	15.17	14.91	15.19
(以农业贷款为100)					
1. 国营农业贷款	32.82	33.79	35.44	36.06	35.75
2. 集体农业贷款	21.27	20.86	20.65	20.18	20.58
3. 农户贷款	23.40	21.87	19.53	17.66	16.51
4. 信用社贷款	10.77	8.49	7.32	6.66	5.94
5. 扶贫贴息贷款	3.98	6.71	8.13	8.48	8.40
6. 外资配套贷款	1.67	1.97	2.19	2.96	3.15
7. 开发性贷款	6.09	6.31	6.74	8.00	9.67
(四) 特种贷款	0.69	0.88	0.85	0.68	0.57
(五) 其他贷款	1.97	0.85	0.63	1.01	1.78
二、缴存准备金	5.88	6.44	6.93	7.18	7.45
三、在人行存款	5.17	4.22	6.70	8.19	7.40
四、同业往来	2.62	4.05	2.81	3.55	4.81
五、现金	1.66	1.63	1.71	1.39	1.22

各地区农业银行各项存款

单位：万元

地区	1988年		1989年		1990年		1991年	
	年末余额	比上年增减	年末余额	比上年增减	年末余额	比上年增减	年末余额	比上年增减
总　行	86	−247	202	116	1 026	824	42 239	41 213
北　京	476 100	79 496	552 803	76 703	697 353	144 550	862 392	165 039
天　津	296 964	45 059	345 299	48 335	459 770	114 471	556 142	96 372
河　北	1 126 309	121 724	1 373 174	246 865	1 694 287	321 113	2 157 382	463 095
山　西	467 098	66 730	581 753	114 655	732 960	151 207	851 702	118 742
内蒙古	273 804	45 611	291 314	17 510	380 645	89 331	429 760	49 115
辽　宁	823 381	169 392	996 554	173 173	1 280 537	283 983	1 578 199	297 662
吉　林	401 836	86 545	425 971	24 135	535 721	109 750	666 461	130 740
黑龙江	555 061	114 308	709 908	154 847	912 513	202 605	1 117 838	205 325
上　海	632 370	105 564	780 717	148 347	999 412	218 695	1 369 828	370 416
江　苏	1 155 844	129 869	1 416 863	261 019	1 915 329	498 466	2 389 900	474 571
浙　江	799 303	66 113	1 000 933	201 630	1 371 704	370 771	1 746 703	374 999
安　徽	469 189	55 398	545 601	76 412	693 064	147 463	859 379	166 315
福　建	473 946	−9 964	553 927	79 981	713 247	159 320	902 405	189 158
江　西	412 947	44 696	492 718	79 771	610 607	117 889	748 370	137 763
山　东	1 436 102	184 526	1 694 855	258 753	2 123 813	428 958	2 501 135	377 322
河　南	895 995	107 455	1 021 723	125 728	1 228 428	206 705	1 678 315	449 887
湖　北	684 267	109 606	828 807	144 540	1 034 317	205 510	1 270 099	235 782
湖　南	512 306	−25 676	650 561	138 255	841 627	191 066	1 053 892	212 265
广　东	1 760 112	413 737	2 128 217	368 105	2 748 956	620 739	3 608 035	859 079
广　西	420 494	33 606	490 184	69 690	678 721	188 537	836 894	158 173
海　南	161 138	43 044	179 511	18 373	242 442	62 931	302 944	60 502
四　川	1 000 879	71 152	1 222 718	221 839	1 581 073	358 355	2 037 314	456 241
贵　州	200 942	17 405	232 058	31 116	294 367	62 309	400 960	106 593
云　南	436 486	52 752	560 575	124 089	731 761	171 186	911 426	179 665
陕　西	380 319	18 620	462 625	82 306	573 182	110 557	706 549	133 367
甘　肃	262 266	36 470	300 644	38 378	363 477	62 833	419 468	55 991
青　海	93 779	13 695	94 388	609	105 544	11 156	119 675	14 131
宁　夏	71 959	5 573	87 566	15 607	108 198	20 632	133 135	24 937
新　疆	456 063	62 133	532 419	76 356	751 414	218 995	936 510	185 096
# 重　庆	131 959	8 251	160 097	28 138	203 294	43 197	268 913	65 619
武　汉	138 904	27 331	172 601	33 697	214 135	41 534	283 863	69 728
沈　阳	132 791	27 540	179 489	46 698	258 196	78 707	346 785	88 589
大　连	190 804	38 716	224 723	33 919	298 344	73 621	360 074	61 730
哈尔滨	78 257	23 428	99 272	21 015	125 613	26 341	186 414	60 801
广　州	349 141	62 981	433 905	84 764	557 183	123 278	737 097	179 914
西　安	83 989	2 343	105 359	21 370	133 569	28 210	161 515	27 946
青　岛	137 440	19 691	165 524	28 084	213 041	47 517	265 647	52 606
宁　波	122 748	9 740	152 126	29 378	221 389	69 263	288 568	67 179
厦　门	26 931	26 931	33 888	6 957	50 826	16 938	72 152	21 326
深　圳	203 575	203 575	223 989	20 414	290 309	66 320	485 450	195 141
长　春			94 525	94 525	118 615	24 090	150 637	32 022
南　京			115 679	115 679	151 421	35 742	195 818	44 397
成　都			207 619	207 619	278 361	70 742	373 669	95 308
合　计	17 137 345	2 264 392	20 554 588	3 417 243	26 405 495	5 850 907	33 195 051	6 789 556

各地区农业银行储蓄存款

单位：万元

	1988年		1989年		1990年		1991年	
	年末余额	比上年增减	年末余额	比上年增减	年末余额	比上年增减	年末余额	比上年增减
总行								
北京	56 420	21 957	96 411	39 991	139 599	43 188	181 898	42 299
天津	85 436	16 232	119 787	34 351	169 892	50 105	215 628	45 736
河北	419 144	139 626	628 562	209 418	900 448	271 886	1 142 599	242 151
山西	144 136	54 763	217 303	73 167	307 064	89 761	395 118	88 054
内蒙古	82 360	29 953	112 243	29 883	158 723	46 480	203 293	44 570
辽宁	288 131	127 073	435 869	147 738	637 545	201 676	843 566	206 021
吉林	149 656	63 134	199 659	50 003	286 772	87 113	374 418	87 646
黑龙江	241 210	89 182	351 530	110 320	482 989	131 459	612 500	129 511
上海	235 935	48 607	348 970	113 035	504 943	155 973	681 855	176 912
江苏	411 065	89 947	641 453	230 388	984 406	342 953	1 313 993	329 587
浙江	227 404	36 141	352 950	125 546	534 232	181 282	699 413	165 181
安徽	131 349	38 478	175 048	43 699	242 431	67 383	308 012	65 581
福建	174 387	17 512	244 756	70 369	339 932	95 176	446 745	106 813
江西	148 539	35 345	206 842	58 303	291 902	85 060	387 994	96 092
山东	486 423	224 713	738 469	252 046	1 076 210	337 741	1 373 239	297 029
河南	332 770	88 101	438 608	105 838	598 113	159 505	779 600	181 487
湖北	279 988	72 357	362 340	82 352	481 782	119 442	610 009	128 227
湖南	184 592	29 995	271 287	86 695	383 680	112 393	501 994	118 314
广东	506 508	164 031	744 810	238 302	1 113 728	368 918	1 493 119	379 391
广西	162 577	41 202	222 486	59 909	327 945	105 459	433 612	105 667
海南	85 705	23 237	104 026	18 321	142 723	38 697	183 569	40 846
四川	364 516	65 103	503 372	138 856	697 014	193 642	903 843	206 829
贵州	61 872	10 489	79 733	17 861	105 498	25 765	139 681	34 183
云南	140 423	29 510	190 186	49 763	259 175	68 989	334 989	75 814
陕西	150 445	34 098	211 152	60 707	289 440	78 288	375 660	86 220
甘肃	96 025	26 197	129 927	33 902	176 043	46 116	225 776	49 733
青海	30 946	5 233	36 177	5 231	45 537	9 360	53 888	8 351
宁夏	27 785	6 863	37 520	9 735	52 786	15 266	65 918	13 132
新疆	231 370	46 161	283 619	52 249	390 438	106 819	494 459	104 021
#重庆	42 842	7 111	62 566	19 724	92 099	29 533	119 283	27 184
武汉	39 689	10 281	55 066	15 377	80 575	25 509	107 611	27 036
沈阳	40 560	20 350	75 155	34 595	127 732	52 577	182 889	55 157
大连	57 610	25 336	84 076	26 466	124 100	40 024	164 766	40 666
哈尔滨	27 952	18 403	44 252	16 300	62 479	18 227	92 075	29 596
广州	82 230	25 109	137 201	54 971	203 547	66 346	277 238	73 691
西安	25 995	6 909	37 641	11 646	51 863	14 222	69 924	18 061
青岛	45 547	19 610	70 422	24 875	116 404	45 982	153 321	36 917
宁波	36 758	4 447	56 502	19 744	86 251	29 749	114 310	28 059
厦门	11 315		15 577	4 262	23 268	7 691	32 337	9 069
深圳	50 422		70 918	20 496	102 801	31 883	150 870	48 069
长春			38 889		57 791	18 902	78 169	20 378
南京			47 172		75 103	27 931	99 704	24 601
成都			81 559		118 622	37 063	158 955	40 333
合计	**5 937 117**	**1 675 240**	**8 485 095**	**2 547 978**	**12 120 990**	**3 635 895**	**15 776 388**	**3 655 398**

各地区农业银行各项贷款

单位：万元

	1988年		1989年		1990年		1991年	
	年末余额	比上年增减	年末余额	比上年增减	年末余额	比上年增减	年末余额	比上年增减
总　　行	5 300	－38 100	5 300		5 300		3 600	－1 700
北　　京	394 788	89 695	485 626	90 838	604 308	118 682	760 822	156 514
天　　津	325 034	52 853	399 919	74 885	542 602	142 683	655 570	112 968
河　　北	1 478 450	113 591	1 660 378	181 928	1 944 794	284 416	2 307 647	362 853
山　　西	565 566	91 092	659 845	94 279	807 093	147 248	924 639	117 546
内 蒙 古	481 267	71 398	568 184	86 917	785 336	217 152	924 022	138 686
辽　　宁	1 199 579	183 226	1 442 533	242 954	1 823 342	380 809	2 221 729	398 387
吉　　林	1 092 206	176 209	1 215 018	122 812	1 680 279	465 261	2 143 576	463 297
黑 龙 江	1 199 818	159 496	1 368 795	168 977	1 724 547	355 752	2 161 497	436 950
上　　海	594 728	148 819	815 949	221 221	980 530	164 581	1 260 754	280 224
江　　苏	1 764 323	54 288	2 047 068	282 745	2 492 953	445 885	3 023 956	531 003
浙　　江	982 317	90 589	1 137 303	154 986	1 358 443	221 140	1 595 620	237 177
安　　徽	956 950	85 852	1 101 671	144 721	1 429 290	327 619	1 759 379	330 089
福　　建	579 875	62 755	669 077	89 202	770 515	101 438	878 555	108 040
江　　西	739 731	93 702	917 980	178 249	1 158 259	240 279	1 496 134	337 875
山　　东	2 229 442	172 876	2 497 501	268 059	2 961 137	463 636	3 576 057	614 920
河　　南	1 648 265	165 978	1 856 342	208 077	2 335 191	478 849	2 860 291	525 100
湖　　北	1 522 889	152 086	1 810 426	287 537	2 369 026	558 600	2 735 144	366 118
湖　　南	1 013 526	70 489	1 209 424	195 898	1 454 190	244 766	1 798 876	344 686
广　　东	2 298 266	379 633	2 574 703	276 437	2 955 757	381 054	3 370 318	414 561
广　　西	631 481	76 202	707 302	75 821	820 610	113 308	987 589	166 979
海　　南	242 621	60 306	275 857	33 236	338 880	63 023	407 400	68 520
四　　川	1 681 794	171 629	1 975 129	293 335	2 435 295	460 166	3 037 254	601 959
贵　　州	404 148	58 177	470 056	65 908	549 020	78 964	706 209	157 189
云　　南	636 142	117 731	713 504	77 362	804 664	91 160	948 373	143 709
陕　　西	625 981	85 374	743 731	117 750	902 346	158 615	1 050 176	147 830
甘　　肃	372 285	49 040	428 005	55 720	525 064	97 059	615 271	90 207
青　　海	79 583	19 040	101 625	22 042	118 892	17 267	131 939	13 047
宁　　夏	108 317	24 112	130 880	22 563	156 485	25 605	177 667	21 182
新　　疆	466 810	90 791	592 581	125 771	909 276	316 695	1 260 605	351 329
*重　　庆	198 874	24 945	233 769	34 895	300 847	67 078	384 653	83 806
武　　汉	201 478	32 808	240 284	38 806	310 025	69 741	373 129	63 104
沈　　阳	206 283	36 692	260 807	54 524	354 768	93 961	437 007	82 239
大　　连	159 980	27 800	193 750	33 770	239 515	45 765	291 162	51 647
哈 尔 滨	113 797	29 911	144 640	30 843	190 142	45 502	309 406	119 264
广　　州	317 420	25 498	360 416	42 996	416 114	55 698	469 358	53 244
西　　安	137 922	16 164	165 061	27 139	198 965	33 904	231 044	32 079
青　　岛	158 013	25 402	193 673	35 660	253 023	59 350	300 280	47 257
宁　　波	149 400	14 871	177 012	27 612	226 068	49 056	266 100	40 032
厦　　门	41 046		46 374	5 328	70 610	24 236	92 349	21 739
深　　圳	257 621		310 155	52 534	381 328	71 173	458 826	77 498
长　　春			278 458		413 168	134 710	542 978	129 810
南　　京			155 659		177 252	21 593	221 434	44 182
成　　都			269 934		328 942	59 008	405 934	76 992
合　　计	26 321 482	3 128 929	30 581 712	4 260 230	37 743 424	7 161 712	45 780 669	8 037 245

各地区农业银行商业贷款

单位：万元

	1988年		1989年		1990年		1991年	
	年末余额	比上年增减	年末余额	比上年增减	年末余额	比上年增减	年末余额	比上年增减
总行								
北京	182 465	34 931	230 287	47 822	273 162	42 875	344 828	71 666
天津	148 253	30 098	200 346	52 093	285 295	84 949	344 032	58 737
河北	984 349	53 103	1 098 797	114 448	1 257 862	159 065	1 511 223	253 361
山西	331 244	60 054	405 818	74 574	515 321	109 503	588 497	73 176
内蒙古	327 802	58 603	397 935	70 133	588 615	190 680	692 041	103 426
辽宁	701 135	107 499	874 002	172 867	1 138 458	264 456	1 413 712	275 254
吉林	753 047	132 913	836 781	83 734	1 232 689	395 908	1 603 752	371 063
黑龙江	717 961	127 545	850 080	132 119	1 141 102	291 022	1 469 203	328 101
上海	204 665	69 850	291 576	86 911	326 975	35 399	399 645	72 670
江苏	1 033 815	37 934	1 271 161	237 346	1 585 237	314 076	1 882 006	296 769
浙江	471 302	53 272	582 378	111 076	696 992	114 614	795 997	99 005
安徽	647 074	41 983	763 966	116 892	1 025 212	261 246	1 168 592	143 380
福建	237 467	41 553	299 565	62 098	337 411	37 846	372 844	35 433
江西	402 278	39 262	542 866	140 588	708 472	165 606	952 269	243 797
山东	1 621 042	69 252	1 809 894	188 852	2 115 278	305 384	2 563 866	448 588
河南	1 191 780	93 708	1 334 587	142 807	1 701 458	366 871	2 081 914	380 456
湖北	957 011	82 836	1 195 200	238 189	1 665 354	470 154	1 913 369	248 015
湖南	596 542	17 947	755 428	158 886	927 837	172 409	1 166 200	238 363
广东	1 250 406	194 002	1 426 258	175 852	1 578 683	152 425	1 778 884	200 201
广西	305 836	27 242	353 600	47 764	415 961	62 361	505 408	89 447
海南	128 501	38 539	141 487	12 986	172 993	31 506	207 364	34 371
四川	967 051	112 636	1 202 723	235 672	1 508 699	305 976	1 916 281	407 582
贵州	224 628	27 619	265 563	40 935	301 871	36 308	403 249	101 378
云南	379 251	93 599	435 083	55 832	482 999	47 916	570 758	87 759
陕西	368 215	52 406	451 883	83 668	550 310	98 427	636 247	85 937
甘肃	218 958	32 676	260 266	41 308	335 426	75 160	400 871	65 445
青海	43 637	10 617	60 744	17 107	63 613	2 869	66 997	3 384
宁夏	49 614	11 936	63 561	13 947	80 894	17 333	88 445	7 551
新疆	248 541	52 991	333 880	85 339	578 600	244 720	851 245	272 645
*重庆	110 927	14 848	135 952	25 025	179 806	43 854	234 233	54 427
武汉	122 359	20 312	153 037	30 678	201 099	48 062	238 457	37 358
沈阳	120 588	20 947	164 625	44 037	226 642	62 017	285 699	59 057
大连	75 256	14 033	89 892	14 636	111 171	21 279	131 786	20 615
哈尔滨	73 489	18 509	92 183	18 694	116 893	24 710	203 509	86 616
广州	171 524	14 998	196 301	24 777	207 334	11 033	223 231	15 897
西安	90 254	10 087	110 022	19 768	128 926	18 904	141 698	12 772
青岛	81 816	3 987	106 354	24 538	137 233	30 879	156 742	19 509
宁波	67 100	7 225	86 974	19 775	118 192	31 218	130 564	12 372
厦门	21 135		21 582	447	37 059	15 477	49 975	12 916
深圳	113 664		146 883	33 219	176 049	29 166	207 773	31 724
长春			189 682		310 967	121 285	422 284	111 317
南京			92 741		99 913	7 172	116 407	16 494
成都			153 716		183 533	29 817	226 590	43 057
合计	15 693 870	1 806 606	18 735 715	3 041 845	23 592 779	4 857 064	28 689 739	5 096 960

各地区农业银行一般商业贷款

单位：万元

	1988年		1989年		1990年		1991年	
	年末余额	比上年增减	年末余额	比上年增减	年末余额	比上年增减	年末余额	比上年增减
总行								
北京	105 872	13 398	119 683	13 811	132 896	13 213	147 715	14 819
天津	85 790	12 174	104 777	18 987	121 729	16 952	128 477	6 748
河北	405 274	20 842	438 060	32 786	469 659	31 599	501 477	31 818
山西	190 427	18 111	215 320	24 893	238 190	22 870	262 473	24 283
内蒙古	139 174	11 858	158 022	18 848	194 414	36 392	210 183	15 769
辽宁	326 341	39 095	385 361	59 020	440 681	55 320	495 167	54 486
吉林	303 921	18 291	332 859	28 938	379 286	46 427	423 398	44 112
黑龙江	362 342	24 094	396 778	34 436	441 629	44 851	483 249	41 620
上海	203 319	71 959	246 682	43 363	251 059	4 377	300 380	49 321
江苏	503 773	38 917	553 608	49 835	607 967	54 359	670 444	62 477
浙江	278 910	43 570	321 961	43 051	349 589	27 628	384 862	35 273
安徽	267 995	20 267	296 159	28 164	305 386	9 227	333 777	28 391
福建	167 794	24 194	188 336	20 542	201 005	12 669	222 361	21 356
江西	193 954	18 986	228 249	34 295	248 450	20 201	270 509	22 059
山东	459 379	38 139	519 508	60 129	569 225	49 717	620 219	50 994
河南	422 119	26 864	465 493	43 374	509 066	43 573	559 465	50 399
湖北	387 688	17 518	427 481	30 793	457 605	30 124	513 245	55 640
湖南	323 734	11 758	355 819	32 085	380 422	24 603	423 003	42 581
广东	1 072 218	167 959	1 186 470	114 252	1 274 925	88 455	1 398 800	123 875
广西	204 124	− 470	222 236	18 112	239 989	17 753	250 865	10 876
海南	111 749	31 059	114 828	3 079	126 471	11 643	137 662	11 191
四川	543 051	52 539	611 903	68 852	652 840	40 937	730 554	77 714
贵州	101 266	10 298	114 006	12 740	122 552	8 546	138 829	16 277
云南	171 348	18 681	192 500	21 152	199 593	7 093	210 468	10 875
陕西	244 351	34 865	281 000	36 649	314 652	33 652	339 791	25 139
甘肃	102 848	10 711	123 171	20 323	135 495	12 324	151 570	16 075
青海	24 472	3 938	29 226	4 754	31 229	2 003	34 170	2 941
宁夏	23 046	− 281	31 141	8 095	29 512	−1 629	32 909	3 397
新疆	69 565	11 352	86 911	17 346	108 915	22 004	130 679	21 764
#重庆	63 963	5 625	74 323	10 360	85 384	11 061	99 471	14 087
武汉	72 033	8 176	85 695	13 662	99 497	13 802	120 389	20 892
沈阳	65 883	7 853	81 939	16 056	99 086	17 147	112 755	13 669
大连	41 001	8 881	49 751	8 750	56 955	7 204	61 610	4 655
哈尔滨	61 327	13 852	75 521	14 194	87 267	11 746	113 693	26 426
广州	143 601	10 685	163 854	20 253	168 512	4 658	175 969	7 457
西安	71 779	8 003	82 004	10 225	93 948	11 944	98 721	4 773
青岛	37 927	4 454	45 108	7 181	50 644	5 536	56 153	5 509
宁波	37 613	7 069	46 028	8 415	54 844	8 816	60 848	6 004
厦门	16 952	16 952	18 033	1 081	30 901	12 868	42 508	11 607
深圳	112 006		144 428	32 422	174 425	29 997	205 730	31 305
长春			78 164		92 611	14 447	105 350	12 739
南京			52 980		48 322	−4 658	59 043	10 721
成都			84 420		90 988	6 568	100 490	9 502
合计	7 795 844	810 686	8 747 548	951 704	9 534 431	786 883	10 506 701	972 270

各地区农业银行农副产品收购贷款

单位：万元

	1988年		1989年		1990年		1991年	
	年末余额	比上年增减	年末余额	比上年增减	年末余额	比上年增减	年末余额	比上年增减
总　行								
北　京	76 593	21 533	110 604	34 011	140 266	29 662	197 113	56 847
天　津	62 463	17 924	95 569	33 106	163 566	67 997	215 555	51 989
河　北	579 075	32 261	660 737	81 662	788 203	127 466	1 009 746	221 543
山　西	140 817	41 943	190 498	49 681	277 131	86 633	326 024	48 893
内蒙古	188 628	46 745	239 913	51 285	394 201	154 288	481 858	87 657
辽　宁	374 794	68 404	488 641	113 847	697 777	209 136	918 545	220 768
吉　林	449 126	114 622	503 922	54 796	853 403	349 481	1 180 354	326 951
黑龙江	355 619	103 451	453 302	97 683	699 473	246 171	985 954	286 481
上　海	1 346	2 109	44 894	43 548	75 916	31 022	99 265	23 349
江　苏	530 042	− 983	717 553	187 511	977 270	259 717	1 211 562	234 292
浙　江	192 392	9 702	260 417	68 025	347 403	86 986	411 135	63 732
安　徽	379 079	21 716	467 807	88 728	719 826	252 019	834 815	114 989
福　建	69 673	17 359	111 229	41 556	136 406	25 177	150 483	14 077
江　西	208 324	20 276	314 617	106 293	460 022	145 405	681 760	221 738
山　东	1 161 663	31 113	1 290 386	128 723	1 546 053	255 667	1 943 647	397 594
河　南	769 661	66 844	869 094	99 433	1 192 392	323 298	1 522 449	330 057
湖　北	569 323	65 318	767 719	198 396	1 207 749	440 030	1 400 124	192 375
湖　南	272 808	6 189	399 609	126 801	547 415	147 806	743 197	195 782
广　东	178 188	26 043	239 788	61 600	303 758	63 970	380 084	76 326
广　西	101 712	27 712	131 364	29 652	175 972	44 608	254 543	78 571
海　南	16 752	7 480	26 659	9 907	46 522	19 863	69 702	23 180
四　川	424 000	60 097	590 820	166 820	855 859	265 039	1 185 727	329 868
贵　州	123 362	17 321	151 557	28 195	179 319	27 762	264 420	85 101
云　南	207 903	74 918	242 583	34 680	283 406	40 823	360 290	76 884
陕　西	123 864	17 541	170 883	47 019	235 658	64 775	296 456	60 798
甘　肃	116 110	21 965	137 095	20 985	199 931	62 836	249 301	49 370
青　海	19 165	6 679	31 518	12 353	32 384	866	32 827	443
宁　夏	26 568	12 217	32 420	5 852	51 382	18 962	55 536	4 154
新　疆	178 976	41 639	246 969	67 993	469 685	222 716	720 566	250 881
*重　庆	46 964	9 223	61 629	14 665	94 422	32 793	134 762	40 340
武　汉	50 326	12 136	67 342	17 016	101 602	34 260	118 068	16 466
沈　阳	54 705	13 094	82 686	27 981	127 556	44 870	172 944	45 388
大　连	34 255	5 152	40 141	5 886	54 216	14 075	70 176	15 960
哈尔滨	12 162	4 657	16 662	4 500	29 626	12 964	89 816	60 190
广　州	27 923	4 313	32 447	4 524	38 822	6 375	47 262	8 440
西　安	18 475	2 084	28 018	9 543	34 978	6 960	42 977	7 999
青　岛	43 889	− 467	61 246	17 357	86 589	25 343	100 589	14 000
宁　波	29 586	156	40 946	11 360	63 348	22 402	69 716	6 368
厦　门	4 183		3 549	− 634	6 158	2 609	7 467	1 309
深　圳	1 658		2 455	797	1 624	− 831	2 043	419
长　春			111 518		218 356	106 838	316 934	98 578
南　京			39 761		51 591	11 830	57 364	5 773
成　都			69 296		92 545	23 249	126 100	33 555
合　计	7 898 026	995 920	9 988 167	2 090 141	14 058 348	4 070 181	18 183 038	4 124 690

各地区农业银行乡镇企业贷款

单位：万元

地区	1988年		1989年		1990年		1991年	
	年末余额	比上年增减	年末余额	比上年增减	年末余额	比上年增减	年末余额	比上年增减
总行								
北京	77 707	15 258	82 411	4 704	93 853	11 442	105 373	12 146
天津	88 956	13 790	92 402	3 446	107 548	15 146	119 806	14 491
河北	216 636	26 396	223 434	6 798	242 682	19 248	261 538	21 631
山西	120 849	18 189	123 969	3 120	132 944	8 975	140 085	8 448
内蒙古	25 885	4 667	26 245	360	30 779	4 534	36 215	5 446
辽宁	190 104	29 097	195 709	5 605	221 104	25 395	241 040	21 249
吉林	84 424	10 977	84 704	280	95 058	10 354	105 951	13 364
黑龙江	84 756	13 780	85 013	257	95 958	10 945	104 942	11 224
上海	208 107	34 488	208 887	780	224 620	15 733	283 522	58 902
江苏	383 199	43 703	406 434	23 235	447 816	41 382	550 304	105 419
浙江	282 848	32 020	309 290	26 442	338 860	29 570	377 451	50 146
安徽	97 222	17 912	97 278	56	107 854	10 576	171 688	66 604
福建	118 585	9 549	126 988	8 403	140 223	13 235	127 424	14 436
江西	106 866	17 816	108 824	1 958	120 303	11 479	119 487	11 309
山东	273 887	40 871	281 432	7 545	310 863	29 431	329 592	28 447
河南	168 057	28 432	170 741	2 684	186 599	15 858	199 936	25 788
湖北	195 632	22 771	199 200	3 568	215 597	16 397	208 976	19 045
湖南	163 027	15 660	165 910	2 883	181 028	15 118	174 577	25 302
广东	417 990	78 734	430 389	12 399	471 194	40 805	479 282	54 755
广西	73 521	12 935	75 332	1 808	82 442	7 110	76 464	8 071
海南	10 363	－1 231	10 978	615	12 098	1 120	10 088	－1 185
四川	384 133	33 632	390 020	5 887	411 834	21 814	392 393	30 272
贵州	39 242	7 653	39 742	500	44 408	4 666	51 189	10 157
云南	72 840	11 086	72 784	－ 56	80 286	7 502	73 949	7 257
陕西	99 987	11 694	102 582	2 595	113 084	10 502	122 671	12 205
甘肃	41 261	9 305	43 240	1 979	48 158	4 918	52 183	4 703
青海	8 124	3 369	8 304	180	9 524	1 220	10 047	538
宁夏	13 832	4 948	14 168	336	17 685	3 517	19 755	2 070
新疆	28 871	8 747	29 699	828	37 350	7 651	38 349	6 620
# 重庆	50 347	5 967	52 578	2 231	57 119	4 541	62 630	8 038
武汉	19 113	2 530	20 379	1 266	24 519	4 140	28 667	4 308
沈阳	21 046	4 488	21 100	54	25 555	4 455	29 513	3 958
大连	37 386	4 991	39 767	2 381	46 969	7 202	51 093	4 324
哈尔滨	8 562	2 534	8 564	2	11 786	3 222	17 362	5 576
广州	34 415	－3 227	35 903	1 488	42 478	6 575	46 182	5 246
西安	19 524	2 135	20 264	740	22 926	2 662	26 799	3 921
青岛	40 676	9 509	42 506	1 830	47 616	5 110	49 047	4 084
宁波	46 119	8 920	51 712	5 593	58 065	6 353	66 414	9 318
厦门	3 355		3 794	439	3 976	182	4 615	675
深圳	21 577		24 234	2 657	30 476	6 242	53 359	22 883
长春			18 260		21 195	2 935	24 687	3 492
南京			29 830		34 826	4 996	48 865	14 039
成都			68 561		73 304	4 743	73 463	6 157
合计	4 076 914	576 248	4 206 109	129 195	4 621 752	415 643	4 984 277	648 860

各地区农业银行农业贷款

单位：万元

	1988年		1989年		1990年		1991年	
	年末余额	比上年增减	年末余额	比上年增减	年末余额	比上年增减	年末余额	比上年增减
总　　行								
北　　京	72 178	23 805	99 891	27 713	143 800	43 909	185 584	41 784
天　　津	35 264	6 966	46 395	11 131	62 962	16 567	74 681	11 719
河　　北	170 987	30 339	214 791	43 804	266 889	52 098	332 524	65 635
山　　西	87 616	9 520	100 415	12 799	122 750	22 335	152 033	29 283
内 蒙 古	99 894	7 321	112 023	12 129	126 646	14 623	150 670	24 024
辽　　宁	180 986	27 894	225 995	45 009	272 301	46 306	333 837	61 536
吉　　林	214 640	25 334	245 609	30 969	292 528	46 919	356 486	63 958
黑 龙 江	316 364	17 889	339 238	22 874	365 226	25 988	427 619	62 393
上　　海	64 675	21 071	83 985	19 310	103 363	19 378	135 015	31 652
江　　苏	126 705	12 224	150 456	23 751	192 667	42 211	258 151	65 484
浙　　江	84 775	11 277	97 828	13 053	119 646	21 818	157 458	37 812
安　　徽	149 312	23 324	168 112	18 800	202 654	34 542	289 876	87 222
福　　建	145 941	9 480	161 979	16 038	187 248	25 269	215 069	27 821
江　　西	163 141	30 694	190 439	27 298	238 146	47 707	300 383	62 237
山　　东	192 561	42 881	241 819	49 258	310 876	69 057	395 632	84 756
河　　南	198 095	35 191	245 308	47 213	314 832	69 524	405 282	90 450
湖　　北	187 365	23 342	216 204	28 839	254 873	38 669	311 599	56 726
湖　　南	149 537	24 629	171 620	22 083	206 927	35 307	260 013	53 086
广　　东	278 227	49 511	333 008	54 781	403 541	70 533	485 303	81 762
广　　西	191 808	31 198	211 431	19 623	235 549	24 118	276 851	41 302
海　　南	89 572	21 550	107 726	18 154	136 249	28 523	164 784	28 535
四　　川	151 359	22 286	179 285	27 926	237 309	58 024	305 967	68 658
贵　　州	93 286	14 484	107 257	13 971	128 452	21 195	155 434	26 982
云　　南	142 658	10 075	155 840	13 182	176 459	20 619	198 848	22 389
陕　　西	106 379	12 561	118 471	12 092	145 838	27 367	172 670	26 832
甘　　肃	93 191	7 422	102 324	9 133	113 777	11 453	128 563	14 786
青　　海	16 022	1 951	18 916	2 894	27 679	8 763	31 532	3 853
宁　　夏	18 452	1 791	22 760	4 308	27 669	4 909	33 124	5 455
新　　疆	147 018	25 176	170 208	23 190	212 404	42 196	259 515	47 111
* 重　　庆	12 952	2 064	14 609	1 657	19 438	4 829	30 732	11 294
武　　汉	27 901	3 506	32 743	4 842	40 678	7 935	50 389	9 711
沈　　阳	18 583	4 258	24 378	5 795	31 267	6 889	39 551	8 284
大　　连	29 712	5 622	42 810	13 098	53 702	10 892	65 630	11 928
哈 尔 滨	20 170	6 126	28 285	8 115	38 397	10 112	59 002	20 605
广　　州	52 639	1 854	65 543	12 904	85 246	19 703	102 444	17 198
西　　安	14 184	2 316	17 242	3 058	22 252	5 010	28 984	6 732
青　　岛	12 685	4 502	16 625	3 940	27 835	11 210	35 302	7 467
宁　　波	9 936	1 104	12 195	2 259	13 617	1 422	18 835	5 218
厦　　门	10 229		13 919	3 690	17 251	3 332	17 169	－82
深　　圳	24 161		33 177	9 016	31 338	－1 839	31 620	282
长　　春			61 376		69 067	7 691	81 536	12 469
南　　京			16 469		22 655	6 186	29 082	6 427
成　　都			11 174		19 777	8 603	29 363	9 586
合　　计	3 968 008	581 186	4 639 333	671 325	5 629 260	989 927	6 954 503	1 325 243

农业银行各项贷款累计发放与收回

（1991年）　　　　单位：亿元

	累放	比上年同期增减	累收	比上年同期增减
各项贷款合计	**6 541.81**	**528.59**	**5 738.09**	**441.04**
一、流动资金贷款	5 690.14	358.80	5 057.20	312.32
1. 工业贷款	455.42	53.96	397.07	55.95
国营工业流动资金贷款	215.48	26.36	183.81	27.36
集体工业贷款	229.01	24.04	205.77	25.03
集体工业固定资产贷款	10.93	3.56	7.49	3.56
2. 商业贷款	4 644.18	218.53	4 134.48	194.54
国营商业贷款	271.11	23.80	250.52	22.35
供销社贷款	1 468.47	−72.35	1 420.80	−74.54
农机公司贷款	65.24	− 1.14	62.05	− 3.1
预购定金贷款	31.50	0.48	30.63	−0.85
乡镇企业供销公司贷款	79.89	6.04	74.92	6.12
集体商业贷款	144.28	20.47	134.35	14.77
个体商业贷款	16.60	3.33	15.64	2.60
收购农副产品贷款	2 466.69	239	2 054.22	233.55
其他商业贷款	100.40	−1.1	91.35	−6.36
3. 乡镇企业贷款	590.54	86.31	525.65	61.83
流动资金贷款	544.48	69.23	497.10	56.60
固定资产贷款	46.06	17.08	28.55	5.23
二、固定资产贷款	40.91	16.54	17.48	3.95
1. 国营工业技改贷款	16.98	6.87	6.36	2.31
2. 国营商业技改贷款	5.61	1.14	4.13	0.05
3. 国营农业技改贷款	8.94	2.16	5.29	0.50
4. 基本建设贷款	9.38	6.37	1.70	1.09
三、农业贷款	723.15	141.11	590.62	107.57
1. 国营农业贷款	350.24	47.1	304.59	39.99
2. 集体农业贷款	133.47	40.14	103.97	28.45
3. 农户贷款	91.64	11.93	76.20	5.32
4. 信用社贷款	61.20	13.40	57.32	13.02
5. 扶贫贴息贷款	19.57	3.45	8.89	2.76
6. 外资配套贷款	24.39	12.41	19.15	13.66
7. 开发性贷款	42.64	12.68	20.50	4.37
四、特种贷款	12.72	1.41	12.58	1.04
五、其他贷款	74.89	10.73	60.21	16.16

农业银行各项贷款累计发放与收回

单位：亿元

	1989年			1990年		
	累计发放	累计收回	回收率%	累计发放	累计收回	回收率%
各项贷款合计	5 385.16	4 959.14	92.09	6 013.22	5 297.05	88.09
一、流动资金贷款	4 860.97	4 510.21	92.78	5 331.33	4 744.89	89.00
1. 工业贷款	319.96	285.19	89.13	401.46	341.12	84.97
国营工业流动资金贷款	148.17	129.31	87.27	189.12	156.45	82.73
集体工业贷款	167.03	151.50	90.70	204.97	180.74	88.18
集体工业固定资产贷款	4.76	4.38	92.02	7.37	3.93	53.32
2. 商业贷款	4 087.29	3 783.10	92.56	4 425.65	3 939.95	89.03
国营商业贷款	226.34	204.57	90.38	247.31	228.17	92.26
供销社贷款	1 580.42	1 517.37	96.01	1 540.82	1 495.34	97.05
农机公司贷款	70.02	67.49	96.39	66.38	65.15	98.15
预购定金贷款	27.63	28.05	101.52	31.03	31.48	101.45
乡镇企业供销公司贷款	63.42	60.87	95.98	73.85	68.80	93.16
集体商业贷款	129.19	128.66	99.59	123.81	119.58	96.58
个体商业贷款	13.38	15.60	116.59	13.27	13.04	98.27
收购农副产品贷款	1 859.12	1 650.10	88.76	2 227.69	1 820.67	81.73
其他商业贷款	117.77	110.39	93.73	101.49	97.72	96.29
3. 乡镇企业贷款	453.72	441.92	97.40	504.22	463.82	91.99
流动资金贷款	433.87	418.89	96.55	475.25	440.50	92.69
固定资产贷款	19.85	23.03	116.02	28.97	23.32	80.50
二、固定资产贷款	17.25	10.12	58.67	24.37	13.53	55.52
1. 国营工业技改贷款	6.40	3.22	50.31	10.11	4.06	40.16
2. 国营商业技改贷款	3.26	3.28	100.61	4.47	4.07	91.05
3. 国营农业技改贷款	4.69	3.22	68.66	6.78	4.79	70.65
4. 基本建设贷款	2.90	0.40	13.79	3.01	0.61	20.27
三、农业贷款	458.49	391.35	85.36	582.04	483.05	82.99
1. 国营农业贷款	253.19	222.83	88.01	303.14	264.60	87.29
2. 集体农业贷款	64.12	51.12	79.73	93.33	75.51	80.91
3. 农户贷款	64.73	60.93	94.13	79.71	70.89	88.93
4. 信用社贷款	42.05	41.76	99.31	47.80	44.30	92.68
5. 扶贫贴息贷款	14.27	3.17	22.21	16.12	6.13	38.03
6. 外资配套贷款	6.60	4.24	64.24	11.98	5.49	45.83
7. 开发性贷款	13.53	7.30	53.95	29.96	16.13	53.84
四、特种贷款	11.81	8.83	74.77	11.31	11.54	102.03
五、其他贷款	36.64	38.63	105.43	64.17	44.04	68.63

农业银行各项贷款累计发放与收回(续)

单位：亿元

	1991年		
	累计发放	累计收回	回收率 %
各项贷款合计	**6 541.81**	**5 738.09**	**87.71**
一、流动资金贷款	5 690.14	5 057.20	88.88
1. 工业贷款	455.42	397.07	87.19
国营工业流动资金贷款	215.48	183.81	85.30
集体工业贷款	229.01	205.77	89.85
集体工业固定资产贷款	10.93	7.49	68.53
2. 商业贷款	4 644.18	4 134.48	89.02
国营商业贷款	271.11	250.52	92.41
供销社贷款	1 468.47	1 420.80	96.75
农机公司贷款	65.24	62.05	95.11
预购定金贷款	31.50	30.63	97.24
乡镇企业供销公司贷款	79.89	74.92	93.78
集体商业贷款	144.28	134.35	93.12
个体商业贷款	16.60	15.64	94.22
收购农副产品贷款	2 466.69	2 054.22	83.28
其他商业贷款	100.40	91.35	90.99
3. 乡镇企业贷款	590.54	525.65	89.01
流动资金贷款	544.48	497.10	91.30
固定资产贷款	46.06	28.55	61.98
二、固定资产贷款	40.91	17.48	42.73
1. 国营工业技改贷款	16.98	6.36	37.46
2. 国营商业技改贷款	5.61	4.13	73.62
3. 国营农业技改贷款	8.94	5.29	59.17
4. 基本建设贷款	9.38	1.70	18.12
三、农业贷款	723.15	590.62	81.67
1. 国营农业贷款	350.24	304.59	86.97
2. 集体农业贷款	133.47	103.97	77.90
3. 农户贷款	91.64	76.20	83.15
4. 信用社贷款	61.20	57.32	93.66
5. 扶贫贴息贷款	19.57	8.89	45.43
6. 外资配套贷款	24.39	19.15	78.52
7. 开发性贷款	42.64	20.50	48.08
四、特种贷款	12.72	12.58	98.90
五、其他贷款	74.89	60.21	80.40

各地区农业银行各项贷款累计发放与收回

（1991年）

单位：万元

地区	各项贷款合计		一、流动资金贷款		1．工业贷款	
	累放	累收	累放	累收	累放	累收
总行		1 700				
北京	1 033 459	876 945	768 643	672 357	57 054	44 580
天津	1 069 627	956 659	922 384	832 416	115 051	98 311
河北	3 598 146	3 235 293	3 109 843	2 816 013	175 539	156 701
山西	1 591 242	1 473 696	1 433 769	1 348 550	36 839	33 244
内蒙古	830 051	691 365	711 452	599 543	22 305	19 268
辽宁	3 160 241	2 761 854	2 744 429	2 428 942	207 796	188 812
吉林	2 835 320	2 372 023	2 422 033	2 031 150	55 684	49 228
黑龙江	2 108 148	1 671 198	1 639 743	1 282 286	83 054	64 922
上海	2 368 458	2 088 234	1 951 880	1 719 368	712 931	611 991
江苏	6 511 634	5 980 631	5 953 450	5 523 122	470 016	441 876
浙江	4 284 948	4 047 771	3 903 299	3 722 570	449 020	417 442
安徽	1 858 606	1 528 517	1 591 233	1 364 166	72 234	55 151
福建	1 283 954	1 175 914	1 089 960	1 022 520	134 299	116 728
江西	1 812 467	1 474 592	1 540 338	1 272 779	56 245	43 792
山东	4 824 398	4 209 478	4 308 270	3 796 668	246 312	211 745
河南	3 644 786	3 119 686	3 224 825	2 803 539	125 388	110 346
湖北	2 526 883	2 160 765	2 201 646	1 912 635	141 680	119 729
湖南	2 443 893	2 099 207	2 162 987	1 881 221	123 904	105 803
广东	5 040 981	4 626 420	4 356 743	4 034 853	558 458	491 524
广西	1 354 376	1 187 397	1 109 151	997 270	88 457	74 094
海南	299 082	230 562	187 265	152 037	6 346	4 304
四川	4 609 362	4 007 403	4 190 133	3 712 774	293 799	254 294
贵州	715 449	558 260	613 311	493 595	29 830	21 649
云南	1 182 174	1 038 465	1 031 333	917 447	64 038	45 168
陕西	1 568 019	1 420 189	1 421 046	1 306 264	146 534	129 894
甘肃	996 740	906 533	867 299	792 905	39 039	34 793
青海	102 160	89 113	84 395	75 805	9 721	5 053
宁夏	193 686	172 504	158 172	143 065	13 140	7 654
新疆	1 569 858	1 218 529	1 202 379	916 249	19 497	12 632
#重庆	523 035	439 229	466 662	396 432	42 652	34 887
武汉	610 799	547 695	510 805	463 500	56 995	51 356
沈阳	816 350	734 111	734 074	665 730	93 322	87 993
大连	522 635	470 988	412 908	384 130	34 220	30 381
哈尔滨	346 063	226 799	284 594	189 803	17 303	14 103
广州	778 529	725 285	620 903	586 739	95 626	82 605
西安	411 338	379 259	370 817	346 616	81 014	73 506
青岛	528 981	481 724	446 122	417 715	70 753	65 939
宁波	751 999	711 967	682 554	656 654	74 592	70 382
厦门	153 382	132 643	121 352	107 509	9 232	8 980
深圳	439 602	360 104	384 418	309 153	115 708	95 050
长春	700 688	573 878	614 367	498 482	9 168	8 092
南京	377 467	330 285	330 743	295 222	22 416	17 428
成都	885 459	803 467	812 498	754 024	74 296	65 036
合计	**65 418 148**	**57 380 903**	**6 901 411**	**50 572 109**	**4 554 210**	**3 970 728**

各地区农业银行各项贷款累计发放与收回(续1)

(1991年)　　　　单位：万元

	(1) 国营工业流动资金贷款		(2) 集体工业贷款		(3) 集体工业固定资产贷款	
	累　放	累　收	累　放	累　收	累　放	累　收
总　行						
北　京	36 092	25 765	20 372	18 565	590	250
天　津	68 683	59 154	44 728	37 253	1 640	1 904
河　北	112 097	102 684	59 267	52 835	4 175	1 182
山　西	21 414	19 893	15 220	13 190	205	161
内蒙古	11 809	10 163	9 915	8 724	581	381
辽　宁	134 008	124 209	70 670	63 293	3 118	1 310
吉　林	24 828	21 694	29 338	25 715	1 518	1 819
黑龙江	50 973	35 626	31 656	28 979	425	317
上　海	280 108	236 332	412 137	372 816	20 686	2 843
江　苏	30 638	26 044	421 019	401 600	18 359	14 232
浙　江	94 380	90 914	343 648	317 657	10 992	8 871
安　徽	32 852	25 477	36 279	28 643	3 103	1 031
福　建	87 480	79 842	45 525	36 248	1 294	638
江　西	32 262	23 191	22 059	18 827	1 924	1 774
山　东	94 857	83 156	142 187	122 999	9 268	5 590
河　南	71 885	62 987	52 330	46 856	1 173	503
湖　北	63 302	52 258	72 071	62 709	6 307	4 762
湖　南	65 978	58 213	49 523	42 212	8 403	5 378
广　东	300 297	260 629	249 267	222 127	8 894	8 768
广　西	53 275	43 802	34 443	29 847	739	445
海　南	6 275	4 170	71	133		1
四　川	227 833	197 155	63 531	53 882	2 435	3 257
贵　州	28 226	20 096	1 424	1 513	180	40
云　南	51 134	27 500	11 683	9 000	1 221	8 668
陕　西	116 338	102 883	29 170	26 424	1 026	587
甘　肃	30 426	26 894	8 593	7 879	20	20
青　海	7 248	4 280	2 446	746	27	27
宁　夏	9 375	6 192	3 640	1 456	125	6
新　疆	10 683	6 939	7 861	5 525	953	168
*重　庆	27 565	22 983	14 112	11 350	975	554
武　汉	29 615	25 453	26 368	25 267	1 012	636
沈　阳	67 120	63 323	25 546	24 183	656	487
大　连	15 850	15 276	16 713	14 691	1 657	414
哈尔滨	5 061	2 918	12 127	11 127	115	58
广　州	66 250	56 936	28 756	24 078	620	1 591
西　安	64 381	57 765	16 565	15 709	68	32
青　岛	24 635	23 085	43 681	40 820	2 437	2 034
宁　波	7 324	6 336	65 480	62 898	1 788	1 148
厦　门	4 337	4 513	4 875	4 315	20	152
深　圳	112 457	91 083	3 251	3 967		
长　春	3 368	2 807	5 697	5 244	103	41
南　京	466	550	18 764	14 607	3 186	2 271
成　都	52 439	45 745	21 122	18 697	735	594
合　计	2 154 765	1 838 142	2 290 073	2 057 653	109 381	74 933

各地区农业银行各项贷款累计发放与收回(续2)

(1991年)　　　　单位：万元

	2. 商业贷款		# 国营商业贷款		# 供销社贷款	
	累　放	累　收	累　放	累　收	累　放	累　收
总　行						
北　京	625 015	553 349	50 703	46 637	155 501	150 112
天　津	655 392	596 655	22 983	23 503	176 107	164 129
河　北	2 626 558	2 373 197	83 025	77 884	853 445	833 473
山　西	1 213 823	1 140 647	64 336	59 972	426 160	414 493
内蒙古	667 864	564 438	15 900	13 767	239 356	230 204
辽　宁	2 319 039	2 043 785	138 110	121 696	763 136	734 241
吉　林	2 269 799	1 898 736	44 740	36 938	634 614	607 348
黑龙江	1 501 967	1 173 866	96 058	84 652	422 474	400 196
上　海	862 807	790 137	84 079	79 663	322 086	310 642
江　苏	4 322 017	4 025 248	147 115	146 680	1 790 396	1 752 780
浙　江	2 542 610	2 443 605	150 099	141 378	961 118	947 176
安　徽	1 365 373	1 221 993	49 956	48 006	349 405	334 383
福　建	795 809	760 376	82 470	77 676	303 525	298 465
江　西	1 396 174	1 152 377	70 297	65 439	439 056	424 727
山　东	3 732 236	3 283 648	131 540	122 275	769 661	746 027
河　南	2 926 424	2 545 968	113 546	102 614	650 373	624 717
湖　北	1 963 253	1 715 238	141 380	125 676	532 995	504 015
湖　南	1 892 414	1 654 051	50 361	40 719	580 010	558 351
广　东	3 249 148	3 048 947	699 597	648 582	1 409 777	1 377 504
广　西	979 058	889 611	41 452	39 307	423 173	415 339
海　南	178 242	143 871	18 915	16 292	29 702	27 850
四　川	3 531 143	3 123 561	211 085	199 499	1 134 666	1 092 204
贵　州	559 491	458 113	36 080	32 255	141 284	128 995
云　南	914 595	826 836	24 853	23 825	256 676	253 835
陕　西	1 195 716	1 109 779	62 617	59 236	490 935	475 456
甘　肃	788 741	723 296	47 606	41 883	205 157	195 906
青　海	71 332	67 948	14 389	12 340	21 844	21 527
宁　夏	132 687	125 136	4 039	4 030	49 382	47 597
新　疆	1 163 064	890 419	13 763	12 806	152 694	136 323
# 重　庆	376 289	321 862	22 875	22 436	102 438	98 329
武　汉	429 359	392 001	80 694	73 934	192 678	181 608
沈　阳	606 832	547 775	70 544	59 961	217 595	215 245
大　连	317 972	297 357	20 957	20 410	121 441	119 320
哈尔滨	255 015	168 399	28 001	25 899	116 456	99 489
广　州	479 315	463 418	130 595	132 901	217 981	214 233
西　安	269 750	256 978	10 273	9 623	167 996	164 243
青　岛	297 079	277 570	16 654	14 394	103 597	101 911
宁　波	442 410	430 038	24 880	21 975	150 231	148 099
厦　门	106 897	93 981	51 219	44 127	15 387	15 041
深　圳	224 427	192 703	175 224	147 336	22 268	20 214
长　春	583 668	472 351	9 409	7 763	159 705	152 035
南　京	235 172	218 678	4 982	4 549	128 948	121 655
成　都	635 477	592 420	52 685	48 966	221 024	217 689
合　计	46 441 791	41 344 831	2 711 094	2 505 230	14 684 708	14 208 015

各地区农业银行各项贷款累计发放与收回(续3)

(1991年)　　　　单位：万元

	# 农机公司贷款		# 预购定金贷款		# 乡镇企业供销公司贷款	
	累放	累收	累放	累收	累放	累收
总行						
北京	33 474	32 115	127	130	12 308	11 953
天津	7 070	6 492	5	7	9 716	8 971
河北	36 622	36 324	6 244	6 189	43 887	39 862
山西	35 306	33 053	2 434	2 485	41 562	39 040
内蒙古	22 603	21 919	3 928	3 417	3 640	3 231
辽宁	38 741	36 229	31 788	32 126	16 073	14 976
吉林	39 569	37 903	30 789	31 393	10 559	9 339
黑龙江	36 284	35 399	40 380	38 797	9 563	9 233
上海	9 056	9 031	482	486	25 005	24 193
江苏	29 208	28 414	32 737	30 080	129 173	123 923
浙江	35 872	34 816	5 777	5 820	166 196	161 262
安徽	10 872	10 653	31 401	29 953	8 145	7 685
福建	10 165	10 213	5 796	5 821	14 040	12 182
江西	9 254	8 360	27 854	28 040	10 709	9 554
山东	54 548	52 594	20	254	35 555	33 738
河南	57 470	54 961	8 326	4 598	25 772	22 688
湖北	25 706	23 366	30 425	30 013	15 318	14 419
湖南	12 248	11 505	22 459	22 538	25 731	22 995
广东	39 140	35 264	5 513	5 635	79 942	71 219
广西	12 220	11 689	3 404	3 917	7 878	6 980
海南	4 674	3 498	18	41	425	200
四川	35 315	33 941	12 701	12 637	68 558	64 084
贵州	2 700	2 313	389	513	797	933
云南	6 371	5 915	1 704	1 069	10 516	10 254
陕西	22 367	21 615	245	387	14 248	13 617
甘肃	8 715	9 079	3 288	3 201	7 789	7 606
青海	2 690	1 984	130	140	443	468
宁夏	1 521	1 283	1 337	1 337	1 443	1 043
新疆	12 579	10 565	5 323	5 267	3 894	3 545
# 重庆	5 217	5 320			5 276	5 131
武汉	5 939	4 964	1 897	1 919	5 455	5 435
沈阳	11 982	10 458	7 645	7 774	809	734
大连	2 352	2 423	497	512	1 988	2 051
哈尔滨	7 266	6 497	2 534	2 143	7 296	7 129
广州	4 105	4 231	1 233	1 256	6 484	5 420
西安	5 490	5 863	163	172	4 678	4 765
青岛	4 790	4 972		13	2 838	2 753
宁波	5 897	6 050	1 792	1 792	40 376	39 411
厦门	460	400			315	361
深圳	253	260				190
长春	12 376	11 941	11 565	11 235	2 609	2 465
南京	1 746	1 690	3 562	2 408	10 423	9 638
成都	12 226	12 171	353	353	23 595	22 781
合计	652 360	620 493	315 024	306 291	798 885	749 193

各地区农业银行各项贷款累计发放与收回(续4)

(1991年)　　单位：万元

	# 集体商业贷款		# 个体商业贷款		# 收购农副产品贷款	
	累放	累收	累放	累收	累放	累收
总行						
北京	18 898	15 560	1	2	341 515	284 668
天津	13 746	12 292	328	320	371 475	319 486
河北	32 767	29 885	2 129	2 384	1 557 510	1 335 967
山西	35 159	32 300	5 896	5 449	588 659	539 766
内蒙古	9 085	9 073	1 359	1 363	357 926	270 269
辽宁	44 064	41 854	1 070	1 141	1 241 062	1 020 294
吉林	20 681	18 486	1 642	1 366	1 466 795	1 139 844
黑龙江	25 236	24 187	1 848	2 029	837 188	550 707
上海	53 812	48 370	41	41	189 017	165 668
江苏	284 817	273 435	2 378	2 328	1 835 522	1 601 230
浙江	173 636	167 921	43 507	42 145	954 693	890 961
安徽	20 294	18 241	3 948	3 667	869 809	754 820
福建	34 420	30 843	4 152	3 562	296 867	282 790
江西	14 925	13 878	2 702	2 579	806 498	584 760
山东	73 770	70 300	215	292	2 627 003	2 229 409
河南	27 185	25 078	13 331	13 309	2 004 439	1 674 382
湖北	36 114	33 838	6 867	6 619	1 131 277	938 902
湖南	27 623	25 056	4 122	3 738	1 145 110	949 328
广东	347 021	323 686	47 836	41 978	539 835	463 509
广西	17 639	16 150	3 075	3 182	449 210	370 639
海南	3 102	2 433	1 985	1 407	101 644	78 464
四川	78 187	69 409	4 273	4 324	1 908 320	1 578 452
贵州	1 428	1 511	848	910	370 015	284 914
云南	12 450	7 378	1 203	1 428	588 304	511 420
陕西	17 095	14 685	4 401	3 838	533 591	472 793
甘肃	11 346	10 478	2 526	2 728	497 286	447 916
青海	1 090	1 349	499	565	28 360	27 917
宁夏	800	610	654	524	71 222	67 068
新疆	6 378	5 193	3 183	3 174	956 764	705 883
# 重庆	18 039	14 775	547	490	200 649	160 309
武汉	21 345	19 847	523	509	111 527	95 061
沈阳	14 492	14 688	194	219	272 639	227 251
大连	12 879	11 396			150 997	135 037
哈尔滨	7 068	5 990	284	－111	81 691	21 501
广州	32 862	28 030	2 989	2 260	79 435	70 995
西安	5 853	4 537	141	162	70 448	62 449
青岛	21 200	19 925			146 325	132 325
宁波	37 324	35 031	551	556	168 616	162 248
厦门	11 954	10 702	327	239	11 426	10 117
深圳	5 840	6 564	136	503	4 215	3 796
长春	5 629	4 543	785	649	373 747	275 169
南京	14 258	13 235	212	236	69 466	63 693
成都	20 493	19 292	143	160	300 826	267 271
合计	**1 442 768**	**1 343 479**	**166 019**	**156 392**	**24 666 916**	**20 542 226**

各地区农业银行各项贷款累计发放与收回(续5)

(1991年)　　单位：万元

	3. 乡镇企业贷款		(1) 乡镇企业流动资金贷款		(2) 乡镇企业固定资产贷款	
	累　放	累　收	累　放	累　收	累　放	累　收
总　行						
北　京	86 574	74 428	78 191	68 949	8 383	5 479
天　津	151 941	137 450	141 979	130 326	9 962	7 124
河　北	307 746	286 115	288 829	271 977	18 917	14 138
山　西	183 107	174 659	170 147	162 893	12 960	11 766
内蒙古	21 283	15 837	15 542	12 115	5 741	3 722
辽　宁	217 594	196 345	195 261	180 574	22 333	15 771
吉　林	96 550	83 186	82 813	73 425	13 737	9 761
黑龙江	54 722	43 498	48 825	40 825	5 897	2 673
上　海	376 142	317 240	327 505	292 137	48 639	25 103
江　苏	1 161 417	1 055 998	1 103 079	1 022 464	58 338	33 534
浙　江	911 669	861 523	887 067	845 279	24 602	16 244
安　徽	153 626	87 022	118 564	77 552	35 062	9 470
福　建	159 852	145 416	153 896	140 899	5 956	4 517
江　西	87 919	76 610	77 603	69 543	10 316	7 067
山　东	329 722	301 275	304 618	284 072	25 104	17 203
河　南	173 013	147 225	156 525	137 186	16 488	10 039
湖　北	96 713	77 668	86 947	72 649	9 766	5 019
湖　南	146 669	121 367	126 680	107 917	19 989	13 450
广　东	549 137	494 382	506 051	466 930	43 086	27 452
广　西	41 636	33 565	36 065	30 407	5 571	3 168
海　南	2 677	3 862	2 355	1 703	322	2 159
四　川	365 191	334 919	338 397	315 371	26 794	19 548
贵　州	23 990	13 833	19 635	12 370	4 355	1 463
云　南	52 700	45 443	45 283	39 846	7 417	5 597
陕　西	78 796	66 591	68 848	59 891	9 948	6 700
甘　肃	39 519	34 816	34 833	30 792	4 686	4 024
青　海	3 342	2 804	2 965	2 601	377	203
宁　夏	12 345	10 275	10 249	8 956	2 096	1 319
新　疆	19 818	13 198	16 088	11 374	3 730	1 824
#重　庆	47 721	39 683	44 747	37 259	2 974	2 424
武　汉	24 451	20 143	23 678	19 512	773	631
沈　阳	33 920	29 962	29 623	26 723	4 297	3 239
大　连	60 716	56 392	55 505	51 994	5 211	4 398
哈尔滨	12 276	7 301	11 140	7 301	1 136	-601
广　州	45 962	40 716	42 509	39 130	3 453	1 586
西　安	20 053	16 132	17 600	14 574	2 453	1 558
青　岛	78 290	74 206	73 748	71 246	4 542	2 960
宁　波	165 552	156 234	161 937	154 151	3 615	2 083
厦　门	5 223	4 548	5 098	4 219	125	329
深　圳	44 283	21 400	34 098	14 561	10 185	6 839
长　春	21 531	18 039	19 255	16 763	2 276	1 276
南　京	73 155	59 116	69 176	57 193	3 979	1 923
成　都	102 725	96 568	95 481	91 484	7 244	5 084
合　计	**5 905 410**	**5 256 550**	**5 444 838**	**4 971 023**	**460 572**	**285 527**

各地区农业银行各项贷款累计发放与收回(续6)

(1991年)　　单位：万元

	二、农村电力工业贷款		三、固定资产贷款		1. 国营工业技改贷款	
	累放	累收	累放	累收	累放	累收
总行				1 700		
北京	50	37	11 739	7 262	5 025	2 340
天津			5 621	1 789	1 860	1 008
河北	135	212	11 797	5 500	5 958	2 341
山西	97	121	3 855	1 838	2 160	583
内蒙古		1	5 604	2 585	3 522	1 755
辽宁	2 782	441	17 205	7 259	8 897	2 575
吉林	697	1 063	10 213	3 157	3 684	740
黑龙江	1 511	819	18 028	7 788	6 801	4 477
上海			37 777	8 866	26 678	3 339
江苏	616	884	31 550	16 144	7 766	4 764
浙江	2 291	2 066	11 962	4 369	4 725	1 061
安徽	1 493	1 463	17 308	5 126	5 414	1 884
福建	3 444	3 605	10 078	7 949	6 153	2 918
江西	1 454	1 427	10 986	6 750	2 455	1 680
山东	813	2 314	15 586	9 119	6 466	2 282
河南	4 284	2 447	20 008	8 585	8 937	4 087
湖北	6 814	2 353	19 513	7 929	4 872	1 309
湖南	10 630	5 196	16 684	13 184	9 182	6 298
广东	7 693	5 427	17 070	11 875	9 054	5 664
广西	2 809	2 067	12 357	3 339	4 396	1 635
海南	632		2 732	597	394	
四川	18 089	5 974	35 839	8 654	16 360	4 249
贵州	987	278	13 099	3 057	3 657	2 174
云南	2 597	2 356	10 295	3 445	7 383	2 052
陕西	2 584	899	6 817	2 054	3 356	1 017
甘肃	250	83	1 870	1 144	211	266
青海			1 123	496	780	308
宁夏			7 933	7 377	1 508	405
新疆	66	1 393	24 432	5 823	2 118	1 074
*重庆	240	227	3 335	1 986	1 174	274
武汉	2	5	5 855	2 607	2 196	183
沈阳			5 976	3 649	2 709	1 312
大连	2 500	200	4 611	1 083	2 696	299
哈尔滨	2	－308	2 510	906	574	454
广州	274	51	3 524	2 326	2 050	1 134
西安	3	3	1 131	567	1 082	357
青岛	365	1 319	3 211	1 481	1 337	604
宁波	85	431	1 961	933	340	10
厦门		9	885	375	535	150
深圳			340	340		
长春			1 360	500	90	24
南京			3 123	2 343	2 074	1 601
成都	966	903	7 732	467	3 299	203
合计	**72 818**	**40 828**	**409 081**	**174 760**	**169 772**	**63 609**

各地区农业银行各项贷款累计发放与收回(续7)

（1991年）　　　　单位：万元

	2．国营商业技改贷款		3．国营农业技改贷款		4．基本建设贷款	
	累放	累收	累放	累收	累放	累收
总行		1 700				
北京	1 040	607	5 674	4 315		
天津	727	416	402	365	2 632	
河北	750	1 076	3 063	2 083	2 026	
山西	943	804	752	451		
内蒙古	616	251	630	579	836	
辽宁	4 397	2 771	3 359	1 714	552	199
吉林	1 602	1 071	4 525	1 770	402	
黑龙江	3 185	1 110	3 269	1 701	4 773	500
上海	2 784	1 552	8 165	3 875	150	100
江苏	3 033	2 151	5 364	3 375	15 387	5 854
浙江	2 256	1 699	4 247	1 593	734	16
安徽	3 690	2 654	1 282	537	6 922	51
福建	751	829	1 744	802	1 430	3 400
江西	1 240	1 142	7 264	3 901	27	27
山东	6 476	4 544	2 644	2 293		
河南	3 667	3 007	2 393	1 471	5 011	20
湖北	3 956	2 596	4 809	3 229	5 876	795
湖南	3 591	3 628	3 651	3 043	260	215
广东	3 394	2 193	3 822	3 678	800	340
广西	445	409	4 121	1 291	3 305	4
海南	26	39	2 312	1 234		
四川	3 827	2 598	3 354	1 821	12 298	
贵州	936	523	506	360	8 000	
云南	732	570	1 131	1 236	1 049	
陕西	616	689	1 305	348	1 540	
甘肃	184	147	1 475	731		
青海	233	53	110	135		
宁夏		115	125	557	6 300	6 300
新疆	990	306	7 895	4 379	13 429	64
*重庆	540	363	641	769	980	580
武汉	735	350	2 924	2 074		
沈阳	2 180	1 618	534	519	553	200
大连	1 455	665	460	119		
哈尔滨	1 285	272	651	180		
广州	686	229	448	963	340	
西安		112	49	98		
青岛	1 390	209	484	668		
宁波	780	295	841	628		
厦门	320	35	30	190		
深圳					340	340
长春	528	347	742	129		
南京	224	28	825	714		
成都	150	94	317	170	3 966	
合计	56 087	41 250	89 393	52 867	93 829	17 034

各地区农业银行各项贷款累计发放与收回(续8)

(1991年)

单位：万元

	四、农业贷款		1. 国营农业贷款		2. 集体农业贷款	
	累放	累收	累放	累收	累放	累收
总行						
北京	241 683	199 899	197 026	168 027	34 622	21 510
天津	102 108	90 389	52 507	47 445	41 293	34 038
河北	433 427	367 792	133 188	122 453	76 578	57 735
山西	148 792	119 509	40 142	35 072	34 446	27 382
内蒙古	110 384	86 360	40 017	31 395	8 784	7 599
辽宁	359 690	298 154	175 584	150 557	119 938	101 293
吉林	399 552	335 594	191 251	163 851	77 549	49 907
黑龙江	442 789	380 396	332 503	294 044	26 990	21 044
上海	226 190	194 538	148 684	127 213	76 040	65 804
江苏	420 294	354 810	228 877	202 786	114 161	97 103
浙江	296 281	258 469	189 675	174 608	49 089	39 638
安徽	230 770	143 548	36 633	29 260	24 871	16 907
福建	155 556	127 735	52 136	45 411	54 500	42 571
江西	245 567	183 330	154 108	124 893	14 444	11 263
山东	444 899	360 143	171 240	147 548	160 064	126 166
河南	369 286	278 836	55 703	42 736	79 350	57 906
湖北	267 373	210 647	165 994	141 805	30 480	24 206
湖南	237 711	184 625	99 857	83 841	37 813	25 018
广东	573 159	491 397	297 170	269 772	139 414	116 584
广西	226 695	185 393	95 587	82 695	9 241	7 834
海南	107 413	78 878	77 542	64 092	2 980	1 972
四川	335 213	266 555	132 563	108 461	72 643	50 011
贵州	85 926	58 944	5 430	3 385	3 193	1 367
云南	132 957	110 568	33 668	31 199	12 187	8 988
陕西	128 909	102 077	48 583	40 663	14 627	10 137
甘肃	125 103	110 317	55 611	52 185	7 626	7 899
青海	16 488	12 635	3 835	3 327	357	205
宁夏	26 743	21 288	15 405	13 325	736	526
新疆	340 543	293 432	271 755	243 863	10 708	7 133
*重庆	43 825	32 531	37 170	29 491	5 536	1 994
武汉	88 237	78 526	84 297	75 117	1 683	1 219
沈阳	58 418	50 134	42 018	36 502	10 993	8 474
大连	89 493	77 565	18 206	16 034	62 978	55 100
哈尔滨	57 048	36 917	43 590	31 119	4 033	1 359
广州	149 398	132 200	132 754	119 184	10 075	8 640
西安	35 973	29 241	26 130	23 120	4 068	2 341
青岛	58 739	51 272	22 152	18 872	26 984	20 891
宁波	39 168	33 950	27 950	25 447	9 836	7 057
厦门	15 178	15 260	5 750	4 892	6 368	4 702
深圳	27 082	26 800	23 580	21 281	3 131	4 413
长春	84 848	72 379	35 975	28 031	19 523	11 310
南京	37 249	30 822	18 827	16 046	12 335	10 452
成都	55 150	45 564	23 915	21 380	26 699	20 911
合计	7 231 501	5 906 258	3 502 274	3 045 912	1 334 724	1 039 746

各地区农业银行各项贷款累计发放与收回(续9)

(1991年)　　单位：万元

	3. 农户贷款		4. 信用社贷款		5. 扶贫贴息贷款	
	累放	累收	累放	累收	累放	累收
总行						
北京		3	50	197		
天津	1 536	1 224	581	579		
河北	154 618	136 975	21 690	22 820	10 053	4 987
山西	49 552	39 611	14 628	13 539	4 282	1 285
内蒙古	24 724	21 878	20 111	18 110	4 253	1 762
辽宁	17 506	16 481	7 474	7 760	4 440	2 530
吉林	48 365	49 842	48 799	49 327	2 515	5 217
黑龙江	53 483	48 187	4 170	6 126	1 137	429
上海						
江苏	4 200	3 032	26 788	21 605	243	61
浙江	14 308	12 030	20 443	20 481	3 284	2 041
安徽	67 267	25 662	59 002	51 650	11 419	4 060
福建	16 628	14 791	9 663	12 323	5 207	1 914
江西	4 851	4 655	12 135	11 436	10 953	3 952
山东	40 745	39 467	463	500	11 266	7 024
河南	152 004	125 334	19 039	15 664	17 686	9 264
湖北	10 757	8 950	17 564	16 375	11 975	5 921
湖南	13 089	11 157	34 696	34 625	6 959	2 605
广东	83 794	69 850	9 402	10 960	2 782	896
广西	6 329	6 098	70 236	66 117	15 671	6 379
海南	12 418	8 150	2 163	1 846	429	159
四川	17 535	12 509	53 875	53 233	20 992	10 627
贵州	8 197	6 061	46 484	39 105	16 115	6 560
云南	19 880	16 418	47 157	44 314	9 501	3 547
陕西	18 301	16 856	23 954	21 049	10 642	4 587
甘肃	42 783	35 997	14 173	12 392	4 080	1 651
青海	5 346	5 230	4 843	2 982	1 513	416
宁夏	3 488	2 891	3 264	2 892		
新疆	24 732	22 691	16 246	15 219	8 307	1 416
#重庆	460	351	336	353		
武汉	226	125	986	663		1
沈阳	1 300	1 587	1 625	1 682		
大连	1 341	1 223	1 000	1 000	232	232
哈尔滨	4 853	1 323	1 390	1 380	33	34
广州	1 967	1 410	110	120		
西安	2 619	1 977	395	293	643	210
青岛	173	228				
宁波	127	244	960	1 041		
厦门	1 888	1 745		1 674		
深圳	339	790				
长春	12 718	20 005	14 437	11 323		
南京	82	76	3 034	1 679		
成都	873	739	1 152	1 209		
合计	916 436	762 030	611 993	573 226	195 704	88 858

各地区农业银行各项贷款累计发放与收回(续10)

(1991年)　　单位：万元

	6. 外资配套贷款		7. 开发性贷款		五、特种贷款	
	累放	累收	累放	累收	累放	累收
总行						
北京	8 900	9 858	1 085	736	10 259	9 066
天津	4 627	6 527	1 564	576	13 305	11 806
河北	4 471	3 155	32 829	19 667	7 143	8 800
山西			5 742	2 620	1 637	1 111
内蒙古	4 316	1 617	8 179	3 999	249	619
辽宁	10 314	7 179	24 434	12 354	5 155	4 973
吉林	16 945	8 878	14 128	8 572	974	1 606
黑龙江	5 263	3 261	17 243	7 305	1 878	1 816
上海	1 326	1 326	140	195	65	2 181
江苏	20 738	16 508	25 287	13 715	15 099	14 449
浙江	6 886	5 494	12 596	4 177	14 317	10 269
安徽	7 131	2 414	24 447	13 595	1 806	2 420
福建	7 947	8 353	9 475	2 372	832	2 290
江西	7 607	4 152	41 469	22 979	5 796	5 227
山东	39 805	29 535	21 316	9 903	10 702	8 212
河南	18 731	13 152	25 873	14 780	3 636	3 409
湖北	10 237	6 967	20 366	6 423	13 833	12 512
湖南	12 778	8 474	32 519	18 905	4 674	5 338
广东	19 368	17 059	21 229	6 276	7 123	7 759
广西	8 436	8 583	21 195	7 687	238	420
海南			11 881	2 659	10	34
四川	15 117	19 801	22 488	11 913	4 773	4 804
贵州	3 893	1 494	2 614	972	342	807
云南	4 920	3 567	5 644	2 535	965	1 202
陕西	4 171	4 167	8 631	4 618	1 947	3 392
甘肃			830	193	435	741
青海			594	475		269
宁夏			3 850	1 654	12	89
新疆			8 795	3 110		225
*重庆		300	323	42	306	286
武汉	909	1 286	136	115	1 618	1 580
沈阳	1 502	1 543	980	346	4 518	3 818
大连	4 827	3 563	909	413	358	564
哈尔滨	2 422	1 702	727		881	499
广州	2 646	2 825	1 846	21	1 500	600
西安	1 234	848	884	452	313	354
青岛	7 733	9 353	1 697	1 928	5 476	3 976
宁波			295	161	9 900	6 900
厦门	1 170	2 244	2	3		
深圳			32	316		908
长春	1 804	1 037	391	673	25	117
南京	2 541	2 524	430	45	658	1 724
成都	602	518	1 909	816	438	355
合计	**243 927**	**191 521**	**426 443**	**204 965**	**127 205**	**125 846**

农业银行贷款与国民经济有关指标比较

单位：亿元

年份	全国社会总产值		农村社会总产值		农行各项贷款合计	
	绝对数	比上年增长 %	绝对数	比上年增长 %	年末余额	比上年增长 %
1979	7 642.00				410.98	
1980	8 534.00	11.67	2 792.12		512.01	24.58
1981	9 075.00	6.34			565.02	10.35
1982	9 966.00	9.82			623.08	10.28
1983	11 131.00	11.69	4 123.78		716.23	14.95
1984	13 171.00	18.33	5 067.55	22.89	1 459.64	103.79
1985	16 582.00	25.90	6 340.04	25.11	1 687.70	15.62
1986	19 045.00	14.85	7 554.23	19.15	1 996.12	18.27
1987	23 043.00	20.99	9 431.61	24.85	2 319.26	16.19
1988	29 807.00	29.35	12 534.69	32.90	2 632.15	13.49
1989	34 604.00	16.09	14 480.17	15.52	3 058.17	16.19
1990	38 035.00	9.92	16 619.21	14.77	3 774.34	23.42
1991	43 584.00	14.59	19 004.09	14.35	4 578.07	21.29

年份	农业总产值		农行各项贷款合计		农业贷款合计	
	绝对数	比上年增长 %	年末余额	比上年增长 %	年末余额	比上年增长 %
1979	1 697.60		410.98		99.97	
1980	1 922.60	13.25	512.01	24.58	113.76	13.79
1981	2 180.62	13.42	565.02	10.35	120.05	5.53
1982	2 483.26	13.88	623.08	10.28	131.63	9.65
1983	2 750.00	10.74	716.23	14.95	144.41	9.71
1984	3 214.13	16.88	1 459.64	103.79	202.23	40.04
1985	3 619.49	12.61	1 687.70	15.62	221.76	9.66
1986	4 013.01	10.87	1 996.12	18.27	279.83	26.19
1987	4 675.70	16.51	2 319.26	16.19	338.68	21.03
1988	5 865.27	25.44	2 632.15	13.49	396.80	17.16
1989	6 534.73	11.41	3 058.17	16.19	463.93	16.92
1990	7 662.10	17.25	3 774.34	23.42	562.93	21.34
1991	8 157.00	6.46	4 578.07	21.29	695.45	23.54

农业银行商业贷款与农村社会商品零售总额比较

年份	商业贷款			
	年末余额（亿元）	比上年增长 %	累放额（亿元）	比上年增长 %
1979	279.93			
1980	333.56	19.16	2 205.70	
1981	370.68	11.13	2 418.19	9.63
1982	399.51	7.78	2 601.13	7.57
1983	467.25	16.96	2 824.80	8.60
1984	1 015.08	117.25	3 115.16	10.28
1985	1 155.74	13.86	3 413.06	9.56
1986	1 241.97	7.46	2 590.63	−24.10
1987	1 388.73	11.82	3 314.52	27.94
1988	1 569.39	13.01	4 138.32	24.85
1989	1 873.57	19.38	4 260.03	2.94
1990	2 359.28	25.92	4 425.65	3.89
1991	2 868.97	21.60	4 644.18	4.94

年份	农村社会商品零售总额		百元商贷实现农村社会商品零售额	
	金额（亿元）	比上年增长 %	按年末余额计算（元）	按累放额计算（元）
1979	984.80		351.80	
1980	1 189.70	20.81	356.67	53.94
1981	1 324.00	11.29	357.18	54.75
1982	1 480.00	11.78	370.45	56.90
1983	1 670.00	12.84	357.41	59.12
1984	1 999.30	19.72	196.96	64.18
1985	2 517.00	25.89	217.78	73.75
1986	2 856.00	13.47	229.96	110.24
1987	3 350.00	17.30	241.23	101.07
1988	4 222.40	26.04	269.05	102.03
1989	4 567.50	8.17	243.79	107.22
1990	4 565.10	−0.05	193.50	103.15
1991	4 883.00	6.96	170.21	105.14

供销社贷款与供销社经济指标比较

年份	供销社系统贷款		利润和税金总额		商品销售额总额		百元贷款实现利税（元）	百元贷款实现销售额（元）
	余额（亿元）	增长速度%	金额（亿元）	增长速度%	金额（亿元）	增长速度%		
1979	229.38				852.17			371.51
1980	278.48	21.41			941.25	10.45		337.99
1981	316.03	13.48			999.84	6.22		316.38
1982	346.75	9.72			1 051.32	5.15		303.19
1983	419.44	20.96			1 073.93	2.15		256.04
1984	564.63	34.62	46.46		1 127.79	5.02	8.23	199.74
1985	671.66	18.95	53.91	16.04	1 294.13	14.75	8.03	192.68
1986	695.52	3.55	47.54	−11.82	1 409.91	8.95	6.84	202.71
1987	734.16	5.56	57.61	21.18	1 692.55	20.05	7.85	230.54
1988	801.45	9.17	75.43	30.93	2 163.63	27.83	9.41	269.97
1989	875.52	9.24	66.71	−11.56	3 561.47	64.61	7.62	406.78
1990	1 027.86	17.40	44.86	−32.75	3 653.88	2.59	4.36	355.48
1991	1 200.69	16.81	49.01	9.25			4.08	

年份	供销社贷款（亿元）	增长速度%	年末流动资金占用（亿元）	增长速度%	自有流资（亿元）	增长速度%	百元流资占用贷款（元）	自有流动资金比例%
1979	229.38				181.31			43.60
1980	278.48	21.41			169.59	−6.47		35.91
1981	316.03	13.48			163.96	−3.32		31.64
1982	346.75	9.72			160.25	−2.26		28.84
1983	419.44	20.96			150.39	−6.15		23.84
1984	564.63	34.62	748.19		137.04	−8.87	75.47	17.71
1985	671.66	18.95	875.27	17.00	134.70	−1.71	76.74	14.89
1986	695.52	3.55	927.97	6.02	138.65	2.93	74.95	14.38
1987	734.16	5.56	1 100.57	7.80	142.64	2.88	73.37	13.62
1988	801.45	9.17	1 169.58	16.89	153.88	7.88	68.52	12.48
1989	875.52	9.24	1 297.00	10.89	195.23	26.87	67.50	14.15
1990	1 027.86	17.40	1 493.76	15.17	181.17	−7.20	68.81	11.40
1991	1 200.69	16.81	1 679.28	12.42			71.50	

注："商品销售总额"和"自有流资"数据来源于《商业统计年报》。

农业银行农副产品收购贷款余额分月分析

单位：亿元

月份	1987年		1988年		1989年		1990年		1991年	
	当月余额	当月增减	当月余额	当月增减	当月余额	当月增减	当月余额	当月增减	当月余额	当月增减
1月	578.96	－55.16	632.64	－57.57	761.84	－27.96	977.78	－16.41	1 385.56	－20.27
2月	532.62	－46.34	590.86	－41.78	732.76	－29.08	935.46	－46.95	1 354.31	－31.25
3月	483.37	－49.25	530.94	－59.92	691.77	－40.99	882.83	－48.29	1 315.26	－39.05
4月	440.82	－42.55	479.24	－51.70	646.91	－44.86	840.95	－45.60	1 267.23	－48.03
5月	420.32	－20.50	447.72	－31.52	609.09	－37.82	820.04	－20.92	1 230.54	－36.68
6月	438.09	17.77	474.17	26.45	622.08	12.99	841.95	21.91	1 249.55	19.01
7月	452.23	14.14	481.28	7.11	642.57	20.49	874.34	32.39	1 273.29	23.74
8月	467.74	15.51	499.65	18.37	679.34	36.77	924.65	50.31	1 305.28	31.99
9月	512.84	45.10	531.48	31.83	723.25	43.91	1 029.15	104.49	1 390.34	85.06
10月	590.32	77.48	623.26	91.78	841.33	118.08	1 200.48	171.34	1 604.11	212.77
11月	633.54	43.22	727.31	104.05	937.58	96.25	1 317.70	117.22	1 755.22	151.11
12月	690.21	56.67	789.80	62.49	998.82	61.24	1 405.82	88.12	1 818.30	63.08
1—5月合计		－213.80		－242.49		－180.71		－178.17		－175.28
比上年末±%		－33.72		－35.13		－22.88		－17.83		－12.47
6—12月合计		269.89		342.08		389.73		585.50		587.00
比上年末±%		42.56		49.56		49.35		58.62		41.75
全年合计		56.09		99.59		209.02		407.33		411.72
比上年末±%		8.85		14.43		26.46		40.78		29.29

农业银行农副产品收购贷款累放额分月统计

单位：亿元

月份	1988年		1989年		1990年		1991年	
	累放额	当月发放	累放额	当月发放	累放额	当月发放	累放额	当月发放
1月	87.35	87.35	97.13	97.13	96.89	96.89	143.13	143.13
2月	136.08	48.73	136.43	39.30	160.82	63.4	198.65	55.52
3月	224.73	88.65	243.14	106.71	287.04	126.22	335.59	136.94
4月	288.48	63.75	337.79	94.65	397.61	110.57	451.74	116.15
5月	360.10	71.62	412.15	74.36	500.53	102.52	551.94	100.2
6月	507.72	147.62	557.64	145.49	693.68	193.15	734.13	182.19
7月	628.71	120.99	694.15	136.51	868.25	174.57	909.55	175.42
8月	746.80	118.09	827.18	133.03	1 024.37	156.14	1 088.87	172.32
9月	893.10	146.30	991.87	164.69	1 297.01	272.64	1 257.18	175.21
10月	1 106.94	213.84	1 253.18	261.31	1 582.35	285.34	1 714.36	457.18
11月	1 332.33	225.39	1 492.42	239.24	1 847.74	265.39	2 057.94	343.58
12月	1 668.39	336.06	1 859.12	366.70	2 227.69	379.95	2 466.66	408.72
6—12月		1 308.29		1 446.97		1 727.16		1 914.72
占全年比重%		78.42		77.83		77.53		77.62
1—5月		360.10		412.15		500.53		551.94
占全年比重%		21.58		22.17		22.47		22.38

农业银行农副产品收购贷款和农副产品收购额比较

年份	收购农副产品贷款年末余额		社会农副产品收购总额		商业部门农副产品收购额		每百元社会农副产品收购额占用贷款（元）	每百元商业农副产品收购额占用贷款（元）
	绝对数（亿元）	增长速度%	绝对数（亿元）	增长速度%	绝对数（亿元）	增长速度%		
1985	620.80		1 680.00	16.67	1 093.78	2.19	36.95	56.76
1986	634.12	2.15	1 990.00	18.45	1 258.00	15.01	31.87	50.41
1987	690.21	8.85	2 369.20	19.06	1 454.78	15.64	29.13	47.44
1988	789.80	14.43	2 998.00	26.54	1 794.20	23.33	26.34	44.02
1989	998.82	26.46	3 386.00	12.94	2 053.70	14.46	29.50	48.64
1990	1 405.8	40.75	3 711.00	9.60	2 258.6	9.98	37.88	62.24
1991	1 818.3	29.34	4 161.9	12.15	2 453.2	8.62	43.69	74.13

农业银行农副产品收购贷款累放额和农副产品收购额比较

年份	农副产品收购贷款累放额		社会农副产品收购总额		商业部门农副产品收购额		每百元社会农副产品收购额占用贷款（元）	每百元商业农副产品收购额占用贷款（元）
	绝对数（亿元）	增长速度%	绝对数（亿元）	增长速度%	绝对数（亿元）	增长速度%		
1985	961.78		1 680.00	16.67	1 093.78	2.19	57.25	87.93
1986	1 118.47	16.29	1 990.00	18.45	1 258.00	15.01	56.20	88.91
1987	1 392.02	24.46	2 369.20	19.06	1 454.78	15.64	58.75	95.69
1988	1 668.38	19.85	2 998.00	26.54	1 794.20	23.33	55.65	92.99
1989	1 859.12	11.43	3 386.00	12.94	2 053.70	14.46	54.91	90.53
1990	2 227.69	19.82	3 711.00	9.60	2 258.6	9.98	60.03	98.64
1991	2 466.69	10.73	4 161.90	12.15	2 453.2	8.62	59.27	100.55

各地区农业银行农副产品收购贷款年末余额比重

单位：%

地　区	1987年	1988年	1989年	1990年	1991年
北　京	0.80	0.97	1.11	1.00	1.08
天　津	0.64	0.79	0.96	1.16	1.19
河　北	7.92	7.33	6.61	5.61	5.55
山　西	1.43	1.78	1.91	1.97	2.32
内蒙古	2.06	2.39	2.40	2.80	2.65
辽　宁	4.44	4.75	4.89	4.96	5.05
吉　林	4.85	5.69	5.04	6.07	6.49
黑龙江	3.65	4.50	4.54	4.98	5.42
上　海	0.05	0.02	0.45	0.54	0.55
江　苏	7.69	6.71	7.18	6.95	6.66
浙　江	2.65	2.44	2.61	2.47	2.26
安　徽	5.18	4.80	4.68	5.12	4.59
福　建	0.76	0.88	1.11	0.97	0.83
江　西	2.72	2.64	3.15	3.27	3.75
山　东	16.38	14.71	12.92	11.00	10.60
河　南	10.18	9.75	8.70	8.48	8.37
湖　北	7.30	7.21	7.69	8.59	7.70
湖　南	3.86	3.45	4.00	3.89	4.09
广　东	2.20	2.26	2.40	2.16	2.09
广　西	1.07	1.29	1.32	1.25	1.40
海　南	0.13	0.21	0.27	0.33	0.38
四　川	5.27	5.37	5.91	6.09	6.52
贵　州	1.54	1.56	1.52	1.28	1.45
云　南	1.93	2.63	2.43	2.02	1.98
陕　西	1.54	1.57	1.71	1.68	1.63
甘　肃	1.36	1.47	1.37	1.42	1.37
青　海	0.18	0.24	0.32	0.23	0.18
宁　夏	0.21	0.34	0.32	0.37	0.31
新　疆	1.99	2.27	2.47	3.34	3.96
合　计	100.00	100.00	100.00	100.00	100.00

各地区农业银行农副产品收购贷款占主要存、贷款比重

单位：%

	农副产品收购贷款占各项存款%			农副产品收购贷款占各项贷款%			农副产品收购贷款占向人行借款%		
	1989年	1990年	1991年	1989年	1990年	1991年	1989年	1990年	1991年
北　京	20.01	20.12	22.85	22.78	23.22	25.91	180.12	180.12	2 074.74
天　津	27.69	35.58	38.77	23.91	30.15	32.89	115.46	115.46	159.70
河　北	48.11	46.52	46.80	39.79	40.53	43.76	121.23	121.23	154.01
山　西	32.74	37.8	38.28	28.87	34.33	35.26	94.87	94.87	122.01
内蒙古	82.35	103.52	112.12	42.22	50.20	52.15	96.85	96.85	99.40
辽　宁	49.03	54.5	58.20	33.87	38.27	41.34	85.96	85.96	101.27
吉　林	118.29	62.77	177.10	41.47	50.79	55.07	67.79	67.79	82.57
黑龙江	63.85	76.66	88.21	33.12	40.56	45.62	63.00	63.00	88.82
上　海	5.75	7.59	7.25	5.50	7.74	7.88	45.45	45.45	100.51
江　苏	50.65	51.03	50.70	35.05	39.20	40.07	112.78	112.78	141.72
浙　江	26.02	25.33	23.54	22.90	25.57	25.76	128.91	128.91	159.77
安　徽	85.74	103.85	97.14	42.46	50.36	47.45	85.01	85.01	87.66
福　建	20.08	19.13	16.68	16.63	17.70	17.13	73.06	73.06	88.69
江　西	63.85	75.34	91.10	34.27	39.71	45.57	77.60	77.60	94.51
山　东	76.13	72.80	77.71	51.67	52.21	54.35	144.37	144.37	154.77
河　南	85.06	97.07	90.71	46.82	51.06	53.23	99.00	99.00	111.39
湖　北	92.63	116.76	110.24	42.40	50.98	51.19	84.97	84.97	98.08
湖　南	61.42	65.04	70.52	33.04	37.64	41.31	73.43	73.43	90.42
广　东	11.27	11.05	10.53	9.31	10.28	11.28	32.00	32.00	50.16
广　西	26.81	25.93	30.41	18.58	21.45	25.77	55.00	55.00	88.83
海　南	14.87	19.18	23.01	9.68	13.72	17.11	18.24	18.24	40.01
四　川	48.32	54.13	58.20	29.91	35.15	39.04	81.28	71.28	100.94
贵　州	65.32	60.90	65.94	32.25	32.66	37.44	70.87	70.87	93.13
云　南	43.28	38.73	39.53	34.09	35.22	37.99	119.92	119.92	128.72
陕　西	36.94	41.12	41.97	22.98	26.12	28.23	72.54	72.54	88.03
甘　肃	45.61	54.99	59.43	32.03	38.07	40.52	105.38	105.38	111.64
青　海	33.37	30.71	27.40	31.00	27.25	24.87	154.41	154.41	122.85
宁　夏	36.99	47.50	41.70	24.75	32.84	31.23	71.68	71.68	76.13
新　疆	46.39	62.51	76.95	41.68	51.66	57.16	197.76	197.76	178.28
* 重　庆	38.48	46.43	50.13	26.35	31.38	35.04	117.78	117.78	125.28
武　汉	38.99	47.45	41.60	28.01	32.77	31.65	98.68	98.68	109.55
沈　阳	46.07	49.42	49.86	31.71	35.96	39.57	81.56	81.56	133.51
大　连	17.85	18.17	19.49	20.69	22.63	24.11	294.85	294.85	230.16
哈尔滨	16.82	23.57	48.18	11.57	15.57	29.02	31.16	31.16	63.78
广　州	7.47	6.96	6.42	8.99	9.32	10.08	58.91	58.91	101.07
西　安	26.57	26.20	26.63	16.96	17.59	18.61	35.00	35.00	43.97
青　岛	36.98	40.66	37.88	31.60	34.23	33.50	191.85	191.85	237.26
宁　波	26.89	28.59	24.15	23.11	28.00	26.19	121.36	121.36	147.67
厦　门	11.80	12 20	10.39	8.62	8.78	8.13	33.61	33.61	29.18
深　圳	1.12	0.55	0.41	0.81	0.42	0.44	2.28	2.28	2.16
长　春		184.15	210.42		52.86	58.36			83.18
南　京		34.08	29.32		29.10	25.93			87.63
成　都		33.23	33.74		28.12	31.07			112.09
合　计	48.62	53.24	54.78	32.66	37.25	39.72	84.44	84.44	103.91

各地区农副产品收购贷款累放额与商业收购额比较

单位：亿元

地　区	1987年		1988年		1989年		1990年		1991年	
	累放额	收购额	累放额	收购额	累放额	收购额	累放额	收购额	累放额	收购额
北　京	11.84	13.30	20.55	17.30	20.79	26.60	28.86	30.1	34.15	36.3
天　津	12.15	14.38	15.79	18.59	26.52	22.20	35.78	22.1	37.15	19.5
河　北	94.08	75.84	101.36	93.43	124.93	108.80	138.99	110.3	155.75	123.4
山　西	18.35	25.35	38.93	31.25	39.00	37.60	47.4	41.3	58.87	41.3
内蒙古	23.23	25.80	32.66	38.57	31.94	38.30	41.43	43.5	35.79	41.3
辽　宁	69.07	65.27	94.19	80.38	102.23	94.80	123.65	107	124.11	109.3
吉　林	42.84	52.72	72.24	65.89	70.70	73.80	114.4	102.8	146.68	88.3
黑龙江	36.61	47.83	55.86	66.76	67.94	83.30	87.48	92.8	83.72	95.3
上　海	1.41	26.57	0.96	32.02	12.55	56.20	19.03	42.2	18.9	73.0
江　苏	144.30	113.27	147.26	137.33	139.81	163.20	166.36	173.3	183.55	179.7
浙　江	53.03	62.55	65.75	91.41	66.34	100.20	80.65	110.9	95.47	124.9
安　徽	75.19	78.92	77.80	91.15	72.60	99.50	97.14	105.7	86.98	86.6
福　建	16.07	31.29	19.15	42.81	25.93	49.50	28.1	50.4	29.69	60.3
江　西	41.74	34.10	40.43	39.05	45.68	51.50	54.22	58.3	80.65	61.6
山　东	160.65	141.49	189.52	172.78	211.11	191.30	229.69	193.3	262.7	249.0
河　南	150.59	109.20	140.47	119.38	164.55	139.50	197.35	165.5	200.44	172.6
湖　北	90.77	90.64	94.92	98.21	99.81	103.90	129.74	131.8	113.13	124.4
湖　南	74.33	71.14	76.43	82.20	87.30	84.80	94.77	94.1	114.51	103.2
广　东	26.80	109.50	38.09	124.39	45.39	153.20	46.67	156.7	53.98	183.0
广　西	20.33	32.79	38.80	35.99	42.68	40.90	38.76	48.3	44.92	55.7
海　南			2.75	3.99	7.88	8.50	8.68	10.2	10.16	9.5
四　川	87.87	110.25	103.59	137.35	140.17	149.50	168.88	148.9	90.85	178.0
贵　州	24.11	14.49	28.12	20.90	27.14	19.90	29.6	25.1	37	33.3
云　南	48.46	30.00	71.79	43.72	69.13	41.10	58.87	42.2	58.83	45.2
陕　西	22.46	27.39	34.69	35.61	42.70	40.70	48.21	43.2	53.36	47.4
甘　肃	17.76	15.56	26.36	20.34	27.65	22.50	35.72	26.0	49.73	27.3
青　海	1.75	3.68	2.83	5.13	4.61	6.20	3.62	7.2	2.84	6.0
宁　夏	2.59	3.93	5.08	6.61	4.89	7.10	6.64	7.6	7.12	7.2
新　疆	23.64	27.53	32.01	36.77	37.15	39.20	67.01	65.6	95.68	68.1
合　计	1 392.02	1 454.78	1 668.38	1 794.20	1 859.12	2 053.70	2 227.69	2 258.6	2 466.69	2 453.2

注：1.各地区收购数字之和小于全国总计，原因是部分地区统计不全。

各地区占农副产品收购贷款累放、商业收购额比重

单位：%

地区	1987年		1988年		1989年		1990年		1991年	
	累放额	收购额	累放额	收购额	累放额	收购额	累放额	收购额	累放额	收购额
北京	0.85	0.91	1.23	0.96	1.12	1.30	1.3	1.33	1.38	1.48
天津	0.87	0.99	0.95	1.04	1.43	1.08	1.61	0.98	1.51	0.79
河北	6.76	5.21	6.08	5.21	6.72	5.30	6.24	4.88	6.31	5.03
山西	1.32	1.74	2.33	1.74	2.10	1.83	2.13	1.83	2.39	1.68
内蒙古	1.67	1.77	1.96	2.15	1.72	1.86	1.86	1.93	1.45	1.68
辽宁	4.96	4.49	5.65	4.48	5.50	4.62	5.55	4.74	5.03	4.46
吉林	3.08	3.62	4.33	3.67	3.80	3.59	5.14	4.55	5.95	3.6
黑龙江	2.63	3.29	3.35	3.72	3.65	4.06	3.93	4.11	3.39	3.88
上海	0.10	1.83	0.06	1.78	0.68	2.74	0.8	1.87	0.76	2.98
江苏	10.37	7.79	8.83	7.65	7.52	7.95	7.47	7.67	7.44	7.33
浙江	3.81	4.30	3.94	5.09	3.57	4.88	3.62	4.91	3.87	5.09
安徽	5.40	5.42	4.66	5.08	3.91	4.84	4.36	4.68	3.53	3.53
福建	1.15	2.15	1.15	2.39	1.39	2.41	1.26	2.23	1.2	2.46
江西	3.00	2.34	2.42	2.18	2.46	2.51	2.43	2.58	3.27	2.51
山东	11.54	9.73	11.36	9.63	11.36	9.31	10.31	8.56	10.65	10.15
河南	10.82	7.51	8.42	6.65	8.85	6.79	8.86	7.33	8.13	7.04
湖北	6.52	6.23	5.69	5.47	5.37	5.06	5.82	5.84	4.59	5.07
湖南	5.34	4.89	4.58	4.58	4.70	4.13	4.25	4.17	4.64	4.2
广东	1.93	7.53	2.28	6.93	2.44	7.46	2.09	6.94	3.19	7.46
广西	1.46	2.25	2.33	2.01	2.30	1.99	1.74	2.14	1.82	2.27
海南			0.16	0.22	0.42	0.41	0.4	0.45	0.41	0.39
									2.	
四川	6.31	7.58	6.21	7.66	7.54	7.28	7.58	6.59	3.68	7.26
贵州	1.73	1.00	1.69	1.16	1.46	0.97	1.33	2.88	1..5	1.36
云南	3.48	2.06	4.30	2.44	3.72	2.00	2.64	1.87	2.38	1.84
陕西	1.61	1.88	2.08	1.98	2.30	1.98	2.16	1.91	2.16	1.93
甘肃	1.28	1.07	1.58	1.13	1.49	1.10	1.6	1.15	2.02	1.11
青海	0.13	0.25	0.17	0.29	0.25	0.30	0.16	0.32	0.12	0.24
宁夏	0.19	0.27	0.30	0.37	0.26	0.35	0.29	0.34	0.29	0.29
新疆	1.70	1.89	1.92	2.05	2.00	1.91	3.01	2.9	3.88	2.78
合计	100.00	100.00	100.00	99.73	100.00	100.00	100.00	100.00	100.00	100.00

注：1.各地区收购数字之和小于全国总计，原因是部分地区统计不全。

中国农业银行外汇资产负债

（1990—1991年）　　单位：万美元

资　　产	1991年	1990年	1991比1990年增　减
总　计	**406 628**	**267 449**	**139 179**
一、贷款合计	155 139	75 700	78 350
1．一般外汇贷款	79 090	41 916	37 174
2．三资企业贷款	73 168	32 953	40 215
3．利用世行贷款	1 300	334	966
4．利用亚行贷款	1 089		
5．利用外国政府贷款	492	497	－5
二、同业往来	35 426	12 993	22 433
三、系统内往来	89 937	70 385	19 552
四、存放港澳及国外同业	30 814	39 009	－8 195
五、境外拆出资金	14 228	27 152	－12 924
六、库存现金	3 747	3 530	217
七、其他	77 337	38 680	39 681

负　　债	1991年	1990年	1991比1990年增　减
总　计	**406 628**	**267 449**	**139 179**
一、存款合计	126 683	86 397	40 286
1．个人定期存款	55 821	39 905	15 916
2．个人活期储蓄存款	11 025	8 920	2 105
3．企事业单位存款	41 424	23 762	17 662
4．单位定期存款	18 410	13 805	4 605
5．港澳及国外同业存款	3	5	－2
二、同业往来	6 408	4 006	2 402
三、系统内往来	100 181	66 109	34 072
四、借入资金合计	13 195	9 823	3 372
1．借入国外商业银行资金	8 191	7 100	1 091
2．借入世行资金	3 752	1 209	2 543
3．借入外国政府资金	492		492
4．境外短期拆入资金	760	1 514	－754
五、自有外汇营运资金	45 747	35 665	10 082
六、结益	6 793	4 222	2 571
七、其他	107 621	61 227	46 394

农业银行外汇信贷收支分月统计

（1991年）　　　　单位：亿美元

	4月	5月	6月	7月	8月	9月	10月	11月	12月
各项存款合计	**9.71**	**9.78**	**9.82**	**10.33**	**10.15**	**10.70**	**11.37**	**11.46**	**12.66**
1. 企业存款	3.86	3.81	3.99	4.42	4.04	4.44	4.89	4.94	5.98
企事业单位存款	2.31	2.09	2.18	2.55	2.18	2.53	2.83	2.85	4.14
单位定期存款	1.55	1.72	1.81	1.87	1.86	1.91	2.06	2.09	1.84
2. 储蓄存款	5.85	5.97	5.83	5.91	6.11	6.26	6.48	6.52	6.68
定期储蓄存款	4.85	5.05	4.95	5.02	5.17	5.28	5.48	5.48	5.58
活期储蓄存款	1.00	0.92	0.88	0.89	0.94	0.98	1.00	1.04	1.10
各项贷款合计	**8.53**	**8.40**	**8.86**	**9.34**	**9.82**	**10.60**	**13.42**	**12.19**	**15.51**
1. 一般外汇贷款	4.40	4.51	4.74	5.03	5.16	5.62	7.26	6.74	7.90
2. 三资企业贷款	4.13	3.89	4.12	4.31	4.66	4.98	6.16	5.45	7.32
3. 利用外资贷款	0.09	0.09	0.09	0.11	0.08	0.17	0.32	0.25	0.29
(1) 利用世行贷款	0.04	0.04	0.04	0.06	0.04	0.13	0.14	0.14	0.13
(2) 利用亚行贷款							0.04	0.07	0.11
(3) 利用外国政府贷款	0.05	0.05	0.05	0.05	0.04	0.04	0.14	0.04	0.05

信用社信贷资金平衡表

（1991年）　　　　单位：亿元

	余额	比上年增减	比上年增长		余额	比上年增减	比上年增长
资金来源总计	3 689.66	690.17	23.01	资金运用总计	3 689.66	690.17	23.01
一、各项存款合计	**2 709.34**	**564.40**	**26.31**	**一、各项贷款合计**	**1 808.64**	**395.63**	**27.99**
1. 集体存款	392.67	89.34	29.45	1. 集体农业贷款	169.89	35.77	26.66
集体农业存款	135.87	29.42	27.63	2. 乡镇企业贷款	910.37	209.65	29.91
乡镇企业存款	191.65	41.78	27.87	(1) 流动资金贷款	789.36	181.09	29.77
集体定期存款	19.53	7.11	57.32	(2) 固定资产贷款	121.01	28.56	30.89
其他存款	45.63	11.03	31.87	3. 农户贷款	631.44	113.23	21.84
2. 农户储蓄存款	2 316.67	475.06	25.79	4. 其他工商业贷款	96.94	36.99	61.69
活期	433.74	47.28	12.23	二、转存银行款	915.91	143.42	18.56
定期	1 882.93	427.78	29.39	三、特种贷款	90.95	38.33	72.82
二、自有资金	334.79	−41.00	−49.79	四、其他资金占款	602.56	481.62	398.23
三、股金	91.33	11.97	15.08	五、库存现金	40.77	6.21	17.96
四、借入银行款	50.81	8.79	20.95	六、其他	230.83	−375.05	−61.90
五、结益	8.57	−0.15	−0.18				
六、其他	494.83	−158.45	−22.94				

信用社各项存款余额分月统计

（1991年）　　　　单位：亿元

项　　目	1月	2月	3月	4月	5月	6月
存款合计	2 201.03	2 274.33	2 324.39	2 347.67	2 379.79	2 431.17
1．集体存款	153.39	137.86	139.97	140.73	143.11	147.58
集体农业存款	105.41	93.75	93.11	93.22	94.62	96.40
集体定期存款	13.29	13.07	13.38	14.03	14.74	16.00
其他存款	34.69	31.04	33.48	33.48	33.75	35.18
2．乡镇企业存款	146.93	129.32	135.04	140.20	146.12	149.39
3．农户储蓄存款	1 900.71	2 007.15	2 049.38	2 066.74	2 090.56	2 134.20
# 定　期	1 500.34	1 581.30	1 632.43	1 658.52	1 678.94	1 705.49

项　　目	7月	8月	9月	10月	11月	12月	月平均余额
存款合计	2 473.19	2 506.51	2 531.72	2 592.13	2 660.14	2 709.34	2 452.62
1．集体存款	151.18	157.11	162.04	169.79	182.92	201.02	157.23
集体农业存款	99.43	102.59	104.50	111.00	121.85	135.87	104.31
集体定期存款	16.40	16.90	17.30	17.77	18.46	19.53	15.91
其他存款	35.35	37.62	40.24	41.02	42.61	45.62	37.01
2．乡镇企业存款	152.80	160.33	163.42	170.66	179.14	191.65	155.42
3．农户储蓄存款	2 169.21	2 189.07	2 206.26	2 251.68	2 298.08	2 316.67	2 139.98
# 定　期	1 728.97	1 745.39	1 756.87	1 784.51	1 813.29	1 882.93	1 705.75

信用社各项贷款余额分月统计

（1991年）　　　　单位：亿元

项　　目	1月	2月	3月	4月	5月	6月
贷款合计	1 494.27	1 534.09	1 643.68	1 731.79	1 779.84	1 816.17
1．集体农业贷款	137.65	140.04	146.47	152.71	156.20	160.14
# 种养业贷款	72.38	74.52	78.44	82.86	85.56	87.61
2．乡镇企业贷款	724.22	737.77	770.13	796.32	816.56	839.19
流动资金贷款	631.99	644.71	676.27	700.53	718.54	738.15
固定资产贷款	92.23	93.06	93.86	95.79	98.02	101.04
3．农户贷款	571.90	595.21	661.13	714.39	737.48	743.66
# 种养业贷款	355.78	373.59	424.15	464.53	480.73	484.80
4．其他工商业贷款	60.50	61.07	65.95	68.37	69.60	73.18

项　　目	7月	8月	9月	10月	11月	12月	月平均余额
贷款合计	1 842.08	1 873.63	1 892.32	1 885.61	1 852.62	1 808.64	1 762.90
1．集体农业贷款	162.47	166.26	168.72	167.67	166.44	169.89	157.89
# 种养业贷款	88.94	91.31	92.64	91.33	89.60	88.13	85.28
2．乡镇企业贷款	851.94	868.67	883.21	893.95	900.15	910.37	832.71
流动资金贷款	748.45	762.09	773.56	781.16	783.48	789.36	729.02
固定资产贷款	103.49	106.58	109.65	112.79	116.67	121.01	103.68
3．农户贷款	751.71	759.52	758.80	739.60	700.09	631.44	697.08
# 种养业贷款	489.08	490.47	486.74	468.26	437.06	391.59	445.57
4．其他工商业贷款	75.96	79.18	81.59	84.39	85.94	96.94	75.22

信用社转存银行款分月统计

单位：亿元

	1980年	1981年	1982年	1983年	1984年	1985年
1月	160.02	213.17	215.25	268.74	322.61	296.74
2月	130.09	166.87	198.40	248.46	309.84	287.49
3月	123.99	145.50	175.06	213.47	270.47	265.27
4月	112.55	131.63	160.68	190.94	245.90	243.90
5月	105.23	121.85	155.21	181.18	230.79	246.69
6月	109.60	131.71	167.27	188.31	230.61	258.16
7月	114.12	130.72	172.32	187.56	230.52	264.96
8月	116.85	136.46	178.39	192.89	227.81	271.33
9月	121.80	143.34	182.32	202.66	227.52	275.39
10月	139.55	165.31	208.66	233.42	249.69	295.81
11月	174.21	203.06	241.90	284.96	280.40	334.01
12月	213.17	250.06	298.53	366.48	326.39	401.37
最高月份	12月	12月	12月	12月	12月	12月
最低月份	5月	5月	5月	5月	9月	4月

	1986年	1987年	1988年	1989年	1990年	1991年
1月	386.41	472.02	509.69	528.54	648.59	765.88
2月	387.88	472.02	508.34	532.66	685.60	789.38
3月	357.34	424.04	457.78	487.65	668.57	757.58
4月	339.22	394.67	420.51	467.91	647.01	719.61
5月	335.34	381.05	414.70	468.85	639.95	708.44
6月	356.72	394.43	426.42	491.00	674.24	738.15
7月	364.98	396.09	421.37	501.04	685.10	750.76
8月	367.94	396.31	398.85	505.93	680.32	755.11
9月	371.40	406.92	405.06	523.77	688.99	772.41
10月	401.39	447.17	432.45	554.59	729.90	827.62
11月	438.60	488.94	482.81	605.95	779.06	902.48
12月	493.31	551.86	579.68	656.14	773.58	915.91
最高月份	12月	12月	12月	12月	11月	12月
最低月份	5月	5月	5月	4月	5月	5月

注：信用社转存银行款含信用社存款准备金。

各地区信用社各项存款

（1991年）　　　　单位：万元

	各项存款合计		1.集体存款		（1）集体农业存款	
	余　额	比上年增减	余　额	比上年增减	余　额	比上年增减
北　京	728 941	136 444	245 903	39 300	82 253	6 790
天　津	392 681	90 680	70 746	14 945	22 702	4 368
河　北	2 481 475	476 688	206 063	31 258	58 812	9 347
山　西	1 000 923	161 398	109 543	11 061	36 537	1 458
内蒙古	240 437	33 050	26 792	2 260	10 224	1 362
辽　宁	1 267 577	248 043	158 962	39 222	70 535	16 810
吉　林	425 631	88 515	41 443	10 452	14 536	3 331
黑龙江	550 320	103 134	69 610	13 412	47 730	7 894
上　海	531 909	123 187	153 812	36 149	64 859	12 712
江　苏	2 075 273	403 867	355 999	86 187	139 953	31 096
浙　江	1 793 631	411 602	342 118	82 615	80 443	19 778
安　徽	661 298	126 444	101 914	22 242	20 181	3 807
福　建	582 961	141 081	80 143	20 206	34 730	9 430
江　西	443 882	96 368	49 854	11 821	4 510	4 050
山　东	2 807 335	406 901	345 827	47 394	126 964	10 614
河　南	1 472 394	308 387	143 400	39 658	46 695	12 325
湖　北	747 243	154 220	105 670	25 550	25 641	5 096
湖　南	872 322	216 636	116 783	24 695	30 068	6 750
广　东	4 138 951	1 093 393	602 759	198 610	265 391	93 611
广　西	485 992	119 138	58 198	15 331	15 231	3 836
海　南	116 097	16 268	6 724	955	2 604	537
四　川	1 503 434	332 369	218 055	31 497	42 759	6 244
贵　州	138 369	36 004	25 587	5 947	8 583	1 609
云　南	404 366	95 945	131 487	53 635	42 345	10 034
陕　西	689 019	127 679	72 169	12 478	23 234	3 849
甘　肃	241 945	45 158	39 220	6 577	14 304	2 295
青　海	29 704	3 590	9 222	225	5 337	−37
宁　夏	71 037	12 602	7 614	2 114	2 702	576
新　疆	198 280	34 946	31 129	7 600	18 844	4 635
#重　庆	243 047	58 176	42 365	8 320	8 539	1 287
武　汉	143 623	30 822	37 879	9 187	7 079	913
沈　阳	189 051	42 178	39 064	12 339	16 230	5 555
大　连	339 812	71 149	50 050	15 182	18 322	4 158
哈尔滨	64 201	28 490	10 516	5 197	7 502	4 049
广　州	642 425	170 820	119 601	38 931	63 691	23 127
西　安	186 853	34 697	24 381	4 825	10 902	2 015
青　岛	227 937	34 508	33 787	5 196	15 108	1 822
宁　波	244 231	59 941	54 587	11 559	12 025	2 331
厦　门	44 373	14 988	10 002	4 127	4 337	1 887
深　圳	193 763	72 169	65 100	35 661	23 830	12 262
长　春	75 293	20 747	7 661	2 570	2 711	276
南　京	95 623	16 584	23 771	4 951	9 656	1 680
成　都	264 285	61 210	40 064	7 384	10 383	1 715
合　计	27 093 427	5 644 037	3 926 746	893 396	1 358 707	294 207

各地区信用社各项存款（续1）

（1991年）　　　　单位：万元

	(2) 乡镇企业存款		(3) 集体定期存款		(4) 其它存款	
	余额	比上年增减	余额	比上年增减	余额	比上年增减
北京	115 566	19 560	16 762	4 372	31 322	8 578
天津	41 194	9 311	1 791	329	5 059	937
河北	94 874	14 235	12 120	3 259	40 257	4 417
山西	48 772	5 904	5 295	999	18 939	2 700
内蒙古	13 631	933	427	77	2 510	−112
辽宁	72 375	14 851	6 846	4 345	9 206	3 216
吉林	15 983	4 162	437	415	10 487	2 544
黑龙江	18 461	4 379	773	276	2 646	863
上海	86 086	22 415	1 685	625	1 182	397
江苏	181 348	44 464	15 515	3 328	19 183	7 299
浙江	193 970	45 604	14 172	5 455	53 533	11 778
安徽	42 165	8 160	2 307	291	37 261	9 984
福建	36 007	7 748	2 314	927	7 092	2 101
江西	37 130	5 898	2 135	684	6 079	1 189
山东	197 498	31 679	13 062	2 478	8 303	2 623
河南	80 970	23 144	6 799	1 668	8 936	2 521
湖北	53 403	11 120	10 373	4 046	16 253	5 288
湖南	51 228	11 212	4 383	1 460	31 104	5 273
广东	275 929	84 656	27 581	11 554	33 858	8 789
广西	31 045	7 706	3 345	906	8 577	2 883
海南	1 554	285	200	130	2 366	3
四川	117 000	18 975	10 421	778	47 875	5 500
贵州	8 785	2 249	976	417	7 243	1 672
云南	43 244	8 675	24 844	20 179	21 054	14 747
陕西	29 055	4 421	4 342	1 018	15 538	3 190
甘肃	16 096	2 771	2 849	519	5 971	992
青海	2 087	123	996	120	802	19
宁夏	3 357	1 156	81	−4	1 474	386
新疆	7 717	1 961	2 423	494	2 145	510
*重庆	25 137	5 445	2 032	318	6 657	1 270
武汉	16 735	3 622	5 968	1 276	8 097	3 376
沈阳	18 653	5 496	323	126	3 858	1 414
大连	24 636	6 124	5 323	4 226	1 769	674
哈尔滨	2 540	967	320	110	154	71
广州	40 319	13 862	9 125	2 485	6 466	−543
西安	8 703	1 635	828	62	3 948	1 113
青岛	17 622	3 128	1 057	246		
宁波	33 569	6 969	2 199	688	6 794	1 571
厦门	4 380	1 784	1 065	310	220	146
深圳	33 514	18 607	649	183	7 107	4 609
长春	3 806	1 881	140	135	1 004	278
南京	12 612	2 834	572	73	931	364
成都	23 646	5 568	1 333	−131	4 702	232
合计	1 916 530	417 757	195 254	71 145	456 255	110 287

各地区信用社各项存款(续2)

（1991年） 单位：万元

	2.农户储蓄存款		(1)活期		(2)定期	
	余 额	比上年增减	余 额	比上年增减	余 额	比上年增减
北 京	483 038	97 144	61 477	6 191	421 561	90 953
天 津	321 935	75 735	53 962	10 078	267 973	65 657
河 北	2 275 412	445 430	309 381	44 042	1 966 031	401 388
山 西	891 380	150 337	102 512	18 170	788 868	132 167
内 蒙 古	213 645	30 790	63 128	4 181	150 517	26 609
辽 宁	1 108 615	208 821	130 486	−2 073	978 129	210 894
吉 林	384 188	78 063	90 257	18 906	293 931	59 157
黑 龙 江	480 710	89 722	93 819	13 616	386 891	76 106
上 海	378 097	87 038	1 681	−217	376 416	87 255
江 苏	1 719 274	317 680	125 700	−119 966	1 593 574	437 646
浙 江	1 451 513	328 987	301 241	78 306	1 150 272	250 681
安 徽	559 384	104 202	128 466	−17 724	430 918	121 926
福 建	502 818	120 875	83 750	22 806	419 068	98 069
江 西	394 028	84 547	93 737	17 385	300 291	67 162
山 东	2 461 508	359 507	347 131	22 949	2 114 377	336 558
河 南	1 328 994	268 729	280 586	34 966	1 048 408	233 763
湖 北	641 573	128 670	109 762	−57 641	531 811	186 311
湖 南	755 539	191 941	143 843	27 278	611 696	164 663
广 东	3 536 192	894 783	1 141 333	321 622	2 394 859	573 161
广 西	427 794	104 107	148 508	5 462	279 286	109 569
海 南	109 373	15 313	38 257	3 181	71 116	12 132
四 川	1 285 379	300 872	204 299	13 112	1 081 080	287 760
贵 州	112 782	30 057	41 076	11 237	71 706	18 820
云 南	272 879	42 310	64 149	8 296	208 730	34 014
陕 西	616 850	115 201	80 268	−972	536 582	116 173
甘 肃	202 725	38 581	50 959	7 287	151 766	31 294
青 海	20 482	3 365	5 210	374	15 272	2 991
宁 夏	63 423	10 488	10 144	1 152	53 279	9 336
新 疆	167 151	27 346	32 289	−8 315	134 862	35 661
# 重 庆	200 682	49 856	23 833	3 315	176 839	46 541
武 汉	105 744	21 635	18 117	19	87 627	21 616
沈 阳	149 987	29 839	20 711	2 192	129 276	27 647
大 连	289 762	55 967	27 302	−11 678	262 460	67 645
哈 尔 滨	53 685	23 293	13 271	6 361	40 414	16 932
广 州	522 824	131 889	151 899	41 278	370 925	90 611
西 安	162 472	29 872	25 399	4 966	137 073	24 906
青 岛	194 150	29 312	25 047	−4 547	169 103	33 859
宁 波	189 644	48 382	48 815	14 082	140 829	34 300
厦 门	34 371	10 861	2 896	1 008	31 475	9 853
深 圳	128 663	36 508	53 876	23 762	74 787	12 746
长 春	67 632	18 177	11 346	2 800	56 286	15 377
南 京	71 852	11 633	4 212	−5 213	67 640	16 846
成 都	224 221	53 826	33 656	5 885	190 565	47 941
合 计	23 166 681	4 750 641	4 337 411	472 765	18 829 270	4 277 876

各地区信用社各项贷款

(1991年)

单位：万元

	各项贷款合计		1.集体农业贷款		2.乡镇企业贷款	
	余额	比上年增减	余额	比上年增减	余额	比上年增减
北京	346 218	71 976	109 327	26 841	215 062	40 853
天津	265 416	70 969	30 828	4 927	202 021	57 832
河北	1 680 829	317 247	142 862	29 810	642 827	146 641
山西	719 460	134 947	77 788	15 949	318 893	65 875
内蒙古	125 057	29 938	5 470	315	32 942	8 516
辽宁	893 893	217 269	146 183	23 068	463 173	128 728
吉林	259 628	60 277	23 610	7 270	82 222	25 875
黑龙江	309 286	84 372	9 932	1 248	116 057	24 998
上海	369 177	96 914	61 082	21 909	303 403	75 321
江苏	1 337 120	270 567	158 924	45 288	1 061 930	204 208
浙江	1 026 167	250 696	39 996	10 200	738 253	182 530
安徽	409 803	104 101	9 817	2 155	116 156	29 117
福建	339 283	76 637	37 300	9 570	116 631	30 146
江西	260 248	65 239	3 937	3 447	90 737	23 106
山东	1 964 429	352 100	410 625	72 024	1 113 456	199 091
河南	1 202 313	266 194	60 832	11 256	443 241	118 151
湖北	476 838	95 738	44 082	5 058	176 233	34 233
湖南	548 076	128 551	10 715	548	218 222	51 734
广东	3 158 341	785 228	247 453	50 031	1 980 572	494 939
广西	355 385	85 706	16 213	6 054	74 867	22 551
海南	77 753	8 619	4 971	961	10 524	1 229
四川	966 895	222 217	15 420	2 849	359 676	90 041
贵州	107 044	15 836	2 949	415	8 888	1 625
云南	229 511	28 435	8 519	721	47 211	7 861
陕西	435 569	78 943	11 474	2 537	119 624	22 922
甘肃	116 760	22 654	4 896	1 931	27 441	6 054
青海	12 230	923	407	63	1 872	4
宁夏	29 111	2 725	210	10	7 939	745
新疆	64 541	11 283	3 049	1 222	13 642	1 559
#重庆	157 012	43 981	3 552	1 063	59 313	10 303
武汉	61 658	1 671	3 435	−867	43 679	5 633
沈阳	110 810	37 143	14 955	4 940	64 721	22 464
大连	229 952	54 231	62 997	6 930	149 903	44 211
哈尔滨	33 945	14 155	648	297	22 116	7 562
广州	390 663	69 386	33 829	774	218 758	43 516
西安	92 490	18 835	3 928	1 500	46 661	8 928
青岛	184 892	38 994	35 243	5 449	129 089	27 776
宁波	127 551	25 939	4 142	1 019	109 000	22 995
厦门	32 863	11 030	5 317	2 307	7 930	3 578
深圳	106 272	32 926	4 865	777	85 895	33 071
长春	43 597	12 003	290	106	15 210	3 905
南京	63 855	14 883	8 323	2 477	49 777	10 987
成都	155 442	27 415	3 386	−93	103 619	21 328
合计	18 086 381	3 956 301	1 698 871	357 677	9 103 715	2 096 485

各地区信用社各项贷款(续1)

(1991年)　　　　单位：万元

	(1)流动资金贷款		(2)固定资产贷款	
	余　额	比上年增减	余　额	比上年增减
北　京	175 110	30 059	39 952	10 794
天　津	170 515	43 728	31 506	14 104
河　北	575 839	127 520	66 988	19 121
山　西	282 165	62 206	36 728	3 669
内蒙古	31 094	7 833	1 848	683
辽　宁	405 300	112 191	57 873	16 537
吉　林	79 395	25 623	2 827	252
黑龙江	106 211	24 570	9 846	428
上　海	241 283	58 269	62 120	17 052
江　苏	919 981	165 099	141 949	39 109
浙　江	686 887	167 708	51 366	14 822
安　徽	111 559	28 012	4 597	1 105
福　建	108 269	25 519	8 362	4 627
江　西	82 849	19 940	7 888	3 166
山　东	920 283	167 354	193 173	31 737
河　南	438 741	117 726	4 500	425
湖　北	162 682	33 983	13 551	250
湖　南	197 469	46 297	20 753	5 437
广　东	1 619 930	404 929	360 642	90 010
广　西	65 047	21 206	9 220	1 345
海　南	9 275	1 236	1 249	−7
四　川	304 194	78 460	55 482	11 581
贵　州	6 605	1 278	2 283	347
云　南	38 291	7 510	8 920	351
陕　西	111 563	23 636	8 061	−714
甘　肃	25 963	6 392	1 478	−338
青　海	1 331	25	541	−21
宁　夏	5 656	803	2 283	−58
新　疆	9 508	1 757	4 134	−198
#重　庆	48 848	9 414	10 465	889
武　汉	40 161	5 868	3 518	−235
沈　阳	54 432	15 606	10 289	6 858
大　连	123 146	38 915	26 757	5 296
哈尔滨	20 718	6 775	1 398	787
广　州	166 091	43 597	52 667	−81
西　安	44 596	9 507	2 065	−579
青　岛	102 642	22 259	26 447	5 517
宁　波	101 273	20 442	7 727	2 553
厦　门	7 929	3 578	1	
深　圳	28 835	9 458	57 060	23 613
长　春	15 132	3 827	78	78
南　京	40 465	7 786	9 312	3 201
成　都	93 452	20 051	10 167	1 277
合　计	7 893 595	1 810 869	1 210 120	285 616

各地区信用社各项贷款(续2)

(1991年)

单位：万元

	3.农户贷款		4.其它工商业贷款	
	余　额	比上年增减	余　额	比上年增减
北　京	7 637	394	14 192	3 888
天　津	27 975	6 185	4 592	2 025
河　北	808 813	107 678	86 327	33 118
山　西	296 358	44 865	26 421	8 258
内蒙古	85 990	21 314	655	－207
辽　宁	236 828	43 192	47 709	22 281
吉　林	139 004	19 397	14 792	7 735
黑龙江	83 166	12 607	100 131	45 519
上　海	4 652	－316	40	
江　苏	108 437	17 914	7 829	3 157
浙　江	231 172	49 949	16 746	8 017
安　徽	280 412	72 752	3 418	77
福　建	180 230	36 013	5 122	908
江　西	156 877	34 550	8 697	4 136
山　东	316 443	27 931	123 905	53 054
河　南	658 801	126 822	39 439	9 965
湖　北	217 810	44 336	38 713	12 111
湖　南	264 684	53 280	54 455	22 989
广　东	746 322	185 436	183 994	54 822
广　西	250 806	51 984	13 499	5 117
海　南	60 406	6 450	1 852	－21
四　川	473 652	74 748	118 147	54 579
贵　州	92 055	12 660	3 152	1 136
云　南	168 886	19 259	4 895	594
陕　西	263 082	39 252	41 389	14 232
甘　肃	81 166	13 961	3 257	708
青　海	9 867	876	84	－20
宁　夏	18 621	1 483	2 341	487
新　疆	44 259	7 291	3 591	1 211
#重　庆	42 766	9 272	51 381	23 343
武　汉		9 723	14 544	6 628
沈　阳	16 796	3 908	14 338	5 831
大　连	14 763	823	2 289	2 267
哈尔滨	8 585	5 364	2 596	932
广　州	54 571	9 416	83 505	15 680
西　安	36 027	7 796	5 874	611
青　岛	3 122	149	17 438	5 620
宁　波	13 256	1 441	1 153	484
厦　门	19 216	6 445	400	－1 300
深　圳	14 729	3 938	783	－4 860
长　春	19 820	2 681	8 277	5 311
南　京	5 681	1 420	74	－1
成　都	38 350	2 897	10 087	3 283
合　计	6 314 411	1 132 263	969 384	369 876

信用社信贷资金来源

（年末余额）

单位：亿元

	1986	1987	1988	1989	1990	1991
资金来源总计	1 224.90	1 618.54	1 911.31	2 309.98	2 999.49	3 689.66
一、各项存款合计	962.34	1 225.21	1 399.82	1 663.37	2 144.94	2 709.34
1. 集体存款	196.22	219.49	257.49	256.56	303.34	392.67
集体农业存款	83.87	89.87	98.37	91.95	106.45	135.87
乡镇企业存款	91.68	104.70	128.33	125.92	149.88	191.65
集体定期存款	2.79	3.48	5.02	9.04	12.41	19.53
其他存款	17.88	21.44	25.77	29.65	34.60	45.62
2. 农户储蓄存款	766.12	1 005.72	1 142.33	1 406.81	1 841.60	2 316.67
活期	226.25	297.36	350.86	332.05	386.46	433.74
定期	539.87	708.36	791.47	1 074.76	1 455.14	1 882.93
二、自有资金	63.56	100.55	133.20	76.64	82.33	334.79
三、股金	16.06	23.41	36.58	62.75	79.36	91.33
四、借入银行款	41.49	37.67	36.03	37.63	42.01	50.81
五、结益	13.24	13.73	11.12	8.65	8.72	8.57
六、其他	128.21	217.97	294.56	460.94	642.13	494.83

信用社信贷资金来源增减额

（比上年末）

单位：亿元

	1986年	1987年	1988年	1989年	1990年	1991年
资金来源总计	269.19	393.64	292.77	398.67	689.50	690.17
一、各项存款合计	237.44	262.87	174.61	263.56	481.57	564.40
1. 集体存款	36.13	23.27	38.00	−0.93	46.77	89.34
集体农业存款	11.95	6.00	8.50	−6.42	14.50	29.42
乡镇企业存款	19.55	13.02	23.63	−2.41	23.95	41.78
集体定期存款	0.52	0.69	1.54	4.02	3.37	7.11
其他存款	4.11	3.56	4.33	3.88	4.95	11.03
2. 农户储蓄存款	201.31	239.60	136.61	264.48	434.80	475.06
活期	45.40	71.11	53.50	−18.81	54.42	47.28
定期	155.91	168.49	83.11	283.29	380.38	427.78
二、自有资金	32.03	36.99	32.65	−56.56	5.70	−41.00
三、股金	16.06	7.35	13.17	26.17	16.60	11.97
四、借入银行款	8.64	−3.82	−1.64	1.60	4.38	8.79
五、结益	0.79	0.49	−2.61	−2.47	0.07	−0.15
六、其他	−25.77	89.76	76.59	166.38	181.18	−158.45

信用社信贷资金来源增长率

（比上年末）　　　　单位：%

	1987年	1988年	1989年	1990年	19
资金来源总计	32.13	18.08	20.85	29.84	23.01
一、各项存款合计	27.31	14.25	18.82	28.95	26.31
1．集体存款	11.86	17.31	−0.35	18.22	29.45
集体农业存款	7.14	9.46	−6.53	15.77	27.63
乡镇企业存款	14.20	22.57	−1.87	19.02	27.87
集体定期存款	24.60	44.24	80.24	37.21	57.32
其他存款	19.95	20.16	15.06	16.68	31.87
2．农户储蓄存款	31.27	13.58	23.15	30.90	25.79
活期	31.42	17.98	−5.36	16.38	12.23
定期	31.20	11.73	35.79	35.39	29.39
二、自有资金	58.21	32.46	−42.46	7.43	−49.79
三、股金	45.71	56.29	71.54	26.45	15.08
四、借入银行款	−9.20	−4.36	4.44	11.64	20.95
五、结益	3.70	−19.01	−22.21	0.81	−0.18
六、其他	69.99	35.14	63.56	39.31	−22.94

信用社信贷资金运用

（年末余额）　　　　单位：亿元

	1986	1987	1988	1989	1990	1991
资金运用总计	1224.90	1618.54	1911.31	2309.98	2999.49	3689.66
一、各项贷款合计	568.51	771.35	908.60	1090.72	1413.01	1808.64
1．集体农业贷款	44.64	64.51	80.09	106.43	134.12	169.89
2．乡镇企业贷款	265.84	359.31	440.17	540.23	700.72	910.37
流动资金贷款	218.05	282.74	352.41	456.44	608.27	789.36
固定资产贷款	47.79	76.57	87.76	83.79	92.45	121.01
3．农户贷款	258.03	340.01	372.38	414.03	518.22	631.44
4．其他工商业贷款		7.52	15.96	30.03	59.95	96.94
二、转存银行款	493.31	551.86	579.68	656.14	772.48	915.91
三、存人民银行特种款		47.46	49.14	36.92	52.62	90.95
四、其他资金占款	107.88	143.34	199.86	96.44	120.94	602.56
五、库存现金				33.16	34.56	40.77
六、其他	55.20	104.53	174.03	396.60	605.88	230.83

信用社信贷资金运用增减额

(比上年末)　　　　　　单位：亿元

	1987年	1988年	1989年	1990年	1991年
资金运用总计	393.64	292.77	398.68	689.50	690.17
一、各项贷款合计	202.84	137.25	182.11	322.29	395.63
1．集体农业贷款	19.87	15.58	26.34	27.69	35.77
2．乡镇企业贷款	93.47	80.85	100.06	160.50	209.65
流动资金贷款	64.68	69.67	104.03	151.84	181.09
固定资产贷款	28.79	11.18	−3.97	8.66	28.56
3．农户贷款	81.98	32.38	41.65	104.18	113.23
4．其他工商业贷款	7.52	8.44	14.06	29.92	36.99
二、转存银行款	58.55	27.83	76.46	116.34	143.42
三、存人民银行特种款	47.46	1.68	−12.22	15.71	38.33
四、其他资金占款	35.46	56.52	−103.42	24.50	481.62
五、库存现金			33.16	1.40	6.21
六、其他	49.33	69.49	222.59	209.26	−375.05

信用社信贷资金运用增长率

(比上年末)　　　　　　单位：%

	1987年	1988年	1989年	1990年	1991年
资金运用总计	32.13	18.08	20.85	29.84	23.01
一、各项贷款合计	35.67	17.79	20.04	29.54	27.99
1．集体农业贷款	44.50	24.15	32.88	26.01	26.66
2．乡镇企业贷款	35.15	22.50	22.73	29.70	29.91
流动资金贷款	29.66	24.64	29.51	33.26	29.77
固定资产贷款	60.23	14.60	−4.51	10.33	30.89
3．农户贷款	31.77	9.52	11.18	25.16	21.84
4．其他工商业贷款		112.17	88.11	99.64	61.69
二、转存银行款	11.86	5.04	13.18	17.73	18.56
三、存人民银行特种款		3.54	−24.87	42.55	72.82
四、其他资金占款	32.87	39.43	−51.74	25.40	398.23
五、库存现金				4.21	17.96
六、其他	89.36	66.47	127.91	52.76	−61.90

信用社信贷资金来源构成

单位：%

	1987年	1988年	1989年	1990年	1991年
资金来源总计	100.00	100.00	100.00	100.00	100.00
一、各项存款合计	75.69	73.24	72.00	71.51	73.43
(以各项存款为100)					
1．集体存款	17.91	18.39	15.42	14.14	14.49
(以集体存款为100)					
集体农业存款	40.95	38.20	35.83	35.09	34.60
乡镇企事业存款	47.70	49.84	49.08	49.41	48.81
集体定期存款	1.58	1.95	3.53	4.09	4.97
其他存款	9.77	10.01	11.56	11.41	11.62
2．农户储蓄存款	82.09	81.61	84.58	85.86	85.51
(以农户储蓄存款为100)					
活期	29.57	30.71	23.60	20.99	18.72
定期	70.43	69.29	76.40	79.01	81.28
二、自有资金	6.21	6.97	3.32	2.74	9.07
三、股金	1.45	1.91	2.72	2.65	2.48
四、借入银行款	2.33	1.89	1.63	1.40	1.38
五、结益	0.85	0.58	0.37	0.29	0.23
六、其他	13.47	15.41	19.96	21.41	13.41

信用社信贷资金运用构成

单位：%

	1987年	1988年	1989年	1990年	1991年
资金运用总计	100.00	100.00	100.00	100.00	100.00
一、各项贷款合计	47.66	47.54	47.22	47.11	49.02
(以各项贷款为100)					
1．集体农业贷款	8.36	8.82	9.76	9.49	9.39
2．乡镇企业贷款	46.58	48.44	49.53	49.59	50.33
(以乡镇企业贷款为100)					
流动资金贷款	78.69	80.06	84.49	86.81	86.71
固定资产贷款	21.31	19.94	15.51	13.19	13.29
3．农户贷款	44.08	40.98	37.96	36.68	34.92
4．其他工商企业贷款	0.98	1.76	2.75	4.24	5.36
二、转存银行款	34.10	30.33	28.40	25.75	24.82
三、存人民银行特种款	2.93	2.57	1.60	1.75	2.47
四、其他资金占款	8.86	10.46	4.17	4.03	16.33
五、库存现金			1.44	1.15	1.10
六、其他	6.45	9.10	17.17	20.21	6.26

各地区信用社各项存款

单位：万元

	1989年		1990年		1991年	
	年末余额	比上年增减	年末余额	比上年增减	年末余额	比上年增减
北京	450 340	74 792	592 497	142 157	728 941	136 444
天津	224 436	40 108	302 001	77 565	392 681	90 680
河北	1 540 788	270 178	2 004 787	463 999	2 481 475	476 688
山西	674 903	136 477	839 525	164 622	1 000 923	161 398
内蒙古	162 630	－1 305	207 387	44 757	240 437	33 050
辽宁	774 393	95 523	1 019 534	245 141	1 267 577	248 043
吉林	266 709	4 530	337 116	70 407	425 631	88 515
黑龙江	351 702	47 726	447 186	95 484	550 320	103 134
上海	309 891	48 411	408 722	98 831	531 909	123 187
江苏	1 281 056	236 726	1 671 406	390 350	2 075 273	403 867
浙江	990 025	227 667	1 382 029	392 004	1 793 631	411 602
安徽	422 159	48 031	534 854	112 695	661 298	126 444
福建	321 123	49 810	441 880	120 797	582 961	141 081
江西	272 539	42 136	347 514	74 975	443 882	96 368
山东	1 954 543	288 829	2 400 434	445 891	2 807 335	406 901
河南	921 795	97 163	1 164 007	242 212	1 472 394	308 387
湖北	484 950	50 460	593 023	108 073	747 243	154 220
湖南	485 444	101 339	655 686	170 242	872 322	216 636
广东	2 373 450	399 029	3 045 558	672 108	4 138 951	1 093 393
广西	261 629	23 821	366 554	104 925	485 992	119 438
海南	79 838	1 991	99 829	19 991	116 097	16 268
四川	918 602	196 657	1 171 065	252 463	1 503 434	332 369
贵州	83 328	－663	102 365	19 037	138 369	36 004
云南	242 958	29 404	308 421	65 463	404 366	95 945
陕西	444 496	87 460	561 340	116 844	689 019	127 679
甘肃	155 469	17 456	196 787	41 318	241 945	45 158
青海	22 941	－229	26 114	3 173	29 704	3 590
宁夏	45 083	5 948	58 435	13 352	71 037	12 602
新疆	116 516	16 078	163 334	46 818	198 280	34 946
#重庆	132 497	22 037	184 871	52 374	243 047	58 176
武汉	92 412	14 226	112 801	20 389	143 623	30 822
沈阳	108 068	22 045	146 873	38 805	189 051	42 178
大连	210 352	19 131	268 663	58 311	339 812	71 149
哈尔滨	29 593	3 640	35 711	6 118	64 201	28 490
广州	364 590	60 939	471 605	107 015	642 425	170 820
西安	120 214	23 432	152 156	31 942	186 853	34 697
青岛	163 247	27 831	193 429	30 182	227 937	34 508
宁波	127 518	25 563	184 290	56 772	244 231	59 941
厦门	19 592	4 927	29 385	9 793	44 373	14 988
深圳	87 617	9 331	121 594	33 977	193 763	72 169
长春	45 712		54 546	8 834	75 293	20 747
南京	64 001		79 039	15 038	95 623	16 584
成都	149 750		203 075	53 325	264 285	61 210
合计	16 633 736	2 635 553	21 449 390	4 815 654	27 093 427	5 644 037

各地区信用社储蓄存款

单位：万元

	1989年		1990年		1991年	
	年末余额	比上年增减	年末余额	比上年增减	年末余额	比上年增减
北　京	282 581	71 656	385 894	103 313	483 038	97 144
天　津	171 776	43 622	246 200	74 424	321 935	75 735
河　北	1 386 990	282 479	1 829 982	442 992	2 275 412	445 430
山　西	580 098	120 620	741 043	160 945	891 380	150 337
内蒙古	142 450	1 291	182 855	40 405	213 645	30 790
辽　宁	683 256	99 468	899 794	216 538	1 108 615	208 821
吉　林	238 304	21 819	306 125	67 821	384 188	78 063
黑龙江	315 065	56 873	390 988	75 923	480 710	89 722
上　海	205 410	50 780	291 059	85 649	378 097	87 038
江　苏	1 057 619	231 584	1 401 594	343 975	1 719 274	317 680
浙　江	793 002	223 011	1 122 526	329 524	1 451 513	328 987
安　徽	345 583	54 715	455 182	109 599	559 384	104 202
福　建	272 652	53 285	381 943	109 291	502 818	120 875
江　西	240 882	43 853	309 481	68 599	394 028	84 547
山　东	1 704 705	276 461	2 102 001	397 296	2 461 508	359 507
河　南	827 727	106 047	1 060 265	232 538	1 328 994	268 729
湖　北	402 712	52 761	512 903	110 191	641 573	128 670
湖　南	392 564	85 440	563 598	171 034	755 539	191 941
广　东	2 066 482	406 576	2 641 409	574 927	3 536 192	894 783
广　西	226 427	25 129	323 687	97 260	427 794	104 107
海　南	72 908	3 948	94 060	21 152	109 373	15 313
四　川	747 873	178 820	984 507	236 634	1 285 379	300 872
贵　州	65 742	1 619	82 725	16 983	112 782	30 057
云　南	176 898	28 849	230 569	53 671	272 879	42 310
陕　西	389 754	84 093	501 649	111 895	616 850	115 201
甘　肃	126 712	17 371	164 144	37 432	202 725	38 581
青　海	13 802	1 509	17 117	3 315	20 482	3 365
宁　夏	39 955	6 306	52 935	12 980	63 423	10 488
新　疆	98 139	14 834	139 805	41 666	167 151	27 346
#重　庆	104 447	22 975	150 826	46 379	200 682	49 856
武　汉	61 312	13 172	84 109	22 797	105 744	21 635
沈　阳	87 872	21 022	120 148	32 276	149 987	29 839
大　连	185 527	22 124	233 795	48 268	289 762	55 967
哈尔滨	25 217	4 165	30 392	5 175	53 685	23 293
广　州	299 382	64 214	390 935	91 553	522 824	131 889
西　安	103 060	23 426	132 600	29 540	162 472	29 872
青　岛	137 712	28 178	164 838	27 126	194 150	29 312
宁　波	94 548	27 108	141 262	46 714	189 644	48 382
厦　门	15 116	3 599	23 510	8 394	34 371	10 861
深　圳	71 455	10 704	92 155	20 700	128 663	36 508
长　春	41 006		49 455	8 449	67 632	18 177
南　京	47 356		60 219	12 863	71 852	11 633
成　都	124 047		170 395	46 348	224 221	53 826
合　计	14 068 068	2 644 819	18 416 040	434 797	23 166 681	4 750 641

各地区信用社各项贷款

单位：万元

	1989年		1990年		1991年	
	年末余额	比上年增减	年末余额	比上年增减	年末余额	比上年增减
北京	222 795	41 233	274 242	51 447	346 218	71 976
天津	139 031	30 090	194 447	55 416	265 416	70 969
河北	1 025 623	184 346	1 363 582	337 959	1 680 829	317 247
山西	439 140	104 915	584 513	145 373	719 460	134 947
内蒙古	78 002	16 310	95 119	17 117	125 057	29 938
辽宁	508 772	94 967	676 624	167 852	893 893	217 269
吉林	163 591	17 949	199 351	35 760	259 628	60 277
黑龙江	178 229	24 006	224 914	46 685	309 286	84 372
上海	206 883	25 752	272 263	65 380	369 177	96 914
江苏	863 664	142 521	1 066 553	202 889	1 337 120	270 567
浙江	570 936	95 844	775 471	204 535	1 026 167	250 696
安徽	248 457	16 026	305 702	57 245	409 803	104 101
福建	193 775	32 419	262 646	68 871	339 283	76 637
江西	141 992	20 139	195 009	53 017	260 248	65 239
山东	1 279 208	242 137	1 612 329	333 121	1 964 429	352 100
河南	740 352	113 217	936 119	195 767	1 202 313	266 194
湖北	298 687	43 660	381 100	82 413	476 838	95 738
湖南	299 763	42 577	419 525	119 762	548 076	128 551
广东	1 751 257	321 487	2 373 113	621 856	3 158 341	785 228
广西	213 403	14 700	269 679	56 276	355 385	85 706
海南	62 271	958	69 134	6 863	77 753	8 610
四川	596 384	112 907	744 678	148 294	966 895	222 217
贵州	79 527	198	91 208	11 681	107 044	15 836
云南	174 525	6 812	201 076	26 551	229 511	28 435
陕西	276 810	47 900	356 626	79 816	435 569	78 943
甘肃	75 144	11 625	94 106	18 962	116 760	22 654
青海	10 089	888	11 307	1 218	12 230	923
宁夏	20 456	5 072	26 386	5 930	29 111	2 725
新疆	48 387	10 459	53 258	4 871	64 541	11 283
#重庆	76 310	14 093	113 031	36 721	157 012	43 981
武汉	49 154	7 027	59 987	10 833	61 658	1 671
沈阳	51 212	4 586	73 667	22 455	110 810	37 143
大连	141 022	23 376	175 721	34 699	229 952	54 231
哈尔滨	13 016	2 435	19 790	6 774	33 945	14 155
广州	242 929	55 641	321 277	78 348	390 663	69 386
西安	60 360	7 188	73 655	13 295	92 490	18 835
青岛	105 504	15 438	145 898	40 394	184 892	38 994
宁波	71 625	10 715	101 612	29 987	127 551	25 939
厦门	11 875	3 074	21 833	9 958	32 863	11 030
深圳	59 152	8 477	73 346	14 194	106 272	32 926
长春	24 881		31 594	6 713	43 597	12 003
南京	38 874		48 972	10 098	63 855	14 883
成都	101 599		128 027	26 428	155 442	27 415
合计	10 907 153	1 821 114	14 130 080	3 222 927	18 086 381	3 956 301

各地区信用社乡镇企业贷款

单位：万元

	1989年		1990年		1991年	
	年末余额	比上年增减	年末余额	比上年增减	年末余额	比上年增减
北京	145 590	28 612	174 209	28 619	215 062	40 853
天津	98 491	22 235	144 189	45 698	202 021	57 832
河北	383 895	90 479	496 186	112 291	642 827	146 641
山西	182 784	47 611	253 018	70 234	318 893	65 875
内蒙古	17 354	6 440	24 426	7 072	32 942	8 516
辽宁	234 351	43 161	334 445	100 094	463 173	128 728
吉林	41 187	5 814	56 347	15 160	82 222	25 875
黑龙江	63 237	9 821	91 059	27 822	116 057	24 998
上海	166 898	28 100	228 082	61 184	303 403	75 321
江苏	699 598	98 198	857 722	158 124	1 061 930	204 208
浙江	415 537	70 011	555 723	140 186	738 253	182 530
安徽	75 237	8 526	87 039	11 802	116 156	29 117
福建	61 716	9 413	86 485	24 769	116 631	30 146
江西	45 756	11 782	67 631	21 875	90 737	23 106
山东	739 454	143 346	914 365	174 911	1 113 456	199 091
河南	261 429	54 222	325 090	63 661	443 241	118 151
湖北	113 660	14 804	142 000	28 340	176 233	34 233
湖南	128 585	27 263	166 488	37 903	218 222	51 734
广东	1 101 734	197 802	1 485 633	383 899	1 980 572	494 939
广西	37 760	5 508	52 316	14 556	74 867	22 551
海南	8 427	633	9 295	868	10 524	1 229
四川	224 581	51 825	269 635	45 054	359 676	90 041
贵州	6 377	219	7 263	886	8 888	1 625
云南	34 185	4 698	39 350	5 165	47 211	7 861
陕西	79 721	12 416	96 702	16 981	119 624	22 922
甘肃	17 410	4 016	21 387	3 977	27 441	6 054
青海	1 890	320	1 868	－22	1 872	4
宁夏	5 111	2 196	7 194	2 083	7 939	745
新疆	10 292	1 126	12 083	1 791	13 642	1 559
*重庆	42 245	6 967	49 010	6 765	59 313	10 303
武汉	31 433	3 993	38 046	6 613	43 679	5 633
沈阳	28 911	4 547	42 257	13 346	64 721	22 464
大连	75 870	11 140	105 692	29 822	149 903	44 211
哈尔滨	8 957	2 362	14 554	5 597	22 116	7 562
广州	133 268	31 597	175 242	41 974	218 758	43 516
西安	31 779	3 940	37 733	5 954	46 661	8 928
青岛	75 108	10 415	101 313	26 205	129 089	27 776
宁波	59 269	8 651	86 005	26 736	109 000	22 995
厦门	2 249	378	4 352	2 103	7 930	3 578
深圳	44 770	6 896	52 824	8 054	85 895	33 071
长春	7 771		11 305	3 534	15 210	3 905
南京	30 852		38 790	7 938	49 777	10 987
成都	65 934		82 291	16 357	103 619	21 328
合计	5 402 247	1 000 597	7 007 230	1 604 983	9 103 715	2 096 485

各地区信用社农业贷款

单位：万元

	1989年		1990年		1991年	
	年末余额	比上年增减	年末余额	比上年增减	年末余额	比上年增减
北京	70 728	13 150	89 729	19 001	116 964	27 235
天津	40 062	7 413	47 691	7 629	58 803	11 112
河北	621 903	81 336	814 187	192 284	951 675	137 488
山西	247 225	49 910	313 332	66 107	374 146	60 814
内蒙古	59 774	9 291	69 831	10 057	91 460	21 629
辽宁	261 443	50 232	316 751	55 308	383 011	66 260
吉林	118 035	11 665	135 947	17 912	162 614	26 667
黑龙江	83 849	4 084	79 243	−4 606	93 098	13 855
上海	39 930	−2 313	44 141	4 211	65 734	21 593
江苏	157 720	43 036	204 159	46 439	267 361	63 202
浙江	150 661	23 888	211 019	60 358	271 168	60 149
安徽	169 812	6 314	215 322	45 510	290 229	74 907
福建	131 724	22 755	171 947	40 223	217 530	45 583
江西	93 652	6 441	122 817	29 165	160 814	37 997
山东	519 363	83 406	627 113	107 750	727 068	99 955
河南	463 927	51 646	581 555	117 628	719 633	138 078
湖北	173 484	24 027	212 498	39 014	261 892	49 394
湖南	163 356	11 368	221 571	58 215	275 399	53 828
广东	572 233	95 808	758 308	186 075	993 775	235 467
广西	170 265	9 376	208 981	38 716	267 019	58 088
海南	51 965	− 56	57 966	6 001	65 377	7 411
四川	343 318	37 153	411 475	68 157	489 072	77 597
贵州	71 494	− 293	81 929	10 435	95 004	13 075
云南	136 906	250	157 425	20 519	177 405	19 980
陕西	176 275	21 894	232 767	56 492	274 556	41 789
甘肃	55 499	6 511	70 170	14 679	86 062	15 892
青海	8 121	498	9 335	1 206	10 274	939
宁夏	14 869	2 435	17 338	2 469	18 831	1 493
新疆	37 028	8 632	38 795	1 767	47 308	8 513
*重庆	28 099	2 449	35 983	7 884	46 318	10 335
武汉	12 045	1 236	14 025	1 980	3 435	−10 590
沈阳	15 937	300	22 903	6 966	31 751	9 848
大连	65 152	12 236	70 007	4 855	77 760	7 753
哈尔滨	3 213	− 153	3 572	359	9 233	5 661
广州	64 111	7 865	78 210	14 099	88 400	10 190
西安	21 917	1 480	30 659	8 742	39 955	9 296
青岛	25 722	3 155	32 767	7 045	38 365	5 598
宁波	11 781	1 968	14 938	3 157	17 398	2 460
厦门	9 626	2 696	15 781	6 155	24 533	8 752
深圳	9 783	1 477	14 879	5 096	19 594	4 715
长春	15 866		17 323	1 457	20 110	2 787
南京	7 988		10 107	2 119	14 004	3 897
成都	29 320		38 932	9 603	41 736	2 804
合计	5 204 621	679 857	6 523 342	1 318 721	8 013 282	1 489 940

信用社各项贷款累计发放与收回

（1991年）

单位：亿元

	累计发放	比上年增减	累计收回	比上年增减
各项贷款合计	2 593.40	568.92	2 197.76	495.58
1．集体农业贷款	218.77	38.88	183.00	30.80
2．乡镇企业贷款	1 397.76	340.69	1 188.11	291.55
流动资金贷款	1 333.34	318.10	1 152.25	288.85
固定资产贷款	64.42	22.59	35.86	2.70
3．农户贷款	843.71	136.95	730.48	127.90
4．其他工商业贷款	133.16	52.40	96.17	45.33

各地区信用社各项贷款累计发放与收回

(1991年)　　　　单位：万元

	各项贷款合计		一、集体农业贷款		二、乡镇企业贷款	
	累放	累收	累放	累收	累放	累收
北京	355 920	283 944	106 589	79 748	229 417	188 564
天津	335 670	264 701	28 141	23 214	264 388	206 556
河北	1 975 981	1 658 734	151 351	121 541	690 150	543 509
山西	798 379	663 432	70 021	54 072	369 810	303 935
内蒙古	162 261	132 323	6 413	6 098	37 698	29 182
辽宁	1 138 817	921 548	190 404	167 336	546 878	418 150
吉林	326 594	266 317	25 276	18 006	80 699	54 824
黑龙江	385 409	301 037	16 092	14 844	107 671	82 673
上海	594 998	498 084	88 053	66 144	499 246	423 925
江苏	3 343 936	3 073 369	343 127	297 839	2 734 595	2 530 387
浙江	2 646 087	2 395 391	84 581	74 381	1 920 763	1 738 233
安徽	542 771	438 670	12 062	9 907	140 182	111 065
福建	470 159	393 522	40 953	31 383	181 914	151 768
江西	329 815	264 576	3 055		96 628	73 522
山东	2 824 165	2 472 065	572 678	500 654	1 466 105	1 267 014
河南	1 285 510	1 019 316	52 906	41 650	477 878	359 727
湖北	576 564	480 826	46 683	41 625	172 625	138 392
湖南	857 614	729 063	18 207	17 659	288 002	236 268
广东	4 482 040	3 696 812	266 591	216 560	3 001 919	2 506 980
广西	361 138	275 432	14 219	8 165	67 064	44 513
海南	36 781	28 162	886		4 243	3 014
四川	1 127 160	904 943	19 305	16 456	403 373	313 332
贵州	92 057	76 221	1 111	696	5 698	4 073
云南	206 584	178 149	7 232	6 511	50 128	42 267
陕西	380 340	301 397	7 263	4 726	93 783	70 861
甘肃	140 333	117 679	4 960	3 029	31 168	25 114
青海	10 564	9 641	175	112	1 009	1 005
宁夏	33 219	30 494	40	30	5 066	4 321
新疆	113 134	101 851	9 327	8 105	9 486	7 927
#重庆	182 785	138 804	4 610	3 547	55 386	45 083
武汉	101 369	99 698	5 914	6 781	61 675	56 042
沈阳	167 256	130 113	26 348	21 408	91 927	69 463
大连	311 434	257 203	92 106	85 176	188 077	143 866
哈尔滨	41 605	27 450	629	332	21 555	13 993
广州	419 630	350 244	25 335	24 561	246 737	203 221
西安	82 965	64 130	2 178	678	42 349	33 421
青岛	346 418	307 424	56 668	51 219	249 774	221 998
宁波	368 101	342 162	9 857	8 838	314 437	291 442
厦门	48 198	37 168	12 706	10 399	10 428	6 850
深圳	74 657	41 731	2 080	1 303	61 100	28 029
长春	78 261	66 258	507	401	19 895	15 990
南京	109 501	94 618	13 476	10 999	84 363	73 376
成都	199 579	172 163	5 513	5 606	135 656	114 323
合计	25 934 000	21 977 699	2 187 701	1 830 024	13 977 586	11 881 101

各地区信用社各项贷款累计发放与收回(续1)

(1991年)

单位：万元

	1.乡镇企业流动资金贷款		2.乡镇企业固定资产贷款	
	累放	累收	累放	累收
北京	209 552	179 493	19 865	9 071
天津	243 413	199 685	20 975	6 871
河北	655 803	528 283	34 347	15 226
山西	353 690	291 484	16 120	12 451
内蒙古	36 749	28 916	949	266
辽宁	521 779	409 588	25 099	8 562
吉林	79 815	54 192	884	632
黑龙江	105 267	80 697	2 404	1 976
上海	458 132	399 863	41 114	24 062
江苏	2 645 263	2 480 164	89 332	50 223
浙江	1 886 661	1 718 953	34 102	19 280
安徽	138 109	110 097	2 073	968
福建	175 796	150 277	6 118	1 491
江西	91 102	71 162	5 526	2 360
山东	1 393 820	1 226 466	72 285	40 548
河南	474 681	356 955	3 197	2 772
湖北	165 498	131 515	7 127	6 877
湖南	273 902	227 605	14 100	8 663
广东	2 789 191	2 384 262	212 728	122 718
广西	63 678	42 472	3 386	2 041
海南	4 173	2 937	70	77
四川	380 333	301 873	23 040	11 459
贵州	4 823	3 545	875	528
云南	46 465	38 955	3 663	3 312
陕西	91 410	67 774	2 373	3 087
甘肃	30 514	24 122	654	992
青海	884	859	125	146
宁夏	4 614	3 811	452	510
新疆	8 273	6 516	1 213	1 411
*重庆	51 650	42 236	3 736	2 847
武汉	58 757	52 889	2 918	3 153
沈阳	83 670	68 064	8 257	1 399
大连	178 715	139 800	9 362	4 066
哈尔滨	20 777	14 002	778	9
广州	227 613	184 016	19 124	19 205
西安	41 326	31 819	1 023	1 602
青岛	236 945	214 686	12 829	7 312
宁波	308 644	288 202	5 793	3 240
厦门	10 428	6 850		
深圳	20 374	10 916	40 726	17 113
长春	19 814	15 987	81	3
南京	78 506	70 720	5 857	2 656
成都	132 193	112 141	3 463	2 182
合计	13 333 390	11 522 521	644 196	358 580

各地区信用社各项贷款累计发放与收回(续2)

(1991年)　　　　单位：万元

	三、农户贷款		四、其他工商业贷款	
	累　　放	累　　收	累　　放	累　　收
北　　京	6 178	5 784	13 736	9 848
天　　津	32 517	26 332	10 624	8 599
河　　北	1 031 895	924 217	102 585	69 467
山　　西	329 487	284 622	29 061	20 803
内 蒙 古	116 897	95 583	1 253	1 460
辽　　宁	328 391	285 199	73 144	50 863
吉　　林	202 266	182 869	18 353	10 618
黑 龙 江	138 366	125 759	123 280	77 761
上　　海	7 633	7 949	66	66
江　　苏	254 893	236 979	11 321	8 164
浙　　江	593 928	543 979	46 815	38 798
安　　徽	384 148	311 396	6 379	6 302
福　　建	241 197	205 184	6 095	5 187
江　　西	217 016	182 466	13 116	8 980
山　　东	591 142	563 211	194 240	141 186
河　　南	702 658	575 836	52 068	42 103
湖　　北	293 080	248 744	64 176	52 065
湖　　南	505 779	452 499	45 626	22 637
广　　东	915 896	730 460	297 634	242 812
广　　西	266 979	214 995	12 876	7 759
海　　南	31 213	24 763	439	460
四　　川	552 627	477 879	151 855	97 276
贵　　州	81 168	68 508	4 080	2 944
云　　南	144 513	125 254	4 711	4 117
陕　　西	242 606	203 354	36 688	22 456
甘　　肃	99 033	85 072	5 172	4 464
青　　海	9 296	8 420	84	104
宁　　夏	25 567	24 084	2 546	2 059
新　　疆	90 717	83 426	3 604	2 393
*重　　庆	51 380	42 108	71 409	48 066
武　　汉	10 721	20 444	23 059	16 431
沈　　阳	30 513	26 605	18 468	12 637
大　　连	28 891	28 068	2 360	93
哈 尔 滨	17 213	11 849	2 208	1 276
广　　州	54 178	44 762	93 380	77 700
西　　安	32 001	24 205	6 437	5 826
青　　岛	10 563	10 414	29 413	23 793
宁　　波	39 262	37 821	4 545	4 061
厦　　门	24 484	18 039	580	1 880
深　　圳	9 060	5 122	2 417	7 277
长　　春	45 317	42 636	12 542	7 231
南　　京	11 662	10 242		1
成　　都	48 448	45 555	9 962	6 679
合　　计	8 437 086	7 304 823	1 331 627	961 751

农业银行、信用社信贷资金情况

（1991年）　　单位：亿元

资金来源项目	余　额	比上年增减	比上年增长(%)	资金运用项目	余　额	比上年增减	比上年增长(%)
农村存款合计	5 162.16	1 096.10	26.96	农村贷款合计	6 345.35	1 195.48	23.21
一、企业存款	738.11	151.14	25.75	一、流动资金贷款	4 585.66	842.58	22.51
1. 工商业存款	460.10	89.34	24.10	1. 工业贷款	307.89	58.35	23.38
2. 乡镇企事业存款	278.01	61.80	28.58	2. 商业贷款	2 868.97	509.70	21.60
二、农业存款	361.99	74.30	25.82	3. 乡镇企事业贷款	1 408.80	274.53	24.20
1. 国营农业企事业存款	136.49	21.46	18.65	二、固定资产贷款	99.86	23.43	30.65
2. 集体农业存款	160.35	34.69	27.61	三、农业贷款	1 455.43	277.64	23.57
3. 农业其它存款	65.15	18.15	38.59	1. 国营农业贷款	248.64	45.64	22.48
三、储蓄存款	3 894.31	840.60	27.52	2. 集体农业贷款	312.98	65.27	26.34
1. 活　期	676.68	107.86	18.96	3. 农户农业贷款	746.30	128.67	20.83
2. 定　期	3 217.63	732.74	29.49	4. 扶贫贴息贷款	58.39	10.68	22.39
四、其他存款	167.75	30.06	29.49	5. 外资配套贷款	21.90	5.24	31.46
				6. 开发性贷款	67.22	22.14	49.13
				四、特种贷款	25.93	0.14	0.52
				五、其他贷款	178.47	51.69	40.77

各地区农业银行、信用社各项存款

（1991年）　　　　单位：万元

	农村存款合计		一、企业存款		1. 工商业存款	
	余　额	比上年增减	余　额	比上年增减	余　额	比上年增减
总　行	42 239	41 213	42 239	41 213	42 239	41 213
北　京	1 263 464	237 151	303 774	51 581	155 352	26 940
天　津	781 016	165 911	163 051	27 901	90 545	15 393
河　北	3 917 502	728 789	297 935	20 176	168 556	−3 527
山　西	1 549 781	268 797	135 163	13 918	69 717	7 647
内蒙古	534 124	78 381	56 640	−2 923	39 656	−4 575
辽　宁	2 444 429	506 326	268 403	45 596	161 683	26 160
吉　林	944 458	200 442	95 816	16 175	70 341	9 780
黑龙江	1 407 792	275 854	149 438	34 714	123 013	29 256
上　海	1 791 567	463 220	505 252	145 460	306 757	91 992
江　苏	3 972 208	840 116	539 108	108 296	249 944	41 352
浙　江	2 914 025	652 490	431 759	79 105	185 988	23 704
安　徽	1 205 865	256 816	170 169	41 241	108 998	23 002
福　建	1 307 565	297 309	182 374	30 289	114 529	16 608
江　西	1 045 177	231 426	157 953	26 575	103 648	17 265
山　东	4 651 820	746 996	473 310	44 266	251 824	11 141
河　南	2 642 934	552 656	319 972	63 170	210 544	34 654
湖　北	1 749 939	356 866	263 017	53 087	195 798	38 157
湖　南	1 623 996	374 781	181 939	35 120	116 245	19 063
广　东	6 637 597	1 749 321	946 728	275 267	532 486	145 041
广　西	1 151 052	260 856	146 042	27 852	95 424	17 526
海　南	374 860	71 028	36 002	10 647	33 940	10 099
四　川	2 962 295	643 577	416 853	83 745	253 040	51 110
贵　州	452 364	113 480	107 591	26 108	90 490	21 993
云　南	1 138 737	253 048	284 695	62 594	214 829	48 433
陕　西	1 214 990	236 973	110 661	19 048	70 042	11 732
甘　肃	588 500	104 642	81 521	9 506	57 712	5 674
青　海	127 311	16 276	23 741	1 803	20 572	1 567
宁　夏	172 971	30 338	24 621	4 482	19 150	3 305
新　疆	1 011 039	205 976	109 553	20 071	93 108	16 330
#重　庆	436 089	103 249	66 319	16 946	31 175	8 589
武　汉	388 818	98 215	88 979	24 889	68 891	20 652
沈　阳	457 842	117 130	69 201	15 791	46 358	9 963
大　连	574 938	117 318	70 103	9 696	32 841	2 510
哈尔滨	221 256	76 020	42 884	13 643	37 262	11 746
广　州	1 157 375	313 620	196 847	53 023	126 706	28 670
西　安	291 862	57 262	28 599	3 200	16 823	1 032
青　岛	446 009	81 813	57 832	10 344	31 585	6 929
宁　波	422 247	101 285	75 440	15 224	30 907	5 091
厦　门	102 947	32 807	22 968	7 685	17 223	5 797
深　圳	590 912	223 313	218 245	98 988	165 105	70 329
长　春	196 074	48 017	23 943	4 240	17 537	2 022
南　京	263 203	58 218	53 379	15 363	30 389	10 068
成　都	538 416	126 863	83 787	20 332	48 739	11 050
合　计	**51 621 617**	**10 961 055**	**7 026 310**	**1 416 083**	**4 246 170**	**798 035**

各地区农业银行、信用社各项存款(续1)

(1991年)　　　　单位：万元

	2.乡镇企事业存款		二、农业存款		1.国营农业存款	
	余　　额	比长年增减	余　　额	比上年增减	余　　额	比上年增减
总　　行						
北　　京	148 422	24 641	232 326	33 040	98 196	12 861
天　　津	72 506	12 508	50 929	8 428	15 685	2 450
河　　北	129 379	23 703	158 613	22 128	38 575	4 268
山　　西	65 446	6 271	87 797	9 071	23 221	3 186
内 蒙 古	16 984	1 652	31 500	2 615	15 695	486
辽　　宁	106 720	19 436	152 895	34 710	50 448	6 178
吉　　林	25 475	6 395	53 986	10 595	26 072	4 229
黑 龙 江	26 425	5 458	121 094	12 273	64 813	1 921
上　　海	198 495	53 468	138 943	30 518	41 569	11 416
江　　苏	289 164	66 944	263 786	57 096	74 458	12 104
浙　　江	245 771	55 401	225 395	53 077	57 474	8 801
安　　徽	61 171	18 239	97 413	23 288	33 519	7 218
福　　建	67 845	13 681	108 780	24 009	52 002	8 928
江　　西	54 305	9 310	51 907	14 409	36 059	8 175
山　　东	221 486	33 125	201 430	16 143	47 127	671
河　　南	109 428	28 516	111 532	26 563	34 797	8 718
湖　　北	67 219	14 930	98 700	23 712	41 730	8 035
湖　　南	65 694	16 057	111 790	21 205	42 235	6 274
广　　东	414 242	130 226	475 415	154 149	105 343	25 460
广　　西	50 618	10 326	88 995	15 149	55 845	8 959
海　　南	3 052	548	26 142	3 171	19 140	2 024
四　　川	163 813	32 635	199 498	24 939	93 535	11 723
贵　　州	17 101	4 115	46 291	9 215	27 859	5 452
云　　南	69 866	14 161	156 288	52 225	61 511	6 036
陕　　西	40 619	7 316	76 583	12 046	30 490	3 320
甘　　肃	23 809	3 832	51 533	5 943	24 740	1 447
青　　海	3 169	236	18 128	407	8 456	612
宁　　夏	5 471	1 177	12 373	1 776	7 583	740
新　　疆	16 445	3 741	169 846	41 051	136 677	32 879
#重　　庆	35 144	8 357	32 885	6 629	14 781	3 491
武　　汉	20 088	4 237	36 852	10 424	14 516	4 578
沈　　阳	22 843	5 828	34 954	9 302	12 571	1 724
大　　连	37 262	7 186	38 854	9 179	7 374	−460
哈 尔 滨	5 622	1 897	25 656	8 524	16 079	3 789
广　　州	70 141	24 353	129 630	41 866	39 565	14 204
西　　安	11 776	2 168	24 485	4 400	7 948	995
青　　岛	26 247	3 415	21 022	1 191	4 144	−1 194
宁　　波	44 533	10 133	28 609	5 950	5 352	161
厦　　门	5 745	1 888	8 877	3 742	2 587	1 081
深　　圳	53 140	28 659	48 073	24 748	8 057	3 804
长　　春	6 406	2 218	9 727	781	5 214	312
南　　京	22 990	5 295	22 848	5 096	10 515	2 618
成　　都	35 048	9 282	37 069	3 391	19 834	1 253
合　　计	2 780 140	618 048	3 619 908	742 951	1 364 854	214 571

各地区农业银行、信用社各项存款(续2)

(1991年)　　　　单位：万元

	2.集个体农业存款		3.农业其它存款		三、储蓄存款	
	余额	比上年增减	余额	比上年增减	余额	比上年增减
总行						
北京	86 046	7 229	48 084	12 950	664 936	139 443
天津	28 394	4 712	6 850	1 266	537 563	121 471
河北	67 661	10 184	52 377	7 676	3 418 011	687 581
山西	40 342	2 186	24 234	3 699	1 286 498	238 391
内蒙古	12 868	2 164	2 937	−35	416 938	75 360
辽宁	86 395	20 971	16 052	7 561	1 952 181	414 842
吉林	16 990	3 407	10 924	2 959	758 606	165 709
黑龙江	52 862	9 213	3 419	1 139	1 093 210	219 233
上海	94 507	18 080	2 867	1 022	1 059 952	263 950
江苏	154 630	34 365	34 698	10 627	3 033 267	647 267
浙江	100 216	27 043	67 705	17 233	2 150 926	494 168
安徽	24 326	5 795	39 568	10 275	867 396	169 783
福建	47 372	12 053	9 406	3 028	949 563	227 688
江西	7 634	4 361	8 214	1 873	782 022	180 639
山东	132 938	10 371	21 365	5 101	3 834 747	656 536
河南	61 000	13 656	15 735	4 189	2 108 594	450 216
湖北	30 344	6 343	26 626	9 334	1 251 582	256 897
湖南	34 068	8 198	35 487	6 733	1 257 533	310 255
广东	308 633	108 346	61 439	20 343	5 029 311	1 274 174
广西	21 228	2 401	11 922	3 789	861 406	209 774
海南	4 436	1 014	2 500	133	292 942	56 159
四川	47 667	6 938	58 296	6 278	2 189 222	507 701
贵州	10 213	1 674	8 219	2 089	252 463	64 240
云南	48 879	11 263	45 898	34 926	607 868	118 124
陕西	26 213	4 518	19 880	4 208	992 510	201 421
甘肃	17 973	2 985	8 820	1 511	428 501	88 314
青海	7 874	− 344	1 798	139	74 370	11 716
宁夏	3 235	654	1 555	382	129 341	23 620
新疆	28 601	7 168	4 568	1 004	661 610	131 367
*重庆	9 415	1 550	8 689	1 588	319 965	277 040
武汉	8 271	1 194	14 065	4 652	213 355	48 671
沈阳	18 202	6 290	4 181	1 288	332 876	84 996
大连	24 388	4 739	7 092	4 900	454 528	96 633
哈尔滨	9 103	4 554	474	181	145 760	52 889
广州	74 474	25 720	15 591	1 942	800 062	205 580
西安	11 761	2 230	4 776	1 175	232 396	47 933
青岛	15 821	2 139	1 057	246	347 471	66 229
宁波	14 264	3 530	8 993	2 259	303 954	76 441
厦门	5 005	2 205	1 285	456	66 708	19 930
深圳	32 260	16 152	7 756	4 792	279 533	84 577
长春	3 369	56	1 144	413	145 801	38 555
南京	10 830	2 041	1 503	437	171 556	36 234
成都	11 200	2 037	6 035	101	383 176	94 159
合计	1 603 545	346 948	651 509	181 432	38 943 069	8 406 039

各地区农业银行、信用社各项存款(续3)

(1991年)

单位：万元

	1.活期		2.定期		四、其它存款	
	余额	比上年增减	余额	比上年增减	余额	比上年增减
总行						
北京	81 004	10 451	583 932	128 992	62 428	13 087
天津	81 342	15 740	456 221	105 731	29 473	8 111
河北	478 946	67 694	2 939 065	619 887	42 943	−1 096
山西	154 802	31 900	1 131 696	206 491	40 323	7 417
内蒙古	111 715	13 332	305 223	62 028	29 046	3 329
辽宁	256 230	31 759	1 695 951	383 083	70 950	11 178
吉林	177 443	39 427	581 163	126 282	36 050	7 963
黑龙江	187 095	33 155	906 115	186 078	44 050	9 634
上海	13 434	2 195	1 046 518	261 755	87 420	23 292
江苏	157 088	−117 638	2 876 179	764 905	136 047	27 457
浙江	406 295	108 361	1 744 631	385 807	105 945	26 140
安徽	200 573	−4 964	666 823	174 747	70 887	22 504
福建	150 984	42 371	798 579	185 317	66 848	15 323
江西	168 328	36 976	613 694	143 663	53 295	9 803
山东	469 267	53 339	3 365 480	603 197	142 333	30 051
河南	439 058	70 996	1 669 536	379 220	102 836	12 707
湖北	211 665	−29 504	1 039 917	286 401	136 640	23 170
湖南	229 684	52 110	1 027 849	258 145	72 734	8 201
广东	1 553 418	456 846	3 475 893	817 328	186 143	45 731
广西	257 641	22 168	603 765	187 606	54 609	8 081
海南	89 709	14 089	203 233	42 070	18 784	1 051
四川	331 386	41 500	1 857 836	466 201	156 722	27 192
贵州	73 380	18 921	179 083	45 319	46 019	13 917
云南	115 403	18 968	492 465	99 156	89 886	20 105
陕西	141 042	17 679	851 468	183 742	35 236	4 458
甘肃	88 154	14 327	340 347	73 987	26 945	879
青海	14 909	1 800	59 461	9 916	11 072	2 350
宁夏	18 896	3 090	110 445	20 530	6 636	460
新疆	107 862	11 474	553 748	119 893	70 030	13 487
*重庆	39 803	7 287	280 162	69 753	16 920	2 634
武汉	34 874	3 860	178 481	44 811	49 632	14 231
沈阳	52 520	12 156	280 356	72 840	20 811	7 041
大连	45 284	−3 118	409 244	99 751	11 453	1 810
哈尔滨	32 096	11 768	113 664	41 121	6 956	952
广州	211 891	60 323	588 171	145 257	30 836	13 151
西安	37 413	9 214	194 983	38 719	6 382	1 729
青岛	39 093	126	308 378	66 103	19 684	4 049
宁波	63 637	17 445	240 317	58 996	14 244	3 670
厦门	8 242	3 125	58 466	16 805	4 394	1 450
深圳	129 998	53 518	149 535	31 059	45 061	15 000
长春	25 874	7 429	119 927	31 126	16 603	4 441
南京	7 381	−4 561	164 175	40 795	15 420	1 525
成都	58 455	12 482	324 721	81 677	34 384	8 981
合计	6 766 753	1 078 562	32 176 316	7 327 477	2 032 330	395 982

各地区农业银行、信用社各项贷款

（1991年）　　　　单位：万元

	农村贷款合计		一、流动资金贷款		1．工业贷款	
	余　额	比上年增减	余　额	比上年增减	余　额	比上年增减
总　行	3 600	－1 700				
北　京	1 106 881	228 637	706 797	137 139	41 534	12 474
天　津	920 782	183 935	727 807	147 800	61 948	16 740
河　北	3 978 405	681 230	2 532 155	440 471	116 567	18 838
山　西	1 632 578	251 404	1 071 563	151 094	24 088	3 595
内蒙古	1 041 769	166 623	787 138	120 425	25 940	3 037
辽　宁	3 110 682	615 942	2 270 270	444 215	152 345	18 984
吉　林	2 388 070	524 102	1 833 335	416 758	41 410	6 456
黑龙江	2 470 707	521 278	1 778 776	382 455	88 574	18 132
上　海	1 629 931	377 138	1 349 334	307 833	362 764	100 940
江　苏	4 346 682	796 387	3 712 214	634 536	217 974	28 140
浙　江	2 615 666	487 911	2 101 492	363 259	189 791	31 578
安　徽	2 117 643	426 838	1 534 600	256 184	78 164	17 083
福　建	1 205 470	187 337	696 607	97 586	79 708	17 571
江　西	1 749 889	402 415	1 227 483	290 665	64 990	12 453
山　东	5 540 486	967 057	4 178 532	710 693	171 618	34 567
河　南	4 045 419	787 019	2 812 911	539 437	87 820	15 042
湖　北	3 193 353	460 667	2 479 959	323 244	181 381	21 951
湖　南	2 333 233	473 166	1 665 973	333 500	106 974	18 101
广　东	6 513 971	1 201 347	4 656 845	816 829	418 107	66 934
广　西	1 307 105	248 566	727 462	134 432	70 723	14 363
海　南	477 180	76 822	236 325	36 457	8 349	2 042
四　川	3 976 534	823 534	2 897 473	567 400	229 123	39 505
贵　州	767 619	165 646	502 536	121 341	39 210	8 181
云　南	1 136 548	169 301	753 756	121 747	61 838	18 870
陕　西	1 461 458	223 868	954 997	137 704	76 455	16 640
甘　肃	719 297	111 080	502 723	80 448	22 228	4 246
青　海	136 050	12 109	95 519	8 594	16 603	4 668
宁　夏	203 583	23 535	133 400	15 852	17 261	5 486
新　疆	1 322 956	361 585	928 620	287 689	25 384	6 865
# 重　庆	541 551	127 804	393 482	80 533	37 306	7 765
武　汉	433 451	64 452	346 187	52 938	35 384	5 639
沈　阳	547 756	119 439	435 129	90 808	55 196	5 329
大　连	521 114	105 878	353 025	72 989	20 243	3 839
哈尔滨	343 341	133 409	261 317	102 954	18 330	3 200
广　州	859 271	122 640	557 748	77 680	69 577	13 021
西　安	322 605	50 812	236 164	33 129	21 006	7 508
青　岛	485 172	86 251	363 776	56 183	28 898	4 814
宁　波	393 258	66 052	335 535	48 895	29 557	4 210
厦　门	125 212	34 443	68 178	17 421	5 658	252
深　圳	565 098	110 424	453 298	108 336	106 271	20 658
长　春	582 026	138 699	470 496	119 790	8 315	1 076
南　京	281 134	57 710	232 141	46 508	17 092	4 988
成　都	560 743	104 455	449 123	79 802	45 451	9 260
合　计	63 453 547	11 954 779	45 856 602	8 425 787	3 078 871	583 482

各地区农业银行、信用社各项贷款(续1)

(1991年)

单位：万元

	2. 商业贷款		3. 乡镇企业贷款		二、固定资产贷款	
	余额	比上年增减	余额	比上年增减	余额	比上年增减
总行					3 600	−1 700
北京	344 828	71 666	320 435	52 999	37 153	4 477
天津	344 032	58 737	321 827	72 323	16 144	3 832
河北	1 511 223	253 361	904 365	168 272	35 405	6 297
山西	588 497	73 176	458 978	74 323	12 309	2 017
内蒙古	692 041	103 426	69 157	13 962	16 173	3 019
辽宁	1 413 712	275 254	704 213	149 977	46 865	9 946
吉林	1 603 752	371 063	188 173	39 239	25 914	7 056
黑龙江	1 469 203	328 101	220 999	36 222	49 969	10 240
上海	399 645	72 670	586 925	134 223	50 808	28 911
江苏	1 882 006	296 769	1 612 234	309 627	43 366	15 406
浙江	795 997	99 005	1 115 704	232 676	24 183	7 593
安徽	1 168 592	143 380	287 844	95 721	32 895	12 182
福建	372 844	35 433	244 055	44 582	30 328	2 129
江西	952 269	243 797	210 224	34 415	27 269	4 236
山东	2 563 866	448 588	1 443 048	227 538	52 510	6 467
河南	2 081 914	380 456	643 177	143 939	39 718	11 423
湖北	1 913 369	248 015	385 209	53 278	46 778	11 584
湖南	1 166 200	238 363	392 799	77 036	31 998	3 500
广东	1 778 884	200 201	2 459 854	549 694	50 686	5 195
广西	505 408	89 447	151 331	30 622	29 603	9 018
海南	207 364	34 371	20 612	44	8 785	2 135
四川	1 916 281	407 582	752 069	120 313	81 326	27 185
贵州	403 249	101 378	60 077	11 782	48 645	10 042
云南	570 758	87 759	121 160	15 118	23 002	6 850
陕西	636 247	85 937	242 295	35 127	23 314	4 763
甘肃	400 871	65 445	79 624	10 757	7 975	726
青海	66 997	3 384	11 919	542	6 222	627
宁夏	88 445	7 551	27 694	2 815	18 029	556
新疆	851 245	272 645	51 991	8 179	77 616	18 609
*重庆	234 233	54 427	121 943	18 341	10 240	1 349
武汉	238 457	37 358	72 346	9 941	10 791	3 248
沈阳	285 699	59 057	94 234	26 422	13 052	2 327
大连	131 786	20 615	200 996	48 535	9 954	3 528
哈尔滨	203 509	86 616	39 478	13 138	7 728	1 604
广州	223 231	15 897	264 940	48 762	14 001	1 198
西安	141 698	12 772	73 460	12 849	7 043	564
青岛	156 742	19 509	178 136	31 860	8 607	1 730
宁波	130 564	12 372	175 414	32 313	3 606	1 028
厦门	49 975	12 916	12 545	4 253	1 991	510
深圳	207 773	31 724	139 254	55 954		
长春	422 284	111 317	39 897	7 397	4 878	860
南京	116 407	16 494	98 642	25 026	4 277	780
成都	226 590	43 057	177 082	27 485	16 289	7 265
合计	**28 689 739**	**5 096 960**	**14 087 992**	**2 745 345**	**998 588**	**234 321**

各地区农业银行、信用社各项贷款(续2)

(1991年)　　单位：万元

	三、农业贷款		1. 国营农业贷款		2. 集体农业贷款	
	余额	比上年增减	余额	比上年增减	余额	比上年增减
总行						
北京	302 389	69 166	132 100	28 999	156 422	39 953
天津	133 280	22 829	34 444	5 062	66 394	12 182
河北	1 274 128	204 253	64 642	10 735	201 257	48 653
山西	514 658	89 008	24 001	5 070	123 308	23 013
内蒙古	234 820	43 652	39 534	8 622	36 259	1 500
辽宁	711 908	128 082	127 685	25 027	259 681	41 713
吉林	503 966	91 523	142 589	27 400	100 205	34 912
黑龙江	520 641	76 204	273 024	38 459	58 136	7 194
上海	200 749	53 245	76 117	21 471	117 086	32 145
江苏	511 118	123 503	122 277	26 091	235 285	62 346
浙江	422 505	97 999	71 003	15 067	78 768	19 651
安徽	528 566	154 777	32 476	7 373	49 084	10 119
福建	420 231	76 064	40 189	6 725	121 901	21 499
江西	454 704	99 535	158 508	29 215	26 355	6 628
山东	1 122 700	184 748	121 091	23 692	554 545	105 922
河南	1 107 730	224 253	42 643	12 967	135 997	32 700
湖北	554 862	104 931	122 636	24 189	103 744	11 332
湖南	521 693	106 843	80 158	16 016	54 115	13 343
广东	1 464 390	318 787	213 812	27 398	379 212	72 861
广西	508 001	95 221	75 661	12 892	54 320	7 461
海南	222 188	35 629	92 530	13 450	23 911	1 969
四川	767 424	145 613	88 574	24 102	73 105	25 481
贵州	204 804	32 678	9 624	2 045	18 796	2 241
云南	334 917	39 526	38 190	2 469	28 928	3 920
陕西	422 939	65 716	27 842	7 920	32 250	7 027
甘肃	201 891	28 897	23 415	3 426	19 670	1 658
青海	33 687	2 931	3 277	508	2 328	215
宁夏	48 760	6 576	16 527	2 080	1 938	220
新疆	304 633	54 597	191 816	27 892	16 830	4 797
*重庆	76 936	21 646	22 807	7 679	9 808	4 605
武汉	52 488	−1 202	41 544	9 180	8 842	− 403
沈阳	71 241	17 189	24 026	5 516	25 219	7 459
大连	143 390	19 681	10 240	2 172	111 151	14 808
哈尔滨	68 225	26 256	44 297	12 471	7 467	2 971
广州	190 094	27 398	86 944	13 570	43 538	2 209
西安	68 010	15 926	11 132	3 010	8 833	3 227
青岛	73 667	13 065	13 423	3 280	55 157	11 542
宁波	35 840	7 759	9 870	2 503	11 798	3 798
厦门	41 702	10 344	3 639	858	15 450	3 973
深圳	51 214	4 997	22 216	2 299	11 814	− 505
长春	97 097	12 142	30 042	7 944	13 465	8 319
南京	38 931	8 969	14 223	2 781	17 076	4 360
成都	70 466	12 438	10 340	2 535	17 858	5 695
合计	14 554 282	2 776 416	2 486 385	456 362	3 129 830	652 655

各地区农业银行、信用社各项贷款(续3)

(1991年)　　　　单位：万元

	3．农户贷款		4．扶贫贴息贷款		5．外资配套贷款	
	余额	比上年增减	余额	比上年增减	余额	比上年增减
总行						
北京	7 679	391	432	432	2 137	－958
天津	29 761	6 497				－1900
河北	938 335	125 321	23 839	5 066	2 016	1316
山西	347 305	54 806	13 180	2 997		
内蒙古	132 544	24 160	10 985	2 491	3 049	2 699
辽宁	264 596	44 217	9 367	1 910	7 024	3 135
吉林	227 239	17 920	900	－2 702	13 654	8 067
黑龙江	157 411	17 903	1 393	708	2 851	2 002
上海	4 652	－316			2 500	
江苏	111 700	19 082	225	182	12 158	4 230
浙江	243 373	52 227	5 971	1 243	3 462	1 392
安徽	365 447	114 357	38 175	7 359	7 414	4 717
福建	209 042	37 850	21 358	3 293	15 241	－406
江西	168 494	34 746	39 215	7 001	5 772	3 455
山东	355 877	29 209	26 980	4 242	22 427	10 270
河南	810 835	153 492	51 521	8 422	27 244	5 579
湖北	236 936	46 143	30 170	6 054	18 197	3 270
湖南	291 334	55 212	18 043	4 354	24 403	4 304
广东	817 528	199 380	12 299	1 886	8 206	2 309
广西	274 155	52 215	46 846	9 292	17 584	－147
海南	93 556	10 718	403	270		
四川	507 743	79 774	61 207	10 365	7 785	－4 684
贵州	110 252	14 796	49 852	9 555	6 020	2 399
云南	209 509	22 721	39 192	5 954	7 208	1353
陕西	300 699	40 697	41 346	6 055	2 598	4
甘肃	138 409	20 747	18 739	2 429		
青海	21 039	992	6 173	1 097		
宁夏	23 961	2 080				
新疆	63 541	9 332	16 119	6 891		
* 重庆	43 557	9 381				－300
武汉	507	－9 622	22	－1	962	－377
沈阳	20 075	3 621			559	－41
大连	15 435	941			3 005	1 264
哈尔滨	14 086	8 894	3	－1	1 020	720
广州	57 311	9 973			421	－179
西安	42 221	8 438	3 132	433	836	386
青岛	3 242	94				－1 620
宁波	13 511	1 324				
厦门	21 749	6 588			856	－1 074
深圳	16 377	3 487				
长春	50 869	－4 606			961	767
南京	5 733	1 426	1		1 400	17
成都	38 912	3 031	200		1 140	84
合计	7 462 952	1 286 669	583 930	106 846	218 950	52 406

各地区农业银行、信用社各项贷款(续4)

(1991年)

单位：万元

	6. 开发性贷款		四、特种贷款		五、其它贷款	
	余额	比上年增减	余额	比上年增减	余额	比上年增减
总行						
北京	3 619	349	27 814	1 193	32 728	16 662
天津	2 681	988	14 016	1 499	29 535	7 975
河北	44 039	13 162	14 489	−1 657	122 228	31 866
山西	6 864	3 122	3 224	526	30 824	8 759
内蒙古	12 449	4 180	2 174	−370	1 464	−103
辽宁	43 555	12 080	8 329	182	73 310	33 517
吉林	19 379	5 556	4 314	−632	20 541	9 767
黑龙江	27 826	9 938	7 042	62	114 279	52 317
上海	394	−55	1 703	−2 116	27 337	−10 735
江苏	29 473	11 572	23 758	650	56 226	22 292
浙江	19 928	8 419	13 394	4 048	54 092	15 012
安徽	35 970	10 852	7 409	−614	14 173	4 309
福建	12 500	7 103	5 415	−1 458	52 889	13 016
江西	56 360	18 490	8 418	569	32 015	7 410
山东	41 780	11 413	20 054	2 490	166 690	62 659
河南	39 490	11 093	9 038	227	76 022	11 679
湖北	43 179	13 943	24 597	1 321	87 157	19 587
湖南	53 640	13 614	12 373	−664	101 196	29 987
广东	33 333	14 953	15 925	−636	326 125	61 172
广西	39 435	13 508	3 630	−182	38 409	10 077
海南	11 788	9 222	198	−24	9 684	2 625
四川	29 010	10 575	14 057	−31	216 254	83 367
贵州	10 260	1 642	1 771	−465	9 863	2 050
云南	11 890	3 109	3 555	−237	21 318	1 415
陕西	18 204	4 013	9 647	−1 445	50 561	17 130
甘肃	1 658	637	1 758	−306	4 950	1 315
青海	870	119	84	−269	538	226
宁夏	6 334	2 196	502	−77	2 892	628
新疆	16 327	5 685	596	−225	11 491	915
*重庆	764	281	1 316	20	59 577	24 256
武汉	611	21	4 099	38	19 886	9 430
沈阳	1 362	634	4 772	700	23 562	8 415
大连	3 559	496	1 390	−206	13 355	9 886
哈尔滨	1 352	1 201	1 771	382	4 300	2 213
广州	1 880	1 825	4 820	900	92 608	15 464
西安	1 856	432	2 158	−41	9 230	1 234
青岛	1 845	−231	5 980	1 500	33 142	13 773
宁波	661	134	6 992	3 000	11 285	5 370
厦门	8	−1	900		12 441	6 168
深圳	807	−284	449	−908	60 137	−2 001
长春	1 760	−282	515	−92	9 040	5 999
南京	498	385	2 010	−1 066	3 775	2 519
成都	2 016	1 093	1 991	83	22 874	4 867
合计	672 235	221 478	259 284	1 359	1 784 791	516 896

农业银行、信用社各项存款

（年末余额）　　单位：亿元

	1986年	1987年	1988年	1989年	1990年	1991年	1987—1991年平均每年增长（%）
农村存款合计	**1 679.21**	**2 162.49**	**2 548.64**	**3 107.28**	**4 066.06**	**5 162.16**	**25.18**
一、企业存款	353.30	406.15	472.53	476.84	561.02	738.11	15.88
1．工商业存款	215.96	247.17	282.04	294.66	344.81	460.10	16.33
2．乡镇企事业存款	137.34	158.98	190.49	182.17	216.21	278.01	15.15
二、农业存款	198.01	221.77	236.47	241.61	287.70	361.99	12.82
1．国营农业存款	83.53	94.65	92.23	94.29	115.03	136.49	10.32
2．集个体农业存款	93.81	102.20	113.45	108.62	125.66	160.35	11.32
3．农业其它存款	20.67	24.92	30.79	38.70	47.01	65.15	25.81
三、储蓄存款	1 023.80	1 431.90	1 736.04	2 255.32	3 053.70	3 894.31	30.63
1．活期	280.63	397.27	505.10	479.65	568.82	676.68	19.24
2．定期	743.17	1 034.63	1 230.94	1 775.67	2 484.88	3 217.63	34.06
四、其他存款	104.10	102.67	103.60	133.52	163.63	167.75	10.01

农业银行、信用社各项存款增减额

（比上年末）　　单位：亿元

	1987年	1988年	1989年	1990年	1991年
农村存款合计	**483.28**	**386.15**	**558.64**	**958.78**	**1 096.10**
一、企业存款	55.26	69.99	15.65	91.62	151.14
1．工商业存款	33.62	38.48	23.97	57.58	89.34
2．乡镇企事业存款	21.64	31.51	－8.31	34.03	61.80
二、农业存款	23.76	14.70	5.13	46.09	74.30
1．国营农业存款	11.12	－2.42	2.06	20.74	21.46
2．集个体农业存款	8.39	11.25	－4.84	17.04	34.69
3．农业其它存款	4.25	5.86	7.91	8.31	18.14
三、储蓄存款	408.11	304.13	519.28	798.39	840.60
1．活期	116.65	107.83	－25.45	89.17	107.86
2．定期	291.46	196.31	544.73	663.61	163.93
四、其他存款	－3.85	－2.68	18.57	22.68	30.06

农业银行、信用社各项存款增长率

（比上年末） 单位：%

	1987年	1988年	1989年	1990年	1991年
农村存款合计	**28.78**	**17.85**	**21.91**	**30.85**	**26.96**
一、企业存款	15.59	17.08	3.26	18.49	25.75
1. 工商业存款	15.48	15.34	8.28	18.38	24.10
2. 乡镇企事业存款	15.75	19.81	−4.36	18.68	28.58
二、农业存款	12.00	6.62	2.17	19.07	25.82
1. 国营农业存款	13.30	−2.55	2.23	21.99	18.65
2. 集个体农业存款	8.94	11.00	−4.26	15.68	27.61
3. 农业其它存款	20.58	23.52	25.69	21.48	38.59
三、储蓄存款	39.86	21.23	29.91	35.40	27.52
1. 活期	41.56	27.14	−5.03	18.59	18.96
2. 定期	39.21	18.97	44.25	37.37	29.91
四、其他存款	−3.73	−2.70	19.25	19.72	29.49

农业银行、信用社各项贷款

（年末余额） 单位：亿元

	1986年	1987年	1988年	1989年	1990年	1991年	1987—1991年平均每年增长（%）
农村贷款合计	**2 522.56**	**3 054.15**	**3 507.06**	**4 114.91**	**5 149.88**	**6 345.35**	**20.26**
一、流动资金贷款	1 877.62	2 208.69	2 545.33	2 996.14	3 743.08	4 585.66	19.55
1. 工业贷款	99.55	133.10	154.43	189.20	249.54	307.89	25.33
2. 商业贷款	1 241.97	1 388.73	1 569.39	1 873.57	2 359.28	2 868.97	18.23
3. 乡镇企事业贷款	536.10	686.86	821.51	933.36	1 134.26	1 408.80	21.32
二、固定资产贷款	38.52	46.88	58.45	65.58	76.43	99.86	20.99
三、农业贷款	540.43	706.74	815.59	950.42	1 177.79	1 455.43	21.91
1. 国营农业贷款	89.51	111.14	134.10	164.46	203.00	248.64	22.67
2. 集体农业贷款	109.81	136.56	162.87	202.21	247.72	312.98	23.30
3. 农户农业贷款	322.13	419.27	459.18	504.63	617.63	746.30	18.30
4. 扶贫贴息贷款	0.17	13.47	26.61	37.72	47.71	58.39	221.50
5. 外资配套贷款	3.14	5.66	7.81	10.16	16.65	21.90	47.47
6. 开发性贷款	15.66	20.63	25.02	31.25	45.08	67.22	33.83
四、特种贷款	11.59	16.09	23.04	26.02	25.79	25.93	17.47
五、其他贷款	54.40	75.75	64.65	76.75	126.79	178.48	26.82

农业银行、信用社各项贷款增减额

（比上年末）　　单位：亿元

	1987年	1988年	1989年	1990年	1991年
农村贷款合计	**531.58**	**452.92**	**607.85**	**1 034.97**	**1 195.48**
一、流动资金贷款	331.06	336.64	450.81	746.94	842.58
1. 工业贷款	33.55	21.33	34.78	60.33	58.35
2. 商业贷款	146.75	180.66	304.18	485.71	509.70
3. 乡镇企事业贷款	150.76	134.65	111.85	200.90	274.53
二、固定资产贷款	8.36	11.57	7.13	10.84	23.43
三、农业贷款	171.28	113.24	141.06	241.20	277.64
1. 国营农业贷款	21.63	22.96	30.36	38.55	45.64
2. 集体农业贷款	26.75	26.31	39.34	45.51	65.27
3. 农户农业贷款	97.14	39.91	45.45	113.00	128.67
4. 扶贫贴息贷款	13.30	13.14	11.11	9.99	10.68
5. 外资配套贷款	2.52	2.15	2.35	6.50	5.24
6. 开发性贷款	4.97	4.39	6.23	13.83	22.15
四、特种贷款	4.50	6.95	2.98	－0.23	0.14
五、其他贷款	16.50	－14.92	10.97	48.88	80.33

农业银行、信用社各项贷款增长率

（比上年末）　　单位：%

	1987年	1988年	1989年	1990年	1991年
农村贷款合计	**21.07**	**14.82**	**17.33**	**25.15**	**23.21**
一、流动资金贷款	17.63	15.24	17.71	24.93	22.51
1. 工业贷款	33.70	16.02	22.51	31.88	23.38
2. 商业贷款	11.81	13.00	19.38	25.92	21.60
3. 乡镇企事业贷款	28.12	19.60	13.61	21.52	24.20
二、固定资产贷款	21.71	24.68	12.19	16.53	30.65
三、农业贷款	30.80	15.56	16.78	24.56	23.57
1. 国营农业贷款	24.16	20.65	22.63	23.43	22.48
2. 集体农业贷款	24.35	19.26	24.15	22.50	26.34
3. 农户农业贷款	30.15	9.51	9.89	22.39	20.83
4. 扶贫贴息贷款		97.50	41.73	26.49	22.39
5. 外资配套贷款	80.32	37.94	30.15	63.93	31.46
6. 开发性贷款	31.71	21.27	24.88	44.25	49.13
四、特种贷款	38.78	43.19	12.92	－0.88	0.52
五、其他贷款	44.93	－28.03	28.62	99.19	81.84

农业银行、信用社各项存款构成

单位：%

	1987年	1988年	1989年	1990年	1991年
农村存款合计	100.00	100.00	100.00	100.00	100.00
一、企业存款	18.94	18.82	15.94	14.44	14.30
(以企业存款为100)					
1. 工商业存款	61.20	60.29	63.22	63.17	62.33
2. 乡镇企事业存款	38.80	39.71	36.78	36.83	37.67
二、农业存款	10.26	9.28	7.78	7.08	7.01
(以农业存款为100)					
1. 国营农业存款	42.68	39.00	39.02	39.98	37.71
2. 集个体农业存款	46.08	47.98	44.96	43.68	44.30
3. 农业其他存款	11.24	13.02	16.02	16.34	17.99
三、储蓄存款	66.22	68.12	72.58	75.10	75.44
(以储蓄存款为100)					
1. 活期	27.74	29.09	21.27	18.63	17.38
2. 定期	72.26	70.91	78.73	81.37	82.62
四、其他存款	4.58	3.78	3.70	33.38	3.25

农业银行、信用社各项贷款构成

单位：%

	1987年	1988年	1989年	1990年	1991年
农村贷款合计	100.00	100.00	100.00	100.00	100.00
一、流动资金贷款	72.97	73.16	67.08	73.24	72.27
(以流动资金贷款为100)					
1. 工业贷款	5.02	4.75	5.32	6.62	6.72
2. 商业贷款	63.19	62.28	62.90	62.55	62.56
3. 乡镇企业贷款	31.79	32.97	31.78	30.83	30.72
二、固定资产贷款	1.53	1.67	1.59	1.48	1.57
三、农业贷款	23.14	23.26	23.10	22.87	22.94
(以农业贷款为100)					
1. 国营农业贷款	15.73	16.44	17.29	17.24	17.08
2. 集体农业贷款	19.32	19.97	21.28	21.03	21.50
3. 农户农业贷款	59.32	56.30	53.10	52.44	51.28
4. 扶贫贴息贷款	1.91	3.26	3.97	4.05	4.01
5. 外资配套贷款	0.80	0.96	1.07	1.41	1.51
6. 开发性贷款	2.92	3.07	3.29	3.83	4.62
四、特种贷款	0.62	0.82	1.34	0.50	0.41
五、其他贷款	1.74	1.09	6.89	1.91	2.81

各地区行、社存款、农业产值比重

单位：亿元

	1985年					
	存款余额	比　重%	社会总产值	比　重%	农业总产值	比　重%
北　京	38.16	3.1	86.45	1.4	25.94	0.7
天　津	18.02	1.5	64.98	1.0	20.44	0.6
河　北	85.42	6.9	321.03	5.1	167.33	4.6
山　西	37.83	3.1	143.78	2.3	62.92	1.7
内蒙古	15.68	1.3	91.62	1.4	73.20	2.0
辽　宁	50.53	4.1	250.41	4.0	118.05	3.3
吉　林	22.86	1.9	124.71	2.0	85.89	2.4
黑龙江	32.29	2.6	165.22	2.6	114.31	3.2
上　海	37.31	3.0	138.48	2.2	31.38	0.9
江　苏	90.39	7.3	776.74	12.3	288.55	8.0
浙　江	68.36	5.5	444.09	7.0	174.05	4.8
安　徽	33.64	2.7	286.00	4.5	198.24	5.5
福　建	37.13	3.0	158.44	2.5	99.05	2.7
江　西	27.22	2.2	164.73	2.6	114.50	3.2
山　东	126.75	10.3	576.21	9.1	335.42	9.3
河　南	71.48	5.8	367.29	5.8	241.54	6.7
湖　北	45.67	3.7	309.14	4.9	192.33	5.3
湖　南	40.49	3.3	288.36	4.6	198.44	5.5
广　东	130.31	10.6	472.79	7.5	275.99	7.6
广　西	26.84	2.2	140.07	2.2	108.02	3.0
海　南						
四　川	74.98	6.1	452.31	7.1	313.06	8.7
贵　州	12.51	1.0	94.33	1.5	70.23	1.9
云　南	28.36	2.3	116.28	1.8	88.88	2.5
陕　西	27.61	2.2	125.12	2.0	79.57	2.2
甘　肃	17.03	1.4	67.75	1.1	48.82	1.4
青　海	6.16	0.5	16.52	0.3	12.25	0.3
宁　夏	4.91	0.4	16.00	0.3	12.02	0.3
新　疆	24.65	2.0	69.53	1.1	58.50	1.6
合　计	1 232.59	100.0	6 328.38	100.0	3 608.92	100.0

注：产值指标不包括西藏；计划单列市在各省内。

各地区行、社存款、农业产值比重(续1)

单位：亿元

	1987年					
	存款余额	比重%	社会总产值	比重%	农业总产值	比重%
北京	52.91	2.4	124.13	1.3	34.42	0.7
天津	32.76	1.5	118.54	1.3	32.93	0.7
河北	158.09	7.3	477.00	5.1	200.66	4.3
山西	61.12	2.8	166.17	1.8	61.42	1.3
内蒙古	26.27	1.2	111.24	1.2	87.74	1.9
辽宁	92.56	4.3	408.35	4.3	169.22	3.6
吉林	43.90	2.0	197.21	2.1	120.81	2.6
黑龙江	56.42	2.6	222.80	2.4	137.00	2.9
上海	65.16	3.0	216.44	2.3	38.84	0.8
江苏	160.13	7.4	1 245.03	13.2	380.25	8.2
浙江	110.06	5.1	705.72	7.5	228.12	4.9
安徽	58.72	2.7	404.37	4.3	255.34	5.5
福建	61.45	2.8	242.42	2.6	132.97	2.9
江西	46.33	2.1	223.11	2.4	144.35	3.1
山东	206.02	9.5	870.84	9.2	413.18	8.9
河南	123.07	5.7	604.32	6.4	323.62	6.9
湖北	81.57	3.8	428.43	4.5	249.68	5.4
湖南	74.65	3.5	407.74	4.3	253.39	5.4
广东	240.76	11.1	704.30	7.5	348.61	7.5
广西	51.96	2.4	183.42	1.9	137.92	3.0
海南	16.05	0.7	49.26	0.5	41.26	0.9
四川	134.41	6.2	617.86	6.6	388.94	8.3
贵州	22.10	1.0	121.56	1.3	92.25	2.0
云南	48.31	2.2	150.92	1.6	111.25	2.4
陕西	52.25	2.4	185.07	2.0	103.39	2.2
甘肃	27.34	1.3	95.50	1.0	65.51	1.4
青海	8.38	0.4	20.04	0.2	15.94	0.3
宁夏	8.03	0.4	21.24	0.2	14.76	0.3
新疆	41.71	1.9	97.27	1.0	81.64	1.7
合计	2 162.49	100.0	9 420.3	100.0	4 665.41	100.0

注：产值指标不包括西藏；计划单列市在各省内。

各地区行、社存款、农业产值比重(续2)

单位：亿元

	1989年					
	存款余额	比重%	社会总产值	比重%	农业总产值	比重%
北京	79.28	2.6	236.38	1.6	60.35	0.9
天津	48.56	1.6	233.96	1.6	51.82	0.8
河北	240.59	7.7	764.61	5.3	306.99	4.7
山西	101.57	3.3	275.10	1.9	104.94	1.6
内蒙古	35.24	1.1	167.14	1.2	126.72	1.9
辽宁	145.06	4.7	617.11	4.3	222.82	3.4
吉林	58.02	1.9	259.06	1.8	133.79	2.1
黑龙江	87.11	2.8	290.65	2.0	162.18	2.5
上海	100.31	3.2	356.16	2.5	60.63	0.9
江苏	230.94	7.4	1 872.42	12.9	522.26	8.0
浙江	159.82	5.1	1 047.87	7.2	307.84	4.7
安徽	74.99	2.4	580.31	4.0	341.53	5.2
福建	75.52	2.4	400.81	2.8	209.92	3.2
江西	61.34	2.0	332.87	2.3	197.93	3.0
山东	304.36	9.8	1 485.25	10.3	548.30	8.4
河南	165.63	5.3	948.52	6.6	449.88	6.9
湖北	112.61	3.6	606.71	4.2	335.04	5.1
湖南	93.99	3.0	565.66	3.9	337.48	5.2
广东	372.60	12.0	1 145.32	7.9	548.60	8.4
广西	65.48	2.1	284.13	2.0	212.17	3.3
海南	23.56	0.8	75.16	0.5	64.47	1.0
四川	180.69	5.8	899.33	6.2	527.67	8.1
贵州	26.97	0.9	177.16	1.2	133.68	2.0
云南	68.87	2.2	215.99	1.5	152.68	2.3
陕西	77.37	2.5	278.76	1.9	147.81	2.3
甘肃	38.07	1.2	147.62	1.0	89.12	1.4
青海	10.07	0.3	27.44	0.2	21.60	0.3
宁夏	11.09	0.4	31.60	0.2	21.43	0.3
新疆	57.57	1.9	142.43	1.0	121.50	1.9
合计	3 107.28	100.0	14 465.53	100.0	6 521.15	100.0

注：产值指标不包括西藏；计划单列市在各省内。

各地区行、社存款、农业产值比重(续3)

单位：亿元

	1990年					
	存款余额	比重%	社会总产值	比重%	农业总产值	比重%
北京	102.63	2.5	278.60	1.7	70.2	0.9
天津	61.51	1.5	276.98	1.7	54.9	0.7
河北	318.87	7.8	873.00	5.3	357.6	4.7
山西	128.10	3.2	322.38	1.9	124.8	1.6
内蒙古	45.57	1.1	203.71	1.2	156.9	2.0
辽宁	193.81	4.8	703.94	4.2	273.8	3.6
吉林	74.40	1.8	322.17	1.9	189.1	2.5
黑龙江	113.19	2.8	385.58	2.3	245.4	3.2
上海	132.83	3.3	392.74	2.4	68.2	0.9
江苏	313.21	7.7	2 072.69	12.5	580.5	7.6
浙江	226.15	5.6	1 139.35	6.9	336.8	4.4
安徽	94.90	2.3	638.07	3.8	370.9	4.8
福建	101.03	2.5	452.58	2.7	228.7	3.0
江西	81.38	2.0	409.98	2.5	255.2	3.3
山东	390.48	9.6	1 769.97	10.7	647.5	8.5
河南	209.03	5.1	1 028.47	6.2	502.0	6.6
湖北	139.31	3.4	700.80	4.2	402.2	5.2
湖南	124.92	3.1	647.84	3.9	397.4	5.2
广东	488.83	12.0	1 304.21	7.8	600.7	7.8
广西	89.02	2.2	329.73	2.0	252.2	3.3
海南	30.38	0.7	79.95	0.5	68.7	0.9
四川	231.87	5.7	1 068.92	6.4	637.1	8.3
贵州	33.89	0.8	194.00	1.2	145.5	1.9
云南	88.57	2.2	282.47	1.7	211.7	2.8
陕西	97.80	2.4	319.76	1.9	170.0	2.2
甘肃	48.39	1.2	169.71	1.0	103.1	1.3
青海	11.10	0.3	30.58	0.2	24.5	0.3
宁夏	14.26	0.4	35.81	0.2	24.7	0.3
新疆	80.51	2.0	166.80	1.0	144.7	1.9
合计	4 066.06	100.0	16 619.21	100.0	7 662.1	100.0

注：产值指标不包括西藏；计划单列市在各省内。

各地区行、社存款、农业产值比重(续4)

单位：亿元

	1991年					
	存款余额	比重%	社会总产值	比重%	农业总产值	比重%
北京	126.35	2.4	336.14	1.77	76.47	0.9
天津	78.10	1.5	321.66	1.69	58.05	0.7
河北	391.75	7.6	997.10	5.25	377.64	4.6
山西	154.98	3.0	339.98	1.79	112.97	1.4
内蒙古	53.41	1.0	223.58	1.18	164.08	2.0
辽宁	244.44	4.7	811.03	4.27	302.28	3.7
吉林	94.45	1.8	330.19	1.74	188.38	2.3
黑龙江	140.78	2.7	404.12	2.13	247.71	3.0
上海	179.15	3.5	510.09	2.69	73.65	0.9
江苏	397.22	7.7	2 312.06	12.18	580.93	7.1
浙江	291.40	5.6	1 408.87	7.42	368.64	4.5
安徽	120.59	2.3	637.11	3.36	317.26	3.9
福建	130.76	2.5	542.93	2.86	256.74	3.1
江西	104.52	2.0	468.54	2.47	271.55	3.3
山东	465.18	9.0	2 166.71	11.41	793.04	9.7
河南	264.29	5.1	1 158.08	6.10	531.05	6.5
湖北	174.99	3.4	731.80	3.86	405.04	5.0
湖南	162.40	3.1	719.11	3.79	425.58	5.2
广东	663.76	12.9	1 554.73	8.19	654.82	8.0
广西	115.11	2.2	378.46	1.99	278.15	3.4
海南	37.49	0.7	88.74	0.47	75.78	0.9
四川	296.23	5.7	1 205.84	6.35	680.13	8.3
贵州	45.24	0.9	223.03	1.17	165.34	2.0
云南	113.87	2.2	305.32	1.61	222.93	2.7
陕西	121.50	2.4	358.27	1.88	185.37	2.3
甘肃	58.85	1.1	184.60	0.97	108.36	1.3
青海	12.73	0.2	32.03	0.17	25.24	0.3
宁夏	17.30	0.3	39.62	0.21	26.95	0.3
新疆	101.10	2.0	192.22	1.01	162.01	2.0
合计	5 162.16	100.0	189 81.96	100.0	8 157.03	100.0

注：产值指标不包括西藏；计划单列市在各省内。

农业百元产值占用行、社贷款分省比较

地　　区	农业总产值（亿元）				
	1985年	1987年	1989年	1990年	1991年
北　　京	25.94	34.42	60.35	70.2	76.47
天　　津	20.44	32.93	51.82	54.9	58.05
河　　北	167.33	200.66	306.99	357.6	377.64
山　　西	62.92	61.42	104.94	124.8	112.97
内 蒙 古	73.20	87.74	126.72	156.9	164.08
辽　　宁	118.05	169.22	222.82	273.8	302.28
吉　　林	85.89	120.81	133.79	189.1	188.38
黑 龙 江	114.31	137.00	162.18	245.4	247.71
上　　海	31.38	38.84	60.63	68.2	73.65
江　　苏	288.55	380.25	522.26	580.5	580.93
浙　　江	174.05	228.12	307.84	336.8	368.64
安　　徽	198.24	255.34	341.53	370.9	317.26
福　　建	99.05	132.97	209.92	228.7	256.74
江　　西	114.50	144.35	197.93	255.2	271.55
山　　东	335.42	413.18	548.30	647.5	793.04
河　　南	241.54	323.62	449.88	502.0	531.05
湖　　北	192.33	249.68	335.04	402.2	405.04
湖　　南	198.44	253.39	337.48	397.4	425.58
广　　东	275.99	389.87	548.60	600.7	654.82
广　　西	108.02	137.92	212.17	252.2	278.15
海　　南			64.47	68.7	75.78
四　　川	313.06	388.94	527.67	637.1	680.13
贵　　州	70.23	92.25	133.68	145.5	165.34
云　　南	88.88	111.25	152.68	211.7	222.93
陕　　西	79.57	103.39	147.81	170.0	185.37
甘　　肃	48.82	65.51	89.12	103.1	108.36
青　　海	12.25	15.94	21.6	24.5	25.24
宁　　夏	12.02	14.76	21.43	24.7	26.95
新　　疆	58.50	81.64	121.50	144.7	162.01
全　　国	3608.90	4665.40	6521.20	7644.9	8136.14

注：产值指标为当年价格，不包括西藏。

农业百元产值占用行、社贷款分省比较(续1)

地区	百元产值占用贷款（元）				
	1985年	1987年	1989年	1990年	1991年
北京	16.73	25.31	28.22	33.22	39.54
天津	16.54	16.98	16.65	20.13	22.96
河北	17.24	28.50	26.90	29.92	33.74
山西	28.45	37.14	32.10	34.11	45.63
内蒙古	14.33	14.92	13.31	12.19	14.31
辽宁	16.04	18.82	21.61	21.32	23.55
吉林	20.58	23.91	26.65	21.83	26.75
黑龙江	26,85	27.28	26.08	18.11	21.02
上海	11.54	20.39	20.44	21.63	27.25
江苏	4.28	5.09	5.70	6.68	8.80
浙江	5.71	8.16	7.90	9.63	11.46
安徽	8.17	9.91	8.72	10.08	16.66
福建	12.37	17.30	13.32	15.05	16.37
江西	9.78	14.04	13.99	13.92	16.74
山东	10.04	12.91	13.88	14.49	14.16
河南	12.07	16.03	15.49	17.60	20.86
湖北	9.24	11.15	11.16	11.19	13.70
湖南	6.25	10.53	9.61	10.44	12.26
广东	13.74	18.57	16.15	19.07	22.36
广西	14.13	20.02	16.46	16.37	18.26
海南			23.59	27.16	29.32
四川	7.83	10.37	9.36	9.76	11.28
贵州	10.01	12.81	11.00	11.83	12.39
云南	15.95	19.91	16.94	13.95	15.02
陕西	15.38	20.30	18.80	21.01	22.81
甘肃	20.36	19.34	16.55	16.78	18.63
青海	12.65	12.55	12.08	12.57	13.35
宁夏	14.98	16.80	16.52	17.09	18.11
新疆	15.35	17.86	17.01	17.28	18.80
全国	11.80	15.10	14.60	15.41	17.89

注：产值指标为当年价格，不包括西藏。

农业百元产值占用行、社贷款分省比较(续2)

地区	百元产值占用累放额（元）				
	1985年	1987年	1989年	1990年	1991年
北京	22.21	32.16	36.90	40.68	47.69
天津	21.62	22.78	22.10	28.52	30.23
河北	23.18	46.72	35.49	40.30	42.42
山西	18.94	33.62	33.10	37.51	47.48
内蒙古	16.75	14.34	11.76	11.30	13.03
辽宁	23.52	31.16	27.52	28.37	28.99
吉林	24.93	28.77	26.24	24.51	30.75
黑龙江	21.07	26.85	29.85	22.31	23.94
上海	23.33	37.08	43.41	41.86	43.71
江苏	7.12	10.22	10.50	13.43	17.33
浙江	15.28	21.02	14.31	20.23	26.28
安徽	8.17	13.27	7.62	11.76	17.96
福建	13.41	21.51	12.08	15.01	16.71
江西	27.83	17.33	17.45	14.00	16.91
山东	18.00	20.73	19.35	21.91	20.42
河南	12.07	20.31	14.94	19.24	20.87
湖北	11.75	13.45	10.59	12.76	14.9
湖南	11.42	19.11	10.13	14.07	17.19
广东	16.99	24.64	16.75	21.42	26.78
广西	12.96	22.92	11.56	14.26	15.74
海南			9.91	16.30	18.13
四川	7.48	11.87	9.60	11.13	12.62
贵州	6.82	9.78	5.09	6.32	7.38
云南	13.83	15.91	11.18	9.50	10.70
陕西	12.44	20.83	15.34	19.10	19.25
甘肃	15.08	16.75	14.89	17.70	19.88
青海	10.86	9.60	8.38	8.33	8.36
宁夏	19.47	19.24	17.41	17.13	18.22
新疆	22.97	28.48	21.79	23.17	26.19
全国	14.80	20.40	16.20	18.73	21.35

注：产值指标为当年价格，不包括西藏。

农业银行、信用社储蓄存款

（年末余额）

单位：亿元

	1986年	1987年	1988年	1989年	1990年	1991年	1987—1990年平均每年增长（%）
农村储蓄存款合计	1 023.80	1 431.90	1 736.04	2 255.32	3 053.70	3 894.31	30.63
一、按吸储单位分							
1．农业银行	257.68	426.19	593.71	848.51	1 212.10	1 577.64	43.68
2．信用社	766.12	1 005.72	1 142.32	1 406.81	1 841.60	2 316.67	24.77
二、按储蓄期限分							
1．活期	280.63	397.27	505.10	479.65	568.82	676.68	19.24
2．定期	743.17	1 034.63	1 230.94	1 775.67	2 484.88	3 217.63	34.06

农业银行、信用社储蓄存款增减额

（比上年末）

单位：亿元

	1987年	1988年	1989年	1990年	1991年
农村储蓄存款合计	408.11	304.13	519.28	798.38	840.60
一、按吸储单位分					
1．农业银行	168.51	167.52	254.80	363.59	365.54
2．信用社	239.60	136.61	264.48	434.79	475.06
二、按储蓄期限分					
1．活期	116.64	107.83	—25.45	89.17	107.86
2．定期	291.47	196.30	544.73	709.21	732.74

农业银行、信用社储蓄存款增长率

（比上年末）　　单位：%

	1987年	1988年	1989年	1990年	1991年
农村储蓄存款合计	**37.40**	**6.38**	**24.74**	**32.38**	**27.38**
一、按吸储单位分					
1．农业银行	65.39	39.30	42.91	42.85	30.15
2．信用社	31.27	13.58	23.15	30.90	25.79
二、按储蓄期限分					
1．活期	41.56	27.14	－5.03	18.59	18.96
2．定期	39.21	18.97	44.25	39.94	29.49

农业银行、信用社储蓄存款构成

单位：%

	1987年	1988年	1989年	1990年	1991年
农村储蓄存款合计	100.00	100.00	100.00	100.00	100.00
一、按吸储单位分					
1．农业银行	29.76	34.20	37.62	39.69	40.51
2．信用社	70.24	65.80	62.38	60.31	59.49
二、按储蓄存款期限分					
1．活期	27.74	29.09	21.27	18.63	17.38
2．定期	72.26	70.91	78.73	81.37	82.62

农业银行、信用社人均储蓄分省比较

单位：元

地区	农村人均储蓄					
	1980年	1985年	1987年	1989年	1990年	1991年
北京	60	272	543	962	1 197	1702
天津	30	248	480	770	1 042	1379
河北	21	121	250	402	525	650
山西	26	123	217	368	462	577
内蒙古	14	66	118	174	237	293
辽宁	30	141	302	497	665	864
吉林	18	92	198	299	387	514
黑龙江	28	94	189	336	438	585
上海	79	417	755	1 318	1 704	2 546
江苏	22	108	207	329	441	566
浙江	25	117	214	326	482	604
安徽	8	40	82	112	144	179
福建	23	97	165	216	291	372
江西	12	54	99	149	193	250
山东	27	123	219	365	441	537
河南	14	63	127	177	222	280
湖北	13	67	133	189	227	304
湖南	10	47	98	130	182	239
广东	35	184	363	611	767	944
广西	10	44	86	125	178	229
海南				349	450	642
四川	9	49	94	137	184	233
贵州	4	20	40	52	66	89
云南	8	40	76	115	152	187
陕西	18	69	144	231	297	368
甘肃	9	45	93	141	177	229
青海	17	78	121	165	199	241
宁夏	15	78	149	223	312	372
新疆	47	146	269	396	491	802
合计	18	86	168	259	338	431

注：各项指标均不包括西藏；人均储蓄按农业人口计算；农民人均纯收入系国家统计局抽样调查资料。

农业银行、信用社人均储蓄分省比较(续)

单位：元

地　　区	农　村　人　均　纯　收　入						1986—1991年平均每年增长%		
	1980年	1985年	1987年	1989年	1990年	1991年	行社储蓄	人均储蓄	人均纯收入
北　京	290.46	775.08	916.38	1 230.56	1 297.05	1 422.37	35.89	35.75	10.65
天　津	277.92	564.55	749.41	1 020.25	1 069.04	1 168.53	34.85	33.10	12.89
河　北	175.78	385.23	444.40	589.40	621.67	657.38	34.44	32.34	9.32
山　西	155.78	358.32	376.87	513.87	603.51	567.90	30.63	29.38	7.98
内蒙古	181.32	360.41	388.77	477.50	607.15	517.99	28.09	28.20	6.23
辽　宁	273.02	467.84	599.25	740.22	836.17	896.71	36.02	35.27	11.45
吉　林	236.30	413.74	523.09	623.96	803.52	748.33	33.52	33.21	10.38
黑龙江	205.38	397.84	474.46	535.19	759.86	734.80	34.28	35.62	10.77
上　海	397.35	805.92	1 095.20	1 379.87	1 907.32	2 003.38	37.70	35.19	16.39
江　苏	217.94	492.60	626.48	875.70	959.06	920.72	34.26	31.79	10.99
浙　江	219.18	548.60	725.13	1 010.72	1 099.04	1 210.77	33.12	31.46	14.10
安　徽	184.82	369.41	429.26	515.66	539.16	446.05	30.57	28.37	3.19
福　建	171.74	396.45	484.88	697.34	764.41	850.05	27.55	25.11	13.56
江　西	180.94	377.41	429.29	558.64	669.90	702.53	31.08	29.10	10.91
山　东	104.33	408.12	517.69	630.56	680.18	764.04	29.20	27.84	11.02
河　南	160.78	329.37	377.72	457.06	526.95	539.29	30.23	28.22	8.56
湖　北	169.88	421.24	460.66	571.84	670.80	626.92	29.89	28.67	6.85
湖　南	219.71	395.26	471.30	558.34	664.24	688.91	32.92	31.13	9.70
广　东	274.37	495.31	644.21	955.02	1 043.03	1 143.06	33.04	31.33	14.96
广　西	173.68	302.96	353.95	483.04	639.45	657.74	33.94	31.64	13.79
海　南				674.27	696.22	730.08			
四　川	187.90	315.07	369.46	494.07	557.76	590.21	31.13	29.68	11.03
贵　州	161.46	287.83	341.84	430.34	435.14	465.53	29.83	28.25	8.34
云　南	150.12	338.34	364.57	477.89	540.86	572.58	31.22	29.31	9.16
陕　西	142.49	295.26	329.47	433.67	530.80	533.96	34.12	32.18	10.38
甘　肃	153.33	255.22	296.14	365.89	430.98	446.42	32.80	31.15	9.77
青　海		342.95	392.15	457.52	559.78	555.56	21.89	20.69	8.37
宁　夏	178.06	321.17	382.71	521.90	578.13	589.98	30.65	29.74	10.67
新　疆	198.01	394.30	452.72	545.61	683.47	703.17	30.41	32.83	10.12
合　计	191.30	397.60	462.60	601.51	686.31	708.55	32.49	30.82	10.11

农业银行、信用社乡镇企业贷款

（年末余额）　　　　单位：亿元

	1986年	1987年	1988年	1989年	1990年	1991年	1987—1991年平均每年增长（%）
乡镇企业贷款合计	**536.10**	**686.86**	**821.51**	**933.36**	**1 134.26**	**1 408.80**	**21.32**
一、按贷款部门分							
1. 农业银行	270.25	327.55	381.35	393.14	433.54	498.43	13.03
2. 信用社	265.85	359.31	440.17	540.22	700.72	910.37	27.91
二、按贷款用途分							
（一）乡企流资贷款	415.82	524.30	632.45	751.45	938.04	1 166.51	22.91
1. 乡企轻纺贷款		192.76	219.73	259.07	318.13	124.51	
2. 乡企食品贷款		35.81	40.65	43.52	48.48	26.91	
3. 乡企矿业贷款		15.22	18.01	21.51	27.66	13.25	
4. 乡企建材贷款		69.46	79.61	94.63	114.19	54.72	
5. 乡企冶机化贷款		85.87	106.20	129.17	160.86	83.42	
6. 乡企交运建贷款		16.21	18.33	18.74	20.81	9.97	
7. 乡企商业贷款	33.38	44.42	52.17	59.12	75.96	93.02	22.75
8. 乡企其他贷款		64.55	97.75	125.69	171.95	230.23	
9. 乡企工业贷款	343.72					530.48	9.07
10. 乡企其他企业贷款	38.72						
（二）乡企固资贷款	120.28	162.56	189.06	181.91	196.22	242.29	15.03
1. 乡企轻纺贷款		46.93	54.30	52.09	57.63	37.07	
2. 乡企食品贷款		13.85	12.56	11.57	11.34	8.18	
3. 乡企矿业贷款		7.97	8.58	8.83	9.58	7.27	
4. 乡企建材贷款		30.85	34.14	32.57	33.04	23.14	
5. 乡企冶机化贷款		24.26	30.76	30.30	34.95	24.82	
6. 乡企交运建贷款		4.03	4.09	3.44	3.08	2.00	
7. 乡企商业贷款		4.65	4.66	4.02	4.03	4.28	
8. 乡企其他贷款		29.65	39.64	38.76	42.25	54.70	
9. 乡企设备贷款	120.02					80.54	8.30
10. 黄金生产设备贷款	0.26	0.37	0.33	0.33	0.32	0.29	2.21

农业银行、信用社乡镇企业贷款增减额

（比上年末）　　单位：亿元

	1987年	1988年	1989年	1990年	1991年
乡镇企业贷款合计	150.76	134.65	111.85	200.90	274.53
一、按贷款部门分					
1．农业银行	57.29	53.80	11.79	40.40	64.89
2．信用社	93.47	80.85	100.06	160.50	209.64
二、按贷款用途分					
（一）乡企流资贷款	108.49	108.15	119.00	186.59	228.47
1．乡企轻纺贷款	192.75	26.97	39.34	59.05	－193.62
2．乡企食品贷款	35.81	4.84	2.87	4.95	－21.57
3．乡企矿业贷款	15.22	2.79	3.50	6.15	－14.41
4．乡企建材贷款	69.46	10.15	15.02	19.57	－59.47
5．乡企冶机化贷款	85.87	20.33	22.97	31.69	－77.45
6．乡企交运建贷款	16.21	2.12	0.41	2.08	－10.84
7．乡企商业贷款	11.04	7.75	6.96	16.84	17.06
8．乡企其他贷款	64.56	33.20	27.93	46.26	58.29
9．乡企工业贷款	－343.72				530.48
10．乡企其他企业贷款	－38.71				
（二）乡企固资贷款	42.27	26.51	－7.15	14.31	46.06
1．乡企轻纺贷款	46.93	7.38	－2.20	5.53	－20.55
2．乡企食品贷款	13.85	－1.29	－0.99	－0.23	－3.16
3．乡企矿业贷款	7.97	0.61	0.25	0.75	－2.31
4．乡企建材贷款	30.85	3.29	－1.56	0.46	－9.89
5．乡企冶机化贷款	24.26	6.50	－0.46	4.65	－10.13
6．乡企交运建贷款	4.03	0.06	－0.65	－0.36	－1.08
7．乡企商业贷款	4.65	0.01	－0.64	0.02	0.25
8．乡企其他贷款	29.64	9.99	－0.88	3.49	12.43
9．乡企设备贷款	－120.02				80.54
10．黄金生产设备贷款	0.11	－0.04	－0.02		－0.04

农业银行、信用社乡镇企业贷款增长率

（比上年末）　　　　单位：%

	1987年	1988年	1989年	1990年	1991年
乡镇企业贷款合计	28.12	19.60	13.61	21.52	24.20
一、按贷款部门分					
1. 农业银行	21.19	16.42	3.09	10.27	14.96
2. 信用社	35.15	22.50	22.73	29.70	29.91
二、按贷款用途分					
（一）乡企流资贷款	26.09	20.62	18.81	24.83	24.35
1. 乡企轻纺贷款		13.99	17.90	22.79	－60.86
2. 乡企食品贷款		13.50	7.06	11.38	－44.49
3. 乡企矿业贷款		18.31	19.44	28.58	－52.09
4. 乡企建材贷款		14.61	18.86	20.67	－52.08
5. 乡企冶机化贷款		23.67	21.62	24.53	－48.14
6. 乡企交运建贷款		13.07	2.21	11.08	－52.08
7. 乡企商业贷款	33.07	17.43	13.33	28.47	22.46
8. 乡企其他贷款		51.43	28.57	36.80	33.89
9. 乡企工业贷款					
（二）乡企固资贷款	35.14	16.30	－3.78	7.86	23.47
1. 乡企轻纺贷款		15.70	－4.05	10.61	－35.66
2. 乡企食品贷款		－9.28	－7.87	－1.97	－27.88
3. 乡企矿业贷款		7.68	2.88	8.52	－24.10
4. 乡企建材贷款		10.66	－4.57	1.41	－29.94
5. 乡企冶机化贷款		26.78	－1.49	15.36	－28.98
6. 乡企交运建贷款		1.42	－15.85	－10.55	－34.91
7. 乡企商业贷款		0.20	－13.72	0.37	6.26
8. 乡企其他贷款		33.71	－2.22	9.01	29.42
9. 乡企设备贷款					
10. 黄金生产设备贷款	42.31	－8.11		－3.03	－9.38

农业银行、信用社乡镇企业贷款构成

单位：%

	1987年	1988年	1989年	1990年	1991年
乡镇企业贷款合计	100.00	100.00	100.00	100.00	100.00
一、按贷款部门分					
1. 农业银行	49.35	48.08	43.78	39.75	35.38
2. 信用社	50.65	51.92	56.22	60.25	64.62
二、按贷款用途分					
(一) 乡企流动资金贷款	73.91	74.59	78.21	80.66	82.80
(以乡镇企业流动资金贷款为100)					
1. 乡企轻纺贷款	36.77	34.74	34.48	33.91	10.67
2. 乡企食品贷款	6.83	6.43	5.79	5.16	2.30
3. 乡企矿业贷款	2.90	2.85	2.86	2.95	1.13
4. 乡企建材贷款	13.25	12.59	12.59	12.17	4.69
5. 乡企冶机化贷款	16.38	16.79	17.19	17.15	7.15
6. 乡企交运建贷款	3.09	2.90	2.49	2.22	0.85
7. 乡企商业贷款	8.47	8.25	7.87	8.10	7.97
8. 乡企其他贷款	12.31	15.45	16.73	18.34	19.73
9. 乡企工业贷款					45.78
(二) 乡企固定资产贷款	22.92	22.30	18.93	16.87	17.20
(以乡镇企业固定资产贷款为100)					
1. 乡企轻纺贷款	28.87	28.72	28.63	29.37	15.29
2. 乡企食品贷款	8.52	6.64	6.36	5.78	3.38
3. 乡企矿业贷款	4.90	4.54	4.85	4.88	3.00
4. 乡企建材贷款	18.98	18.06	17.91	16.84	9.55
5. 乡企冶机化贷款	14.92	16.27	16.66	17.81	10.24
6. 乡企交运建贷款	2.48	2.16	1.89	1.57	0.83
7. 乡企商业贷款	2.86	2.46	2.21	2.05	1.77
8. 乡企其他贷款	18.24	20.97	21.31	21.53	22.58
9. 乡企设备贷款					33.24
10 黄金设备贷款	0.23	0.18	0.18	0.17	0.12

行、社乡镇企业贷款分月余额

单位：亿元

年份	1月	2月	3月	4月	5月	6月	7月
1980	56.64	56.40	63.84	67.67	70.72	73.28	76.11
1981	81.64	88.25	91.83	94.93	97.22	98.39	100.46
1982	104.30	108.96	113.80	116.22	117.19	117.20	117.98
1983	123.53	126.34	136.18	143.50	147.73	150.86	154.72
1984	150.10	155.92	167.26	174.35	178.54	184.77	195.53
1985	313.52	320.78	337.96	346.11	341.43	333.66	334.98
1986	369.61	378.09	395.96	411.98	425.70	437.88	452.91
1987	546.47	598.18	637.17	665.94	685.68	703.56	723.00
1988	734.90	749.67	784.57	810.64	829.49	854.87	874.46
1989	856.98	866.58	877.59	883.78	887.91	894.51	905.54
1990	972.50	985.79	1 008.45	1 029.53	1 046.66	1 067.11	1 077.78
1991	1 184.28	1 199.83	1 238.65	1 271.36	1 297.06	1 325.79	1 342.96

年份	8月	9月	10月	11月	12月	最高月份	最低月份	最高与最低月差额
1980	79.20	82.82	86.14	89.50	80.50	11	2	33.10
1981	101.72	102.32	102.51	101.10	97.59	10	1	20.87
1982	118.33	118.95	119.43	118.50	115.65	10	1	15.13
1983	156.92	156.61	154.60	149.03	140.05	8	1	33.39
1984	208.57	223.04	239.83	257.55	292.63	12	1	142.53
1985	335.35	336.52	338.51	338.05	352.41	12	1	38.89
1986	469.31	486.28	502.69	518.13	553.77	12	1	184.16
1987	738.09	753.73	745.69	732.07	709.38	9	1	207.26
1988	888.52	876.20	867.22	837.49	847.86	8	1	153.62
1989	911.84	916.30	922.26	929.83	960.84	12	1	103.86
1990	1 098.19	1 118.03	1 135.22	1 145.23	1 162.52	12	1	190.02
1991	1 366.96	1 389.29	1 405.55	1 417.94	1 443.83	12	1	259.55

注：本表含农村电力工业贷款。

农业银行、信用社乡镇企业贷款分析

单位：亿元、元、%

项　　目	1980年	1981年	1982年	1983年	1984年	1985年
乡镇企业贷款年末余额	80.50	97.59	115.65	140.06	292.63	352.41
乡镇企业贷款年平均余额	73.87	96.49	115.54	145.03	202.34	335.77
乡镇企业贷款累放额	122.93	139.02	151.74	206.71	475.19	506.35
乡镇企业产值	656.90	745.30	853.08	1 016.83	1 709.89	2 728.39
乡镇企业总收入	596.12	570.36	771.77	928.70	1 537.08	2 565.62
乡镇企业流动资金	177.24	201.00	230.49	262.50	398.69	590.14
乡镇企业利税总额	144.03	147.10	160.20	176.70	278.00	424.75
乡镇企业贷款年末余额增长率		21.23	18.51	21.11	108.93	20.43
乡镇企业贷款年平均余额增长率		30.63	19.74	25.52	39.52	65.94
乡镇企业贷款累放额增长率		13.09	9.15	36.23	129.88	6.56
乡镇企业产值增长率		13.46	14.46	19.20	68.16	59.57
乡镇企业总收入增长率		－4.32	35.31	20.23	65.51	66.92
乡镇企业流动资金增长率		13.41	14.67	13.89	51.88	48.02
乡镇企业利税总额增长率		2.13	8.91	10.30	57.33	52.79
百元产值占用贷款（年末余额）	12.25	13.09	13.56	13.77	17.11	12.92
百元产值占用贷款（年平均余额）	11.24	12.95	13.54	14.26	11.83	12.31
百元产值占用贷款（累放额）	18.71	18.65	17.79	20.33	27.79	18.56
百元收入占用贷款（年末余额）	13.50	17.11	14.99	15.08	19.04	13.74
百元收入占用贷款（年平均余额）	12.39	16.92	14.97	15.62	13.16	13.09
百元收入占用贷款（累放额）	20.62	24.37	19.66	22.26	30.92	19.74
百元贷款利税率（年末余额）	178.92	150.73	138.52	126.16	95.00	120.53
百元贷款利税率（年平均余额）	194.99	152.45	138.65	121.84	137.39	126.50
百元贷款利税率（累放额）	117.16	105.81	105.58	85.48	58.50	83.88
流动资金贷款占乡企流动资金%	28.99	32.61	33.90	37.39	53.95	44.55
百元收入占用流动资金	29.73	35.24	29.87	28.27	25.94	23.00

注：乡镇企业利税总额中包括前列支10%，用于农村各项事业开支。产值按不变价格计算。

农业银行、信用社乡镇企业贷款分析(续)

单位：亿元、元、%

项　　目	1986年	1987年	1988年	1989年	1990年	1991年
乡镇企业贷款年末余额	553.77	709.38	847.86	960.84	1 162.9	1 408.8
乡镇企业贷款年平均余额	450.15	689.65	829.96	901.14	1 042.47	1 293.8
乡镇企业贷款累放额	734.48	1 107.75	1 349.15	1 239.64	1 566.89	1 995.58
乡镇企业产值	3 540.87	4 743.10	6 495.66	7 428.38	8 461.6	10 263.9
乡镇企业总收入	3 364.27	4 579.56	6 619.70	7 762.68	8613.6	
乡镇企业流动资金	928.39	1 347.26	1 824.49	2 223.60	2 244.7	
乡镇企业利税总额	508.33	645.32	891.90	967.90	1 012.1	1 229.53
乡镇企业贷款年末余额增长率	57.14	28.10	19.52	13.33	21.03	21.15
乡镇企业贷款年平均余额增长率	34.07	53.20	20.35	8.58	15.68	24.11
乡镇企业贷款累放额增长率	45.05	50.82	21.79	－8.12	26.4	27.36
乡镇企业产值增长率	29.78	33.95	36.95	14.36	13.91	21.3
乡镇企业总收入增长率	31.13	36.12	44.55	17.27	10.96	
乡镇企业流动资金增长率	57.32	45.12	35.42	21.88	0.95	
乡镇企业利税总额增长率	19.68	26.95	38.21	8.52	4.57	
百元产值占用贷款（年末余额）	15.64	14.96	13.05	12.93	13.74	13.73
百元产值占用贷款（年平均余额）	12.71	14.54	12.78	12.13	12.32	12.61
百元产值占用贷款（累放额）	20.74	23.35	20.77	16.69	18.52	19.44
百元收入占用贷款（年末余额）	16.46	15.49	12.81	12.38	13.5	
百元收入占用贷款（年平均余额）	13.38	15.06	12.54	11.61	12.1	
百元收入占用贷款（累放额）	21.83	24.19	20.38	15.97	18.19	
百元贷款利税率（年末余额）	91.79	90.97	105.19	100.73	87.03	87.27
百元贷款利税率（年平均余额）	112.92	93.57	107.46	107.41	97.09	95.03
百元贷款利税率（累放额）	69.21	58.26	66.11	78.08	64.59	61.61
流动资金贷款占乡企流动资金%	46.69	40.59	36.11	35.03	43.06	
百元收入占用流动资金	27.60	29.42	27.56	28.64	26.06	

注：乡镇企业利税总额中包括税前列支10%，用于农村各项事业开支。产值按不变价格计算。

各地区行、社乡镇企业贷款与产值分布

单位：亿元、%、元

	1987年					1988年				
	贷款余额	比 重	乡镇产值	比 重	百元占贷	贷款余额	比 重	乡镇产值	比 重	百元占贷
北 京	15.54	2.19	91.79	1.86	16.93	19.47	2.30	141.78	2.02	13.73
天 津	13.34	1.88	82.66	1.68	16.14	16.53	1.95	131.39	1.87	12.58
河 北	40.01	5.64	327.28	6.64	12.23	51	6.02	450.77	6.42	11.31
山 西	18.91	2.67	105.03	2.13	18.00	25.6	3.02	135.06	1.92	18.95
内蒙古	2.81	0.40	26.69	0.54	10.53	3.68	0.43	37.42	0.53	9.83
辽 宁	30.86	4.35	262.57	5.33	11.75	38.13	4.50	368.61	5.25	10.34
吉 林	10.39	1.46	85.83	1.74	12.11	11.98	1.41	122.00	1.74	9.82
黑龙江	12.04	1.70	88.37	1.79	13.62	13.82	1.63	122.63	1.75	11.27
上 海	28.01	3.95	143.75	2.92	19.49	34.69	4.09	246.08	3.51	14.10
江 苏	88.47	12.47	811.54	16.47	10.90	98.46	11.61	1 143.15	16.29	8.61
浙 江	56.1	7.91	448.5	9.10	12.51	62.83	7.41	621.58	8.86	10.11
安 徽	13.65	1.92	176.25	3.58	7.74	16.39	1.93	231.34	3.30	7.08
福 建	15.54	2.19	119.53	2.43	13.00	17.09	2.02	180.58	2.57	9.46
江 西	11.52	1.62	75.71	1.54	15.22	14.09	1.66	109.39	1.56	12.88
山 东	70.5	9.94	480.13	9.75	14.68	87.00	10.26	762.39	10.87	11.41
河 南	31.09	4.38	326.52	6.63	9.52	37.53	4.43	448.38	6.39	8.37
湖 北	25.66	3.62	201.59	4.09	12.73	29.45	3.47	274.40	3.91	10.73
湖 南	23.89	3.37	176.27	3.58	13.55	26.43	3.12	227.25	3.24	11.63
广 东	105.21	14.83	359.16	7.29	29.29	132.19	15.59	529.38	7.54	24.97
广 西	8.36	1.18	51.76	1.05	16.15	10.59	1.25	70.44	1.00	15.03
海 南	1.83	0.26				1.82	0.21	11.86	0.17	15.35
四 川	50.74	7.15	267.15	5.42	18.99	55.69	6.57	364.13	5.19	15.29
贵 州	3.61	0.51	27.05	0.55	13.35	4.54	0.54	35.90	0.51	12.65
云 南	8.62	1.22	39.59	0.80	21.77	10.21	1.20	51.34	0.73	19.89
陕 西	14.26	2.01	88.24	1.79	16.16	16.73	1.97	114.55	1.63	14.60
甘 肃	4.27	0.60	34.51	0.70	12.37	5.47	0.65	49.46	0.70	11.06
宁 海	0.6	0.08	4.29	0.09	13.99	0.97	0.11	5.02	0.07	19.32
新 夏	0.96	0.14	8.78	0.18	10.93	1.67	0.20	11.18	0.16	14.94
新 疆	2.59	0.37	16.01	0.32	16.18	3.81	0.45	18.92	0.27	20.14
合 计	709.38	100.00	4 926.55	100.00	14.40	847.86	100.00	7 016.38	100.00	12.08

注：来源《中国乡镇企业统计摘要》产值为当年价格，不包括西藏；贷款为年末余额，1987—1990年贷款余额含农村电力工业贷款。

各地区行、社乡镇企业贷款与产值分布(续1)

单位：亿元、%、元

	1989年					1990年				
	贷款余额	比重	乡企产值	比重	百元占贷	贷款余额	比重	乡企产值	比重	百元占贷
北京	22.8	2.37	188.83	2.25	12.07	26.80	2.31	226.67	2.37	11.83
天津	19.90	1.99	180.65	2.15	10.57	25.17	2.16	219.95	2.3	11.44
河北	60.73	6.32	542.43	6.46	11.20	73.89	6.35	604.64	5.2	12.22
山西	30.68	3.19	178.91	2.13	17.15	8.6	3.32	206.29	2.15	18.71
内蒙古	4.36	0.45	47.8	0.57	9.12	5.52	0.47	56.18	0.59	9.83
辽宁	43.01	4.48	425.48	5.06	10.11	55.55	4.78	456.95	4.77	12.16
吉林	12.59	1.31	144.15	1.72	8.73	15.14	1.3	152.54	1.59	9.93
黑龙江	14.83	1.54	148.00	1.76	10.02	18.7	1.61	149.79	1.56	12.48
上海	37.58	3.91	262.87	3.13	14.30	45.27	3.89	290.71	3.03	15.57
江苏	110.60	11.51	1 291.74	15.38	8.56	130.55	11.23	1 447.16	15.1	9.02
浙江	72.48	7.54	705.01	8.39	10.28	89.46	7.69	772.48	8.06	11.58
安徽	17.25	1.80	270.02	3.21	6.39	19.49	1.68	374.6	3.28	6.20
福建	18.87	1.96	221.96	2.64	8.50	22.67	1.95	266.2	2.78	8.52
江西	15.46	1.61	136.39	1.62	11.34	18.79	1.62	156.4	1.63	12.01
山东	102.28	10.62	1 004.64	11.96	10.16	122.52	10.54	1 196.15	12.48	10.24
河南	43.22	4.50	568.88	6.77	7.60	51.17	4.4	666.32	6.95	7.68
湖北	31.29	3.26	327.27	3.90	9.56	35.76	3.08	367.74	3.84	9.72
湖南	29.45	3.06	258.58	3.08	11.39	34.75	2.99	289.77	3.02	11.99
广东	153.21	15.95	643.34	7.66	23.81	195.68	16.83	740.32	7.73	26.43
广西	11.31	1.18	83.37	0.99	13.57	13.48	1.16	91.61	0.96	14.71
海南	1.94	0.20	12.92	0.15	15.02	2.14	0.18	13.78	0.14	15.53
四川	61.46	6.40	414.63	4.94	14.82	68.15	5.86	474.6	4.95	14.36
贵州	4.61	0.48	39.50	0.47	11.67	5.17	0.44	44.49	0.46	11.62
云南	10.70	1.11	60.57	0.72	17.67	11.96	1.03	96.11	1	12.44
陕西	18.23	1.90	139.49	1.66	13.07	20.98	1.8	160.36	1.67	13.08
甘肃	6.06	0.63	62.45	0.74	9.72	6.95	0.6	72.34	0.76	9.61
青海	1.02	0.11	5.91	0.07	17.26	1.14	0.1	6.4	0.07	17.81
宁夏	1.93	0.20	12.83	0.15	15.04	2.49	0.2	13.79	0.14	18.06
新疆	4.00	0.42	22.76	0.27	17.57	4.94	0.42	25.31	0.26	19.52
合计	960.84	100.00	8 401.38	100.00	11.44	1 162.9	100	9 581	100	12.14

注：来源《中国乡镇企业统计摘要》产值为当年价格，不包括西藏；贷款为年末余额，1987—1990年贷款余额含农村电力工业贷款。

各地区行、社乡镇企业贷款与产值分布(续2)

单位：亿元、%、元

	1991年				
	贷款余额	比重	乡企产值	比重	百元占贷
北京	32.04	2.27	280.34	2.4	11.43
天津	32.18	2.28	264.98	2.27	12.15
河北	90.44	6.42	723.94	6.2	12.50
山西	45.9	3.26	240.04	2.06	19.12
内蒙古	6.92	0.49	70.31	0.6	9.84
辽宁	70.42	4.9	5 449.9	4.71	12.81
吉林	18.82	1.34	161.26	1.38	11.67
黑龙江	22.1	1.57	180.98	1.55	12.21
上海	58.69	4.17	379.35	3.25	15.47
江苏	161.22	11.44	1 664.26	14.26	9.69
浙江	111.57	7.92	1 002.37	8.59	11.13
安徽	28.78	2.04	375.75	3.22	7.66
福建	24.41	1.73	334.80	2.87	7.29
江西	21.02	1.49	200.01	1.71	10.51
山东	14..3	10.24	1 476.43	12.65	9.77
河南	64.32	4.57	838.84	7.10	7.67
湖北	38.52	2.73	393.01	3.37	9.80
湖南	39.28	2.79	339.98	2.91	11.55
广东	245.98	17.46	955.87	8.19	25.73
广西	15.13	1.07	121.43	1.04	12.61
海南	2.06	0.15	16.86	0.14	12.22
四川	75.21	5.34	62.5	5.42	11.89
贵州	6.01	0.43	55.44	0.48	10.84
云南	12.12	0.86	90.71	0.78	13.36
陕西	24.23	1.72	183.88	1.58	13.18
甘肃	7.96	0.57	82.16	0.7	9.69
青海	1.19	0.08	7.07	0.06	16.83
宁夏	2.77	0.2	15.62	0.13	17.73
新疆	5.2	0.37	80.07	0.26	17.29
合计	1 408.8	100	11 668.16	100	12.07

注：来源《中国乡镇企业统计摘要》产值为当年价格，不包括西藏；贷款为年末余额，1987—1990年贷款余额含农村电力工业贷款。

农业银行、信用社集体、农户农业贷款增减额

（年末余额）　　单位：亿元

	1986年	1987年	1988年	1989年	1990年	1991年	1987—1991年平均每年增长（%）
农业贷款合计	431.94	555.83	622.05	706.84	865.35	1059.28	19.65
一、按发放贷款部门分							
1.农业银行	129.27	151.31	169.58	186.38	213.01	257.95	14.82
2.信用社	302.67	404.52	452.47	520.46	652.34	801.33	21.50
二、按贷款项目分							
1.集体农业贷款	109.81	136.56	162.87	202.21	247.72	312.98	23.30
2.农户农业贷款	322.13	419.27	459.18	504.63	617.63	746.30	18.30
三、按贷款用途分							
1.农业贷款	283.18	341.47	364.22	405.97	488.09	586.20	15.66
# 农业银行	94.75	101.30	107.54	114.24	125.33	145.06	8.89
2.林业贷款	2.66	3.71	4.83	5.42	7.17	9.91	30.09
# 农业银行	1.68	2.51	2.99	3.60	4.92	6.85	32.46
3.牧业贷款	6.17	8.91	12.69	14.44	16.23	19.06	25.30
# 农业银行	2.69	3.81	5.35	6.47	7.12	8.12	24.73
4.渔业贷款	16.17	23.44	28.45	34.75	40.72	48.47	24.55
# 农业银行	9.68	13.23	15.30	18.18	20.54	23.89	19.80
5.工商业贷款	27.68	42.12	50.91	57.42	73.83	90.60	26.76
# 农业银行	4.25	6.88	9.00	9.12	10.64	12.10	23.28
6.生活贷款	41.65	51.33	53.17	54.06	62.65	73.53	12.04
7.其他行业贷款	54.43	84.85	107.78	134.78	176.66	231.51	33.59

农业银行、信用社集体、农户农业贷款增减额

（比上年末）　　　　　　　　　　单位：亿元

	1987年	1988年	1989年	1990年	1991年
农业贷款合计	**123.89**	**66.22**	**84.79**	**158.51**	**193.93**
一、按发放贷款部门分					
1.农业银行	22.04	18.26	16.80	26.63	44.94
2.信用社	101.85	47.96	67.99	131.88	148.99
二、按贷款项目分					
1.集体农业贷款	26.75	26.31	39.34	45.51	65.26
2.农户农业贷款	97.14	39.91	45.45	113.00	128.67
三、按贷款用途分					
1.农业贷款	58.29	22.75	41.75	82.13	98.10
#农业银行	6.55	6.24	6.70	11.09	19.74
2.林业贷款	1.05	1.12	0.59	1.75	2.74
#农业银行	0.83	0.48	0.61	1.32	1.92
3.牧业贷款	2.74	3.78	1.75	1.79	2.84
#农业银行	1.12	1.54	1.12	0.65	1.01
4.渔业贷款	7.27	5.01	6.30	5.97	7.75
#农业银行	3.55	2.07	2.88	2.36	3.35
5.工商业贷款	14.44	8.79	6.51	16.42	16.77
#农业银行	2.63	2.12	0.12	1.52	1.46
6.生活贷款	9.68	1.84	0.89	8.59	10.88
7.其他行业贷款	30.42	22.93	27.00	41.86	54.85

农业银业、信用社集体、农户农业贷款增长率

（比上午末）　　　　单位. %

	1987年	1988年	1989年	1990年	1991年
农业贷款合计	28.68	11.91	13.63	22.42	22.41
一、按发放贷款部门分					
1.农业银行	17.05	12.06	9.90	14.29	21.09
2.信用社	33.65	11.85	15.02	25.33	22.84
二、按贷款项目分					
1.集体农业贷款	24.35	19.26	24.15	22.50	26.34
2.农户农业贷款	30.15	9.51	9.89	22.39	20.83
三、按贷款用途分					
1.农业贷款	20.58	6.66	11.46	20.23	20.09
#农业银行	6.91	6.16	6.22	9.70	15.74
2.林业贷款	39.43	30.28	12.15	32.31	38.29
#农业银行	49.69	18.93	20.45	36.72	39.07
3.牧业贷款	44.41	42.37	13.75	12.39	17.48
#农业银行	41.48	40.38	20.87	10.03	14.11
4.渔业贷款	44.94	21.38	22.12	17.18	19.04
#农业银行	36.67	15.66	18.83	12.97	16.32
5.工商业贷款	52.15	20.86	12.78	28.59	22.70
#农业银行	61.92	30.79	1.36	16.69	13.71
6.生活贷款	23.23	3.57	1.67	15.88	17.36
7.其他行业贷款	55.90	27.03	25.06	31.05	31.04

农业银行、信用社集体、农户农业贷款构成

单位：%

	1986年	1987年	1988年	1989年	1990年	1991年
农业贷款合计	100.00	100.00	100.00	100.00	100.00	100.00
一、按发放贷款部门分						
1.农业银行	29.93	27.22	27.26	26.37	24.62	24.35
2.信用社	70.07	72.78	72.74	73.63	75.38	75.65
二、按贷款项目分						
1. 集体农业贷款	25.42	24.57	26.18	28.61	28.63	29.55
2.农户农业贷款	74.58	75.43	73.82	71.39	71.37	70.45
三、按贷款用途分						
1.农业贷款	65.56	61.43	58.55	57.43	56.40	55.34
# 农业银行	33.46	29.66	29.53	28.14	25.68	24.84
2.林业贷款	0.62	0.67	0.78	0.77	0.83	0.94
# 农业银行	63.16	67.65	61.90	66.42	68.62	69.12
3.牧业贷款	1.43	1.60	2.04	2.04	1.88	1.80
# 农业银行	43.66	42.77	42.17	44.81	44.81	42.60
渔业贷款	3.74	4.22	4.57	4.92	4.71	4.57
# 农业银行	59.84	56.43	53.77	52.32	52.32	49.29
5.工商业贷款	6.41	7.58	8.18	8.12	8.53	8.55
# 农业银行	15.35	16.33	17.68	15.89	15.88	13.36
6.生活贷款	9.64	9.24	8.55	7.65	7.24	6.94
7.其他行业贷款	12.60	15.26	17.33	19.07	20.41	21.86

各地区农业银行、信用社各项存款

单位：万元

	1989年		1990年		1991年	
	年末余额	比上年增减	年末余额	比上年增减	年末余额	比上年增减
总　行	202	202	1 026	824	42 239	41 213
北　京	792 787	136 378	574 842	233 526	1 263 464	237 151
天　津	485 554	90 791	395 064	129 551	781 016	165 911
河　北	2 405 920	496 990	1 717 408	782 793	3 917 502	728 789
山　西	1 015 699	233 359	661 931	265 285	1 549 781	268 797
内蒙古	352 353	27 537	306 236	103 390	534 124	78 381
辽　宁	1 450 644	270 687	1 176 885	487 459	2 444 429	506 326
吉　林	580 188	50 132	492 206	163 828	944 458	200 442
黑龙江	871 080	164 768	830 416	260 858	1 407 792	275 854
上　海	1 003 095	202 636	1 018 775	325 252	1 791 567	463 220
江　苏	2 309 438	508 021	1 909 956	822 654	3 972 208	840 116
浙　江	1 598 151	369 684	1 256 664	663 384	2 914 025	652 490
安　徽	749 901	90 387	565 699	199 148	1 205 865	256 816
福　建	755 224	122 853	687 892	255 032	1 307 565	297 309
江　西	613 378	87 710	561 055	200 373	1 045 177	231 426
山　东	3 043 626	549 010	2 139 428	861 198	4 651 820	746 996
河　南	1 656 252	222 620	1 227 193	434 026	2 642 934	552 656
湖　北	1 126 121	167 614	1 009 224	266 952	1 749 939	356 866
湖　南	939 854	210 068	764 857	309 361	1 623 996	374 781
广　东	3 725 966	639 461	2 646 994	1 162 310	6 637 597	1 749 321
广　西	654 782	78 300	613 434	235 414	1 151 052	260 856
海　南	235 645	19 027	231 219	68 187	374 860	71 028
四　川	1 806 867	365 015	1 440 435	511 851	2 962 295	643 577
贵　州	269 708	25 235	262 715	69 176	452 364	113 480
云　南	688 703	127 674	653 238	196 986	1 138 737	253 048
陕　西	773 668	163 206	555 797	204 349	1 214 990	236 973
甘　肃	380 749	58 586	337 151	103 109	588 500	104 642
青　海	100 674	1 277	91 339	10 361	127 311	16 276
宁　夏	110 860	19 775	98 714	31 773	172 971	30 338
新　疆	575 698	87 362	683 293	229 365	1 011 039	205 976
# 重　庆	242 868	46 579	192 139	89 972	436 089	103 249
武　汉	231 368	44 489	204 716	59 235	388 818	98 215
沈　阳	234 696	59 009	230 059	106 016	457 842	117 130
大　连	343 695	46 648	256 237	113 925	574 938	117 318
哈尔滨	111 270	23 336	120 007	33 978	221 256	76 008
广　州	652 659	122 486	503 614	191 096	1 157 375	313 620
西　安	186 298	42 008	122 410	48 302	291 862	57 262
青　岛	273 944	54 214	221 363	90 252	446 009	81 813
宁　波	219 568	45 255	193 410	101 394	422 247	101 285
厦　门	47 815	11 114	47 615	22 325	102 947	32 807
深　圳	278 608	25 990	276 035	88 991	590 912	223 313
长　春	120 552	120 552	107 337	27 505	196 074	48 017
南　京	155 655	155 655	146 256	49 330	263 203	58 218
成　都	301 628	301 628	259 806	109 925	538 416	126 863
合　计	31 072 787	5 586 365	24 911 086	9 587 775	51 621 617	10 961 055

各地区农业银行、信用社储蓄存款

单位：万元

地区	1989年 年末余额	1989年 比上年增减	1989年 比上年增长%	1989年 人均储蓄元	1990年 年末余额	1990年 比上年增减	1990年 比上年增长%	1990年 人均储蓄元	1991年 年末余额	1991年 比上年增减	1991年 比上年增长%	1991年 人均储蓄元
北京	378 992	111 647	41	962	525 493	146 501	38.66	1 197	664 936	139 443	26.54	1701.91
天津	291 563	77 973	36	770	416 092	124 529	42.71	1 042	537 563	121 471	29.19	1379.07
河北	2 015 552	491 897	32	402	2730 430	714 878	35.47	525	3 418 011	687 581	25.18	649.58
山西	797 401	193 787	32	368	1048 107	250 706	31.44	462	1 286 498	238 391	22.74	577.40
内蒙古	254 693	31 174	13	174	341 578	86 885	34.11	237	416 938	75 360	22.06	293.08
辽宁	1 119 125	247 206	28	497	1537 339	418 214	37.37	665	1 952 181	414 842	26.98	864.41
吉林	437 963	71 822	19	299	592 897	154 934	35.38	387	758 606	165 709	27.95	514.07
黑龙江	666 595	167 193	33	336	873 977	207 382	31.11	438	1 093 210	219 233	25.08	584.51
上海	554 380	163 815	41	1 318	796 002	241 622	43.58	1 704	1 059 952	263 950	33.16	2545.51
江苏	1 699 072	461 972	37	329	2386 000	686 928	40.43	441	3 033 267	647 267	27.13	566.01
浙江	1 145 952	348 557	43	326	1656 758	510 806	44.57	482	2 150 926	494 168	29.83	604.00
安徽	520 631	98 414	23	112	697 613	176 982	33.97	144	867 396	169 783	24.34	178.98
福建	517 408	123 654	31	316	721 875	204 467	39.52	291	949 563	227 688	31.54	371.49
江西	447 724	102 156	29	149	601 383	153 659	34.32	193	782 022	180 639	30.04	250.23
山东	2 443 174	528 507	27	365	3178 211	735 037	30.09	441	3 834 747	656 536	20.66	536.82
河南	1 266 335	211 885	20	177	1658 378	392 043	30.96	222	2 108 594	450 216	27.15	280.22
湖北	765 052	135 113	21	189	994 685	229 633	30.02	227	1 251 582	256 897	25.83	304.06
湖南	663 851	172 135	35	130	947 278	283 427	42.69	182	1 257 533	310 255	32.75	239.44
广东	2 811 292	644 878	29	611	3755 137	943 845	33.57	767	5 029 311	1 274 174	33.93	944.01
广西	448 913	85 038	23	125	651 632	202 719	45.16	178	861 406	209 774	32.19	229.00
海南	176 934	22 269	14	350	236 783	59 849	33.83	450	292 942	56 159	23.72	642.28
四川	1 251 245	317 676	34	137	1681 521	430 276	34.39	184	2 189 222	507 701	30.19	233.11
贵州	145 475	19 480	15	52	188 223	42 748	29.39	66	252 463	64 240	34.13	88.56
云南	367 084	78 612	27	115	489 744	122 660	33.41	152	607 868	118 124	24.12	186.70
陕西	600 906	144 800	31	231	791 089	190 183	31.65	297	992 510	201 421	25.46	361.61
甘肃	256 639	51 273	24	141	340 187	83 548	32.55	177	428 501	88 314	25.96	228.96
青海	49 979	6 740	15	165	62 654	12 675	25.36	199	74 370	11 716	18.70	241.15
宁夏	77 475	16 041	26	223	105 721	28 246	36.46	312	129 341	23 620	22.34	372.31
新疆	381 758	67 083	21	396	530 243	148 485	38.90	491	661 610	131 367	24.77	802.15
#重庆	167 013	42 699	34		242 925	75 912	45.45		319 965	77 040	31.71	
武汉	116 378	28 549	32		164 684	48 306	41.51		213 355	48 671	29.55	
沈阳	163 027	55 617	51		247 880	84 853	52.05		332 876	84 996	34.29	
大连	269 603	48 590	21		357 895	88 292	32.75		454 528	96 633	27.00	
哈尔滨	69 469	20 465	41		92 871	23 402	33.69		145 760	52 889	56.95	
广州	436 583	119 185	37		594 482	157 899	36.17		800 062	205 580	34.58	
西安	140 701	35 072	33		184 463	43 762	31.10		232 396	47 933	25.99	
青岛	208 134	53 053	34		281 242	73 108	35.13		347 471	66 229	23.55	
宁波	151 050	46 942	45		227 513	76 463	50.62		303 954	76 441	33.60	
厦门	30 693	7 861	34		46 778	16 085	52.41		66 708	19 930	42.61	
深圳	142 373	31 200	28		194 956	52 583	36.93		279 533	84 577	43.38	
长春	79 895				107 246	27 351	34.23		145 801	38 555	35.95	
南京	94 528				135 322	40 794	43.16		171 556	36 234	26.78	
成都	205 606				289 017	83 411	40.57		383 176	94 159	32.58	
合计	22 553 163	5 192 797	29	259	30537 030	7 893 867	35.40		38 943 069	8 406 039	27.53	431.11

注：1990年人均储蓄根据1990年7月1日第四次人口普查10%抽样汇总中农业人口计算所得。

各地区农业银行、信用社各项贷款

单位：万元

	1989年		1990年		1991年	
	年末余额	比上年增减	年末余额	比上年增减	年末余额	比上年增减
总　　行	5 300		5 300		3 600	—1 700
北　　京	708 076	131 932	878 244	170 168	1 106 881	228 637
天　　津	538 804	105 158	736 847	198 043	920 782	183 935
河　　北	2 675 003	364 159	3 297 175	622 172	3 978 405	681 230
山　　西	1 088 271	199 520	1 381 174	292 903	1 632 578	251 404
内 蒙 古	643 085	102 139	875 146	232 061	1 041 769	166 623
辽　　宁	1 945 379	338 191	2 494 740	549 361	3 110 682	615 942
吉　　林	1 371 470	140 822	1 863 968	492 498	2 388 070	524 102
黑 龙 江	1 546 940	193 030	1 949 429	402 489	2 470 707	521 278
上　　海	1 022 832	246 973	1 252 793	229 961	1 629 931	377 138
江　　苏	2 900 008	426 870	3 550 295	650 287	4 346 682	796 387
浙　　江	1 702 888	251 596	2 127 755	424 867	2 615 666	487 911
安　　徽	1 310 018	154 269	1 690 805	380 787	2 117 643	426 838
福　　建	848 768	122 353	1 018 133	169 365	1 205 470	187 337
江　　西	1 052 715	198 919	1 347 474	294 759	1 749 889	402 415
山　　东	3 776 618	510 433	4 573 429	796 811	5 540 486	967 057
河　　南	2 584 282	321 794	3 258 400	674 118	4 045 419	787 019
湖　　北	2 093 241	331 195	2 732 686	639 445	3 193 353	460 667
湖　　南	1 498 502	238 544	1 860 067	361 565	2 333 233	473 166
广　　东	4 306 822	600 862	5 312 624	1 005 802	6 513 971	1 201 347
广　　西	888 329	92 207	1 058 539	170 210	1 307 105	248 566
海　　南	330 489	32 823	400 358	69 869	477 180	76 822
四　　川	2 542 739	411 818	3 153 000	610 261	3 976 534	823 534
贵　　州	517 848	63 757	601 973	84 125	767 619	165 646
云　　南	853 898	84 347	967 247	113 349	1 136 548	169 301
陕　　西	1 003 691	166 609	1 237 590	233 899	1 461 458	223 868
甘　　肃	492 811	62 028	608 217	115 406	719 297	111 080
青　　海	110 784	22 935	123 941	13 157	136 050	12 109
宁　　夏	149 120	27 121	180 048	30 928	203 583	23 535
新　　疆	640 374	136 078	961 371	320 997	1 322 956	361 585
#重　　庆	309 812	49 198	413 747	103 935	541 551	127 804
武　　汉	288 465	45 801	368 999	80 534	433 451	64 452
沈　　阳	311 861	59 074	428 317	116 456	547 756	119 439
大　　连	334 772	57 146	415 236	80 464	521 114	105 878
哈 尔 滨	157 656	33 290	209 932	52 276	343 341	133 409
广　　州	602 509	98 877	736 631	134 122	859 271	122 640
西　　安	224 539	34 718	271 793	47 254	322 605	50 812
青　　岛	299 177	51 098	398 921	99 744	485 172	86 251
宁　　波	248 133	38 690	327 206	79 073	393 258	66 052
厦　　门	58 079	8 327	90 769	32 690	125 212	34 443
深　　圳	369 307	61 011	454 674	85 367	565 098	110 424
长　　春	302 547	302 547	443 327	140 780	582 026	138 699
南　　京	191 140	191 140	223 424	32 284	281 134	57 710
成　　都	370 742	370 742	456 288	85 546	560 743	104 455
合　　计	**41 149 105**	**6 078 482**	**51 498 768**	**10 349 663**	**63 453 547**	**11 954 779**

各地区农业银行、信用社乡镇企业贷款

单位：万元

	1989年		1990年		1991年	
	年末余额	比上年增减	年末余超	比上年增减	年末余额	比上年增减
北京	228 001	33 316	268 062	40 061	320 435	52 999
天津	190 893	25 681	251 737	60 844	321 827	72 323
河北	607 329	97 277	738 868	131 539	904 365	168 272
山西	306 753	50 731	385 962	79 209	458 978	74 323
内蒙古	43 599	6 800	55 205	11 606	69 157	13 962
辽宁	430 060	48 766	555 549	125 489	704 213	149 977
吉林	125 891	6 094	151 405	25 514	188 173	39 239
黑龙江	148 250	10 078	187 017	38 767	220 999	36 222
上海	375 785	28 880	452 702	76 917	586 925	134 223
江苏	1 106 032	121 433	1 305 538	199 506	1 612 234	309 627
浙江	724 827	96 453	894 583	169 756	1 115 704	232 676
安徽	172 515	8 582	194 893	22 378	287 844	95 721
福建	188 704	17 816	226 708	38 004	244 055	44 582
江西	154 580	13 740	187 934	33 354	210 224	34 415
山东	1 020 886	150 891	1 225 228	204 342	1 443 048	227 538
河南	432 170	56 906	511 689	79 519	643 177	143 939
湖北	312 860	18 372	357 597	44 737	385 209	53 278
湖南	294 495	30 146	347 516	53 021	392 799	77 036
广东	1 532 123	210 201	1 956 827	424 704	2 459 854	549 694
广西	113 092	7 316	134 758	21 666	151 331	30 622
海南	19 405	1 248	21 393	1 988	20 612	44
四川	614 601	57 712	681 469	66 868	752 069	120 313
贵州	46 119	719	51 671	5 552	60 077	11 782
云南	106 969	4 642	119 636	12 667	121 160	15 118
陕西	182 303	15 011	209 786	27 483	242 295	35 127
甘肃	60 650	5 995	69 545	8 895	79 624	10 757
青海	10 194	500	11 392	1 198	11 919	542
宁夏	19 279	2 532	24 879	5 600	27 694	2 815
新疆	39 991	1 954	49 433	9 442	51 991	8 179
*重庆	94 823	9 198	106 129	11 306	121 943	18 341
武汉	51 812	5 259	62 565	10 753	72 346	9 941
沈阳	50 011	4 628	67 812	17 801	94 234	26 422
大连	115 637	13 521	152 661	37 024	200 996	48 535
哈尔滨	7 521	2 364	26 340	8 819	39 478	13 138
广州	169 171	33 085	217 720	48 549	264 940	48 762
西安	52 043	4 680	60 659	8 616	73 460	12 849
青岛	117 614	12 245	148 929	31 315	178 136	31 860
宁波	110 981	14 244	144 070	33 089	175 414	32 313
厦门	6 043	817	8 328	2 285	12 545	4 253
深圳	69 004	9 553	83 300	14 296	139 254	55 954
长春	26 031		32 500	6 469	39 897	7 397
南京	60 682		73 616	12 934	98 642	25 026
成都	134 495		155 595	21 100	177 082	27 485
合计	9 608 356	1 129 792	11 628 982	2 020 626	14 087 992	2 745 345

各地区农业银行、信用社农业贷款

单位：万元

	1989年		1990年		1991年	
	年末余额	比上年增减	年末余额	比上年增减	年末余额	比上年增减
北京	170 274	40 724	233 223	62 949	302 389	69 166
天津	86 311	18 727	110 451	24 140	133 280	22 829
河北	825 696	123 025	1 069 875	244 179	1 274 128	204 253
山西	336 926	63 035	425 650	88 724	514 658	89 008
内蒙古	168 696	20 332	191 168	22 472	234 820	43 652
辽宁	481 512	95 511	583 826	102 314	711 908	128 082
吉林	356 505	42 695	412 813	56 308	503 966	91 153
黑龙江	423 003	27 005	444 437	21 434	520 641	76 204
上海	123 915	16 997	147 504	23 589	200 749	53 245
江苏	297 452	68 391	387 615	90 163	511 118	123 503
浙江	243 138	37 707	324 506	81 368	422 505	97 999
安徽	297 814	18 636	373 789	75 975	528 566	154 777
福建	279 619	39 525	344 167	64 548	420 231	76 064
江西	276 834	34 270	355 169	78 335	454 704	99 535
山东	761 091	132 901	937 952	176 861	1 122 700	184 748
河南	696 823	99 359	883 477	186 654	1 107 730	224 253
湖北	373 816	52 864	449 931	76 115	554 862	104 931
湖南	324 291	33 520	414 850	90 559	521 693	106 843
广东	886 103	153 527	1 145 603	259 500	1 464 390	318 787
广西	349 320	30 685	412 780	63 460	508 001	95 221
海南	152 052	16 727	186 559	34 507	222 188	35 629
四川	493 829	70 655	621 811	127 982	767 424	145 613
贵州	147 016	11 329	172 126	25 110	204 804	32 678
云南	258 615	13 600	295 391	36 776	334 917	39 526
陕西	277 896	34 945	357 223	79 327	422 939	65 716
甘肃	147 477	10 327	172 994	25 517	201 891	28 897
青海	26 115	3 397	30 756	4 641	33 687	2 931
宁夏	35 413	6 229	42 184	6 771	48 760	6 576
新疆	206 642	31 670	250 036	43 394	304 633	54 597
#重庆	42 441	4 316	55 290	12 849	76 936	21 646
武汉	43 815	6 046	53 690	9 875	52 488	−1 202
沈阳	40 157	6 059	54 052	13 895	71 241	17 189
大连	107 962	25 334	123 709	15 747	143 390	19 681
哈尔滨	31 498	7 974	41 969	10 471	68 225	26 256
广州	128 818	21 009	162 696	33 878	190 094	27 398
西安	38 277	4 929	52 084	13 807	68 010	15 926
青岛	42 347	7 095	60 602	18 255	73 667	13 065
宁波	23 472	4 490	28 081	4 609	35 840	7 759
厦门	23 375	6 311	31 358	7 983	41 702	10 344
深圳	42 960	10 493	46 217	3 257	51 214	4 997
长春	76 450		84 955	8 505	97 097	12 142
南京	21 064		29 962	8 898	38 931	8 969
成都	39 712		58 028	18 316	70 466	12 438
合计	9 504 194	1 348 320	11 777 866	2 273 672	14 554 282	2 776 416

各地区农业银行、信用社种植业贷款

单位：万元

	1989年		1990年		1991年	
	年末余额	比上年增减	年末余额	比上年增减	年末余额	比上年增减
北　京	38 514	10 880	53 467	14 953	76 090	22 623
天　津	21 415	9 357	31 612	10 197	39 555	7 943
河　北	337 686	44 326	432 423	94 737	499 251	66 828
山　西	189 788	26 718	235 417	45 629	280 720	45 303
内蒙古	87 945	7 854	96 011	8 066	113 975	17 964
辽　宁	166 602	23 183	197 568	30 966	243 056	45 488
吉　林	182 163	14 046	189 286	7 123	213 300	24 014
黑龙江	157 344	−2 531	150 999	−6 345	163 877	12 878
上　海	45 576	9 266	51 556	5 980	63 483	11 927
江　苏	90 609	9 532	116 223	25 614	145 531	29 308
浙　江	69 529	10 681	93 866	24 337	119 583	25 717
安　徽	177 656	−285	212 016	34 360	299 141	87 125
福　建	92 966	13 596	119 642	26 676	141 676	22 034
江　西	82 348	3 540	98 514	16 166	123 905	25 391
山　东	363 060	53 105	432 292	69 232	484 938	52 646
河　南	444 586	47 967	551 813	107 227	693 225	141 412
湖　北	159 862	17 686	183 308	23 446	219 142	35 834
湖　南	122 099	3 526	162 492	40 393	197 174	34 682
广　东	329 503	57 848	423 406	93 903	527 404	103 998
广　西	170 068	17 949	192 226	22 158	232 767	40 541
海　南	42 022	2 306	45 086	3 064	49 057	3 971
四　川	244 012	25 133	295 972	51 960	356 019	60 047
贵　州	77 176	−173	88 799	11 623	100 968	12 169
云　南	138 457	1 098	156 063	17 606	173 002	16 939
陕　西	143 126	12 195	184 587	41 461	217 458	32 871
甘　肃	89 680	−1 461	102 580	12 900	119 829	17 249
青　海	9 913	343	9 819	−94	10 783	964
宁　夏	15 946	1 269	17 850	1 904	19 814	1 964
新　疆	24 171	4 370	27 714	3 543	36 357	8 643
#重　庆	17 288	897	22 923	5 635	29 636	6 713
武　汉	11 287	845	12 444	1 157	7 572	−4 872
沈　阳	13 173	−97	16 885	3 712	24 939	8 054
大　连	16 571	2 341	20 451	3 880	23 525	3 074
哈尔滨	6 969	−228	7 486	517	15 243	7 757
广　州	31 521	2 943	36 744	5 223	40 583	3 839
西　安	14 922	50	18 396	3 474	22 904	4 508
青　岛	10 798	5	13 446	2 648	14 247	801
宁　波	6 250	626	7 288	1 038	8 749	1 461
厦　门	3 963	1 036	5 869	1 906	8 402	2 533
深　圳	7 404	2 256	12 769	5 365	11 699	−1 070
长　春	53 514		53 562	48	55 332	1 770
南　京	5 287		7 738	2 451	9 853	2 115
成　都	16 707		24 513	7 806	29 674	5 161
合　计	4 113 822	423 324	4 952 607	838 785	5 961 080	1 008 473

各地区农业银行、信用社养殖业贷款

单位：万元

	1989年		1990年		1991年	
	年末余额	比上年增减	年末余额	比上年增减	年末余额	比上年增减
北　京	30 723	6 749	36 832	6 109	41 699	4 867
天　津	15 608	2 227	17 945	2 337	23 883	5 938
河　北	15 376	5 239	16 617	1 241	19 110	2 493
山　西	5 060	821	5 222	162	5 233	11
内蒙古	14 341	705	15 736	1 395	16 555	819
辽　宁	83 453	19 254	94 583	11 130	104 597	10 014
吉　林	5 579	889	5 307	−272	6 720	1 413
黑龙江	7 914	666	7 628	−286	10 294	2 666
上　海	11 773	991	14 550	2 777	19 943	5 393
江　苏	35 227	7 300	43 976	8 749	53 274	9 298
浙　江	25 907	2 884	32 706	6 799	41 566	8 860
安　徽	3 806	202	3 931	125	4 368	437
福　建	55 023	9 643	62 467	7 444	74 568	12 101
江　西	1 467	271	1 633	166	1 842	209
山　东	62 561	15 519	76 913	14 352	98 172	21 259
河　南	4 194	−208	3 693	−501	4 045	352
湖　北	12 484	1 170	13 718	1 234	15 900	2 182
湖　南	4 263	372	4 698	435	5 462	764
广　东	48 541	3 621	59 135	10 594	70 941	11 806
广　西	10 365	584	12 441	2 076	14 850	2 409
海　南	13 073	262	14 228	1 155	15 684	1 456
四　川	3 935	−13	4 052	117	4 078	26
贵　州	1 079	−244	1 116	37	1 158	42
云　南	742	−233	1 076	334	1 049	−27
陕　西	2 799	−55	2 932	133	3 301	369
甘　肃	2 237	−175	2 462	225	2 515	53
青　海	3 656	−117	3 870	214	3 967	97
宁　夏	804		797	−7	819	22
新　疆	9 887	2 087	9 211	−676	9 787	576
*重　庆	144	−67	33	−111	42	9
武　汉	2 320	364	2 541	221	1 493	−1 048
沈　阳	3 893	1 503	5 040	1 147	6 711	1 671
大　连	55 103	13 394	63 609	8 506	70 392	6 783
哈尔滨	546	23	658	112	1 436	778
广　州	1 155	−130	1 298	143	1 596	298
西　安	1 369	116	1 441	72	1 722	281
青　岛	5 699	574	7 065	1 366	8 245	1 180
宁　波	3 998	388	4 331	333	5 712	1 381
厦　门	9 698	3 138	11 046	1 348	14 987	3 941
深　圳	3 785	770	4 479	694	5 127	648
长　春	768		645	−23	919	274
南　京	1 459		2 457	998	2 617	160
成　都	876		968	92	1 080	112
合　计	491 877	80 411	569 475	77 598	675 380	105 905

各地区种植业百元产值占用行、社贷款比较

地区	种植业产值(亿元)					百元产值占用种植业贷款(元)				
	1987年	1988年	1989年	1990年	1991年	1987年	1988年	1989年	1990年	1991年
北京	19.12	26.88	32.88	37.8	38.28	9.05	9.71	11.10	14.14	19.88
天津	20.24	26.34	31.45	31.0	32.58	4.35	4.40	6.65	10.20	12.14
河北	137.80	159.39	193.43	238.6	242.91	18.27	18.09	17.15	18.12	20.55
山西	42.36	58.11	71.59	86.4	72.25	34.14	27.84	26.33	27.25	38.86
内蒙古	45.06	57.52	63.98	88.8	91.89	16.22	13.84	13.66	10.81	12.40
辽宁	96.10	110.86	109.87	146.2	158.26	13.84	12.83	15.05	13.51	15.36
吉林	86.12	97.54	86.61	135.3	129.38	20.33	17.17	20.97	13.99	16.49
黑龙江	99.75	85.3	111.48	178.0	170.88	16.39	18.57	13.97	8.48	9.59
上海	17.69	21.58	25.54	29.1	30.51	12.15	16.77	17.82	17.72	20.81
江苏	228.11	270.74	286.55	321.2	316.17	3.37	2.96	3.13	3.62	4.60
浙江	113.91	129.11	145.97	163.9	180.0	4.74	4.40	4.60	5.73	6.64
安徽	176.15	199.11	220.20	243.7	189.29	9.75	8.83	7.99	8.70	15.80
福建	60.03	77.76	93.29	102.5	117.74	12.29	9.35	8.98	11.67	12.03
江西	79.76	80.99	96.57	136.5	143.3	8.94	9.51	8.34	7.22	8.64
山东	299.05	313.61	347.61	397.9	471.53	9.53	9.85	10.41	10.86	10.28
河南	229.74	238.91	302.22	333.7	340.93	15.74	16.46	14.67	16.54	20.33
湖北	160.13	168.18	198.55	252.9	247.01	8.09	8.34	7.95	7.25	8.87
湖南	138.31	137.46	164.86	219.2	234.74	8.59	8.58	7.36	7.41	8.39
广东	175.75	223.99	266.53	298.0	321.84	12.77	11.90	12.13	14.21	16.38
广西	73.34	79.52	100.91	136.2	149.37	21.01	19.03	16.75	14.11	15.58
海南	14.19	20.18	27.08	26.8	28.72	21.35	19.28	15.03	16.82	17.08
四川	227.22	254.44	284.73	363.2	387.01	9.96	8.49	8.44	8.15	9.19
贵州	51.53	65.42	70.75	78.2	94.86	13.72	11.43	10.49	11.36	10.64
云南	61.75	75.15	84.30	119.6	130.67	21.13	18.14	16.29	13.05	13.24
陕西	69.29	80.09	94.24	109.2	117.11	17.25	16.26	15.12	16.90	18.57
甘肃	41.84	50.19	55.25	67.6	69.33	21.13	18.13	16.22	15.17	17.28
青海	7.03	7.77	9.65	11.5	11.56	13.23	12.23	10.05	8.54	9.33
宁夏	10.40	12.28	15.03	17.1	18.77	12.02	11.64	10.31	10.44	10.56
新疆	52.52	50.55	78.40	104.4	117.58	3.26	3.70	2.92	2.65	3.09
合计	2834.3	3179.0	3669.5	4474.3	4654.42	12.05	11.46	11.06	11.07	12.81

注：产值为当年价，不包括西藏。

各地区种植业百元产值占用行、社贷款比较(续)

地区	百元产值占用种植业贷款累放额(元)				
	1987年	1988年	1989年	1990年	1991年
北京	8.26	8.04	8.39	12.06	16.98
天津	3.11	3.64	7.00	12.29	13.44
河北	27.78	28.03	21.84	23.81	25.50
山西	28.52	24.11	23.96	28.54	39.78
内蒙古	14.00	12.90	11.47	10.17	11.89
辽宁	18.14	17.23	17.10	17.53	18.08
吉林	21.05	16.30	17.73	14.12	17.17
黑龙江	10.66	11.78	9.97	8.17	9.76
上海	15.38	26.83	26.98	26.08	28.48
江苏	7.17	6.50	6.06	7.74	9.17
浙江	9.46	7.83	6.35	9.76	12.39
安徽	12.59	8.78	6.74	10.47	17.12
福建	15.24	9.48	8.94	12.18	12.15
江西	10.22	9.74	13.42	8.62	10.30
山东	16.11	16.63	15.25	17.25	15.96
河南	19.56	19.21	13.79	18.25	20.56
湖北	8.61	8.58	6.92	8.35	9.89
湖南	17.60	11.60	9.14	12.20	14.37
广东	14.57	11.14	10.25	13.13	16.72
广西	22.10	16.68	10.64	11.19	13.34
海南	13.04	7.78	3.80	4.29	5.33
四川	10.70	7.44	8.42	9.69	10.22
贵州	9.51	7.87	5.14	7.15	7.20
云南	15.58	13.69	10.02	8.86	9.98
陕西	17.02	14.00	12.42	15.63	15.80
甘肃	15.82	13.09	13.14	14.56	16.67
青海	7.11	8.62	6.01	5.83	6.31
宁夏	13.08	15.07	10.98	11.87	12.68
新疆	4.47	6.41	4.23	4.76	6.55
合计	14.49	12.79	11.17	12.86	14.62

注：产值为当年价，不包括西藏。

各地区林业百元产值占用行、社贷款比较

地区	林业总产值(亿元)					百元产值占用林业贷款(元)				
	1987年	1988年	1989年	1990年	1991年	1987年	1988年	1989年	1990年	1991年
北京	0.77	0.81	0.65	0.9	1.52	12.99	18.52	32.31	31.11	21.71
天津	0.37	0.72	0.33	0.5	0.34	13.51	6.94	15.15	8.00	11.76
河北	6.81	7.82	8.72	9.6	12.38	3.38	6.52	6.88	9.48	9.69
山西	3.37	4.29	4.42	7.8	7.86	3.26	3.03	2.94	2.31	4.96
内蒙古	3.58	3.83	3.93	6.2	6.67	0.84	1.31	1.53	1.13	1.35
辽宁	4.58	4.86	4.65	6.6	6.94	2.62	2.47	2.58	1.97	1.87
吉林	2.91	2.81	3.43	4.2	4.42	2.06	2.14	1.46	1.19	1.36
黑龙江	6.41	6.59	6.97	7.6	8.20	2.03	2.28	2.44	2.24	2.56
上海	0.33	0.44	0.38	0.4	0.39	3.03	2.27		2.50	2.56
江苏	5.98	7.23	6.96	7.9	7.55	1.34	1.24	1.44	2.03	3.44
浙江	11.59	14.35	13.59	14.8	17.42	1.55	1.39	1.69	1.69	1.78
安徽	10.82	16.62	17.77	17.0	18.66	1.48	1.20	1.01	1.53	1.93
福建	13.47	17.37	18.26	21.5	25.40	4.31	3.86	5.04	6.10	6.93
江西	10.40	12.36	12.15	16.0	20.80	1.54	1.46	1.56	1.25	0.91
山东	12.11	14.80	14.28	20.5	22.19	0.66	0.74	0.70	0.68	0.86
河南	13.22	17.23	19.78	20.8	22.19	0.68	1.92	0.56	0.58	0.77
湖北	9.87	10.85	11.61	14.2	16.81	1.42	1.84	1.81	1.69	2.26
湖南	18.16	21.69	21.55	21.9	24.59	0.33	0.28	0.32	0.46	2.60
广东	4.78	25.00	25.32	28.5	29.64	8.16	2.04	2.49	2.88	3.24
广西	9.30	11.91	13.29	18.1	20.87	0.75	0.67	0.83	0.66	0.96
海南	14.08	5.02	4.67	16.8	18.93	0.50	1.59	2.78	0.48	0.48
四川	17.73	20.90	21.66	24.1	25.48	1.52	1.44	1.80	1.91	2.24
贵州	5.50	6.13	5.90	7.9	9.44	3.27	4.08	5.08	7.22	8.05
云南	6.08	6.53	8.38	18.3	18.69	2.80	1.68	1.31	0.87	0.96
陕西	6.12	8.37	8.44	9.0	10.54	1.14	0.84	0.71	0.89	1.14
甘肃	3.51	3.80	3.29	3.3	3.53	0.28	0.26	0.30	0.30	0.57
青海	0.66	0.67	0.69	0.7	0.68	1.52	1.49	2.90	1.43	1.47
宁夏	0.41	0.54	0.60	1.3	1.26	4.88	5.56	6.67	3.85	5.56
新疆	1.88	2.27	2.55	3.8	4.24	4.26	4.85	4.71	3.95	4.25
合计	204.80	255.81	264.22	330.0	367.61	1.81	1.89	2.05	2.17	2.70

注：产值为当年价，不包括西藏。

各地区林业百元产值占用行、社贷款比较(续)

地　区	百元产值占用林业贷款累放额(元)				
	1987年	1988年	1989年	1990年	1991年
北　京	10.39	18.52	18.46	20.00	14.47
天　津	8.11	2.78	6.06	8.00	8.82
河　北	2.64	2.17	5.62	8.75	8.24
山　西	1.78	1.40	2.04	1.15	3.05
内蒙古	0.56	1.04	0.76	0.48	0.60
辽　宁	1.53	1.65	1.72	1.52	1.30
吉　林	1.37	1.42	0.29	1.19	0.90
黑龙江	1.56	1.97	1.29	1.18	2.32
上　海	3.03	2.27	2.63	2.50	2.56
江　苏	1.00	0.97	1.15	2.53	3.97
浙　江	1.73	1.46	1.62	1.62	1.78
安　徽	0.65	0.60	0.51	1.00	1.07
福　建	2.23	1.90	2.41	3.35	3.31
江　西	0.96	0.65	0.74	0.81	0.48
山　东	0.50	0.34	0.42	0.49	0.72
河　南	0.53	0.41	0.61	0.91	0.45
湖　北	1.82	1.57	1.46	1.20	1.78
湖　南	0.77	0.51	0.28	0.64	2.60
广　东	9.83	1.24	2.05	1.93	2.19
广　西	0.43	0.42	0.38	0.28	0.57
海　南	0.50	1.00	0.43	0.06	0.16
四　川	1.30	1.05	0.97	1.99	0.98
贵　州	2.00	1.47	0.85	3.92	2.44
云　南	2.14	1.07	0.36	0.27	0.37
陕　西	0.49	0.48	0.36	0.44	0.66
甘　肃	1.71		0.30	0.30	0.57
青　海				0.29	0.59
宁　夏	2.44	3.70	3.33	1.54	2.38
新　疆	3.72	3.96	2.35	2.37	1.89
合　计	1.46	1.11	1.24	1.55	1.74

注：产值为当年价，不包括西藏。

各地区渔业百元产值占用行、社贷款比较

地　　区	渔业总产值（亿元）					百元产值占用渔业贷款（元）				
	1987年	1988年	1989年	1990年	1991年	1987年	1988年	1989年	1990年	1991年
北　京	0.86	1.35	1.89	2.3	2.64	23.26	24.44	20.11	19.13	17.42
天　津	2.85	4.27	3.93	5.0	4.65	16.14	16.39	23.66	22.60	32.26
河　北	2.98	5.11	6.19	9.9	11.10	13.76	11.74	17.93	12.22	11.89
山　西	0.14	0.33	0.43	0.4	0.58	7.14	6.06	13.95	17.50	10.34
内蒙古	0.62	0.76	0.98	1.2	1.36	4.84	6.58	6.12	6.67	6.62
辽　宁	15.34	20.73	21.29	28.2	33.07	24.58	24.55	30.77	25.67	24.10
吉　林	1.27	2.14	2.53	2.8	3.06	5.51	3.74	3.56	2.86	3.27
黑龙江	2.40	2.91	3.36	4.7	5.24	2.92	3.78	4.46	3.62	4.58
上　海	4.60	7.08	7.55	8.0	8.97	4.13	3.95	5.17	6.50	3.90
江　苏	28.08	39.46	41.57	49.4	50.66	7.76	6.72	8.06	8.12	9.63
浙　江	25.87	33.34	33.84	40.9	51.81	7.07	5.70	6.29	6.65	6.79
安　徽	7.27	9.47	6.69	11.1	12.79	3.16	2.85	3.10	2.79	2.74
福　建	19.47	30.59	31.22	35.3	40.40	20.39	13.24	15.63	15.58	16.41
江　西	5.15	7.12	7.99	10.4	12.61	1.94	1.40	1.50	1.15	1.03
山　东	23.16	40.05	42.41	55.6	78.71	12.65	11.14	14.15	13.35	12.02
河　南	1.90	2.72	2.86	3.9	4.20	2.63	2.57	2.45	2.05	1.67
湖　北	13.36	17.59	19.25	23.9	25.06	5.31	5.40	5.35	4.69	5.19
湖　南	10.15	12.65	14.63	17.1	20.23	1.97	2.37	2.39	2.22	2.13
广　东	38.93	54.27	62.59	69.2	80.20	10.35	7.39	6.81	7.57	7.82
广　西	4.93	6.55	8.16	9.0	10.56	15.62	13.74	11.76	13.00	13.54
海　南	2.57	3.98	5.01	7.4	8.76	40.08	29.90	24.35	17.84	16.55
四　川	5.35	7.43	8.88	10.1	11.41	1.50	1.75	1.58	1.29	1.40
贵　州	0.57	0.81	0.85	1.0	1.14	3.51	2.47	2.35	2.00	1.75
云　南	0.92	1.52	1.88	1.4	1.37	2.17	1.97	1.06	2.86	2.19
陕　西	0.36	0.57	0.68	0.9	1.03	8.33	10.53	11.76	10.00	11.65
甘　肃	0.06	0.12	0.17	0.2	0.27	33.33	33.33	11.76	15.00	7.41
青　海	0.02	0.03	0.04	0.1	0.08				1.00	1.25
宁　夏	0.18	0.32	0.39	0.5	0.52	5.56	6.25	5.13	4.00	5.77
新　疆	0.28	0.47	0.61	0.9	0.99	7.14	8.51	9.84	6.67	7.07
合　计	219.64	313.74	340.87	410.6	483.47	10.67	9.07	10.19	9.92	10.03

注：产值当年价，不包括西藏。

各地区渔业百元产值占用行、社贷款比较（续）

地　区	百元产值占用渔业贷款累放额（元）				
	1987年	1988年	1989年	1990年	1991年
北　京	23.26	37.04	14.81	13.04	12.12
天　津	22.81	23.19	27.74	36.20	37.42
河　北	28.86	27.59	26.33	22.32	16.22
山　西	7.14	9.09	16.28	10.00	3.45
内蒙古	4.84	7.89	5.10	5.83	2.21
辽　宁	47.26	34.68	30.58	29.11	30.06
吉　林	3.94	2.80	2.77	2.14	2.94
黑龙江	4.58	5.50	5.36	4.04	4.77
上　海	7.61	6.50	7.81	10.38	10.81
江　苏	10.58	9.93	12.20	11.96	14.07
浙　江	7.54	5.64	5.38	7.56	9.46
安　徽	2.61	1.90	1.86	1.71	1.95
福　建	17.51	9.55	9.64	9.92	13.27
江　西	2.33	3.65	1.00	0.38	0.56
山　东	17.23	15.53	15.85	15.59	12.90
河　南	3.16	2.94	2.45	2.05	1.67
湖　北	6.36	5.51	4.31	3.35	4.15
湖　南	3.55	3.08	2.05	1.87	2.13
广　东	9.61	4.53	3.23	5.00	5.14
广　西	10.14	7.94	3.06	5.00	4.83
海　南	29.57	13.32	5.19	4.73	5.37
四　川	1.12	2.29	0.79	0.50	0.88
贵　州	1.75	2.47		0.30	0.44
云　南	3.26	2.63	2.13	5.00	2.92
陕　西	5.56	10.53	8.82	6.67	9.71
甘　肃	16.67	8.33	5.88	2.00	1.11
青　海				0.40	0.25
宁　夏	16.67	6.25	5.13	4.00	5.77
新　疆	7.14	10.64	6.56	4.44	6.06
合　计	13.02	10.06	9.19	9.94	10.34

注：产值当年价，不包括西藏。

各地区牧业百元产值占用贷款比较

地区	牧业总产值(亿元)					百元产值占用牧业贷款(元)				
	1987年	1988年	1989年	1990年	1991年	1987年	1988年	1989年	1990年	1991年
北京	9.87	15.19	19.27	28.0	32.75	9.73	13.63	13.96	11.57	11.33
天津	6.34	9.07	11.63	14.7	16.38	6.15	7.06	5.42	4.56	5.37
河北	43.20	69.23	79.22	83.3	94.79	0.67	0.59	0.54	0.55	0.62
山西	12.16	20.89	24.51	27.6	30.05	2.80	1.91	1.80	1.63	1.53
内蒙古	27.58	42.75	43.16	46.4	49.45	4.13	3.06	3.21	3.21	3.15
辽宁	37.70	64.37	66.43	75.5	86.64	2.04	2.07	2.71	2.93	2.87
吉林	22.74	28.16	34.72	41.4	45.15	1.80	1.38	1.35	1.09	1.26
黑龙江	20.68	25.25	29.30	49.2	59.14	2.47	2.42	2.18	1.20	1.32
上海	14.61	21.11	25.01	30.3	33.38	3.76	3.79	3.16	3.10	4.94
江苏	87.00	139.10	146.62	160.5	168.09	0.09	0.10	0.12	0.24	0.27
浙江	49.13	71.46	78.40	79.6	82.11	0.55	0.56	0.29	0.69	0.78
安徽	49.17	73.95	77.40	82.0	79.53	0.14	0.12	0.10	0.10	0.11
福建	27.34	38.99	51.12	53.4	57.44	1.46	1.26	1.21	1.40	1.44
江西	33.75	50.92	58.50	67.3	68.69	0.09	0.06	0.05	0.06	0.07
山东	64.09	108.00	125.27	151.9	200.35	0.17	0.23	0.21	0.18	0.18
河南	51.03	79.52	90.25	104.9	123.96	0.25	0.47	0.39	0.27	0.27
湖北	53.14	78.39	88.84	98.0	102.19	0.26	0.23	0.24	0.26	0.28
湖南	71.26	108.02	115.13	117.2	122.57	0.11	0.08	0.07	0.08	0.09
广东	82.75	112.10	132.13	143.0	155.23	0.50	0.43	0.45	0.48	0.53
广西	39.19	55.71	75.07	75.4	81.81	0.13	0.14	0.11	0.09	0.07
海南		9.35	10.73	13.7	14.93		0.96	0.84	0.73	0.80
四川	118.11	168.49	187.16	209.6	225.03	0.20	0.15	0.13	0.13	0.11
贵州	24.05	37.36	41.06	41.3	42.66	0.46	0.29	0.22	0.24	0.23
云南	29.06	36.54	41.15	54.0	55.68	0.17	0.19	0.12	0.13	0.13
陕西	18.55	29.59	31.30	35.7	40.17	1.08	0.78	0.64	0.56	0.52
甘肃	15.78	24.19	25.10	26.3	28.24	1.14	0.83	0.80	0.84	0.85
青海	6.72	9.04	9.51	11.0	11.65	4.46	4.09	3.89	3.55	3.43
宁夏	3.04	4.90	4.67	5.4	6.04	2.30	1.22	1.28	1.11	0.83
新疆	17.39	21.74	25.97	29.4	32.22	3.28	3.40	3.58	2.93	2.82
合计	1 035.40	1 553.40	1 748.60	1 955.8	2 145.32	0.86	0.82	0.83	0.83	0.89

注：产值为当年价，不包括西藏。

各地区牧业百元产值占用贷款比较(续)

地　区	百元产值占用牧业贷款累放额（元）				
	1987年	1988年	1989年	1990年	1991年
北　京	10.13	14.35	10.07	10.25	10.26
天　津	6.62	8.05	5.33	4.69	5.62
河　北	0.69	0.68	0.47	0.52	0.70
山　西	1.56	1.48	1.43	0.98	1.10
内蒙古	3.44	2.85	1.99	2.13	1.94
辽　宁	2.55	2.80	3.15	3.36	3.43
吉　林	1.72	1.17	0.98	0.92	1.26
黑龙江	2.85	3.25	2.70	1.22	1.61
上　海	7.26	8.38	7.68	6.73	8.12
江　苏	0.13	0.20	0.22	0.53	0.59
浙　江	0.90	0.99	0.80	1.17	1.50
安　徽	0.08	0.08	0.05	0.07	0.08
福　建	1.94	2.03	1.76	2.21	2.14
江　西	0.09	0.02	0.03	0.06	0.07
山　东	0.20	0.31	0.20	0.18	0.24
河　南	0.31	0.54	0.19	0.22	0.22
湖　北	0.36	0.19	0.27	0.17	0.26
湖　南	0.17	0.13	0.08	0.09	0.14
广　东	0.74	0.33	0.32	0.38	0.44
广　西	0.10	0.13	0.08	0.07	0.06
海　南		0.53	0.28	0.29	0.40
四　川	0.19	0.18	0.12	0.23	0.10
贵　州	0.29	0.16	0.10	0.10	0.09
云　南	0.10	0.14	0.07	0.09	0.07
陕　西	0.65	0.41	0.29	0.22	0.20
甘　肃	0.89	0.74	0.56	0.49	0.57
青　海	3.87	3.98	2.73	1.91	1.97
宁　夏	1.64	0.82	0.64	0.56	0.50
新　疆	5.35	5.98	3.70	3.06	2.86
合　计	0.98	0.99	0.81	0.88	0.97

注：产值为当年价，不包括西藏。

农业银行、信用社各项贷款累计发放与收回

（1991年）

单位：亿元

	累计发放	比上年同期增减	累计收回	比上年同期增减
各项贷款合计	9 074.02	1 084.12	7 878.54	923.61
一、工业贷款	455.42	53.96	397.07	55.95
二、商业贷款	4 644.18	218.53	4 134.48	194.53
1. 商业贷款	2 177.49	－20.47	2 080.26	－39.02
2. 收购农副产品贷款	2 466.69	239.00	2 054.22	233.55
三、技术改造贷款	31.53	10.17	15.77	2.86
四、基本建设贷款	9.38	6.37	1.70	1.09
五、乡镇企业贷款	1 988.30	421.41	1 713.77	348.94
六、农业贷款	1 724.43	303.53	1 446.80	253.27
1. 国营农业贷款	350.24	47.10	304.59	39.99
2. 集体农业贷款	352.24	79.01	286.98	59.26
3. 农户贷款	935.35	148.88	806.69	133.22
4. 扶贫贴息贷款	19.57	3.45	8.89	2.76
5. 外资配套贷款	24.39	12.41	19.15	13.66
6. 开发性贷款	42.64	12.68	20.50	4.38
七、特种贷款	12.72	1.41	12.58	1.04
八、其他贷款	208.06	68.74	156.37	65.93

各地区农业银行、信用社各项贷款累计发放与收回

（1991年）　　　　单位：万元

	各项贷款合计		一、工业贷款		二、商业贷款	
	累放	累收	累放	累收	累放	累收
北京	1 389 329	1 160 692	57 054	44 580	625 015	553 349
天津	1 404 716	1 220 781	115 051	98 311	655 392	596 655
河北	5 552 437	4 871 207	175 539	156 701	2 626 558	2 373 197
山西	2 374 993	2 123 589	36 839	33 244	1 213 823	1 140 647
内蒙古	972 201	805 578	22 305	19 268	667 864	564 438
辽宁	4 291 584	3 675 642	207 796	188 812	2 319 039	2 043 785
吉林	3 113 115	2 589 013	55 684	49 228	2 269 799	1 898 736
黑龙江	2 487 387	1 966 109	83 054	64 922	1 501 967	1 173 866
上海	2 963 456	2 586 318	712 931	611 991	862 807	790 137
江苏	9 828 782	9 032 395	470 016	441 876	4 322 017	4 025 248
浙江	6 910 592	6 422 681	449 020	417 442	2 542 610	2 443 605
安徽	2 342 375	1 915 537	72 234	55 151	1 365 373	1 221 993
福建	1 744 450	1 557 113	134 299	116 728	795 809	760 376
江西	2 130 147	1 727 732	56 245	43 792	1 396 174	1 152 377
山东	7 648 100	6 681 043	246 312	211 745	3 732 236	3 283 648
河南	4 910 357	4 123 338	125 388	110 346	2 926 424	2 545 968
湖北	3 085 883	2 625 216	141 680	119 729	1 963 253	1 715 238
湖南	3 266 811	2 793 645	123 904	105 803	1 892 414	1 654 051
广东	9 513 619	8 312 272	558 458	491 524	3 249 148	3 048 947
广西	1 645 278	1 396 712	88 457	74 094	979 058	889 611
海南	333 700	256 878	6 346	4 304	178 242	143 871
四川	5 682 647	4 859 113	293 799	254 294	3 531 143	3 123 561
贵州	761 022	595 376	29 830	21 649	559 491	458 113
云南	1 341 601	1 172 300	64 038	45 168	914 595	826 836
陕西	1 924 405	1 700 537	146 534	129 894	1 195 716	1 109 779
甘肃	1 122 900	1 011 820	39 039	34 793	788 741	723 296
青海	107 881	95 772	9 721	5 053	71 332	67 948
宁夏	223 641	200 106	13 140	7 654	132 687	125 136
新疆	1 666 746	1 305 161	19 497	12 632	1 163 064	890 419
*重庆	705 484	577 680	42 652	34 887	376 289	321 862
武汉	711 182	646 730	56 995	51 356	429 359	392 001
沈阳	981 981	862 542	93 322	87 993	606 832	547 775
大连	833 069	727 191	34 220	30 381	317 972	297 357
哈尔滨	386 278	252 869	17 303	14 103	255 015	168 399
广州	1 198 049	1 075 409	95 626	82 605	479 315	463 418
西安	493 908	443 096	81 014	73 506	269 750	256 978
青岛	875 399	789 148	70 753	65 939	297 079	277 570
宁波	1 119 140	1 053 088	74 592	70 382	442 410	430 038
厦门	201 580	167 137	9 232	8 980	106 897	93 981
深圳	514 259	403 835	115 708	95 050	224 427	192 703
长春	764 512	625 813	9 168	8 092	583 668	472 351
南京	483 934	426 224	22 416	17 428	235 172	218 678
成都	1 083 886	979 431	74 296	65 036	635 477	592 120
合计	90 740 155	78 785 376	4 554 210	3 970 728	46 441 791	41 344 831

各地区农业银行、信用社各项贷款累计发放与收回(续1)

(1991年)

单位：万元

	1．商业贷款		2．收购农副产品贷款		三、技术改造贷款	
	累放	累收	累放	累收	累放	累收
北京	283 500	268 681	341 515	284 668	11 739	7 262
天津	283 917	277 169	371 475	319 486	2 989	1 789
河北	1 069 048	1 037 230	1 557 510	1 335 967	9 771	5 500
山西	625 164	600 881	588 659	539 766	3 855	1 838
内蒙古	309 938	294 169	357 926	270 269	4 768	2 585
辽宁	1 077 977	1 023 491	1 241 062	1 020 294	16 653	7 060
吉林	803 004	758 892	1 466 795	1 139 844	9 811	3 581
黑龙江	664 779	623 159	837 188	550 707	13 255	7 288
上海	673 790	624 469	189 017	165 668	37 627	8 766
江苏	2 486 495	2 424 018	1 835 522	1 601 230	16 163	10 290
浙江	1 587 917	1 552 644	954 693	890 961	11 228	4 353
安徽	495 564	467 173	869 809	754 820	10 386	5 075
福建	498 942	477 586	296 867	282 790	8 648	4 549
江西	589 676	567 617	806 498	584 760	10 959	6 723
山东	1 105 233	1 054 239	2 627 003	2 229 409	15 586	9 119
河南	921 985	871 586	2 004 439	1 674 382	14 997	8 565
湖北	831 976	776 336	1 131 277	938 902	13 637	7 134
湖南	747 304	704 723	1 145 110	949 328	16 424	12 969
广东	2 709 313	2 585 438	539 835	463 509	16 270	11 535
广西	529 848	518 972	449 210	370 639	8 962	3 335
海南	76 598	65 407	101 644	78 464	2 732	597
四川	1 622 823	1 545 109	1 908 320	1 578 452	23 541	8 668
贵州	189 476	173 199	370 015	284 914	5 099	3 057
云南	326 291	315 416	588 304	511 420	9 246	3 858
陕西	662 125	636 986	533 591	472 793	5 277	2 054
甘肃	291 455	275 380	497 286	447 916	1 870	1 144
青海	42 972	40 031	28 360	27 917	1 123	496
宁夏	61 465	58 068	71 222	67 068	1 633	1 077
新疆	206 300	184 536	956 764	705 883	11 033	5 759
*重庆	175 640	161 553	200 649	160 309	2 355	1 406
武汉	317 832	296 940	111 527	95 061	5 855	2 607
沈阳	334 193	320 524	272 639	227 251	5 423	3 449
大连	166 975	162 320	150 997	135 037	4 611	1 083
哈尔滨	173 324	146 898	81 691	21 501	2 510	906
广州	399 880	392 423	79 435	70 995	3 184	2 326
西安	199 302	194 529	70 448	62 449	1 311	567
青岛	150 754	145 245	146 325	132 325	3 211	1 481
宁波	273 794	267 790	168 616	162 248	1 961	933
厦门	95 471	83 864	11 426	10 117	885	375
深圳	220 212	188 907	4 215	3 796		
长春	209 921	197 182	373 747	275 169	1 360	500
南京	165 706	154 985	69 466	63 693	3 123	2 343
成都	334 651	325 049	300 826	267 071	3 766	467
合计	21 774 875	20 802 605	24 666 916	20 542 226	315 252	157 726

各地区农业银行、信用社各项贷款累计发放与收回(续2)

(1991年)

单位：万元

	四、基本建设贷款		五、乡镇企业贷款		六、农业贷款	
	累放	累收	累放	累收	累放	累收
北京			315 991	262 992	354 400	285 234
天津	2 632		416 329	344 006	162 185	139 356
河北	2 026		997 896	829 624	1 594 983	1 390 730
山西			552 917	478 594	533 672	444 664
内蒙古	836		58 981	45 019	213 583	169 931
辽宁	552	199	764 472	614 495	871 011	742 929
吉林	402		177 249	138 010	578 295	487 142
黑龙江	4 773	500	162 393	126 171	591 077	514 873
上海	150	100	875 388	741 165	321 876	268 631
江苏	15 387	5 854	3 896 012	3 586 385	991 526	868 023
浙江	734	16	2 832 432	2 599 756	954 347	856 348
安徽	6 922	51	293 808	198 087	567 978	413 201
福建	1 430	3 400	341 766	297 184	428 043	351 979
江西	27	27	184 547	150 132	453 503	353 968
山东			1 795 827	1 568 289	1 608 256	1 423 508
河南	5 011	20	650 891	506 952	1 104 911	880 658
湖北	5 876	795	269 338	216 060	589 572	484 641
湖南	260	215	434 671	357 635	727 001	620 158
广东	800	340	3 551 056	3 001 362	1 746 244	1 427 457
广西	3 395	4	108 700	78 078	437 657	342 436
海南			6 920	6 876	137 349	101 720
四川	12 298		768 564	648 251	853 270	707 657
贵州	8 000		29 688	17 906	121 721	89 043
云南	1 049		102 828	87 710	237 545	198 019
陕西	1 540		172 579	137 452	354 824	289 108
甘肃			70 687	59 930	214 923	186 026
青海			4 351	3 809	21 116	18 185
宁夏	6 300	6 300	17 411	14 596	49 086	42 510
新疆	13 429	64	29 304	21 125	424 341	369 744
*重庆	980	580	103 107	84 766	99 479	77 833
武汉			86 126	76 185	103 886	105 088
沈阳	553	200	125 847	99 425	113 654	96 465
大连			248 793	200 258	209 490	189 809
哈尔滨			33 831	21 294	73 500	47 718
广州	340		292 699	243 937	228 801	201 403
西安			62 402	49 553	69 757	53 831
青岛			328 064	296 204	125 970	112 905
宁波			479 989	447 676	87 327	79 568
厦门			15 651	11 398	52 368	42 024
深圳	340	340	105 383	49 429	38 222	33 225
长春			41 426	34 029	116 235	104 093
南京			157 518	132 492	59 353	50 384
成都	3 966		238 381	210 891	107 959	95 525
合计	93 829	17 340	19 882 996	17 137 651	17 244 295	14 467 879

各地区农业银行、信用社各项贷款累计发放与收回(续3)

(1991年)

单位：万元

	1. 国营农业贷款		2. 集体农业贷款		3. 农户贷款	
	累放	累收	累放	累收	累放	累收
北京	197 026	168 027	141 211	101 258	6 178	5 787
天津	52 507	47 445	69 434	57 252	34 053	27 556
河北	133 188	122 453	227 929	179 276	1 186 513	1 061 192
山西	40 142	35 072	104 467	81 454	379 039	324 233
内蒙古	40 017	31 395	15 197	13 697	141 621	117 461
辽宁	175 584	150 557	310 342	268 629	345 897	301 680
吉林	191 251	163 851	102 825	67 913	250 631	232 711
黑龙江	332 503	294 044	43 082	35 888	191 849	173 946
上海	148 684	127 213	164 093	131 948	7 633	7 949
江苏	228 877	202 786	457 288	394 942	259 093	240 011
浙江	189 675	174 608	133 670	114 019	608 236	556 009
安徽	36 633	29 260	36 933	26 814	451 415	337 058
福建	52 136	45 411	95 453	73 954	257 825	219 975
江西	154 108	124 893	17 499	10 871	221 867	187 121
山东	171 240	147 548	732 742	626 820	631 887	602 678
河南	55 703	42 736	132 256	99 556	854 662	701 170
湖北	165 994	141 805	77 163	65 831	303 837	257 694
湖南	99 857	83 841	56 020	42 677	518 868	463 656
广东	297 170	269 772	406 005	333 144	999 690	800 310
广西	95 587	82 695	23 460	15 999	273 308	221 093
海南	77 542	64 092	3 866	1 897	43 631	32 913
四川	132 563	108 461	91 948	66 467	570 162	490 388
贵州	5 430	3 385	4 304	2 063	89 365	74 569
云南	33 668	31 199	19 419	15 499	164 393	141 672
陕西	48 583	40 663	21 890	14 863	260 907	220 210
甘肃	55 611	52 185	12 586	10 928	141 816	121 069
青海	3 835	3 327	532	317	14 642	13 650
宁夏	15 405	13 325	776	556	29 055	26 975
新疆	271 755	243 863	20 035	15 238	115 449	106 117
*重庆	37 170	29 491	10 146	5 541	51 840	42 459
武汉	84 297	75 117	7 597	8 000	10 947	20 569
沈阳	42 018	36 502	37 341	29 882	31 813	28 192
大连	18 206	16 034	155 084	140 276	30 232	29 291
哈尔滨	43 590	31 119	4 662	1 691	22 066	13 172
广州	132 754	119 184	35 410	33 201	56 145	46 172
西安	26 130	23 120	6 246	3 019	34 620	26 182
青岛	22 152	18 872	83 652	72 110	10 736	10 642
宁波	27 950	25 447	19 693	15 895	39 389	38 065
厦门	5 750	4 892	19 074	15 101	26 372	19 784
深圳	23 580	21 281	5 211	5 716	9 399	5 912
长春	35 975	28 031	20 030	11 711	58 035	62 641
南京	18 827	16 016	25 811	21 451	11 744	10 318
成都	23 915	21 3[illegible]0	32 212	26 517	49 321	46 294
合计	3 502 274	3 045 912	3 522 425	2 869 770	9 353 522	8 066 853

各地区农业银行、信用社各项贷款累计发放与收回（续4）

（1991年）

单位：万元

	4. 扶贫贴息贷款		5. 外资配套贷款	
	累放	累收	累放	累收
北京			8 900	9 858
天津			4 627	6 527
河北	10 053	4 987	4 471	3 155
山西	4 282	1 285		
内蒙古	4 253	1 762	4 316	1 617
辽宁	4 440	2 530	10 314	7 179
吉林	2 515	5 217	16 945	8 878
黑龙江	1 137	429	5 263	3 261
上海			1 326	1 326
江苏	243	61	20 738	16 508
浙江	3 284	2 041	6 886	5 494
安徽	11 419	4 060	7 131	2 414
福建	5 207	1 914	7 947	8 353
江西	10 953	3 952	7 607	4 152
山东	11 266	7 024	39 805	29 535
河南	17 686	9 264	18 731	13 152
湖北	11 975	5 921	10 237	6 967
湖南	6 959	2 605	12 778	8 474
广东	2 782	896	19 368	17 059
广西	15 671	6 379	8 436	8 583
海南	429	159		
四川	20 992	10 627	15 117	19 801
贵州	16 115	6 560	3 893	1 494
云南	9 501	3 547	4 920	3 567
陕西	10 642	4 587	4 171	4 167
甘肃	4 080	1 651		
青海	1 513	416		
宁夏				
新疆	8 307	1 416		
*重庆				300
武汉		1	909	1 286
沈阳			1 502	1 543
大连		232	4 827	3 563
哈尔滨	232	34	2 422	1 702
广州	33		2 646	2 825
西安	643	210	1 234	848
青岛			7 733	9 353
宁波				
厦门			1 170	2 244
深圳				
长春			1 804	1 037
南京			2 541	2 524
成都			602	288
合计	195 704	88 858	243 927	191 521

各地区农业银行、信用社各项贷款累计发放与收回(续5)

(1991年)　　单位：万元

	6. 开发性贷款		7. 特种贷款	
	累　放	累　收	累　放	累　收
北　京	1 085	736	10 259	9 066
天　津	1 564	576	13 305	11 806
河　北	32 829	19 667	7 143	8 800
山　西	5 742	2 620	1 637	1 111
内蒙古	8 179	3 999	249	619
辽　宁	24 434	12 354	5 155	4 973
吉　林	14 128	8 572	974	1 606
黑龙江	17 243	7 305	1 878	1 816
上　海	140	195	65	2 181
江　苏	25 287	13 715	15 099	14 449
浙　江	12 596	4 177	14 317	10 269
安　徽	24 447	13 595	1 806	2 420
福　建	9 475	2 372	832	2 290
江　西	41 469	22 979	5 796	5 227
山　东	21 316	9 903	10 702	8 212
河　南	25 873	14 780	3 636	3 409
湖　北	20 366	6 423	13 833	12 512
湖　南	32 519	18 905	4 674	5 338
广　东	21 229	6 276	7 123	7 759
广　西	21 195	7 687	238	420
海　南	11 881	2 659	10	34
四　川	22 488	11 913	4 773	4 804
贵　州	2 614	972	342	807
云　南	5 644	2 535	965	1 202
陕　西	8 631	4 618	1 947	3 392
甘　肃	830	193	435	741
青　海	594	475		269
宁　夏	3 850	1 654	12	89
新　疆	8 795	3 110		225
*重　庆	323	42	306	286
武　汉	136	115	1 618	1 580
沈　阳	980	346	4 518	3 818
大　连	909	413	358	564
哈尔滨	727	474	881	499
广　州	1 846	21	1 500	600
西　安	884	452	313	354
青　岛	1 697	1 928	5 476	3 976
宁　波	295	161	9 900	6 900
厦　门	2	3		
深　圳	32	316		908
长　春	391	673	25	117
南　京	430	45	658	1 724
城　都	1 909	816	438	355
合　计	426 443	204 965	127 205	125 846

2

现　金

农业银行现金收支分月统计

（1991年）　　　　单位：亿元

项　　目	1　月	2　月	3　月	4　月	5　月	6　月
收　入　合　计	627.05	615.40	642.54	602.97	571.92	534.73
一、商业销售收入	188.77	177.07	200.24	203.48	194.42	175.12
二、农村信用收入	160.18	172.21	157.86	140.12	136.43	132.19
1．农村信用社收入	129.80	149.45	126.51	110.04	107.24	106.00
2．乡镇企事业收入	22.17	16.08	23.36	22.38	21.53	19.01
*商品销售收入	10.56	7.60	11.25	10.53	10.21	8.79
3．城乡个体收入	8.21	6.68	7.99	7.70	7.66	7.18
三、储蓄存款收入	204.86	208.01	214.02	191.90	171.88	159.86
四、其他收入	70.92	56.36	67.97	65.57	65.01	63.41
五、债券收入	0.35	0.36	0.82	0.60	2.68	2.66
*农村金融债券收入	0.03	0.02	0.03	0.05	1.53	1.00
六、其他金融机构收入	1.97	1.39	1.63	1.30	1.50	1.49
投放（+）回笼（–）	166.35	31.51	–51.15	29.34	29.34	32.55
支　出　合　计	793.39	646.91	591.37	632.31	601.26	567.26
一、工资性支出	87.58	89.07	64.09	70.08	68.40	67.26
1．国家工资性支出	70.58	71.13	52.27	56.58	54.81	53.79
2．城镇工资性支出	17.00	17.94	11.82	13.50	13.59	13.47
二、农付产品采购支出	85.11	45.96	42.19	50.20	59.09	81.42
三、农村信用支出	336.00	280.27	224.88	249.66	228.30	194.48
1．信用社支出	276.29	220.25	184.39	200.95	179.52	148.58
2．乡镇企事业支出	46.63	49.90	29.26	35.93	36.58	35.24
*工资性收入	16.27	22.15	7.99	10.04	10.14	10.23
3．城乡个体支出	13.08	10.12	11.23	12.78	12.20	10.66
四、储蓄存款支出	185.96	151.35	183.16	176.97	160.06	142.40
五、其他支出	96.82	78.49	75.39	83.43	83.65	79.27
六、债券支出	0.55	0.57	0.63	0.78	0.65	1.35
*农村金融债券支出	0.10	0.07	0.08	0.17	0.13	0.10
七、其他金融机构支出	1.37	1.20	1.03	1.19	1.11	1.80

农业银行现金收支分月统计(续)

(1991年)　　单位：亿元

项　　目	7　月	8　月	9　月	10　月	11　月	12　月
收　入　合　计	584.66	587.10	604.77	678.03	708.16	793.11
一、商业销售收入	189.86	185.15	190.78	198.19	191.21	203.81
二、农村信用收入	142.57	148.83	154.08	200.57	222.06	252.05
1. 农村信用社收入	114.51	117.92	122.05	164.80	184.31	207.25
2. 乡镇企事业收入	20.65	22.60	23.04	25.37	25.75	28.51
* 商品销售收入	9.51	10.52	11.30	12.50	12.17	12.80
3. 城乡个体收入	7.41	8.31	8.99	10.40	12.00	16.29
三、储蓄存款收入	178.33	177.88	181.85	198.26	207.23	232.83
四、其他收入	68.80	71.56	75.12	78.11	84.50	101.36
五、债券收入	3.32	1.95	1.28	1.00	1.35	0.92
* 农村金融债券收入	0.49	0.30	0.26	0.23	0.10	0.09
六、其他金融机构收入	1.78	1.73	1.66	1.90	1.81	2.14
投放（+）回笼（–）	52.02	80.66	103.90	187.95	117.33	92.22
支　出　合　计	636.68	667.76	708.66	865.98	825.50	885.35
一、工资性支出	75.42	71.20	76.39	73.86	79.11	99.53
1. 国家工资性支出	60.51	56.51	60.87	58.61	63.01	80.07
2. 城镇工资性支出	14.91	14.69	15.52	15.25	16.10	19.46
二、农付产品采购支出	78.31	92.01	115.44	260.31	187.21	139.32
三、农村信用支出	219.54	243.28	248.71	249.24	264.71	305.39
1. 信用社支出	169.99	191.15	193.73	195.57	208.10	239.37
2. 乡镇企事业支出	38.14	39.52	42.00	40.35	42.68	49.08
* 工资性收入	15.25	11.01		10.86	11.34	13.80
3. 城乡个体支出	11.41	12.61	12.98	13.32	13.93	16.94
四、储蓄存款支出	160.95	168.56	172.19	183.53	189.63	216.82
五、其他支出	89.82	89.21	93.24	97.25	102.44	121.64
六、债券支出	11.40	2.22	1.30	0.57	1.05	0.97
* 农村金融债券支出	0.45	0.13	0.14	0.07	0.02	0.05
七、其他金融机构支出	1.24	1.28	1.39	1.22	1.35	1.68

农业银行农副产品采购现金支出分月统计

	1　月	2　月	3　月	4　月	5　月	6　月	7　月
绝对数							
1980	18.28	10.34	10.48	12.33	14.08	16.28	15.74
1981	24.30	6.93	13.71	15.42	19.43	24.51	21.55
1982	26.64	11.87	17.80	18.04	23.83	32.75	29.41
1983	31.78	14.87	19.28	20.75	24.84	41.37	42.55
1984	36.80	12.36	22.95	22.19	26.24	42.20	59.49
1985	49.80	24.01	24.11	23.30	28.26	53.73	59.20
1986	42.71	15.19	23.02	24.85	38.12	68.40	56.83
1987	49.74	21.79	32.91	34.34	47.07	72.27	72.60
1988	61.67	37.35	37.62	43.46	54.73	92.66	79.02
1989	65.44	28.61	46.22	40.37	47.65	76.33	74.41
1990	68.90	29.26	50.52	46.11	58.32	83.51	81.09
1991	85.11	45.96	42.19	50.20	59.09	81.42	78.31
各月支出占全年支出%							
1980	8.16	4.62	4.68	5.50	6.29	7.27	7.03
1981	8.23	2.35	4.64	5.22	6.58	8.30	7.30
1982	7.04	3.14	4.70	4.77	6.30	8.65	7.77
1983	5.66	2.65	3.43	3.69	4.42	7.37	7.58
1984	5.63	1.89	3.51	3.40	4.02	6.46	9.10
1985	7.91	3.81	3.83	3.70	4.49	8.53	9.40
1986	5.71	2.03	3.08	3.32	5.10	9.15	7.60
1987	5.84	2.56	3.86	4.03	5.53	8.49	8.52
1988	6.43	3.89	3.92	4.53	5.70	9.66	8.24
1989	6.67	2.91	4.71	4.11	4.85	7.78	7.58
1990	5.87	2.49	4.31	4.28	4.97	7.12	6.91
1991	6.88	3.72	3.41	4.06	4.78	6.58	6.33

农业银行农副产品采购现金支出分月统计(续)

单位：亿元、%

	8 月	9 月	10 月	11 月	12 月	全年支出	最高月份	最低月份
绝对数								
1980	16.45	18.73	26.39	32.13	32.78	224.01	12月	2月
1981	23.18	25.54	37.57	39.86	43.35	295.35	12月	2月
1982	29.67	35.65	50.01	48.68	54.11	378.46	12月	2月
1983	42.93	65.92	89.04	102.53	65.80	561.66	11月	2月
1984	55.35	64.20	121.56	101.44	88.70	653.48	10月	2月
1985	52.97	50.05	68.75	102.58	93.07	629.83	11月	2月
1986	59.60	74.92	122.19	118.28	103.48	747.59	10月	2月
1987	72.35	98.56	134.38	105.13	110.53	851.67	10月	2月
1988	86.92	92.85	130.62	133.99	108.50	959.39	11月	2月
1989	82.98	79.67	159.04	146.92	134.05	981.69	10月	2月
1990	92.24	128.42	220.06	162.80	151.98	1 173.22	10月	2月
1991	92.01	115.44	260.31	187.21	139.32	1 236.57	10月	3月
各月支出占全年支出%								
1980	7.34	8.36	11.78	14.34	14.63	100.00		
1981	7.85	8.65	12.72	13.50	14.68	100.00		
1982	7.84	9.42	13.21	12.86	14.30	100.00		
1983	7.64	11.74	15.85	18.25	11.72	100.00		
1984	8.47	9.82	18.60	15.52	13.57	100.00		
1985	8.41	7.95	10.92	16.29	14.78	100.00		
1986	7.97	10.02	16.34	15.82	13.84	100.00		
1987	8.50	11.57	15.78	12.34	12.98	100.00		
1988	9.06	9.68	13.61	13.97	11.31	100.00		
1989	8.45	8.12	16.20	14.97	13.66	100.00		
1990	7.86	10.95	18.76	13.88	12.95	100.00		
1991	7.44	9.34	21.05	15.14	11.27	100.00		

农业银行现金收支分上半年、下半年、季度统计

(1991年)

单位：亿元

项　　目	全　年	上半年	下半年	一季度	二季度	三季度	四季度
收　入　合　计	**7 550.43**	**3 594.58**	**3 955.85**	**1 884.97**	**1 709.61**	**1 776.54**	**2 179.31**
一、商业销售收入	2 298.10	1 139.10	1 159.00	566.09	573.01	565.79	593.21
二、农村信用收入	2 019.14	898.99	1 120.15	490.24	408.75	445.48	674.67
1.农村信用社收入	1 639.88	729.05	910.83	405.76	323.29	354.48	556.35
2.乡镇企事业收入	270.45	124.53	145.92	61.61	62.92	66.29	79.63
* 商品销售收入	127.74	58.93	68.81	29.41	29.52	31.33	37.48
3.城乡个体收入	108.81	45.41	63.40	22.87	22.54	24.71	38.69
三、储蓄存款收入	2 326.90	1 150.52	1 176.38	626.89	523.63	538.06	638.32
四、其他收入	868.70	389.21	479.49	195.21	194.00	215.49	264.00
五、债券收入	17.29	7.48	9.81	1.54	5.94	6.55	3.26
* 农村金融债券收入	4.13	2.65	1.48	0.08	2.57	1.06	0.42
六、其他金融机构收入	20.30	9.28	11.02	5.00	4.28	5.17	5.85
投放（+）回笼（−）	872.03	237.95	634.08	146.71	91.24	236.58	397.50
支　出　合　计	**8 422.46**	**3 832.55**	**4 589.91**	**2 031.70**	**1 800.85**	**2 013.11**	**2 576.80**
一、工资性支出	922.00	446.49	475.51	240.75	205.74	223.01	252.50
1.国家工资性支出	738.75	359.17	379.58	193.99	165.18	177.89	201.69
2.城镇工资性支出	183.25	87.32	95.93	46.76	40.56	45.12	50.81
二、农付产品采购支出	1 236.57	363.98	872.59	173.26	190.72	285.75	586.84
三、农村信用支出	3 044.46	1 513.59	1 530.87	841.15	672.44	711.52	819.35
1.信用社支出	2 407.88	1 209.96	1 197.92	680.92	529.04	554.87	643.05
2.乡镇企事业支出	485.30	233.54	251.76	125.79	107.75	119.65	132.11
* 工资性收入	151.27	76.82	74.45	46.41	30.41	38.46	35.99
3.城乡个体支出	151.28	70.09	81.19	34.44	35.65	37.00	44.19
四、储蓄存款支出	2 091.57	999.89	1 091.68	520.46	479.43	501.70	589.98
五、其他支出	1 090.69	497.08	593.61	250.73	246.35	272.30	321.31
六、债券支出	22.03	4.53	17.50	1.75	2.78	14.92	2.58
* 农村金融债券支出	1.50	0.65	0.85	0.24	0.41	0.71	0.14
七、其他金融机构支出	15.14	6.99	8.15	3.60	3.39	3.91	4.24

各地区农业银行现金投放(+)回笼(—)
分上半年、下半年、季度统计

(1991年)

单位：万元

地　　区	全　年	上半年	下半年	一季度	二季度	三季度	四季度
全国总计	**8 720 306**	**2 379 515**	**6 340 791**	**1 467 148**	**912 367**	**2 365 764**	**3 975 027**
北　京	317 444	145 216	172 228	85 194	60 022	75 855	96 373
天　津	152 987	58 954	94 033	35 821	23 133	41 448	52 585
河　北	412 253	62 567	349 686	44 755	17 812	86 643	263 043
山　西	394 893	162 392	232 501	102 192	60 200	115 779	116 711
内蒙古	156 952	64 930	92 022	31 790	33 140	41 995	50 027
辽　宁	473 824	192 719	281 105	131 098	61 621	135 358	145 747
吉　林	413 827	41 302	372 525	7 384	33 918	73 575	298 950
黑龙江	389 989	108 277	281 712	76 994	31 283	90 259	191 453
上　海	148 179	58 293	89 886	29 109	29 184	13 695	76 191
江　苏	805 898	205 170	600 728	134 975	70 195	183 820	416 908
浙　江	378 283	130 911	247 372	43 316	87 595	161 133	86 239
安　徽	471 390	169 508	301 882	105 301	64 207	87 617	214 265
福　建	214 359	92 873	121 486	65 615	27 258	57 572	63 914
江　西	223 814	66 636	157 178	41 348	25 288	54 432	102 746
山　东	906 591	223 355	683 236	136 687	86 668	130 027	553 209
河　南	743 744	119 817	623 927	82 211	37 606	198 406	425 521
湖　北	411 755	115 725	296 030	82 702	33 023	89 489	206 541
湖　南	118 226	19 611	98 615	16 622	2 989	35 276	63 339
广　东	292 474	37 987	254 487	90 735	−52 748	124 049	130 438
广　西	−22 377	−53 583	31 206	−6 869	−46 714	26 798	4 408
海　南	143 095	57 460	85 635	34 270	23 190	40 098	45 545
四　川	298 010	45 798	252 212	−32 801	78 599	131 588	120 624
贵　州	134 115	48 413	85 702	16 259	32 154	63 127	22 575
云　南	222 496	46 548	175 948	38 500	8 084	121 191	54 757
陕　西	107 756	40 474	67 282	21 323	19 151	30 262	37 020
甘　肃	75 134	26 142	48 992	8 520	17 622	34 220	14 772
青　海	6 650	599	6 051	−1 119	1 718	7 594	−1 543
宁　夏	28 121	9 341	18 780	7 052	2 289	12 446	6 334
新　疆	300 424	82 080	218 344	38 164	43 916	102 020	116 324
*重　庆	5 638	−8 833	14 471	−13 279	4 446	8 183	6 288
武　汉	40 218	14 795	25 423	12 190	2 605	3 488	21 935
沈　阳	37 445	21 585	15 860	19 886	1 699	9 950	5 910
大　连	90 494	29 834	60 660	14 857	14 977	34 101	26 559
哈尔滨	16 706	1 693	15 013	2 960	−1 267	5 276	9 737
广　州	−73 986	45 221	−119 207	−6 910	52 131	−105 988	−13 219
西　安	13 377	9 063	4 314	6 385	2 705	986	3 328
青　岛	68 573	25 922	42 651	15 232	10 690	9 896	32 755
宁　波	877 960	224 054	653 906	71 529	152 525	251 781	402 125
厦　门	−1 623	−10	−1 613	1 640	−1 650	−2 727	1 114
深　圳	−162 592	−79 534	−83 058	−27 116	52 418	−44 519	−38 539
长　春	118 160	15 379	102 781	4 309	11 070	13 531	89 250
南　京	20 398	−1 044	21 442	−3 211	2 167	3 099	18 343
成　都	−449 045	−31 143	−17 902	−19 421	−11 722	−1 348	−6 554

农业银行现金投放

单位：亿元

	全　年	上半年	下半年	一季度	二季度	三季度	四季度
1985	530.59	205.60	324.98	135.37	70.24	130.29	194.70
1986	559.88	148.57	411.31	64.92	83.64	152.02	259.29
1987	621.91	226.59	395.32	100.90	125.69	198.70	196.62
1988	822.82	321.07	501.75	146.82	174.25	264.26	237.49
1989	592.47	227.09	365.37	126.06	101.04	107.65	257.72
1990	641.14	89.30	551.84	28.37	60.94	220.50	331.34
1991	872.03	237.95	634.08	146.71	91.24	236.58	397.50

农业银行现金收入与支出

单位：亿元

	1987年	1988年	1989年	1990年	1991年
一、商品销售收入	1 921.41	1 950.61	2 036.66	2 298.10	1 308.07
二、农村信用收入	1 332.28	1 378.29	1 637.52	2 019.14	1 146.62
1.农村信用社收入	1 045.22	1 104.93	1 337.29	1 639.87	927.50
2.乡镇企事业收入	207.14	197.27	215.27	270.45	160.91
3.城乡个体收入	79.92	76.09	84.97	108.81	58.21
三、储蓄存款收入	1 222.43	1 539.73	1 830.16	2 326.90	1 530.08
四、其他收入	477.87	588.62	686.51	868.71	535.49
五、债券收入	15.30	17.29	14.47	17.29	12.61
六、其他金融机构收入	4.58	8.35	15.56	20.30	13.37
收入合计	4 973.88	5 482.89	6 220.88	7 550.43	4 546.24
内部现金收入	1 993.71	2 076.79	2 531.13	3 140.33	1 901.22
由人行发行库领取现金	1 205.56	1 075.07	1 285.76	1 638.11	912.27
同业拆入现金	3.37	6.40	6.58	6.33	5.80
前期业务库存	509.17	634.28	747.87	840.08	422.55
收入总计	**8 685.68**	**9 275.43**	**10 792.22**	**13 175.28**	**7 788.09**
一、工资性支出	600.37	677.80	780.49	922.00	535.25
1.国家工资性支出	478.27	541.77	627.51	738.75	424.90
2.城镇工资性支出	122.10	136.03	152.99	183.25	110.35
二、农副产品采购支出	959.39	981.69	1 173.22	1 236.57	388.31
三、农村信用支出	2 407.14	2 244.93	2 424.68	3 044.46	1 931.51
1.信用社支出	1 914.36	1 782.05	1 921.80	2 407.88	1 540.42
2.乡镇企事业支出	384.67	361.32	387.02	485.30	299.69
3.城乡个体支出	108.11	101.55	115.86	151.28	91.40
四、储蓄存款支出	1 158.80	1 406.60	1 581.42	2 091.57	1 399.43
五、其他支出	655.21	742.79	869.30	1 090.69	674.16
六、债券支出	11.24	13.74	21.35	22.03	7.18
七、其他金融机构支出	4.55	7.80	11.56	15.14	9.44
支出合计	5 796.70	6 075.36	6 862.02	8 422.46	4 945.29
内部现金支出	1 995.62	2 078.32	2 532.83	3 142.38	1 902.22
交回人行发行库现金	375.88	466.48	632.09	751.85	507.47
同业拆出现金	3.10	9.83	11.12	13.68	9.70
本期业务库存	514.37	645.45	752.15	844.91	423.41
支出总计	**8 685.68**	**9 275.43**	**10 792.22**	**13 175.28**	**7 788.09**

农业银行现金投放(+)回笼(-)分月统计

	1 月	2 月	3 月	4 月	5 月	6 月	7 月
绝对数							
（亿 元）							
1980	40.86	- 1.50	- 1.50	3.64	3.59	8.23	12.19
1981	69.34	- 25.77	0.29	6.27	7.73	12.73	14.52
1982	64.29	- 10.74	6.21	6.81	6.66	17.12	15.90
1983	67.57	11.76	12.04	20.25	17.11	25.34	29.89
1984	100.04	- 30.99	19.37	17.32	17.05	25.58	44.41
1985	89.37	40.10	5.89	17.62	17.73	34.89	42.09
1986	78.55	- 17.62	3.99	19.46	24.95	39.24	35.21
1987	135.19	- 58.75	24.45	38.19	42.25	45.27	55.43
1988	111.20	44.20	- 8.58	50.21	49.06	74.98	75.05
1989	191.69	- 55.80	- 9.85	29.22	26.49	45.34	33.64
1990	179.63	-139.54	-11.74	20.91	20.53	19.49	40.53
1991	166.35	31.51	-51.15	29.34	29.34	32.55	52.02
各月投放占全年投放%							
1980	21.95	- 0.81	- 0.81	1.96	1.93	4.42	6.55
1981	32.11	- 11.93	0.13	2.90	3.58	5.89	6.72
1982	24.74	- 4.13	2.39	2.62	2.56	6.59	6.12
1983	18.11	3.15	3.23	5.43	4.59	6.79	8.01
1984	18.41	- 5.70	3.56	3.19	3.14	4.71	8.17
1985	16.84	7.56	1.11	3.32	3.34	6.58	7.93
1986	14.03	- 3.15	0.71	3.48	4.46	7.01	6.29
1987	21.74	- 9.45	3.93	6.14	6.79	7.28	8.91
1988	13.51	5.37	- 1.04	6.10	5.96	9.11	9.12
1989	32.35	- 9.42	- 1.66	4.93	4.47	7.65	5.68
1990	28.02	- 21.76	- 1.83	3.26	3.20	3.04	6.32
1991	19.08	3.61	- 5.87	3.36	3.36	3.73	5.97

农业银行现金投放(+)回笼(-)分月统计（续）

	8 月	9 月	10 月	11 月	12 月	全年投放	最高月份	最低月份
绝对数（亿 元）								
1980	13.68	17.53	21.80	28.99	38.67	186.18	1月	3月
1981	16.09	19.03	25.68	28.00	42.06	215.97	1月	2月
1982	17.54	26.77	30.66	34.17	44.43	259.82	1月	2月
1983	25.79	44.02	45.37	50.13	23.74	373.01	1月	2月
1984	46.59	58.23	90.21	76.20	79.42	543.43	1月	2月
1985	42.53	45.66	46.54	79.26	68.91	530.59	1月	3月
1986	49.34	67.47	88.56	81.92	88.81	559.88	12月	2月
1987	57.84	85.42	83.06	60.19	53.37	621.91	1月	2月
1988	99.25	89.96	81.27	92.44	63.78	822.82	1月	3月
1989	42.18	31.84	88.97	86.01	82.73	592.46	1月	2月
1990	70.48	109.48	133.81	102.33	95.50	641.14	1月	2月
1991	80.66	103.90	187.95	117.33	92.22	872.03	10月	3月
各月投放占全年投放%								
1980	7.35	9.42	11.71	15.57	20.77	100.00		
1981	7.45	8.81	11.89	12.96	19.47	100.00		
1982	6.75	10.30	11.80	13.15	17.10	100.00		
1983	6.91	11.80	12.16	13.44	6.36	100.00		
1984	8.57	10.72	16.60	14.02	14.61	100.00		
1985	8.02	8.61	8.77	14.94	12.99	100.00		
1986	8.81	12.05	15.82	14.63	15.86	100.00		
1987	9.30	13.74	13.36	9.68	8.58	100.00		
1988	12.06	10.93	9.88	11.23	7.75	100.00		
1989	7.12	5.37	15.02	14.52	13.96	100.00		
1990	10.99	17.08	20.87	15.96	14.90	100.00		
1991	9.25	11.91	21.55	13.45	10.58	100.00		

信用社现金收支分月统计

(1991年)　　单位：亿元

项目	1月	2月	3月	4月	5月	6月
收入合计	**447.42**	**445.74**	**459.31**	**428.86**	**398.50**	**386.31**
一、集体现金收入	18.14	14.24	15.25	14.97	14.20	13.33
二、乡镇企事业收入	53.23	43.46	54.14	54.27	52.48	50.53
三、个人存款收入	307.57	324.89	318.35	288.24	264.00	249.77
四、农户贷款收入	28.92	27.15	30.58	32.10	31.71	34.55
五、商品销售收入	2.70	2.89	3.34	3.26	3.39	3.79
六、其他收入	36.86	33.11	37.65	36.02	32.72	34.34
投放(+)回笼(-)	134.52	76.16	54.63	84.18	67.04	40.34
支出合计	**581.95**	**521.90**	**513.95**	**513.04**	**465.55**	**426.65**
一、集体现金支出	46.61	45.12	22.82	25.16	24.12	22.26
* 农户分配	12.06	11.33	2.88	3.00	2.50	2.49
二、乡镇企事业支出	104.67	108.92	69.88	81.30	82.63	81.07
* 工资性支出	23.71	31.44	12.25	14.32	14.24	14.30
三、个人存款支出	298.61	268.91	300.65	291.92	265.23	235.77
四、农户贷款支出	69.95	42.62	68.14	62.66	45.47	37.25
五、农副产品收购支出	2.45	2.08	1.86	1.99	2.35	3.62
六、其他支出	59.66	54.25	50.60	50.01	45.75	46.68

项目	7月	8月	9月	10月	11月	12月
收入合计	**402.53**	**425.53**	**444.67**	**495.38**	**540.83**	**658.25**
一、集体现金收入	14.75	15.68	15.95	18.14	20.91	27.49
二、乡镇企事业收入	52.38	57.04	61.81	64.07	66.37	78.28
三、个人存款收入	263.30	276.12	282.33	311.92	333.28	361.36
四、农户贷款收入	34.58	37.49	41.67	54.55	70.00	116.66
五、商品销售收入	3.83	3.05	3.51	3.30	3.33	3.62
六、他其收入	33.69	53.85	39.40	43.40	46.94	70.84
投放(+)回笼(-)	52.86	66.90	64.92	30.65	22.46	23.64
支出合计	**455.39**	**492.43**	**509.59**	**526.02**	**563.30**	**681.90**
一、集体现金支出	24.44	25.80	25.92	26.50	32.01	43.95
* 农户分配	3.01	2.58	2.64	2.54	3.08	4.80
二、乡镇企事业支出	84.55	90.03	96.81	97.95	102.08	120.14
* 工资性支出	15.18	15.02	16.58	15.73	16.58	20.01
三、个人存款支出	256.22	282.66	290.79	301.15	323.80	365.27
四、农户贷款支出	39.20	40.95	39.96	38.48	40.64	64.05
五、农副产品收购支出	2.69	2.79	3.51	3.90	3.47	3.86
六、其他支出	48.29	39.80	52.60	58.04	61.30	84.63

信用社现金收支分上半年、下半年、季度统计

（1991年）　　单位：亿元

项　　目	全　年	上半年	下半年	一季度	二季度	三季度	四季度
收　入　合　计	**5 533.37**	**2 566.16**	**2 967.21**	**1 352.46**	**1 213.70**	**1 272.73**	**1 694.48**
一、集体现金收入	203.03	90.12	112.91	47.63	42.49	46.37	66.54
二、乡镇企事业收入	688.06	308.11	379.95	150.83	157.28	171.23	208.72
三、个人存款收入	3 581.14	1752.83	1 828.31	950.82	802.01	821.75	1 006.56
四、农户贷款收入	539.95	185.00	354.95	86.65	98.35	113.75	241.20
五、商品销售收入	40.25	19.37	20.88	8.93	10.44	10.63	10.25
六、其他收入	480.94	210.73	270.21	107.60	103.13	109.00	161.21
投放(+)回笼(-)	718.30	456.87	261.43	265.31	191.56	184.68	76.75
支　出　合　计	**6 251.67**	**3 023.02**	**3 228.65**	**1 617.77**	**1 405.25**	**1 457.43**	**1 771.22**
一、集体现金支出	364.72	186.09	178.63	114.55	71.54	76.17	102.46
# 农户分配	52.90	34.25	18.65	26.27	7.98	8.24	10.41
二、乡镇企事业支出	1 120.03	528.47	591.56	283.47	245.00	271.39	320.17
# 工资性支出	209.34	110.26	99.08	67.40	42.86	46.77	52.31
三、个人存款支出	3 480.99	1 661.10	1 819.89	868.17	792.93	829.67	990.22
四、农户贷款支出	589.38	326.09	263.29	180.71	145.38	120.12	143.17
五、农副产品收购支出	34.83	14.37	20.46	6.40	7.97	9.23	11.23
六、其他支出	661.72	306.90	354.82	164.47	142.43	150.85	203.97

各地区信用社现金投放(+)回笼(−)分上半年、下半年、季度统计

(1991年)

单位：万元

地　区	全　年	上半年	下半年	一季度	二季度	三季度	四季度
全国总计	**7 182 960**	**4 568 682**	**2 614 278**	**2 653 082**	**1 915 600**	**1 846 787**	**767 491**
北　京	335 247	165 163	170 084	94 930	70 233	76 143	93 941
天　津	162 785	86 841	75 944	50 004	36 837	40 164	35 780
河　北	274 418	226 873	47 545	115 800	111 073	111 354	−63 809
山　西	298 682	180 248	118 434	109 402	70 846	77 049	41 385
内蒙古	81 288	81 385	− 97	47 293	34 092	16 957	−17 054
辽　宁	398 850	276 088	122 762	161 670	114 418	108 262	14 500
吉　林	131 596	90 334	41 262	41 093	49 241	37 276	3 986
黑龙江	238 497	139 556	98 941	76 065	63 491	45 934	53 007
上　海	261 611	149 736	111 875	102 944	46 792	53 289	58 586
江　苏	1 304 618	699 221	605 397	408 088	291 133	336 188	269 209
浙　江	749 511	386 827	362 684	227 682	159 145	205 037	157 647
安　徽	214 501	171 439	43 062	106 725	64 714	47 804	− 4 742
福　建	198 192	110 533	87 659	62 608	47 925	51 942	35 717
江　西	126 480	94 085	32 395	53 330	40 755	26 339	6 056
山　东	779 484	515 267	264 217	276 730	238 537	218 908	45 309
河　南	156 776	151 150	5 626	74 862	76 288	59 431	−53 805
湖　北	99 907	91 729	8 178	58 153	33 576	23 304	−15 126
湖　南	192 215	141 757	50 458	87 882	53 875	40 910	9 548
广　东	651 117	297 556	353 561	152 838	144 718	189 381	16 180
广　西	33 005	57 171	− 24 166	37 423	19 748	5 487	− 29 653
海　南	14 965	6 688	8 277	4 692	1 996	3 990	4 287
四　川	186 177	109 097	77 080	89 816	19 281	36 997	40 083
贵　州	16 149	33 715	− 17 566	22 888	10 827	−9 553	− 8 013
云　南	91 775	93 284	− 1 509	60 819	32 465	8 056	− 9 565
陕　西	89 525	74 670	14 855	44 478	30 192	20 373	− 5 518
甘　肃	46 088	52 390	− 6 302	32 957	19 433	7 353	− 13 655
青　海	10 158	11 051	− 893	6 604	4 447	1 630	− 2 523
宁　夏	16 790	21 394	− 4 604	14 511	6 883	1 348	− 5 952
新　疆	22 553	53 434	− 30 881	30 795	22 639	5 434	− 36 315
#重　庆	28 742	15 719	13 023	9 127	6 592	6 234	6 789
武　汉	37 195	21 264	15 931	14 113	7 151	7 946	7 985
沈　阳	92 146	59 275	32 871	36 335	22 940	21 127	11 744
大　连	83 693	49 278	34 415	26 005	23 273	24 734	9 681
哈尔滨	32 050	20 607	11 443	10 304	10 303	5 697	5 746
广　州	70 500	37 790	32 710	25 599	12 191	12 351	20 359
西　安	32 043	19 949	12 094	12 425	7 524	7 973	4 121
青　岛	76 226	49 552	26 674	27 578	21 974	17 462	9 212
宁　波	1 331 254	384 535	946 719	119 176	265 359	397 717	549 002
厦　门	11 548	8 324	3 224	4 556	3 768	1 363	1 861
深　圳	−7 172	−5 817	− 1 355	333	−6 150	−1 346	− 9
长　春	33 376	15 506	17 870	5 811	9 695	5 818	12 052
南　京	69 860	37 984	31 876	24 276	13 708	14 068	17 808
成　都	68 635	29 765	38 870	19 206	10 559	15 061	23 809

信用社现金收入与支出

单位：亿元

	1986年	1987年	1988年	1989年	1990年	1991年
一、集体现金收入	117.04	140.95	139.34	159.17	203.03	124.30
二、乡镇企事业收入	360.75	473.19	465.88	531.03	688.06	422.35
三、个人存款收入	1 616.43	2 194.95	2 393.52	2 809.82	3 581.14	2 315.51
四、农户贷款收入	330.94	360.88	333.07	438.35	539.95	211.44
五、商品销售收入	39.16	43.76	40.78	39.66	40.25	23.25
六、其它收入	214.73	293.87	337.56	390.40	480.93	275.01
收入合计	2 679.06	3 507.58	3 710.15	4 368.43	5 533.38	3 371.86
从银行领取现金	1 474.69	1 878.79	1 753.94	1 884.77	2 364.57	1 521.03
信用分社交存现金	428.95	596.31	672.00	792.95	1 026.61	629.90
期初库存	118.68	163.05	226.97	272.54	324.34	189.55
收入总计	4 701.37	6 145.74	6 363.05	7 318.68	9 248.89	5 712.34
一、集体现金支出	258.36	292.61	276.76	299.46	364.72	233.10
二、乡镇企事业支出	689.09	850.74	816.05	882.37	1 120.03	705.84
三、个人存款支出	1 604.41	2 354.32	2 440.00	2 682.72	3 480.99	2 236.24
四、农户贷款支出	374.11	363.43	319.47	479.27	589.38	356.34
五、农副产品收购支出	30.51	40.99	32.14	33.75	34.83	15.29
六、其它支出	288.92	387.13	447.80	532.81	661.72	398.63
支出合计	3 245.39	4 289.22	4 332.22	4 910.38	6 251.67	3 945.44
送存银行现金	880.71	1 037.40	1 086.78	1 318.05	1 608.42	910.96
信用分社提取现金	457.45	649.25	709.39	814.45	1 058.69	674.49
期末库存	117.83	169.86	234.67	275.81	330.11	181.44
支出总计	4 701.37	6 145.74	6 363.06	7 318.68	9 248.89	5 712.34

信用社现金投放

单位：亿元

	全年	上半年	下半年	一季度	二季度	三季度	四季度
1985	447.45	287.36	160.09	181.19	106.17	93.74	66.36
1986	459.51	264.06	195.45	151.42	112.64	114.38	81.07
1987	566.33	355.89	210.44	198.51	157.38	140.67	69.77
1988	781.63	462.98	318.66	243.38	219.59	224.28	94.37
1989	622.07	416.98	205.08	234.84	182.15	134.44	70.64
1990	541.95	328.11	213.84	178.59	149.52	152.19	61.65
1991	718.30	456.87	261.43	265.31	191.56	184.68	76.75

信用社现金投放(+)回笼(-)分月统计

	1 月	2 月	3 月	4 月	5 月	6 月	7 月
绝对数							
(亿 元)							
1982	71.00	14.10	25.11	21.65	19.24	19.06	17.73
1983	61.09	36.59	32.36	31.57	27.43	21.00	22.76
1984	75.19	13.52	37.43	32.38	30.08	22.95	27.01
1985	87.23	58.02	35.94	43.12	36.42	26.63	27.00
1986	78.75	32.68	40.00	45.12	41.25	26.26	29.91
1987	115.74	18.69	64.09	62.17	56.07	39.15	43.31
1988	106.23	75.34	61.81	85.87	71.58	62.15	65.00
1989	133.00	31.75	70.09	72.46	62.47	47.21	42.29
1990	133.85	-15.06	59.80	65.57	54.40	29.54	41.07
1991	134.52	76.16	54.63	84.18	67.04	40.34	52.86
各月投放占全年投放%							
1982	24.49	4.86	8.66	7.47	6.64	6.57	6.12
1983	21.36	12.79	11.31	11.04	9.59	7.34	7.96
1984	20.75	3.73	10.33	8.93	8.30	6.33	7.45
1985	19.49	12.97	8.03	9.64	8.14	5.95	6.03
1986	17.14	7.11	8.70	9.82	8.98	5.71	6.51
1987	20.44	3.30	11.32	10.98	9.90	6.91	7.65
1988	13.59	9.64	7.91	10.99	9.16	7.95	8.32
1989	21.38	5.10	11.27	11.65	10.04	7.59	6.80
1990	24.70	- 2.78	11.03	12.10	10.04	5.45	7.58
1991	18.73	10.66	7.61	11.72	9.33	5.62	7.36

信用社现金投放(+)回笼(-)分月统计

	8　月	9　月	10　月	11　月	12　月	全年投放	最高月份	最低月份
绝对数（亿　元）								
1982	18.32	20.64	14.38	21.01	27.67	289.91	1月	2月
1983	21.24	16.75	1.44	1.64	12.16	286.03	1月	10月
1984	29.38	28.31	16.48	20.81	28.90	362.44	1月	2月
1985	31.67	35.07	23.71	22.73	19.91	447.45	1月	12月
1986	40.78	43.68	23.49	24.08	33.51	459.51	1月	10月
1987	48.31	49.06	23.05	24.70	22.01	566.35	1月	2月
1988	86.89	72.39	33.59	31.09	29.70	781.64	1月	12月
1989	49.39	42.77	25.28	23.41	21.96	622.08	1月	12月
1990	56.06	55.06	17.61	23.98	20.06	541.95	1月	2月
1991	66.90	64.92	30.65	22.46	23.64	718.30	1月	11月
各月投放占全年投放%								
1982	6.32	7.12	4.96	7.25	9.54	100.00		
1983	7.43	5.86	0.50	0.57	4.25	100.00		
1984	8.11	7.81	4.55	5.74	7.97	100.00		
1985	7.08	7.84	5.30	5.08	4.45	100.00		
1986	8.87	9.51	5.11	5.24	7.29	100.00		
1987	8.53	8.66	4.07	4.36	3.89	100.00		
1988	11.12	9.26	4.30	3.98	3.80	100.00		
1989	7.94	6.88	4.06	3.76	3.53	100.00		
1990	10.34	10.16	3.25	4.42	3.70	100.00		
1991	9.31	9.04	4.27	3.13	3.29	100.00		

农业银行、信用社现金投放

单位：亿元

	银　行	信用社	银　行	信用社	银　行	信用社	银　行
	全　年	全　年	上半年	上半年	下半年	下半年	一季度
1985	530.59	447.45	205.60	287.36	324.98	160.09	135.37
1986	559.88	459.51	148.57	264.06	411.31	195.45	64.92
1987	621.91	566.33	226.59	355.89	395.32	210.44	100.90
1988	822.82	781.63	321.07	462.98	501.75	318.66	146.82
1989	592.47	622.07	227.09	416.98	365.37	205.08	126.06
1990	641.14	541.95	89.30	328.11	551.84	213.84	28.37
1991	872.03	718.30	237.95	456.87	634.08	261.43	146.71

	信用社	银　行	信用社	银　行	信用社	银　行	信用社
	一季度	二季度	二季度	三季度	三季度	四季度	四季度
1985	181.19	70.24	106.17	130.29	93.74	194.70	66.36
1986	151.42	83.64	112.64	152.02	114.38	259.29	81.07
1987	198.51	125.69	157.38	198.70	140.67	196.62	69.77
1988	243.38	174.25	219.59	264.26	224.28	237.49	94.37
1989	234.84	101.04	182.15	107.65	134.44	257.72	70.64
1990	178.59	60.94	149.52	220.50	152.19	331.34	61.65
1991	265.31	91.24	191.56	236.58	184.68	397.50	76.75

3

机构、人员、财务

农业银行系统机构、人员统计

(1991年)　　　　单位：个、人

项目	总计	总行	省、自治区直辖市分行	单列市分行	地区中心支行	省辖市分支行	县支行	县级市支行	营业所
一、机构数	55 614	1	29	14	160	147	1 882	274	30 927
二、期末职工总数	483 763	703	6 432	2 123	12 687	11 684	97 946	18 206	256 876
# 女性	141 833	261	1 676	600	2 896	2 675	21 085	4 786	74 029
(一) 管理人员	128 568	553	4 853	1 588	9 682	9 024	70 871	13 214	
1.行政管理人员	40 930	185	1 735	571	3 130	2 990	21 711	3 913	
# 党、团	3 543	13	170	54	181	193	1 815	379	
工　会	5 929	8	183	58	450	421	3 362	642	
人　事	5 007	58	218	59	412	381	2 677	451	
监　察	5 867	21	224	94	494	564	3 270	599	
保　卫	5 813	5	145	76	406	365	3 360	596	
2.业务管理人员	87 638	368	3 118	1 017	6 552	6 034	49 160	9 301	
计　划	6 661	24	230	81	461	456	3 656	683	
统　计	3 136	8	75	25	210	198	1 909	314	
会　计	13 291	39	456	140	871	810	7 539	1 432	
出　纳	3 242	9	67	17	139	149	1 902	368	
资金组织	8 154	19	221	97	495	535	4 524	922	
农业信贷	9 405	21	308	72	748	582	5 794	1 032	
工业信贷	5 102	26	229	64	403	404	2 582	668	
商业信贷	6 517	16	196	86	459	382	3 861	690	
稽　核	7 962	14	193	67	550	506	4 828	905	
信用合作	8 262	26	361	103	854	798	4 674	857	
外汇业务	851	83	65	5	64	44	133	51	

农业银行系统机构、人员统计(续1)

(1991年)　　　　单位：个、人

项　　目	储蓄所	营业部	城郊办事处	国际业务部	信托投资公司	管理干部学院	职工中学	干部学校	招待所	其他
一、机构数	20 951	276	486	84	143	3	40	122	28	47
二、期末职工总数	30 866	13 076	22 801	1 297	1 821	744	3 338	2 161	414	588
#女　性	15 713	6 384	7 865	538	645	253	1 318	722	197	190
(一)　管理人员		3 794	12 332	582	656	137	617	508	77	80
1.行政管理人员		1 191	3 926	60	99	137	617	508	77	80
#党、团		118	467	15	23	17	63	27	5	3
工　会		166	566	5	4	7	43	13	1	
人　事		165	469	7	18	12	53	22	3	2
监　察		106	471			7	15	2		
保　卫		187	602	4	8	5	38	15	1	
2.业务管理人员		2 603	8 406	522	557					
计　划		275	772	16	7					
统　计		101	291	3	2					
会　计		441	1 475	52	36					
出　纳		140	425	15	11					
资金组织		361	962	10	8					
农业信贷		122	702	17	7					
工业信贷		124	581	11	10					
商业信贷		228	590	4	5					
稽　核		183	712	3	1					
信用合作		54	533		2					
外汇业务		5	39	361	1					

农业银行系统机构、人员统计(续 2)

(1991年)

单位：个、人

项目	总计	总行	省、自治区直辖市分行	单列市分行	地区中心支行	省辖市分支行	县支行	县级市支行	营业所
信　托	751		20		22	31	123	53	
金融研究	1 120	35	201	60	173	138	348	95	
劳动工资	3 050	7	94	37	216	194	1 776	298	
业务综合	10 134	41	402	163	887	807	5 511	933	
(二)业务人员	295 832						7 482	1 352	241 288
会　计	88 412						2 725	521	75 129
出　纳	56 741						1 401	261	49 214
储蓄存款	37 215						751	131	13 319
农业信贷	32 513						1 053	154	30 625
工业信贷	9 892						443	93	8 760
商业信贷	13 417						794	155	11 503
外汇业务	653						3	6	155
信　托	688						7	1	27
所主任	21 225						19		19 994
所副主任	32 830						17		30 958
其他业务	2 246						269	30	1 604
(三)教育人员	5 218	31	167	48	320	242	900	184	2
(四)服务人员	42 517	113	1 314	475	2 130	2 174	15 990	3 033	9 368
1.业务服务	26 927	65	653	141	965	1 107	12 352	2 272	4 663
# 计算机人员	5 645	53	395	69	426	618	1 922	396	646
2.生活服务	15 590	48	661	334	1 165	1 067	3 638	761	4 705
(五)其他人员	11 628	6	98	12	555	244	2 703	423	6 218

农业银行系统机构、人员统计(续3)

(1991年)

单位：个、人

项目	储蓄所	营业部	城郊办事处	国际业务部	信托投资公司	管理干部学院	职工中专	干部学校	招待所	其他
信托		14	64		424					
金融研究		17	53							
劳动工资		102	317	3	6					
业务综合		436	890	27	37					
(二)业务人员	30 367	7 345	6 349	647	1 002					
会计	3 563	3 685	2 587	1 51	151					
出纳	2 883	1 578	1 281	39	84					
储蓄存款	20 989	1 018	964	24	19					
农业信贷	20	212	426	18	5					
工业信贷	5	210	339	20	22					
商业信贷	18	491	434	11	11					
外汇业务	19	31	65	374						
信托	2	10	2		639					
所主任	1 125	33	50	1	3					
所副主任	1 687	82	83	1	2					
其他业务	56	95	118	8	66					
(三)教育人员		30	111			412	1 777	994		
(四)服务人员	200	1 640	3 424	53	139	185	851	617	337	474
1.业务服务	163	1 388	2 646	38	76		34	60	13	291
* 计算机人员	112	265	524	6	10		8	3		192
2.生活服务	37	252	778	15	63	185	817	557	324	183
(五)其他人员	299	267	585	15	24	10	93	42		34

各地区农业银行系统机构情况

（1991年）　　单位：个

地　　区	总　计	总　行	省、自治区直辖市分　行	单列市分　行	地区中心支　行	省辖市分支　行	县支行	县级市支行	营业所
总　　行	1	1							
北　　京	221		1				8		119
天　　津	241		1				5		96
河　　北	2 924		1		9	2	127	14	1 100
山　　西	1 736		1		8	4	93	7	937
内 蒙 古	1 658		1		8	4	77	12	1 024
辽　　宁	1 862		1			12	33	5	820
吉　　林	1 458		1		2	6	22	14	467
黑 龙 江	2 057		1		3	10	50	14	1 123
上　　海	385		1				8		277
江　　苏	2 834		1			10	46	17	2 095
浙　　江	1 460		1		2	8	50	14	626
安　　徽	1 830		1		7	9	66	9	857
福　　建	1 546		1		3	5	56	10	872
江　　西	2 523		1		5	6	76	10	1 606
山　　东	3 765		1		5	10	76	18	2 293
河　　南	3 972		1		5	12	105	15	2 310
湖　　北	2 636		1		8	6	46	22	1 515
湖　　南	2 130		1		13	1	84	18	1 068
广　　东	3 203		1			17	72		1 572
广　　西	1 915		1		8	4	76	7	1 165
海　　南	479		1			2	16	1	341
四　　川	3 334		1		10	9	145	12	1 524
贵　　州	984		1		9		75	6	643
云　　南	1 785		1		15	2	116	8	1 481
陕　　西	1 385		1		9		87	8	843
甘　　肃	1 374		1		9	5	67	8	977
青　　海	379		1		6	1	35		245
宁　　夏	244		1		2	2	15	2	161
新　　疆	1 353		1		14		82	13	1 023
重　　庆	478			1			13		196
武　　汉	263			1			4		179
沈　　阳	312			1			2		83
大　　连	378			1			3	1	136
哈 尔 滨	247			1			4	1	131
广　　州	303			1			4		130
西　　安	191			1			7		82
青　　岛	327			1				5	174
宁　　波	236			1			9		90
厦　　门	70			1			1		19
深　　圳	101			1			1		61
长　　春	364			1			4	2	161
南　　京	248			1			5		162
成　　都	418			1			11	1	143
长　　院	1								
武　　院	1								
天　　院	1								
信　　托	1								
总　　计	55 614	1	29	14	160	147	1 882	274	30 927

各地区农业银行系统机构情况（续）

（1991年）　　　　单位：个

地区	储蓄所	营业部	城郊办事处	国际业务部	信托投资公司	管理干部学院	职工中专	干部学校	招待所	其他
总行										
北京	78		10	1	1		1		1	1
天津	122	7	7	1	1		1			
河北	1 609	16	21	3	8		1	9	3	1
山西	658	11	13		2		1	1		
内蒙古	514	12	2		1		1	1	1	
辽宁	939	12	18	1	4		2	10		5
吉林	922	3	10	2	2		1	4	2	
黑龙江	759	11	72	2	4		2	2		4
上海	68	12	15	1	2		1			
江苏	607	11	14	8	12		2	9		2
浙江	729	12	2	1	5		1	5	2	2
安徽	829	9	17	2	11		1	10	2	
福建	575	9	6	5	1			1	1	1
江西	766	10	19	4	10		1	6	1	2
山东	1 312	1	28	5			3	12		1
河南	1 448	12	32	5	10		2	10	1	4
湖北	970	11	21	10	14		4	3	5	
湖南	907	7	10		10		3	3	1	4
广东	1 460	30	34	9	3		2	1	1	1
广西	614	12	12	6	2		1	4	3	
海南	107	5	3	1	1		1			
四川	1 576	13	16	1	13			12		2
贵州	242	4		1	1		1			1
云南	153	3	1		1		1	2	1	
陕西	420	3		1	5		2	6		
甘肃	284	8	10	1	1		1		1	1
青海	81	2	3	1			1	1		2
宁夏	51	2	6		1		1			
新疆	213	2	3		1		1			
重庆	258	1	6	1	1			1		
武汉	65	1	9	1	2			1		
沈阳	211	3	5	1	1			1	1	3
大连	227	2	4	1	1			1		1
哈尔滨	97	1	8	1	1			1		1
广州	154		9	1	1			1		2
西安	96	1	3		1					
青岛	135	1	8	1	1			1		
宁波	130		3	1	1				1	
厦门	35	6	6	1	1					
深圳	23	1	9	1	1					3
长春	187	1	4	1	1			1		1
南京	71	1	4	1	1			1		1
成都	249	7	3		1			1		1
长院						1				
武院						1				
天院						1				
信托					1					
总计	20 951	276	486	84	143	3	40	122	28	47

各地区农业银行系统年末职工总数情况

（1991年）　　　　单位：人

地区	总计	总行	省、自治区直辖市分行	单列市分行	地区中心支行	省辖市分支行	县支行	县级市支行	营业所
总行	703	703							
北京	5 014		205				710		2 682
天津	4 020		149				405		2 025
河北	25 572		213		1 098	243	9 101	1 117	10 521
山西	11 763		212		740	276	4 334	636	3 739
内蒙古	14 265		200		782	309	3 912	789	5 947
辽宁	15 694		212			991	2 221	307	9 051
吉林	12 410		183		289	498	2 093	1 428	6 555
黑龙江	18 957		277		238	749	3 806	1 093	9 274
上海	7 870		242				728		4 879
江苏	22 863		208			790	2 959	1 216	14 960
浙江	14 949		313		129	625	2 538	852	8 272
安徽	15 448		202		421	552	3 232	458	8 974
福建	12 268		202		219	386	2 704	538	7 029
江西	17 223		193		370	390	3 244	466	9 756
山东	28 628		259		429	864	5 301	1 431	15 048
河南	30 708		257		466	1 040	5 961	805	18 400
湖北	22 836		262		790	452	3 361	1 725	12 681
湖南	20 761		246		1 141	106	4 352	930	11 674
广东	26 018		298			1 603	4 649		13 448
广西	15 746		227		524	294	3 363	369	9 084
海南	4 457		223			208	954	44	2 290
四川	28 115		291		1 049	632	6 759	755	14 644
贵州	11 640		154		593		3 590	409	5 679
云南	15 504		229		787	165	3 644	404	9 301
陕西	12 639		194		609		3 417	405	6 857
甘肃	9 856		163		504	294	1 882	336	5 424
青海	3 555		146		319	65	926		1 540
宁夏	2 855		187		64	152	704	102	1 113
新疆	11 627		285		1 126		2 688	609	6 035
重庆	4 273			167			824		2 360
武汉	3 335			177			296		2 008
沈阳	2 570			139			175		1 316
大连	2 919			154			250	96	1 775
哈尔滨	2 873			169			369	90	1 219
广州	3 848			180			293		1 850
西安	2 032			138			421		961
青岛	2 694			173				500	1 191
宁波	2 675			133			447		1 345
厦门	812			123			45		168
深圳	1 669			169			93		586
长春	3 455			139			350	225	2 016
南京	2 327			99			257		1 433
成都	3 537			163			588	71	1 766
长院	267								
武院	248								
天院	229								
信托	36								
总计	483 763	703	6 432	2 123	12 687	11 684	97 946	18 206	256 876

各地区农业银行系统年末职工总数情况(续)

(1991年)　　　　单位：人

地　区	储蓄所	营业部	城郊办事处	国际业务部	信托投资公司	管理干部学院	职工中专	干部学校	招待所	其他
总　行										
北　京	456		772	125	20		22		9	13
天　津	585	279	487	23	16		51			
河　北	393	1 295	1 241	18	59		107	107	45	14
山　西	519	489	669		17		122	10		
内蒙古	1 244	748	147		30		55	94	8	
辽　宁	1 039	721	770	15	74		129	120		44
吉　林	171	143	717	32	19		95	87	100	
黑龙江	517	532	2 053	18	96		263	9		32
上　海	325	873	616	39	99		69			
江　苏	897	780	430	115	147		125	177		59
浙　江	1 433	587	39	9	24		68	49	11	
安　徽	530	362	453	17	57		61	112	17	
福　建	581	263	134	48	11			98	47	8
江　西	1 502	279	724	25	74		107	79	5	9
山　东	2 834	25	1 864	81			259	216		17
河　南	991	680	1 534	48	121		227	146	7	25
湖　北	1 660	418	885	80	121		332	24	45	
湖　南	1 039	341	429		92		339	19	18	35
广　东	3 608	1 008	1 003	122	42		133	2	54	48
广　西	792	296	466	58	34		79	131	29	
海　南	451	186	20	31	9		41			
四　川	2 436	215	870	19	99			284		62
贵　州	779	311		13	29		68			15
云　南	504	189	90		14		67	106	4	
陕　西	853	36		8	32		165	63		
甘　肃	571	123	466	4	2		65		5	17
青　海	302	88	86	4			58	4		17
宁　夏	197	83	194		13		46			
新　疆	421	67	190		21		185			
重　庆	442	85	329	11	21			34		
武　汉	206	50	514	26	33			25		
沈　阳	239	187	376	38	37			26	5	32
大　连	89	196	286	24	17			19		13
哈尔滨	40	110	809	20	29			18		
广　州	666		674	59	64			14		48
西　安	168	81	247		16					
青　岛	270	73	424	19	19			25		
宁　波	339		376	14	16				5	
厦　门	70	137	213	27	29					
深　圳	101	121	482	52	26					39
长　春	36	149	409	42	62			10		17
南　京	188	127	159	13	25			14		12
成　都	382	343	154		19			39		12
长沙院						267				
武汉院						248				
天津院						229				
信　托					36					
总　计	30 866	13 076	22 801	1 297	1 821	744	3 338	2 161	414	588

农业银行系统全部职工人数和工资统计

（1991年）

单位：人、百元

项目	年末人数（人）	计划内用工	固定职工	合同制职工	临时职工	计划外用工
总计	**483 763**	**473 807**	**423 764**	**46 609**	**3 434**	**9 956**
总行	703	703	703			
省、自治区、直辖市分行	6 432	6 389	6 251	122	16	43
单列市分行	2 123	2 112	1 983	123	6	11
地区中心支行	12 687	12 566	12 136	273	157	121
省辖市分支行	11 684	11 523	11 044	400	79	161
县支行	97 946	96 679	90 968	4 720	991	1 267
县级市支行	18 206	17 947	17 083	582	282	259
营业所	256 876	249 959	217 503	31 163	1 293	6 917
储蓄所	30 866	30 550	24 633	5 846	71	316
营业部	13 076	12 956	11 759	1 150	47	120
城郊办事处	22 801	22 496	20 629	1 750	117	305
国际业务部	1 297	1 296	1 243	53		1
信托投资公司	1 821	1 800	1 715	84	1	21
管理干部学院	744	714	651	1	62	30
职工中专	3 338	3 133	2 899	106	128	205
干部学校	2 161	2 058	1 868	86	104	103
招待所	414	361	218	69	74	53
其他	588	565	478	81	6	23

农业银行系统全部职工人数和工资统计(续1)

(1991年)　　单位：人、百元

项目	年末人数(人)	计划内用工	固定职工	合同制职工	临时职工	计划外用工
总计	**473 038**	**462 991**	**415 780**	**44 057**	**3 154**	**10 047**
总行	687	687	687			
省、自治区、直辖市分行	6 309	6 268	6 124	112	32	41
单列市分行	2 031	2 020	1 899	118	3	11
地区中心支行	12 157	12 037	11 672	215	150	120
省辖市分支行	11 368	11 206	10 762	354	90	162
县支行	96 199	94 921	89 652	4 508	761	1 278
县级市支行	18 354	18 099	17 330	583	186	255
营业所	251 626	244 630	213 834	29 547	1 249	6 996
储蓄所	30 064	29 750	24 191	5 494	65	314
营业部	12 443	12 315	11 184	1 085	46	128
城郊办事处	21 775	21 463	19 727	1 622	114	312
国际业务部	1 152	1 151	1 103	48		1
信托投资公司	1 630	1 617	1 543	73	1	13
管理干部学院	756	731	655	1	75	25
职工中专	3 374	3 170	2 883	101	186	204
干部学校	2 153	2 050	1 865	81	104	103
招待所	417	364	221	70	73	53
其他	543	512	448	45	19	31

农业银行系统全部职工人数和工资统计(续2)

(1991年)　　单位：人、百元

项目	工资总额(百元)	计划内用工	固定职工	合同制职工	临时职工	计划外用工
总计	11 327 488	11 127 865	10 096 444	981 633	49 788	199 623
总行	17 595	17 595	17 595			
省、自治区、直辖市分行	173 557	172 531	169 328	2 661	542	1 026
单列市分行	61 095	60 882	57 168	3 665	49	213
地区中心支行	308 509	306 371	300 069	4 054	2 248	2 138
省辖市分支行	300 335	297 084	285 352	10 234	1 498	3 251
县支行	2 331 744	2 307 566	2 189 365	105 690	12 511	24 178
县级市支行	419 261	413 680	398 481	12 052	3 147	5 581
营业所	5 938 301	5 796 654	5 127 390	649 715	19 549	141 647
储蓄所	701 335	696 060	579 320	115 760	980	5 275
营业部	297 585	295 017	269 157	25 249	611	2 568
城郊办事处	529 797	524 050	480 058	41 824	2 168	5 747
国际业务部	29 484	29 465	28 044	1 421		19
信托投资公司	40 472	40 193	38 341	1 811	41	279
管理干部学院	17 222	1 644	15 658	19	967	578
职工中专	85 560	82 288	77 633	2 256	2 399	3 272
干部学校	50 930	49 079	45 650	1 722	1 707	1 851
招待所	10 330	8 884	5 697	2 164	1 023	1 446
其他	14 376	13 822	12 138	1 336	348	554

各地区农业银行系统全部职工人数和工资统计

(1991年)　　单位：人、百元

地　　区	年末人数(人)	计划内用工	固定职工	合同制职工	临时职工	计划外用工
总　　行	703	703	703			
北　　京	5 014	5 014	4 902	18	94	
天　　津	4 020	3 980	3 958	15	7	40
河　　北	25 572	25 572	21 784	3 554	234	
山　　西	11 763	11 613	10 930	534	149	150
内 蒙 古	14 265	13 961	12 302	1 507	152	304
辽　　宁	15 694	15 694	13 239	2 304	151	
吉　　林	12 410	12 180	10 189	1 197	794	230
黑 龙 江	18 957	18 082	17 620	462		875
上　　海	7 870	7 870	7 840	29	1	
江　　苏	22 863	20 137	18 805	1 320	12	2 726
浙　　江	14 949	14 949	13 504	1 428	17	
安　　徽	15 448	15 385	14 450	872	63	63
福　　建	12 268	12 139	9 778	2 267	94	129
江　　西	17 223	16 812	15 137	1 674	1	411
山　　东	28 628	28 628	28 063	424	141	
河　　南	30 708	29 673	24 501	5 166	6	1 035
湖　　北	22 836	21 759	20 094	1 487	178	1 077
湖　　南	20 761	20 311	17 019	2 840	452	450
广　　东	26 018	25 419	18 620	6 799		599
广　　西	15 746	15 710	14 028	1 647	35	36
海　　南	4 457	4 457	3 718	739		
四　　川	28 115	27 673	25 252	2 098	323	442
贵　　州	11 640	11 462	10 611	851		178
云　　南	15 504	15 401	15 172	147	82	103
陕　　西	12 639	12 395	11 347	1 048		244
甘　　肃	9 856	9 783	9 482	268	33	73
青　　海	3 555	3 507	3 427	40	40	48
宁　　夏	2 855	2 855	2 574	242	39	
新　　疆	11 627	11 622	11 470	101	51	5
重　　庆	4 273	4 219	3 896	298	25	54
武　　汉	3 335	3 240	3 191	34	15	95
沈　　阳	2 570	2 570	1 811	734	25	
大　　连	2 919	2 919	2 607	271	41	
哈 尔 滨	2 873	2 830	2 793	37		43
广　　州	3 848	3 848	2 178	1 670		
西　　安	2 032	1 996	1 789	207		36
青　　岛	2 694	2 683	2 612	46	25	11
宁　　波	2 675	2 675	2 368	306	1	
厦　　门	812	809	673	132	4	3
深　　圳	1 669	1 657	1 090	567		12
长　　春	3 455	3 341	2 685	574	82	114
南　　京	2 327	2 069	2 018	50	1	258
成　　都	3 537	3 455	2 847	604	4	82
长　　院	267	267	234	1	32	
武　　院	248	218	218			30
天　　院	229	229	199		30	
信　　托	36	36	36			
总　　计	**483 763**	**473 807**	**423 764**	**46 609**	**3 434**	**9 956**

各地区农业银行系统全部职工人数和工资统计(续1)

(1991年)　　单位：人、百元

地区	平均人数(人)	计划内用工	固定职工	合同制职工	临时职工	计划外用工
总行	687	687	687			
北京	4 870	4 870	4 763	13	94	
天津	3 840	3 800	3 778	15	7	40
河北	24 729	24 729	21 236	3 251	242	
山西	11 487	11 344	10 681	519	144	143
内蒙古	13 974	13 670	12 044	1 474	152	304
辽宁	15 412	15 412	12 974	2 287	151	
吉林	11 998	11 769	10 097	1 163	509	229
黑龙江	19 005	18 105	17 646	459		900
上海	7 662	7 662	7 632	29	1	
江苏	22 109	19 339	18 073	1 253	13	2 770
浙江	14 727	14 727	13 317	1 393	17	
安徽	14 810	14 747	14 035	652	60	63
福建	11 897	11 768	9 549	2 209	10	129
江西	17 075	16 664	15 021	1 642	1	411
山东	28 613	28 588	27 938	397	253	25
河南	30 167	29 132	24 181	4 944	7	1 035
湖北	22 582	21 505	19 964	1 363	178	1 077
湖南	20 216	19 763	16 795	2 554	414	453
广东	25 372	24 767	18 338	6 429		605
广西	15 032	14 995	13 417	1 542	36	37
海南	4 350	4 350	3 642	708		
四川	27 344	26 902	24 710	1 869	323	442
贵州	11 455	11 277	10 464	813		178
云南	15 308	15 205	14 975	147	83	103
陕西	12 523	12 279	12 260	1 019		244
甘肃	9 752	9 679	9 412	230	37	73
青海	3 492	3 444	3 364	40	40	48
宁夏	2 814	2 814	2 543	232	39	
新疆	11 415	11 410	11 268	92	50	5
重庆	4 086	4 032	3 736	271	25	54
武汉	3 217	3 122	3 073	34	15	95
沈阳	2 510	2 510	1 749	737	24	
大连	2 832	2 832	2 505	287	40	
哈尔滨	2 744	2 701	2 658	43		43
广州	3 756	3 756	2 104	1 652		
西安	1 975	1 939	1 737	202		36
青岛	2 584	2 573	2 503	45	25	11
宁波	2 542	2 542	2 268	273	1	
厦门	719	716	598	117	1	3
深圳	1 570	1 558	1 044	514		12
长春	3 313	3 199	2 651	466	82	114
南京	2 205	1 947	1 866	80	1	258
成都	3 483	3 401	2 800	597	4	82
长院	282	282	236	1	45	
武院	245	220	220			25
天院	229	229	199		30	
信托	29	29	29			
总计	**473 038**	**462 991**	**415 780**	**44 057**	**3 154**	**10 047**

各地区农业银行系统全部职工人数和工资统计(续2)

(1991年)　　　　单位：人、百元

地区	工资总额（百元）	计划内用工	固定职工	合同制职工	临时职工	计划外用工
总行	17 595	17 595	17 595			
北京	113 949	113 949	112 020	292	1 637	
天津	91 563	90 679	90 284	271	124	884
河北	547 143	547 143	482 165	60 674	4 304	
山西	240 121	236 924	225 425	9 171	2 328	3 197
内蒙古	291 834	284 300	254 547	27 413	2 340	7 534
辽宁	342 628	342 628	307 648	32 553	2 427	
吉林	264 512	260 858	230 372	21 732	8 754	3 654
黑龙江	439 507	422 533	412 703	9 830		16 974
上海	243 124	243 124	242 262	829	33	
江苏	532 368	466 897	438 637	28 057	203	65 471
浙江	354 971	354 971	325 109	29 561	301	
安徽	289 576	288 324	277 415	10 194	715	1 252
福建	322 180	318 895	268 495	49 820	580	3 285
江西	334 654	331 333	301 434	29 878	21	3 321
山东	654 331	653 758	642 669	6 413	4 676	573
河南	635 847	620 184	520 426	99 652	106	15 663
湖北	551 528	519 941	489 941	27 132	2 868	31 587
湖南	471 670	464 706	405 408	54 066	5 232	6 964
广东	878 135	868 501	650 991	217 510		9 634
广西	373 916	373 526	338 755	34 280	491	390
海南	136 564	136 564	115 092	21 472		
四川	594 738	588 538	552 012	32 742	3 784	6 200
贵州	234 972	233 416	219 983	13 433		1 556
云南	372 186	370 481	366 295	3 181	1 005	1 705
陕西	284 417	280 454	262 371	18 083		3 963
甘肃	251 347	249 926	244 521	4 895	510	1 421
青海	93 364	92 809	91 299	805	705	555
宁夏	68 326	68 326	63 904	2 389	1 033	
新疆	346 569	346 433	343 963	1 813	657	136
重庆	96 066	95 342	89 898	5 208	236	724
武汉	71 140	69 140	68 130	656	354	2 000
沈阳	63 296	63 296	46 248	16 584	464	
大连	67 687	67 687	59 679	6 958	1 050	
哈尔滨	60 165	59 528	58 764	764		637
广州	116 052	116 052	67 233	48 819		
西安	46 409	45 906	42 354	3 552		503
青岛	69 878	69 581	67 988	976	617	297
宁波	62 027	62 027	56 200	5 806	21	
厦门	24 812	24 708	20 945	3 755	8	104
深圳	69 889	69 551	47 090	22 461		338
长春	66 608	64 878	56 142	7 568	1 168	1 730
南京	49 611	43 897	42 385	1 493	19	5 714
成都	72 061	70 982	62 059	8 873	50	1 079
长院	6 247	6 247	5 623	19	605	
武院	6 211	5 633	5 633			578
天院	4 764	4 764	4 402		362	
信托	930	930	930			
总计	11 327 488	11 127 865	10 096 444	981 633	49 788	199 623

农业银行系统全部职工工资总额构成情况

（1991年）　　　　单位：人、百元

项　　目	年平均人数	全年工资总额	计时工资	*基础和职务工资	奖　金	*发放上年奖金	*劳动竞赛奖
总　　计	**473 038**	**11 327 488**	**5 581 745**	**5 224 902**	**2 348 397**	**170 034**	**374 405**
总　　行	687	17 595	8 893	8 893	6 127	623	163
省、自治区、直辖市分行	6 309	173 557	92 197	87 188	42 448	2 505	3 893
单列市分行	2 031	61 095	30 735	29 515	13 098	936	145
地区中心支行	12 157	308 509	171 511	166 916	64 234	4 485	12 935
省辖市分支行	11 368	300 335	148 695	137 140	65 796	5 711	9 652
县　支　行	96 199	2 331 744	1 202 627	1 138 660	456 557	32 609	80 643
县级市支行	18 354	419 261	219 370	205 627	84 420	6 993	16 307
营　业　所	251 626	5 938 301	2 848 807	2 637 301	1 224 300	87 044	206 168
储　蓄　所	30 064	701 335	320 385	307 709	154 093	10 786	16 732
营　业　部	12 443	297 585	142 771	134 059	66 230	5 188	7 316
城郊办事处	21 775	529 797	262 064	251 662	115 795	9 619	13 079
国际业务部	1 152	29 484	13 909	13 060	6 970	615	419
信托投资公司	1 630	40 472	20 374	19 185	9 695	525	1 147
管理干部学院	756	17 222	10 314	8 976	3 120		36
职工中专	3 374	85 560	48 311	43 095	19 255	1 264	3 461
干部学院	2 153	50 930	28 075	25 813	11 144	914	1 864
招　待　所	417	10 330	5 317	3 787	1 915	46	315
其　　他	543	14 376	7 300	6 316	3 200	171	130

农业银行系统全部职工工资总额构成情况(续)

(1991年)　　单位：人、百元

项目	合计	*年功性津贴	*物价补贴	加班加点工资	其他
总计	3 194 789	422 989	965 435	159 339	43 218
总行	2 166	660	824	151	258
省、自治区、直辖市分行	37 102	7 061	15 173	1 334	476
单列市分行	16 227	2 345	5 931	996	39
地区中心支行	67 788	14 081	21 132	3 643	1 333
省辖市分支行	81 533	12 489	29 925	3 167	1 144
县支行	630 392	96 535	188 511	32 842	9 326
县级市支行	108 041	17 592	33 030	6 553	877
营业所	1 755 754	211 722	504 703	86 527	22 823
储蓄所	213 388	22 708	64 568	11 569	1 900
营业部	82 234	9 511	31 414	4 407	1 943
城郊办事处	144 087	18 475	48 238	5 554	2 297
国际业务部	8 305	913	3 326	223	77
信托投资公司	9 721	1 502	3 846	353	329
管理干部学院	3 668	789	1 532	120	
职工中专	16 696	3 499	6 006	1 008	290
干部学校	11 098	2 318	4 558	532	81
招待所	2 848	276	1 203	233	17
其他	3 741	513	1 515	127	8

各地区农业银行系统全部职工工资总额构成情况

（1991年）　　单位：人、百元

地区	年平均人数	全年工资总额	计时工资	#基础和职务工资	奖金
总行	687	17 595	8 893	8 893	6 127
北京	4 870	113 949	54 710	52 191	25 757
天津	3 840	91 563	41 492	40 484	29 955
河北	24 729	547 143	308 342	285 396	112 826
山西	11 487	240 121	143 635	135 407	39 065
内蒙古	13 974	291 834	155 458	155 458	47 876
辽宁	15 412	342 628	165 777	159 553	62 371
吉林	11 998	264 512	138 881	123 786	49 424
黑龙江	19 005	439 507	235 977	201 384	73 362
上海	7 662	243 124	104 396	78 865	83 772
江苏	22 109	532 368	254 172	254 056	118 652
浙江	14 727	354 971	162 559	143 505	87 339
安徽	14 810	289 576	162 385	161 690	53 753
福建	11 897	322 180	128 756	119 937	65 400
江西	17 075	334 654	176 376	176 033	69 867
山东	28 613	654 331	337 816	335 204	169 682
河南	30 167	635 847	340 466	331 334	132 177
湖北	22 582	551 528	295 671	227 386	104 634
湖南	20 216	471 670	227 750	214 869	102 974
广东	25 372	878 135	283 978	273 628	178 686
广西	15 032	373 916	176 006	170 448	66 502
海南	4 350	136 564	51 927	42 718	35 882
四川	27 344	594 738	314 168	294 007	116 252
贵州	11 455	234 972	119 609	117 761	47 198
云南	15 308	372 186	167 101	158 605	73 981
陕西	12 523	284 417	148 967	145 515	57 153
甘肃	9 752	251 347	133 915	132 494	43 794
青海	3 492	93 364	50 661	38 636	15 561
宁夏	2 814	68 326	36 113	33 159	14 640
新疆	11 415	346 569	208 405	186 479	58 043
重庆	4 086	96 066	44 962	43 968	18 466
武汉	3 217	71 140	35 729	34 932	14 166
沈阳	2 510	63 296	27 059	26 909	17 631
大连	2 832	67 687	30 854	29 847	17 996
哈尔滨	2 744	60 165	31 444	28 629	11 216
广州	3 756	116 052	44 359	41 710	25 148
西安	1 975	46 409	24 382	22 762	9 551
青岛	2 584	69 878	27 250	27 250	13 823
宁波	2 542	62 027	27 497	26 681	17 479
厦门	719	24 812	7 888	6 435	3 379
深圳	1 570	69 889	36 991	34 140	14 783
长春	3 313	66 608	36 127	32 888	11 177
南京	2 205	49 611	24 122	23 993	12 331
成都	3 483	72 061	37 958	36 865	15 098
长院	282	6 247	3 697	3 259	1 102
武院	245	6 211	3 699	3 170	1 002
天院	229	4 764	2 918	2 547	1 016
信托	29	930	447	36	328
总计	**473 038**	**11 327 488**	**5 581 745**	**5 224 902**	**2 348 397**

各地区农业银行系统全部职工工资总额构成情况(续)

(1991年)　　单位：人、百元

地区	#发放上年奖金	#劳动竞赛奖	各种津贴	#年功性津贴	#物价补贴	加班加点工资	其他
总行	623	163	2 166	660	824	151	258
北京	4 991	159	32 496	3 511	5 739	914	72
天津	2 714	374	19 065	3 082	4 679	1 051	
河北	15 993	24 387	118 190	22 926	30 469	5 662	2 123
山西	163	1 763	53 249	10 133	13 845	2 890	1 282
内蒙古	220		82 440	11 189	33 183	3 533	2 527
辽宁	5 764	8 621	110 948	13 119	48 863	3 249	283
吉林	555	11 129	73 542	10 077	25 628	1 966	699
黑龙江	25 052	13 809	123 587	16 787	32 778	2 818	3 763
上海	5 785	868	37 201	6 617	11 962	2 425	15 330
江苏	11 071	4 010	149 027	20 913	56 399	10 172	345
浙江	24 218	2 495	91 659	12 199	41 350	12 969	445
安徽	1 768	21 946	70 427	13 778	21 967	3 001	10
福建	16 934	1 169	125 090	10 100	62 308	2 763	171
江西		12 481	81 950	15 260	15 315	6 364	97
山东	5 153	16 804	140 283	24 658	29 369	6 235	315
河南	414	131 763	155 434	29 057	27 380	7 394	376
湖北	4 763	17 050	136 896	22 701	27 215	12 239	2 088
湖南	2 679	1 180	136 168	17 248	36 253	4 626	152
广东	4 334	12 421	402 830	21 683	119 410	11 300	1 341
广西	2 363	1 476	122 063	15 055	30 095	7 294	2 051
海南	1 308	654	46 171	3 518	24 826	2 584	
四川	4 488	5 457	151 888	22 531	49 528	10 240	2 190
贵州	1 029	8 390	63 074	10 118	9 875	4 493	598
云南	4 284	773	120 610	14 358	40 245	10 492	2
陕西		57 153	74 227	13 525	22 900	3 855	215
甘肃	2 045	5 640	69 325	9 738	11 825	4 188	125
青海	565	388	23 984	2 812	6 898	531	2 627
宁夏	3 455	231	16 546	1 930	7 722	1 011	16
新疆	1 258	3 812	77 136	11 466	14 512	1 562	1 423
重庆			30 758	3 564	9 575	1 657	223
武汉	124	101	19 429	2 339	5 315	1 802	14
沈阳	6 223		17 867	1 869	8 697	726	13
大连	309	91	18 084	2 090	7 626	753	
哈尔滨	913		16 961	2 424	4 917	490	54
广州	1 203	21	45 458	3 402	13 043	728	359
西安		5 577	10 954	1 768	2 688	653	869
青岛	1 383	214	28 326	2 275	3 186	470	9
宁波	5 291	1 315	15 160	2 115	6 575	1 306	585
厦门		68	13 318	487	3 428	121	106
深圳			17 835	1 719	15 585	280	
长春			18 835	2 719	6 010	469	
南京	567	144	12 115	1 844	4 745	1 024	19
成都		272	18 194	2 808	9 243	768	43
长院		36	1 403	295	673	45	
武院			1 485	266	624	25	
天院			780	228	235	50	
信托	32		155	28	8		
总计	170 034	374 405	3 194 789	422 989	965 435	159 339	43 218

农业银行系统在职职工保险福利费用构成情况

（1991年）　　　　单位：百元

项　　目	合　计	医疗卫生费	*家属医疗困难补助费	丧葬抚恤救济费	生活困难补助	文体宣传费
总　　计	2 749 376	1 150 258	152 028	52 758	81 195	95 386
总　　行	8 743	4 527	150	76	61	662
省、自治区、直辖市分行	63 081	30 283	3 581	567	1 258	3 050
单列市分行	31 074	10 979	907	56	195	2 594
地区中心支行	89 546	40 261	5 569	1 852	1 939	4 470
省辖市分支行	102 325	46 421	5 629	1 203	3 462	3 780
县 支 行	703 943	290 059	38 442	19 767	20 804	29 129
县级市支行	144 538	63 037	8 040	2 246	3 546	6 240
营 业 所	1 133 249	477 803	67 891	24 342	40 989	28 860
储 蓄 所	124 089	52 566	6 900	510	3 185	3 933
营 业 部	83 634	33 395	3 118	562	1 852	3 215
城郊办事处	199 892	73 788	8 647	1 105	2 926	6 223
国际业务部	8 359	2 803	311	4	181	478
信托投资公司	15 173	5 594	597	68	246	432
管理干部学院	5 381	2 565	174	15	35	483
职工中专	20 271	9 442	1 247	239	190	1 179
干部学校	9 172	4 543	581	107	220	349
招 待 所	1 880	646	60	13	90	95
其　　他	5 026	1 546	184	26	16	214

农业银行系统在职职工保险福利费用构成情况(续)

(1991年) 单位：百元

项目	集体福利事业补贴费	集体计施计施费	计划生育补贴	上下班交通费补贴	洗理卫生费	冬季取暖补贴	其他
总计	134 956	248 964	87 548	147 232	416 553	106 359	228 167
总行	1 732	675	10		620		380
省、自治区、直辖市分行	5 921	8 396	1 383	2 923	5 619	2 572	1 109
单列市分行	109	9 186	616	751	2 338	174	4 076
地区中心支行	8 088	6 635	2 263	4 289	10 917	4 147	4 685
省辖市分支行	9 608	9 196	2 887	4 146	10 092	1 605	9 925
县支行	34 331	61 151	21 268	28 430	99 934	38 448	60 622
县级市支行	5 480	14 586	5 509	7 974	21 990	5 223	8 707
营业所	47 306	87 112	38 543	65 327	192 227	41 732	89 008
储蓄所	6 183	8 320	4 617	6 854	20 667	4 363	12 891
营业部	5 448	8 893	3 266	5 764	11 991	2 291	6 957
城郊办事处	7 719	27 346	5 398	16 719	31 266	4 340	23 062
国际业务部	235	1 921	146	377	844	177	1 193
信托投资公司	434	2 652	311	1 101	1 441	263	2 631
管理干部学院		180	191	386	663	155	708
职工中专	1 695	791	653	1 171	3 583	474	854
干部学校	572	352	338	679	1 601	269	142
招待所	65	250	73	168	396	74	10
其他	30	1 322	76	173	364	52	1 207

各地区农业银行系统在职职工保险福利费用构成情况

（1991年）

单位：百元

地区	合计	医疗卫生费	#家属医疗困难补助费	丧葬抚恤救济费	生活困难补助	文体宣传费
总行	8 743	4 527	150	76	61	662
北京	29 684	12 376	4 046	59	251	884
天津	26 447	10 595	1 698	204	428	680
河北	122 896	51 995	6 809	1 608	1 242	3 269
山西	50 291	19 325	1 941	839	1 546	2 317
内蒙古	48 868	21 992	1 265	1 316	704	1 049
辽宁	78 865	37 129	3 951	1 057	1 953	1 693
吉林	58 842	24 201	3 028	731	2 110	1 291
黑龙江	97 916	47 623	3 109	1 877	1 958	2 875
上海	50 353	22 476	1 083	217	985	1 375
江苏	119 431	52 836	7 250	5 673	10 617	5 096
浙江	109 227	51 134	9 509	434	1 223	1 690
安徽	75 852	26 289	3 338	1 767	5 028	1 793
福建	40 603	15 307	2 282	1 347	3 656	2 031
江西	100 181	43 872	8 013	1 224	5 162	4 092
山东	140 019	57 860	4 900	1 471	4 165	4 311
河南	147 715	58 023	6 960	4 857	4 421	5 650
湖北	148 278	62 407	9 108	4 090	5 730	9 202
湖南	113 698	39 816	5 578	2 608	2 219	4 675
广东	218 529	92 983	15 394	2 787	6 688	7 646
广西	90 713	31 563	4 373	2 378	5 167	3 311
海南	35 356	17 836	2 344	1 110	462	1 076
四川	168 547	79 491	15 487	4 083	4 462	7 093
贵州	46 860	19 909	2 016	1 640	1 778	1 155
云南	108 618	52 155	5 817	2 467	614	3 472
陕西	51 024	21 903	2 365	1 233	755	2 026
甘肃	33 487	14 590	1 216	765	2 121	1 020
青海	19 399	9 035	1 297	197	262	204
宁夏	16 619	5 472	741	601	847	277
新疆	48 771	17 101	2 329	2 006	482	593
重庆	24 498	12 815	1 975	211	610	761
武汉	20 583	11 944	1 530	63	353	753
沈阳	14 716	7 638	544	39	229	828
大连	15 255	8 473	826	128	312	312
哈尔滨	12 155	5 075	343	215	121	183
广州	57 558	12 579	1 668	153	93	804
西安	13 296	5 777	698	191	23	767
青岛	14 147	5 366	282	234	237	1 056
宁波	50 282	28 159	3 115	112	109	167
厦门	5 968	1 113	138	53	60	9
深圳	70 288	9 160	475	157	35	5 179
长春	14 736	6 156	1 067	210	689	485
南京	8 729	2 911	535	164	1 070	134
成都	15 703	8 620	1 218	91	82	957
长院	2 528	1 251	90		10	
武院	2 404	1 284	84		2	420
天院	449	30		15	23	63
信托	249	86	43		40	
总计	2 749 376	1 150 258	152 028	52 758	81 195	95 386

各地区农业银行系统在职职工保险福利费用构成情况(续)

(1991年)

单位：百元

地区	集体福利事业补贴费	集体福利设施费	计划生育补贴	上下班交通费补贴	洗理卫生费	冬季取暖补贴	其他
总行	1 732	675	10		620		380
北京	281	633	898	2 807	5 042	1 433	5 020
天津	1 236	2 357	3 188	1 346	4 121	1 161	1 131
河北	2 025	3 218	4 702	13 249	29 553	8 592	3 443
山西	2 006	2 524	1 391	2 423	12 247	3 596	2 077
内蒙古	1 551	2 776	1 481	884	6 834	7 827	2 454
辽宁	2 439	1 673	3 583	8 751	15 700	3 700	1 187
吉林	2 135	4 546	2 252	5 366	10 533	4 727	950
黑龙江	2 738	9 467	2 979	1 708	14 472	6 002	6 217
上海	2 400	515	1 835	3 424	7 248		9 878
江苏	3 621	7 066	4 275	4 374	21 377	1 654	2 842
浙江	8 424	6 963	3 737	2 704	14 484	214	18 220
安徽	5 372	7 311	2 809	2 062	14 077	833	8 511
福建	2 270	4 487	1 811	1 290	8 402		2
江西	5 156	11 165	2 481	7 749	8 847	9 718	715
山东	3 285	8 023	4 793	12 474	25 105	7 192	11 340
河南	3 779	5 629	3 906	19 081	28 069	8 444	5 856
湖北	11 483	19 973	4 407	2 577	16 068	5 057	7 284
湖南	5 778	12 347	4 306	12 361	19 140	784	9 664
广东	18 328	20 231	7 065	4 535	17 805	880	39 581
广西	7 416	7 336	2 098	2 069	16 335	331	12 709
海南	4 700	2 649	1 414	644	4 051		1 414
四川	10 954	17 934	4 562	2 660	20 912	7 827	8 569
贵州	2 042	1 951	2 056	4 107	7 196	1 226	3 800
云南	5 369	13 939	2 373	3 013	15 150	211	9 855
陕西	3 000	4 478	1 387	318	10 591	4 261	1 072
甘肃	2 230	1 852	820	591	4 818	1 617	3 063
青海	418	203	766	376	3 933	2 577	1 428
宁夏	941	2 599	427	654	1 548	2 779	474
新疆	3 156	1 281	1 063	5 664	7 231	8 730	1 464
重庆	1 220	1 699	763	775	3 143	170	2 331
武汉	638	2 611	557	535	2 022	327	780
沈阳	165	87	479	1 062	2 839	321	1 029
大连	39	714	655	696	2 873	1 053	
哈尔滨	253	537	338	1 505	2 270	798	860
广州	3 512	2 463	1 052	2 439	3 057		31 406
西安	1 365	1 163	280	871	1 863	638	358
青岛	503	646	625	1 568	2 525	561	826
宁波	59	989	1 416	5 601	10 833	68	2 769
厦门		1 161	141	158	984		2 289
深圳		49 066	408	127	4 311		1 845
长春	385	19	531	968	2 881	895	1 517
南京	351	23	620	757	1 850		849
成都	178	1 805	609	461	2 900		
长院			81	246	232		708
武院		180	110	95	221	92	
天院				45	210	63	
信托	23		8	62	30		
总计	134 956	248 964	87 548	147 232	416 553	106 359	228 167

全部职工专业技术职务资格情况

（1991年）　　单位：人

项目	总计	#高级职称	#中级职称	#初级职称	经济人员	高级经济师	经济师	助理经济师	经济员
总计	483 763	1 997	43 782	252 005	153 000	1 442	31 860	72 920	46 778
总行	703	71	247	130	264	45	159	53	7
省、自治区、直辖市分行	6 432	600	2 356	1 575	3 112	479	1 656	853	124
单列市分行	2 123	133	626	489	847	106	453	256	32
地区中心支行	12 687	319	3 850	4 939	6 559	270	2 872	2 927	490
省辖市分支行	11 684	348	3 450	4 400	5 742	295	2 600	2 449	398
县支行	97 946	104	15 126	53 415	44 328	89	11 633	23 133	9 473
县级市支行	18 206	30	3 021	9 683	8 160	27	2 305	4 208	1 620
营业所	250 870	1	8 463	140 685	66 244	1	6 386	30 675	29 182
储蓄所	30 866		361	15 463	5 124		220	2 191	2 713
营业部	13 076	13	1 110	6 685	2 951	10	705	1 536	700
城郊办事处	22 801	45	2 796	11 166	7 532	42	2 031	3 656	1 803
国际业务部	1 297	24	251	538	548	20	204	273	51
信托投资公司	1 821	39	413	798	830	33	322	386	89
管理干部学院	744	53	184	141	18	4	9	5	
职工中专	3 338	162	873	1 025	299	11	123	123	42
干部学校	2 161	43	531	673	312	6	126	141	39
招待所	414	1	17	48	33	1	11	15	6
其他	588	11	107	152	97	3	45	40	9

全部职工专业技术职务资格情况(续1)

(1991年)

单位：人

项目	会计人员	高级会计师	会计师	助理会计师	会计员	统计人员	高级统计师	统计师	助理统计师	统计员
总计	137 319	187	9 174	52 498	75 460	292	3	51	166	72
总行	51	8	20	19	4	6		4	2	
省、自治区、直辖市分行	750	66	370	258	56	6	1	4	1	
单列市分行	251	16	104	111	20	3			3	
地区中心支行	1 886	37	703	940	206	31		14	14	3
省辖市分支行	1 803	38	594	916	255	10		5	2	3
县支行	23 272	8	3 307	12 203	7 754	115	1	6	75	33
县级市支行	4 320	3	661	2 308	1 348	27		6	14	7
营业所	82 545		2 046	27 219	53 280	56		7	34	15
储蓄所	10 633		137	3 120	7 376	8			2	6
营业部	4 680	3	368	2 120	2 193	9			8	1
城郊办事处	6 146	3	680	2 741	2 718	11		1	9	1
国际业务部	235	2	34	134	65	1				1
信托投资公司	347	2	63	198	84	1	1			
管理干部学院	16		8	3	5	3		2		1
职工中专	150	1	32	80	37	3		1	1	1
干部学校	142		26	88	28	2		1	1	
招待所	23		3	10	10					
其他	69		18	30	21					

全部职工专业技术职务资格情况(续2)

(1991年)　　　　单位：人

项　目	工程技术人员	高级工程师	工程师	助理工程师	技术员	教学人员	正副教授	高级讲师	讲师
合　计	2 795	80	751	1 503	461	3 388	54	220	1 622
总　行	58	12	17	28	1	24	1	4	17
省、自治区、直辖市分行	431	33	192	167	39	106		17	59
单列市分行	104	7	42	50	5	21		3	16
地区中心支行	316	1	103	174	38	211		10	123
省辖市分支行	409	9	129	215	56	129		6	81
县支行	526	4	70	319	133	214		1	89
县级市支行	123		16	87	20	80			33
营业所	208		13	120	75	60			5
储蓄所	45		2	24	19	6			1
营业部	109		23	68	18	35			12
城郊办事处	225		47	132	46	55			30
国际业务部	15	1	8	4	2	9		1	1
信托投资公司	55	3	20	31	1	10			4
管理干部学院	23	1	10	11	1	250	46		129
职工中专	35	2	15	16	2	1 458	7	141	662
干部学校	20		2	17	1	720		37	360
招待所									
其　他	93	7	42	40	4				

全部职工专业技术职务资格情况（续3）

（1991年）

单位：人

项　　目	助　教	教　员	其他专业技术人员	高级职称	中级职称	初级职称	未取得专业技术职称的人员	其它人员
总　　计	1 376	116	990	11	324	655	90 929	95 050
总　　行	2		45	1	30	14	176	79
省、自治区、直辖市分行	28	2	126	4	75	47	377	1 524
单列市分行	2		22	1	11	10	119	756
地区中心支行	76	2	105	1	35	69	823	2 756
省辖市分支行	38	4	105		41	64	785	2 701
县　支　行	117	7	190	1	21	168	9 220	20 081
县级市支行	45	2	24			24	1 814	3 658
营　业　所	51	4	36		6	30	61 480	46 247
储　蓄　所	4	1	8		1	7	8 959	6 083
营　业　部	23		20		2	18	2 386	2 886
城郊办事处	24	1	42		7	35	3 650	5 140
国际业务部	7		5		4	1	351	133
管理干部学院	6		7		4	3	293	278
职工中专	75		68	2	26	40	47	319
干部学校	587	61	115		40	75	223	1 055
招　待　所	291	32	51		16	35	145	769
其　　他			10		3	7	9	339
			11	1	2	8	72	246

全部职工基本情况

（1991年）

单位：人

项目	总计	* 女	* 少数民族	* 从非国家干部选聘	文化程度		
					高等院校		
					本科以上毕业者	专科毕业者	肄业者
总计	483 763	141 833	34 527	28 473	11 330	55 231	1 304
* 干部	409 407	122 103	31 115	28 473	11 317	53 990	1 269
* 从非国家干部中选聘	28 473	8 712	1 359	28 473	23	1 621	27
* 女干部	122 103	115 038	9 290	8 219	3 419	14 732	170
一、总行	703	261	16		225	268	
1．干部小计	659	253	15		225	268	
行长	1				1		
副行长	5				3	1	
相当正副行长级							
主任	16	1			13		
副主任	24	3			20		
相当正副主任级							
处长	50	12	1		14	28	
副处长	90	23	2		20	57	
相当正副处长级							
主任科员（科长）	23	6			2	7	
副主任科员（副科长）	13	3	1			5	
科员办事员	146	60	2		52	29	
专业技术干部	291	145	9		100	141	
2．其他人员	44	8	1				
二、省级分行	6 647	1 781	329	54	1 150	2 098	43
1．干部小计	5 895	1 605	289	54	1 148	2 081	43
行（院）长	27		2		8	6	
副行（院）长	83	2	5		17	32	2
相当正副行长级	98	2	5		18	14	1
处长	396	14	20		53	100	6
副处长	627	58	34		113	239	8
相当正副处长级	125	13	6		11	38	2

全部职工基本情况(续1)

(1991年)

单位：人

项目	文化程度				政治情况	
	中等专业学校		高中	初中以下	共产党员	共青团员
	毕业者	肄业者				
总计	105 437	3 254	178 240	128 967	163 858	108 395
* 干部	100 994	2 940	140 760	98 137	144 759	92 067
* 从非国家干部中选聘	5 417	42	15 450	5 893	5 386	8 428
* 女干部	34 511	978	49 262	19 031	20 448	37 556
一、总行	65		86	59	366	156
1. 干部小计	63		66	37	353	153
行　长					1	
副行长	1				5	
相当正副行长级						
主　任	1			2	16	
副主任	1		1	2	24	
相当正副主任级						
处　长	4		1	3	41	
副处长			6	7	75	
相当正副处长级						
主任科员(科长)	3		4	7	14	
副主任科员(副科长)	2		1	5	10	1
科员办事员	31		32	2	53	81
专业技术干部	20		21	9	114	71
2. 其他人员	2		20	22	13	3
二、省级分行	1 185	4	1 135	1 032	3 533	1 013
1. 干部小计	1 158	4	841	620	3 332	920
行（院）长	3	1	5	4	27	
副行（院）长	12		10	10	83	
相当正副行长级	15		26	24	97	
处　长	82		74	81	388	
副处长	110	1	76	80	587	
相当正副处长级	23		25	26	114	

全部职工基本情况(续2)

(1991年)　　　　单位：人

项　目	总　计	＊女	＊少数民族	＊从非国家干部选聘	文化程度 高等院校 本科以上毕业者	专科毕业者	肄业者
主任科员	804	175	36		92	273	2
副主任科员	831	221	22	4	111	363	12
科员、办事员	573	207	27	10	76	143	
专业技术干部	2 331	913	132	40	649	873	10
2. 其他人员	752	176	40		2	17	
一、单列市分行	**2 123**	**601**	**28**	**45**	**248**	**608**	**2**
1. 干部小计	1 730	493	26	45	248	601	2
行　长	12	2			3	6	
相当行长级	4	1			1	1	
副行长	39	1			6	24	
相当正副行长级	32	2	1			12	
处　长	116	6	3		11	30	1
相当处长级	9		1			3	
副处长	222	18	2		12	77	1
相当副处长级	31	9		1	1	10	
主任科员(科长)	123	19	2		8	33	
副主任科员(副科长)	194	66	7	1	9	80	
科员、办事员	190	86	4	15	23	57	
专业技术干部	758	283	6	28	174	268	
2. 其他人员	393	108	2			7	
四、中心支行	**26 529**	**6 346**	**1 836**	**610**	**1 637**	**7 144**	**216**
1. 干部小计	23 281	5 618	1 632	610	1 636	7 083	208
行　长	300	2	24		30	76	6
副行长	792	21	83		61	281	21
相当正副行长级	765	18	61	1	37	116	6
科　长	3 334	230	217	8	137	704	28
副科长	4 441	677	290	48	163	1 547	73
科员、办事员	2 558	751	199	170	127	515	5

全部职工基本情况(续3)

(1991年)

单位：人

项　目	文化程度				政治情况	
	中等专业学校		高　中	初中以下	共产党员	共青团员
	毕业者	肄业者				
主任科员	182		106	149	620	3
副主任科员	141		120	84	483	49
科员、办事员	154		139	61	221	187
专业技术干部	436	2	260	101	712	681
2. 其他人员	27		294	412	201	93
三、单列市分行	**312**		**555**	**398**	**1 017**	**366**
1. 干部小计	295		355	229	940	288
行　长			3		12	
相当行长级				2	4	
副行长	2		2	5	39	
相当正副行长级	5		9	6	32	
处　长	24		13	37	111	
相当处长级	2		2	2	9	
副处长	34		57	41	185	
相当副处长级	5		4	11	28	
主任科员(科长)	21		33	28	90	2
副主任科员(副科长)	50		32	23	99	15
科员、办事员	33		59	18	89	52
专业技术干部	119		141	56	242	219
2. 其他人员	17		200	169	77	78
四、中心支行	**4 905**	**81**	**6 781**	**5 765**	**13 442**	**3 854**
1. 干部小计	4 734	77	5 483	4 060	12 603	3 445
行　长	42	3	60	83	300	
副行长	129	1	147	152	791	
相当正副行长级	123		151	332	754	
科　长	602	5	694	1 164	2 973	5
副科长	839	15	932	872	3 280	117
科员、办事员	489	8	960	454	1 140	446

全部职工基本情况(续4)

(1991年)　　单位：人

项目	总计	#女	#少数民族	#从非国家干部选聘	文化程度 高等院校 本科以上毕业者	专科	肄业者
专业技术干部	11 091	3 919	758	383	1 081	3 844	69
2．其他人员	3 248	728	204		1	61	8
五、县支行	**122 462**	**28 149**	**10 291**	**3 368**	**1 830**	**18 314**	**584**
1．干部小计	105 500	25 165	9 013	3 368	1 829	18 035	573
行　长	2 098	42	205	1	36	496	39
副行长	5 003	248	491	23	43	1 509	92
相当正副行长级	6 280	349	533	20	38	581	49
科员办事员	14 928	2 712	1 047	478	267	1 778	31
专业技术干部	77 191	21 814	6 737	2 846	1 445	13 671	362
2．其他人员	16 962	2 984	1 278		1	279	11
六、营业所、储蓄所	**286 829**	**90 109**	**20 859**	**22 527**	**3 064**	**18 991**	**323**
1．干部小计	240 303	76 233	19 094	22 527	3 059	18 304	310
科员、办事员	9 609	2 445	639	906	149	700	3
专业技术干部	230 694	73 788	18 455	21 621	2 910	17 604	307
2．其他人员	46 526	13 876	1 765		5	687	13
七、其他机构	**38 470**	**14 586**	**1 168**	**1 869**	**3 176**	**7 808**	**136**
1．干部小计	32 039	12 736	1 046	1 869	3 172	7 618	133
局长级	3				2	1	
副局长级	11	1			7	1	1
处长级	152	9	4	1	30	56	5
副处长级	455	44	16	1	79	167	2
科长级	1 718	245	52	31	161	473	16
副科长级	2 848	741	76	50	197	877	23
科员、办事员	3 204	956	106	234	167	532	7
专业技术干部	23 648	10 740	792	1 552	2 529	5 511	79
2．其他人员	6 431	1 850	122		4	190	3

全部职工基本情况(续5)

(1991年) 单位：人

项　目	文化程度				政治情况	
	中等专业学校		高　中	初中以下	共产党员	共青团员
	毕业者	肄业者				
专业技术干部	2 510	45	2 539	1 003	3 365	2 877
2．其他人员	171	4	1 298	1 705	839	409
五、县支行	**27 248**	**707**	**39 086**	**34 693**	**57 838**	**18 946**
1．干部小计	26 233	658	31 638	26 534	51 893	16 240
行　长	349	7	400	771	2 088	2
副行长	930	15	1 079	1 335	4 715	26
相当正副行长级	934	29	1 285	3 364	5 597	23
科员办事员	2 916	57	5 502	4 377	7 785	2 225
专业技术干部	21 104	550	23 372	16 687	31 708	13 964
2.其他人员	1 015	49	7 448	8 159	5 945	2 706
六、营业所、储蓄所	**63 558**	**2 246**	**118 356**	**80 291**	**75 825**	**73 821**
1．干部小计	60 687	2 009	93 416	62 518	65 305	61 974
科员、办事员	1 739	15	4 453	2 550	2 510	1 996
专业技术干部	58 948	1 994	88 963	59 968	62 795	59 978
2．其他人员	2 871	237	24 940	17 773	10 520	11 847
七、其他机构	**8 164**	**216**	**12 241**	**6 729**	**11 837**	**10 239**
1．干部小计	7 824	192	8 961	4 139	10 333	9 047
局长级					3	
副局长级			2		11	
处长级	22		26	13	150	
副处长级	66		78	63	428	1
科长级	278	7	361	422	1 447	9
副科长级	499	10	659	583	1 952	86
科员、办事员	717	16	1 195	570	1 384	716
专业技术干部	6 242	159	6 640	2 488	4 958	8 235
2．其他人员	340	24	3 280	2 590	1 504	1 192

全部职工基本情况(续6)

(1991年)　　　　单位：人

项　　目	政治情况		年龄			
	民主党派	无党派	25岁以下	26岁至30岁	31岁至35岁	36岁至40岁
总　　计	**213**	**211 297**	**103 565**	**137 244**	**84 251**	**47 997**
# 干　部	212	172 369	74 609	119 219	72 672	40 397
# 从非国家干部中选聘	1	14 658	9 238	9 635	4 946	2 383
# 女干部	34	64 065	28 953	42 805	25 475	11 043
一、总　行	**3**	**178**	**106**	**146**	**137**	**126**
1．干部小计	3	150	102	135	127	112
行　长						
副行长						
相当正副行长级						
主　任						
副主任					2	6
相当正副主任级						
处　长		9			7	6
副处长	1	14		5	22	20
相当正副处长级						
主任科员(科长)	1	8		1	3	9
副主任科员(副科长)		2		2	4	5
科员办事员		12	87	26	13	14
专业技术干部	1	105	15	101	76	52
2．其他人员		28	4	11	10	14
二、省级分行	**19**	**2 082**	**590**	**1 420**	**1 196**	**961**
1．干部小计	19	1 624	482	1 294	1 018	790
行(院)长						
副行(院)长						1
相当正副行长级		1				
处　长	2	6				10
副处长	2	38		12	60	83
相当正副处长级	2	9			5	9

全部职工基本情况(续7)

(1991年)　　单位：人

项　目	年龄					
	41岁至45岁	46岁至50岁	51岁至54岁	55岁至59岁	# 女	60岁以上
总　计	**31 740**	**29 210**	**22 012**	**25 975**	**352**	**1 769**
# 干　部	27 703	26 993	20 865	25 286	311	1 663
# 从非国家干部中选聘	1 081	617	412	158	10	3
# 女干部	5 722	4 983	2 678	441	255	3
一、总　行	**76**	**49**	**41**	**21**	**5**	**1**
1. 干部小计	74	46	41	21	5	1
行　长		1				
副行长		2	1	1		1
相当正副行长级						
主　任	1	3	6	6		
副主任	3	4	4	5	2	
相当正副主任级						
处　长	11	10	10	6	1	
副处长	20	13	8	2	1	
相当正副处长级						
主任科员(科长)	6	1	3			
副主任科员(副科长)	2					
科员办事员	4	2				
专业技术干部	27	10	9	1	1	
2. 其他人员	2	3				
二、省级分行	**695**	**678**	**411**	**579**	**27**	**117**
1. 干部小计	612	626	392	565	27	116
行(院)长		6	4	13		4
副行(院)长	9	27	12	30		4
相当正副行长级	1	15	7	40		35
处　长	33	87	79	163	7	24
副处长	123	140	94	100	4	15
相当正副处长级	12	21	19	51	1	8

全部职工基本情况(续8)

(1991年)

单位：人

项目	政治情况		年龄			
	民主党派	无党派	25岁以下	26岁至30岁	31岁至35岁	36岁至40岁
主任科员	4	177		35	117	145
副主任科员	3	296	3	164	247	204
科员、办事员		165	120	150	122	85
专业技术干部	6	932	359	933	467	253
2．其他人员		458	108	126	178	171
三、单列市分行	**5**	**735**	**303**	**399**	**361**	**343**
1．干部小计	5	497	185	343	289	267
行　长						
相当行长级						
副行长					2	7
相当副行长级						2
处　长		5		1	5	10
相当处长级						
副处长	1	36		3	28	36
相当副处长级		3		1	3	4
主任科员(科长)	2	29		7	25	19
副主任科员(副科长)	1	79		34	59	41
科员、办事员		49	52	42	37	32
专业技术干部	1	296	133	255	130	116
2．其他人员		238	118	56	72	76
四、中心支行	**47**	**9 186**	**2 486**	**6 193**	**5 262**	**3 541**
1．干部小计	46	7 187	1 835	5 560	4 585	2 939
行　长					3	13
副行长		1		1	31	99
相当正副行长级	2	9		2	6	22
科　长	11	345	2	53	255	376
副科长	12	1 032	11	561	997	907
科员、办事员	1	971	497	586	559	446

全部职工基本情况(续9)

(1991年)　　　　单位：人

项　　目	年			龄		
	41岁至45岁	46岁至50岁	51岁至54岁	55岁至59岁	*女	60岁以上
主任科员	143	145	99	107	9	13
副主任科员	108	63	28	14		
科员、办事员	59	22	11	4	1	
专业技术干部	124	100	39	43	5	13
2. 其他人员	83	52	19	14		1
三、单列市分行	**250**	**178**	**88**	**173**	**5**	**28**
1. 干部小计	202	162	84	170	5	28
行　长		5		5	1	2
相当行长级				1	1	3
副行长	8	8	8	5		1
相当副行长级	2	2	3	15	1	8
处　长	13	16	11	55		5
相当处长级	2	3	2	1		1
副处长	44	50	27	31		3
相当副处长级	5	8	5	4		1
主任科员(科长)	26	20	8	17	2	1
副主任科员(副科长)	35	15	3	7		
科员、办事员	16	7	2	2		
专业技术干部	51	28	15	27		3
2. 其他人员	48	16	4	3		
四、中心支行	**2 569**	**2 533**	**1 532**	**2 172**	**45**	**241**
1. 干部小计	2 214	2 340	1 438	2 137	43	233
行　长	38	68	56	111		11
副行长	142	261	120	127	2	11
相当正副行长级	60	151	110	340		74
科　长	513	700	498	859	12	78
副科长	681	594	338	330	13	22
科员、办事员	214	113	70	67	1	6

全部职工基本情况(续10)

(1991年)　　　　单位：人

项　　目	政治情况		年　　龄			
	民主党派	无党派	25岁以下	26岁至30岁	31岁至35岁	36岁至40岁
专业技术干部	20	4 829	1 325	4 357	2 734	1 076
2. 其他人员	1	1 999	651	633	677	602
五、县支行	**50**	**45 628**	**13 524**	**32 157**	**24 987**	**14 931**
1. 干部小计	50	37 317	8 858	28 191	21 726	12 455
行　长		8		47	155	261
副行长	1	261		379	947	890
相当正副行长级	5	655	15	128	383	579
科员办事员	1	4 917	2 011	3 178	3 024	2 280
专业技术干部	43	31 476	6 832	24 459	17 217	8 445
2. 其他人员		8 311	4 666	3 966	3 261	2 476
六、营业所、储蓄所	**22**	**137 161**	**78 431**	**85 439**	**45 648**	**23 715**
1. 干部小计	22	113 002	57 166	73 620	39 469	20 302
科员、办事员		5 103	2 570	2 594	1 648	752
专业技术干部	22	107 899	54 596	71 026	37 821	19 550
2. 其他人员		24 159	21 315	11 819	6 179	3 413
七、其他机构	**67**	**16 327**	**8 075**	**11 490**	**6 660**	**4 380**
1. 干部小计	67	12 592	5 981	10 076	5 458	3 532
局长级						
副局长级						
处长级		2			4	11
副处长级		26		3	23	41
科长级	3	259	5	49	170	281
副科长级	8	802	16	345	616	563
科员、办事员	1	1 103	656	778	617	534
专业技术干部	55	10 400	5 304	8 901	4 028	2 102
2. 其他人员		3 735	2 094	1 414	1 202	848

全部职工基本情况(续11)

(1991年)　　单位：人

项　目	年龄					
	41岁至45岁	46岁至50岁	51岁至54岁	55岁至59岁	#女	60岁以上
专业技术干部	566	453	246	303	15	31
2. 其他人员	355	193	94	35	2	8
五、县支行	**10 319**	**9 474**	**7 031**	**9 403**	**135**	**636**
1. 干部小计	8 968	8 822	6 683	9 193	113	604
行　长	385	562	315	349	1	24
副行长	1 012	998	448	317	2	12
相当正副行长级	789	1 017	1 062	2 116	17	191
科员办事员	1 529	1 026	753	1 048	13	79
专业技术干部	5 253	5 219	4 105	5 363	80	298
2. 其他人员	1 351	652	348	210	22	32
六、营业所、储蓄所	**15 137**	**13 955**	**11 562**	**12 272**	**86**	**620**
1. 干部小计	13 375	12 893	10 961	11 928	76	589
科员、办事员	520	520	441	531	6	33
专业技术干部	12 855	12 373	10 520	11 397	70	556
2. 其他人员	1 762	1 062	601	344	10	31
七、其他机构	**2 694**	**2 343**	**1 347**	**1 355**	**49**	**126**
1. 干部小计	2 258	2 104	1 266	1 272	42	92
局长级		1		1		1
副局长级		2		8	1	1
处长级	11	37	30	50	1	9
副处长级	88	131	69	90	2	10
科长级	285	358	239	311	10	20
副科长级	435	391	227	245	6	10
科员、办事员	270	167	93	83	2	6
专业技术干部	1 169	1 017	608	484	20	35
2. 其他人员	436	239	81	83	7	34

各地区农业银行系统全部职工基本情况

（1991年）　　　　单位：人

单位	总计	#女	#少数民族	#从非国家干部选聘	文化程度		
					高等院校		
					本科以上毕业者	专科毕业者	肄业者
总行	703	261	16		225	268	
北京	5 014	2 290	134	79	173	666	3
天津	4 020	1 509	60	225	199	498	
河北	25 572	7 336	846	384	706	3 089	43
山西	11 763	3 802	32	657	285	1 293	12
内蒙	14 265	4 606	4 184	119	245	1 222	18
辽宁	15 694	3 515	2 002	2 120	302	2 017	36
吉林	12 410	3 114	1 713	1 381	370	1 895	54
黑龙江	18 957	4 130	715		222	2 289	13
上海	7 870	3 540	21	421	220	781	23
江苏	22 863	6 343	42	1 447	463	2 217	76
浙江	14 949	4 962	59	800	402	2 595	23
安徽	15 448	4 118	167	2 222	352	2 255	22
福建	12 268	3 216	83	1 530	587	1 630	17
江西	17 223	4 426	39	1 925	257	1 512	51
山东	28 628	6 955	173	311	247	3 564	12
河南	30 708	8 284	346	1 691	533	2 936	34
湖北	22 836	6 900	812	309	411	2 360	558
湖南	20 761	6 260	1 426	304	455	2 338	6
广东	26 018	7 436	110	4 873	475	2 949	77
广西	15 746	4 231	5 445	1 625	364	1 069	23
海南	4 457	1 161	312	31	172	723	66
四川	28 115	9 054	1 874	393	428	2 598	37
贵州	11 640	3 682	2 453	927	287	866	3
云南	15 504	4 992	3 914	145	300	1 108	4
陕西	12 639	3 303	72	479	217	1 081	28
甘肃	9 856	2 389	599	37	150	881	40
青海	3 555	1 173	760	16	51	328	12
宁夏	2 855	870	461	113	99	456	1
新疆	11 627	3 861	5 065	106	232	1 401	2
重庆	4 273	1 545	9	4	148	577	1
武汉	3 335	1 270	11	51	103	748	
沈阳	2 570	797	177	765	102	535	
大连	2 919	944	93	360	106	335	
哈尔滨	2 873	917	75	5	64	639	
广州	3 848	1 713	24	1 318	198	597	
西安	2 032	663	9	50	63	293	
青岛	2 694	788	2	57	143	346	
宁波	2 675	988	1	164	86	357	
厦门	812	264	4	68	112	137	1
深圳	1 669	718	7	151	170	227	
长春	3 455	999	75	715	121	526	1
南京	2 327	845	57	72	52	382	1
成都	3 537	1 396	26	17	115	483	2
长院	267	91	12	1	123	49	
武院	248	79	5		87	58	1
天院	229	83	5	5	88	45	3
信托	36	14			20	12	
总计	**483 763**	**141 833**	**34 527**	**28 473**	**11 330**	**55 231**	**1 304**

各地区农业银行系统全部职工基本情况(续1)

(1991年)　　　　单位：人

单位	文化程度				政治情况	
	中等专业学校		高中	初中以下	共产党员	共青团员
	毕业者	肄业者				
总行	65		86	59	366	156
北京	1 990	1	1 618	563	1 547	1 730
天津	1 103		1 397	823	940	1 485
河北	6 760	17	9 115	5 842	10 441	6 447
山西	2 860	6	3 871	3 436	3 901	2 533
内蒙	2 237	5	5 778	4 760	4 162	2 560
辽宁	2 654	47	6 155	4 483	5 936	3 440
吉林	3 488	26	3 594	2 983	3 728	2 234
黑龙江	3 546	1	8 212	4 674	6 150	3 516
上海	2 966	15	2 461	1 404	1 468	3 338
江苏	4 920	83	9 994	5 110	8 638	5 107
浙江	3 412	24	5 518	2 975	5 084	4 047
安徽	3 182	27	5 708	3 902	6 014	3 332
福建	3 175	2	4 208	2 649	3 564	3 223
江西	3 035	37	6 963	5 368	5 370	3 507
山东	6 210	6	11 421	7 168	13 457	7 935
河南	5 427	52	11 831	9 895	13 055	5 531
湖北	5 328	907	6 461	6 811	8 375	4 449
湖南	4 531	2	7 817	5 612	7 076	4 591
广东	5 572	38	9 430	7 477	8 278	4 618
广西	3 233	3	6 846	4 208	4 508	2 893
海南	933	12	1 622	929	1 222	795
四川	5 207	121	10 776	8 948	8 412	6 316
贵州	3 050	10	2 857	4 567	3 314	1 952
云南	4 171	6	4 492	5 423	4 110	4 081
陕西	2 168	6	5 530	3 609	4 598	1 704
甘肃	1 635	1 786	2 716	2 648	3 326	1 517
青海	1 004	2	1 265	893	943	978
宁夏	683		1 061	555	948	619
新疆	3 446		3 733	2 813	3 346	2 303
重庆	592	1	1 777	1 177	1 167	1 171
武汉	708	2	942	832	983	993
沈阳	234	1	1 250	448	715	980
大连	442	2	1 340	694	892	767
哈尔滨	522	2	982	664	933	697
广州	827	1	1 717	508	827	1 238
西安	372		907	397	593	429
青岛	478		1 119	608	1 185	876
宁波	566		1 047	619	788	722
厦门	207		255	100	199	363
深圳	342		762	168	309	674
长春	1 019		1 048	740	1 039	836
南京	327	2	1 185	378	647	670
成都	746	1	1 275	915	1 009	973
长院	20		25	50	128	12
武院	15		46	41	80	18
天院	26		27	40	68	29
信托	3			1	19	10
总计	105 437	3 254	178 240	128 967	163 858	108 395

各地区农业银行系统全部职工基本情况(续2)

(1991年)

单　位	政治情况		年　龄			
	民主党派	无党派	25岁以下	26岁至30岁	31岁至35岁	36岁至40岁
总　行	3	178	106	146	137	126
北　京	2	1 735	1 352	1 442	818	602
天　津	2	1 593	1 060	1 214	655	445
河　北	7	8 677	5 753	6 906	4 278	2 939
山　西	3	5 326	2 018	2 943	2 649	1 302
内　蒙	2	7 541	2 456	4 200	3 223	1 664
辽　宁	8	6 310	3 098	3 618	2 747	1 966
吉　林	20	6 428	1 541	3 586	2 624	1 777
黑龙江	12	9 279	3 513	4 777	3 304	2 304
上　海	7	3 057	3 028	1 837	829	649
江　苏	3	9 115	4 420	6 429	4 449	2 138
浙　江	19	5 799	3 671	4 738	2 838	1 147
安　徽	7	6 095	2 798	4 718	3 456	1 361
福　建	3	5 478	3 425	3 408	2 045	912
江　西	3	8 343	3 454	5 582	3 208	1 407
山　东	4	7 232	6 510	10 371	3 948	2 434
河　南	4	12 118	5 597	8 088	5 389	3 001
湖　北	5	10 007	4 149	5 754	4 262	2 949
湖　南	9	9 085	4 512	6 331	3 213	2 087
广　东	7	13 115	5 865	7 076	4 704	2 402
广　西	8	8 337	2 907	4 918	2 770	1 241
海　南	1	2 439	903	1 321	844	392
四　川	33	13 354	6 828	7 088	4 136	3 156
贵　州	4	6 370	2 258	3 066	2 099	926
云　南	3	7 310	3 879	4 605	1 859	1 039
陕　西	2	6 335	1 968	3 348	2 603	1 141
甘　肃	2	5 011	1 423	3 050	1 640	1 167
青　海	5	1 629	907	1 399	437	219
宁　夏	3	1 285	748	836	502	214
新　疆		5 978	2 802	2 918	2 145	843
重　庆	3	1 932	948	1 218	717	471
武　汉		1 359	1 118	739	501	359
沈　阳		875	863	627	304	228
大　连	1	1 259	769	621	431	295
哈尔滨	2	1 241	652	715	494	348
广　州	1	1 782	1 310	1 101	551	366
西　安	2	1 008	363	490	447	200
青　岛		633	636	995	352	216
宁　波		1 165	710	758	550	257
厦　门	1	249	383	203	78	43
深　圳	2	684	613	559	236	106
长　春		1 580	636	875	672	447
南　京		1 010	615	687	435	189
成　都	1	1 554	984	884	537	396
长　院	2	125	5	40	49	37
武　院		150	3	63	38	45
天　院	7	125	10	49	40	40
信　托		7	8	7	8	4
总　计	213	211 297	103 565	137 244	84 251	47 997

各地区农业银行系统全部职工基本情况(续3)

(1991年) 单位：人

单位	年龄					
	41岁至45岁	46岁至50岁	51岁至54岁	55岁至59岁	# 女	60岁以上
总行	76	49	41	21	5	1
北京	289	188	131	177	2	15
天津	202	210	113	114	1	7
河北	1 518	1 556	1 268	1 317	9	37
山西	802	739	510	717	15	83
内蒙	872	797	592	434	7	27
辽宁	1 205	1 297	934	811	3	18
吉林	1 011	746	568	530	9	27
黑龙江	1 904	1 505	1 003	632	4	15
上海	449	517	208	319	3	34
江苏	1 713	1 727	952	972	18	63
浙江	692	494	465	831	11	73
安徽	540	647	682	1 129	27	117
福建	610	557	559	721	7	31
江西	996	1 042	705	811	3	18
山东	1 613	1 459	1 099	1 178	4	16
河南	1 902	2 079	1 990	2 367	40	295
湖北	2 025	1 558	905	1 132	36	102
湖南	1 349	1 145	872	1 172	14	80
广东	1 788	1 182	1 195	1 721	11	95
广西	843	608	752	1 667	11	40
海南	235	237	253	251	4	21
四川	1 747	1 659	1 225	1 317	21	59
贵州	920	943	549	804	11	75
云南	1 107	1 190	767	997	11	61
陕西	955	1 079	683	743	12	119
甘肃	576	687	606	656	8	51
青海	175	249	94	74		1
宁夏	133	146	133	142	1	1
新疆	826	861	694	507	7	31
重庆	314	216	141	237	5	11
武汉	245	146	88	122	5	17
沈阳	188	144	88	121	1	7
大连	239	214	215	129	4	6
哈尔滨	286	183	103	86	1	6
广州	164	78	83	170	10	25
西安	118	132	130	139	2	13
青岛	130	130	115	115	1	5
宁波	150	85	47	112		6
厦门	34	23	21	27		
深圳	67	39	16	28		5
长春	251	237	182	149	1	6
南京	122	126	65	76	1	12
成都	262	193	111	156	3	14
长院	27	52	27	16	1	14
武院	37	27	20	14	1	1
天院	30	29	12	13	1	6
信托	3	3		1		2
总计	31 740	29 210	22 012	25 975	352	1 769

专业技术职务聘任情况

(1991年)　　单位：人

项　目	总计				经济人员				
	总　计	#高级职称	#中级职称	#初级职称	经济人员	高级经济师	经济师	助理经济师	经济员
总　计	287 682	1 421	41 319	244 942	146 953	968	29 945	70 374	45 666
总　行	272	6	151	115	148	1	91	49	7
省、自治区、直辖市分行	4 000	364	2 104	1 532	2 678	277	1 448	834	119
单列市分行	1 094	80	527	487	718	59	372	258	29
地区中心支行	8 873	271	3 700	4 902	6 374	224	2 752	2 908	490
省辖市分支行	7 240	251	2 919	4 070	5 031	212	2 177	2 268	374
县　支　行	67 472	86	14 630	52 756	43 375	74	11 242	22 612	9 447
县级市支行	12 355	28	2 891	9 436	7 857	25	2 199	4 065	1 568
营　业　所	144 380	2	8 131	136 247	63 841	1	6 115	29 362	28 363
储　蓄　所	15 320	2	339	14 979	4 870	2	210	2 063	2 595
营　业　部	7 779	8	1 068	6 703	3 047	6	687	1 582	772
郊城办事处	13 087	38	2 587	10 462	7 013	36	1 866	3 443	1 668
国际业务部	767	16	234	517	519	14	193	261	51
信托投资公司	1 171	28	382	761	775	25	296	367	87
管理干部学院	347	48	170	129	8		6	2	
职工中专	2 005	146	856	1 003	284	6	116	121	41
干部学校	1 201	39	512	650	295	5	123	128	39
招　待　所	60		16	44	29		10	12	7
其　他	259	8	102	149	91	1	42	39	9

专业技术职务聘任情况（续1）

（1991年） 单位：人

项　目	会计人员					统计人员				
	合　计	高级会计师	会计师	助理会计师	会计员	合　计	高级统计师	统计师	助理统计师	统计员
总　计	**133 944**	**136**	**8 825**	**51 008**	**73 975**	**261**	**2**	**45**	**149**	**65**
总　行	34	1	14	15	4	3		2	1	
省、自治区、直辖市分行	710	41	350	261	58	6	1	4	1	
单列市分行	237	13	93	112	19	3			3	
地区中心支行	1 882	36	692	946	208	29		14	13	2
省辖市分支行	1 645	26	527	862	230	10		5	2	3
县支行	23 168	8	3 221	11 986	7 953	104	1	5	67	31
县级市支行	4 260	3	642	2 271	1 344	26		4	14	8
营业所	80 258	1	1 983	26 310	51 964	50		7	32	11
储蓄所	10 397		127	3 050	7 220	7			1	6
营业部	4 598	2	349	2 085	2 162	8			7	1
城郊办事处	5 804	2	649	2 581	2 572	8		1	6	1
国际业务部	228	1	31	134	62	1				1
信托投资公司	331	1	60	189	81					
管理干部学院	16		8	3	5	1		1		
职工中专	147	1	32	79	35	3		1	1	1
干部学校	140		27	85	28	2		1	1	
招待所	21		3	9	9					
其　他	68		17	30	21					

专业技术职务聘任情况(续2)

(1991年)

单位：人

项　　目	工程技术人员	高级工程师	工程师	助理工程师	技术员	教学人员	正副教授
总　计	**2 464**	**60**	**667**	**1 321**	**416**	**3 200**	**52**
总　行	38	2	12	23	1	15	
省、自治区、直辖市分行	398	29	176	161	32	93	
单列市分行	98	5	38	50	5	18	
地区中心支行	294	2	91	162	39	198	
省辖市分支行	363	8	111	194	50	108	
县　支　行	462	3	60	273	126	196	
县级市支行	112		13	77	22	76	
营　业　所	165		17	83	65	47	
储　蓄　所	34			16	18	6	
营　业　部	87		20	52	15	24	
城郊办事处	187		40	115	32	48	
国际业务部	11		7	2	2	5	
信托投资公司	51	2	18	30	1	9	
管理干部学院	21	1	8	11	1	239	45
职工中专	33	2	14	15	2	1 423	7
干部学校	19		1	17	1	695	
招　待　所							
其　他	91	6	41	40	4		

专业技术职务聘任情况（续3）

（1991年）　　　　单位：人

项　目	高级讲师	讲　师	助　教	教　员	其他专业技术人员	高级职称	中级职称	初级职称
总　计	195	1 551	1 298	104	860	8	286	566
总　行	1	12	2		34	1	20	13
省、自治区、直辖市分行	13	55	23	2	115	3	71	41
单列市分行	2	14	2		20	1	10	9
地区中心支行	9	116	71	2	96		35	61
省辖市分支行	5	69	30	4	83		30	53
县　支　行		84	106	6	167		18	149
县级市支行		32	43	1	24		1	23
营　业　所		7	37	3	19		2	17
储　蓄　所		1	5		6		1	5
营　业　部		11	13		15		1	14
城郊办事处		26	21	1	27		5	22
国际业务部	1		4		3		3	
信托投资公司		4	5		5		4	1
管理干部学院		122	72		62	2	25	35
职工中专	130	653	577	56	115		40	75
干部学校	34	345	287	29	50		15	35
招　待　所					10		3	7
其　他					9		2	6

各类专业技术人员基本情况

（1991年）　　　　单位：人

项　　目	总　　数	# 女	# 少数民族	# 从非国家干部中选聘	# 担任中层以上领导职务
总　　计	38 8 713	116 600	29 555	22 332	31 943
# 担任行政领导职务的	27 141	2 552	1 570	179	25 779
相当厅（局）级	222	11	10		215
相当处级	3 149	146	225		3 058
相当科级	23 770	2 395	1 335	179	22 506
# 从非国家干部中选聘	22 094	6 805	985	21 159	477
# 高级职称	1 997	124	81		1 554
# 中级职称	43 782	5 838	2 328	494	18 091
# 初级职称	252 005	84 082	19 653	16 085	11 212
1. 工程技术人员	3 449	829	157	133	302
高级工程师	80	11	1		41
工　程　师	751	136	21	7	179
助理工程师	1 503	353	81	58	62
技　术　员	461	150	22	51	8
未聘任专业技术职务的	654	179	32	17	12
2. 农业技术人员	69	11	7		10
高级农艺师	1				
农　艺　师	19	6	1		6
助理农艺师	38	4	4		3
技　术　员	10	1	2		
未聘任专业技术职务的	1				1
3. 卫生技术人员	355	268	16	8	28
正副主任医师	3	1			2
主治医师	149	105	6		16
医（护）师	143	111	5	3	8

各类专业技术人员基本情况(续1)

(1991年)

单位：人

项目	文化程度							
	高等院校				中等专业学校		高中	初中以下
	毕业者			肄业	毕业者	肄业者		
	研究生毕业者	本科毕业者	专科毕业者					
总计	328	10 686	51 323	1 126	96 961	2 874	132 673	92 742
＊担任行政领导职务的	35	1 393	6 851	264	4 771	84	5 729	8 014
相当厅（局）级		57	58	2	29		36	40
相当处级	8	376	950	37	500	4	569	705
相当科级	27	960	5 843	225	4 242	80	5 124	7 269
＊从非国家干部中选聘		37	1 352	132	3 629	32	12 292	4 620
＊高级职称	11	522	356	20	260	7	393	428
中级职称	116	2 375	10 544	312	6 857	83	7 041	16 454
初级职称	69	3 604	30 346	667	68 074	2 297	88 889	58 059
1. 工程技术人员	62	1 171	1 225	7	556	2	354	72
高级工程师	5	64	9		1			1
工　程　师	21	296	322	1	74		26	11
助理工程师	11	514	507	3	287	2	144	35
技　术　员		7	194	2	140		103	15
未聘任专业技术职务的	25	290	193	1	54		81	10
2. 农业技术人员		22	17		26		3	1
高级农艺师		1						
农　艺　师		12	7					
助理农艺师		9	9		16		3	1
技　术　员			1		9			
未聘任专业技术职务的					1			
3. 卫生技术人员	2	32	69	1	194		20	37
正副主任医师		3						
主治医师	1	25	46		69		1	7
医（护）师		3	17		97		8	18

各类专业技术人员基本情况(续2)

(1991年)　　　　单位：人

项　　目	总　数	#女	#少数民族	#从非国家干部中选聘	#担任中层以上领导职务
医（护）士	46	41	5	4	2
未聘任专业技术职务的	14	10		1	
4．教学人员	3 754	1 347	254	25	683
学院　正副教授	54	7	1		25
学院　讲师	167	46	5		46
学院　助教	112	59	7	1	5
学院　未聘任专业技术职务的	44	16	1		6
中专干校　高级讲师	220	37	12		121
中专干校　讲师	1 455	486	101	6	419
中专干校　助理讲师	1 264	520	96	12	50
中专干校　教员	116	52	6	4	1
未聘任专业技术职务的	322	124	25	2	10
5．经济人员	195 293	27 508	15 041	9 464	23 802
高级经济师	1 442	56	64		1 220
经济师	31 860	2 370	1 747	385	13 982
助理经济师	72 920	10 624	5 617	2 155	6 956
经济员	46 778	7 182	4 382	4 538	801
未聘任专业技术职务的	42 293	7 276	3 231	2 386	843
6．会计人员	184 815	85 975	14 013	12 677	7 043
高级会计师	187	11	3		142
会计师	9 174	2 567	431	95	3 404
助理会计师	52 498	27 183	3 623	1 688	2 829
会计员	75 460	37 319	5 755	7 550	456
未聘任专业技术职务的	47 496	18 895	4 201	3 344	212
7．统计人员	334	215	25	15	18
高级统计师	3	1			

各类专业技术人员基本情况(续3)

(1991年)　　　　单位：人

项　目	文化程度							
	高等院校				中等专业学校		高中	初中以下
	研究生毕业者	本科毕业者	专科毕业者	肄业	毕业者	肄业者		
医（护）士	1		3	1	22		8	11
未聘任专业技术职务的		1	3		6		3	1
4．教学人员	53	1 559	1 586	16	357		118	65
学院 正副教授	1	40	8	1	2		1	1
学院 讲师	16	114	32		3		2	
学院 助教	4	80	25		3			
学院 未聘任专业技术职务的	16	24	4					
中专干校 高级讲师	3	150	34	1	17		8	7
中专干校 讲师	5	596	675	8	106		39	26
中专干校 助理讲师	5	435	621	4	159		29	11
中专干校 教员		7	77		27		5	
未聘任专业技术职务的	3	113	110	2	40		34	20
5．经济人员	192	5 018	30 537	829	43 335	1 220	58 550	55 612
高级经济师	2	240	281	16	211	5	340	347
经济师	72	1 160	7 982	247	4 732	68	5 186	12 413
助理经济师	44	1 720	14 295	382	18 867	530	17 846	19 236
经济员	3	128	3 304	90	10 782	359	18 812	13 300
未聘任专业技术职务的	71	1 770	4 675	94	8 743	258	16 366	10 316
6．会计人员	19	2 798	17 620	270	52 272	1 650	73 368	36 818
高级会计师		19	21	2	29	2	42	72
会计师	1	122	1 403	56	1 844	15	1 760	3 973
助理会计师	1	560	7 117	122	17 444	504	17 159	9 591
会计员		124	4 018	60	20 046	900	34 567	15 745
未聘任专业技术职务的	17	1 973	5 061	30	12 909	229	19 840	437
7．统计人员		25	83	2	100		88	36
高级统计师		1	2					

各类专业技术人员基本情况(续4)

(1991年)　　　　　　　　　　　　　　　　单位：人

项目	总数	#女	#少数民族	#从非国家干部中选聘	#担任中层以上领导职务
统计师	51	36	5		8
助理统计师	166	119	13	5	9
统计员	72	43	7	8	1
未聘任专业技术职务的	42	16		2	
8．翻译人员	29	11	3		5
正、副译审	1				1
翻　译	15	5	2		3
助理翻译	8	6	1		1
未聘任专业技术职务的	5				
9．图书、档案、资料人员	542	411	35	9	37
正、副研究馆员	3				1
馆　员	95	65	7	1	16
助理馆员	309	244	16	3	15
管理员	81	63	9	4	3
未聘任专业技术职务的	54	39	3	1	2
10．新闻出版人员	68	23	4	1	15
正、副编审、高级主任记者	3				1
编辑、记者、一级校对	42	15	2		12
助理编辑、助理记者、二、三级校对	19	7	2	1	2
未聘任专业技术职务的	4	1			
11．律师、公证人员	5	2			
一、二级律师、公证员					
三级律师、公证员	4	1			
四级律师、公证员助理	1	1			
未聘任专业技术职务(称)的					

各类专业技术人员基本情况(续5)

(1991年)　　单位：人

项目	文化程度							
	高等院校				中等专业学校		高中	初中以下
	研究生毕业者	本科毕业者	专科毕业者	肄业	毕业者	肄业者		
统计师		11	18		13		4	5
助理统计师		4	43	2	58		44	15
统计员			9		21		29	13
未聘任专业技术职务的		9	11		8		11	3
8．翻译人员		12	14		1		2	
正、副译审		1						
翻　　译		7	7				1	
助理翻译		3	3		1		1	
未聘任专业技术职务的		1	4					
9．图书、档案、资料人员		29	141	1	114	2	160	95
正、副研究馆员		2	1					
馆　　员		17	32		13		18	15
助理馆员		7	79	1	76	2	99	45
管理员			16		16		28	21
未聘任专业技术职务的		3	13		9		15	14
10．新闻出版人员		19	28		6		10	5
正、副编审、高级主任记者		1					2	
编辑、记者、一级校对		14	18		3		4	3
助理编辑、助理记者、二、三级校对		3	7		3		4	2
未聘任专业技术职务的		1	3					
11．律师、公证人员		1	3					1
一、二级律师、公证员								
三级律师、公证员		1	2					1
四级律师、公证员助理			1					
未聘任专业技术职务(称)的								

各类专业技术人员基本情况(续6)

(1991年)

项目	政治情况				年龄		
	共产党员	共青团员	民主党派	无党派	25岁以下	26岁至30岁	31岁至35岁
总计	133 450	87 841	203	167 219	68 809	116 330	70 335
# 担任行政领导职务的	22 884	340	53	3 864	44	1 639	3 717
相当厅(局)级	221			1			
相当处级	3 051	1	7	90		19	141
相当科级	19 612	339	46	3 773	44	1 620	3 576
从非国家干部中选聘	4 022	6 029	48	111 995	6 836	7 257	4 259
# 高级职称	1 744		28	225			7
# 中级职称	32 240	644	122	10 776	24	2 716	4 326
# 初级职称	79 940	53 424	48	118 593	27 804	92 451	56 294
1. 工程技术人员	875	1 278	7	1 289	949	1 104	547
高级工程师	49		4	27			1
工程师	343	58	3	347	2	143	179
助理工程师	338	577		588	268	690	290
技术员	65	250		146	245	132	44
未聘任专业技术职务的	80	393		181	434	139	33
2. 农业技术人员	33	7		29		16	15
高级农艺师	1						
农艺师	14			5		1	2
助理农艺师	15	6		17		12	9
技术员	2	1		7		3	4
未聘任专业技术职务的	1					3	
3. 卫生技术人员	167	15	1	172	5	30	52
正副主任医师	2			1			
主治医师	88		1	60			10
医(护)师	68	5		70		15	31

各类专业技术人员基本情况（续7）

（1991年）　　　　单位：人

项　目	年				龄		
	36岁至40岁	41岁至45岁	46岁至50岁	51岁至54岁	55岁至59岁	女	60岁以上
总　　计	37 707	25 628	25 355	19 714	23 404	245	1 431
# 担任行政领导职务的	4 090	4 262	4 910	3 312	4 723	54	444
相当厅(局)级	2	11	54	32	89	5	34
相当处级	285	471	729	468	905	13	131
相当科级	3 803	3 780	4 127	2 812	3 729	36	279
# 从非国家干部中选聘	2 063	847	445	283	102	1	
# 高级职称	9	91	386	398	887	29	219
# 中级职称	4 483	5 509	9 205	7 252	9 732	124	535
# 初级职称	27 006	16 178	12 928	9 557	9 362	68	425
1.工程技术人员	365	218	151	90	24	1	1
高级工程师	1	8	34	32	4		
工　程　师	158	128	84	44	12	1	1
助理工程师	159	58	25	8	5		
技　术　员	24	9	4	1	2		
未聘任专业技术职务的	23	15	4	5	1		
2.农业技术人员	11	3	13	8	3		
高级农艺师				1			
农　艺　师	1	1	10	4			
助理农艺师	9	1	3	1	3		
技　术　员	1	1		1			
未聘任专业技术职务的				1			
3.卫生技术人员	98	67	56	40	7	4	
正副主任医师				3			
主治医师	26	40	39	30	4	2	
医（护）师	56	23	10	6	2	2	

各类专业技术人员基本情况（续8）

（1991年）

项目	政治情况				年龄		
	共产党员	共青团员	民主党派	无党派	25岁以下	26岁至30岁	31岁至35岁
医（护）士	9	6		31	3	11	8
未聘任专业技术职务的		4		10	2	4	3
4.教学人员	1 523	784	40	1 407	327	1 302	578
学院 正副教授	41		4	9			
学院 讲师	79	13	4	71		33	32
学院 助教	15	58	1	38	13	82	10
学院 未聘任专业技术职务的	10	23		11	16	21	
中专干校 高级讲师	169		9	42			1
中专干校 讲师	758	87	18	592	1	250	303
中专干校 助理讲师	358	375	4	527	98	792	206
中专干校 教员	14	79		23	52	54	6
中专干校 未聘任专业技术职务的	70	149		94	147	70	20
5.经济人员	90 744	31 217	112	73 220	22 267	49 141	35 588
高级经济师	1 329		10	103			5
经济师	25 213	385	71	6 191	14	1 878	3 187
助理经济师	37 422	8 207	27	27 264	1 664	20 628	16 766
经济员	14 156	10 528	2	22 092	6 376	16 446	10 346
未聘任专业技术职务的	12 624	12 097	2	17 570	14 213	10 189	5 284
6.会计人员	39 712	54 408	41	90 654	45 210	64 531	33 278
高级会计师	145		1	41			
会计师	5 632	99	24	3 419	7	400	570
助理会计师	16 474	8 390	9	27 625	1 691	20 111	13 727
会计员	10 753	24 843	4	39 860	17 369	33 304	14 633
未聘任专业技术职务的	6 708	21 076	3	19 709	26 143	10 716	4 348
7.统计人员	89	61		184	27	92	88
高级统计师	2			1			

各类专业技术人员基本情况（续9）

（1991年）　　　　单位：人

项　目	年				龄		
	36岁至40岁	41岁至45岁	46岁至50岁	51岁至54岁	55岁至59岁	#女	60岁以上
医（护）士	15	3	5		1		
未聘任专业技术职务的	1	1	2	1			
4．教学人员	409	341	355	242	175	10	25
学院 正副教授		1	13	14	15		11
讲　师	26	26	25	19	5		1
助　教	5	2					
未聘任专业技术职务的	1	2		1	2		1
中专干校 高级讲师		10	58	70	73	3	8
讲　师	256	223	222	127	70	6	3
助理讲师	87	56	16	5	3		1
教　员	2		1		1	1	
未聘任专业技术职务的	32	21	20	6	6		
5．经济人员	21 973	16 832	17 019	13 767	17 575	110	1 131
高级经济师	7	66	252	252	681	24	179
经　济　师	3 215	3 905	6 455	5 328	7 455	50	423
助理经济师	9 564	7 096	6 395	5 060	5 494	17	253
经　济　员	5 377	3 224	2 092	1 437	1 411	4	69
未聘任专业技术职务的	3 810	2 541	1 825	1 690	2 534	15	207
6．会计人员	14 670	8 055	7 680	5 523	5 596	117	272
高级会计师	1	6	26	24	110	2	20
会　计　师	758	1 147	2 331	1 684	2 170	62	107
助理会计师	6 152	3 361	3 123	2 301	1 950	38	82
会　计　员	5 433	2 278	1 223	714	487	6	19
未聘任专业技术职务的	2 326	1 263	977	800	879	9	44
7．统计人员	56	30	24	9	7	1	1
高级统计师			1		2		

各类专业技术人员基本情况（续10）

（1991年）

项　目	政治情况				年龄		
	共产党员	共青团员	民主党派	无党派	25岁以下	26岁至30岁	31岁至35岁
统计师	22			29			9
助理统计师	48	19		99	3	52	58
统计员	12	23		37	9	26	14
未聘任专业技术职务的	5	19		18	15	14	7
8．翻译人员	13	3		13		6	7
正、副译审	1						
翻译	9			6		2	3
助理翻译	2	3		3		2	3
未聘任专业技术职务的	1			4		2	1
9．图书、档案、资料人员	253	61	1	227	20	97	160
正、副研究馆员	2			1			
馆员	54			41		2	15
助理馆员	153	33	1	122	2	66	110
管理员	28	16		37	7	21	25
未聘任专业技术职务的	16	12		26	11	8	10
10．新闻出版人员	39	7	1	21	4	11	20
正、副编审、高级主任记者	3						
编辑、记者、一级校对	26	2	1	13		7	14
助理编辑、助理记者、二、三级校对	8	5		6	4	4	4
未聘任专业技术职务的	2			2			2
11．律师、公证人员	2			3			
一、二级律师、公证员							2
三级律师、公证员	2			2			2
四级律师、公证员助理				1			
未聘任专业技术职务（称）的							

各类专业技术人员基本情况（续11）

（1991年）　　　　单位：人

项　　目	年					龄	
	36岁至40岁	41岁至45岁	46岁至50岁	51岁至54岁	55岁至59岁	#女	60岁以上
统　计　师	9	12	13	4	4	1	
助理统计师	32	7	9	3	1		1
统　计　员	10	10	1	2			
未聘任专业技术职务的	5	1					
8．翻译人员	12		3	1			
正、副译审			1				
翻　　译	7		2	1			
助理翻译	3						
未聘任专业技术职务的	2						
9．图书、档案、资料人员	100	71	49	32	12	2	1
正、副研究馆员			1	1			1
馆　　员	20	18	20	11	9	2	
助理馆员	58	42	15	15	1		
管　理　员	15	5	5	2	1		
未聘任专业技术职务的	7	6	8	3	1		
10．新闻出版人员	10	11	5	2	5		
正、副编审、高级主任记者				1	2		
编辑、记者、一级校对	5	9	4		3		
助理编辑、助理记者、二、三级校对	3	2	1	1			
未聘任专业技术职务的	2						
11．律师、公证人员	3						
一、二级律师、公证员							
三级律师、公证员	2						
四级律师、公证员助理	1						
未聘任专业技术职务（称）的							

农业银行损益

单位：亿元

项　　目	1987年	1988年	1989年	1990年	1991年
、收入					
贷款利息收入	150.76	202.15	289.11	273.42	323.54
转存、同业往来等利息收入	180.58	294.71	468.60	459.86	431.99
代理业务收入					
其他收入	2.88	4.49	5.74	16.06	4.62
收入合计	334.22	501.35	763.45	749.34	760.15
二、支出					
存款利息支出	53.42	69.02	00.09	97.26	122.22
同业往来等利息支出	205.18	332.54	566.78	575.42	544.52
代理费用	2.68	4.05	5.01	6.26	8.63
经营费用	14.16	19.72	28.89	34.85	38.19
折旧费用	1.86	2.35	2.85	3.51	4.33
其他支出	19.85	32.93	35.59	20.49	26.21
支出合计	297.15	460.61	729.21	737.79	744.10
三、纳税前收入	37.07	40.74	34.24		
四、所得税等	23.15	25.54	21.98		
五、净利益	13.92	15.20	12.26	11.55	16.05

信用社机构状况

（1991年）

地区	独立核算机构				
		乡信用社	联村信用社	村信用社	联社营业部
总计	**60 664**	**58 231**	**1 080**	**94**	**1 259**
北京	285	280			5
天津	219	219			
河北	3 737	3 582	16	2	137
山西	2 037	1 958	10	1	68
内蒙古	1 454	1 424		1	29
辽宁	1 330	1 251	20	1	58
吉林	948	917			31
黑龙江	1 145	1 133			12
上海	205	205			
江苏	2 052	2 042	2	7	1
浙江	3 005	2 967			38
安徽	3 505	3 471	3		31
福建	959	935	5	1	18
江西	1 919	1 815	50		54
山东	2 293	2 293			
河南	2 758	2 047	597		114
湖北	3 311	3 061	187	2	61
湖南	3 616	3 516	4		96
广东	1 783	1 637			96
广西	1 479	1 340	58	5	76
海南	330	317			13
四川	8 407	8 315			92
贵州	3 510	3 435	39	20	16
云南	1 557	1 472	19	26	40
西藏	426	426			
陕西	2 626	2 596	5	2	23
甘肃	1 559	1 505	22	24	8
青海	319	317			2
宁夏	265	259			6
新疆	846	740	43	1	62
				1	72
重庆	816	799			17
武汉	110	108			2
沈阳	109	106			3
大连	138	131			7
哈尔滨	124	121			3
广州	85	82			3
西安	198	188			10
青岛	164	164			
宁波	304	298			6
厦门	22	20		1	1
深圳	18	13			
南京	124	124			
成都	412	398			14
长春	155	149			6

信 用 社 机 构 状 况(续)

(1991年)

单位：个

地区	不独立核算机构			附：信用站	县（市）联社机构		
		信用分社	储蓄所		建立联社数	县辖通汇数	参加农行省辖
总计	49 210	32 709	16 496	276 278	2 429	721	35
北京	204	162	42	2 782	14		
天津	216	114	102	2 168	12		
河北	1 168	929	239	41 197	156	129	
山西	1 154	584	570	20 663	111	65	
内蒙古	786	497	289	1 081	85	25	
辽宁	1 446	451	995	2 407	63	25	10
吉林	1 056	92	964	2 046	48	22	
黑龙江	732	69	663	10 733	77	2	
上海	59	46	13		15		
江苏	1 397	914	483	9 553	81		
浙江	1 827	963	864	13 332	73	23	
安徽	2 167	1 190	977	6 096	82	37	
福建	1 375	1 250	125	2 574	72	24	
江西	1 412	955	457	4 752	94	62	1
山东	3 203	1 767	1 436	47 781	130		
河南	3 813	2 485	1 328	14 960	133	50	
湖北	3 185	2 200	985	19 821	83	55	15
湖南	2 119	1 425	694	31 371	107	61	
广东	6 691	4 175	2 516	45	103	18	
广西	1 402	1 242	160		88	27	
海南	470	395	75		19	2	
四川	2 298	1 496	802	9 308	203	34	
贵州	1 139	1 109	30	6	58	3	
云南	4 075	4 050	25		117	20	1
西藏	90	90					
陕西	967	677	290	17 868	104	9	
甘肃	503	494	9	4 799	84	10	
青海	74	71	3	216	28		
宁夏	76	76		15	18	3	
新疆	845	828	17	128	62	1	1
重庆	237	149	88	1 382	18	4	
武汉	329	229	100	201	6	2	1
沈阳	124	28	96	115	6		1
大连	361	186	175	194	8	2	
哈尔滨	64	4	60	1 581	5		
广州	722	673	49	2	9		
西安	237	149	88	1 901	10	1	
青岛	99	12	87	2 463	5		5
宁波	260	117	143	1 233	8		
厦门	19	17	2	266	3		
深圳	164	149	15		1	1	
南京	39	70	29	28	9		
成都	373	130	243	43	15	1	
长春	173	5	168	1 167	6	6	

信用社人员状况

（1991年）

地区	信用社在职职工总数			信用社在职职工岗位情况			
		固定制	合同制		在信用社	在联社营业部	联社管理人员
总计	**577 626**	**298 235**	**289 391**	**5 77 644**	**533 332**	**12 117**	**32 195**
北京	5 125	2 353	2 772	5 125	4 653	157	315
天津	3 675	2 110	1 565	3 675	3 500		175
河北	29 327	12 238	17 039	29 327	25 820	844	2 663
山西	20 298	12 189	8 109	20 298	18 096	571	1 631
内蒙古	12 677	5 559	7 118	12 677	11 864	300	513
辽宁	27 695	11 152	16 543	27 695	25 375	1 001	1 319
吉林	16 751	7 078	9 673	16 751	15 582	703	466
黑龙江	12 105	5 249	6 855	12 105	11 380	367	358
上海	4 074	3 994	80	4 074	3 654		420
江苏	31 155	14 715	16 440	31 155	29 376	21	1 758
浙江	26 366	14 242	12 124	26 366	24 050	267	2 049
安徽	21 517	11 966	9 551	21 517	20 311	247	959
福建	12 189	5 265	6 924	12 189	11 229	120	840
江西	12 925	7 433	5 487	12 925	12 001	372	552
山东	43 894	19 569	24 325	43 894	42 482		1 412
河南	38 209	18 582	19 627	38 209	35 003	1 230	1 976
湖北	23 786	11 913	11 873	23 786	22 515	421	850
湖南	24 533	18 530	6 003	24 533	21 901	946	1 686
广东	46 213	19 809	26 404	46 213	43 611	1 351	1 251
广西	19 602	7 489	12 113	19 602	17 728	763	1 111
海南	3 395	1 890	1 505	3 395	3 242	61	92
四川	43 830	24 814	19 016	43 830	39 218	671	3 941
贵州	10 854	5 658	5 106	10 854	10 310	154	390
云南	14 598	8 759	5 839	14 598	13 603	205	790
西藏	1 230	1 178	52	1 230	1 230		
陕西	15 356	6 984	8 372	15 356	14 109	134	1 113
甘肃	8 131	3 604	4 527	8 131	7 563	40	528
青海	1 433	580	853	1 433	1 327	10	96
宁夏	2 320	890	1 430	2 320	2 146	41	133
新疆	5 963	3 258	2 695	5 963	5 281	327	355
重庆	5 055	2 874	2 181	5 055	4 199	116	740
武汉	2 248	1 128	1 120	2 248	2 166	18	64
沈阳	2 526	1 312	1 214	2 526	2 356	56	114
大连	4 241	2 046	2 195	4 241	3 950	120	171
哈尔滨	1 635	666	969	1 635	1 530	27	78
广州	3 761	1 642	2 119	3 779	3 588	32	159
西安	2 521	1 427	1 094	2 521	2 235	58	228
青岛	3 243	1 372	1 871	3 243	3 211		32
宁波	3 212	1 793	1 419	3 212	2 926	23	263
厦门	386	176	210	386	353	5	28
深圳	781	251	530	781	767		14
南京	2 055	1 057	993	2 055	1 897		158
成都	4 304	2 019	2 285	4 304	3 802	155	347
长春	2 432	1 357	1 075	2 432	2 192	183	57

信 用 社 人 员 状 况(续)

(1991年)　　　　　　　　　　　　　　单位：人

地区	银行职工从事信用合作人员数				信用站业务人员数
		联社营业部	联社管理人员	省地行管理人员	
总计	**9 977**	**250**	**7 391**	**2 336**	**291 277**
北京	65		65		2 927
天津	74		62	12	2 216
河北	646	25	487	134	42 131
山西	254	5	124	125	23 233
内蒙古	433	6	341	86	1 240
辽宁	539	14	396	129	2 407
吉林	379	8	294	77	2 104
黑龙江	568	41	160	367	11 151
上海	101		92	9	
江苏	244		207	37	9 912
浙江	517		426	91	16 771
安徽	423	1	337	85	9 802
福建	244		178	66	2 972
江西	284		211	73	4 752
山东	418		347	71	47 861
河南	510	7	357	146	15 397
湖北	538	26	382	130	20 175
湖南	320		246	74	31 026
广东	534	77	399	58	146
广西	25	1	183	66	101
海南	88		68	20	23
四川	590		557	33	9 308
贵州	168	3	129	36	86
云南	230	1	161	68	195
西藏	231		181	50	6
陕西	295	1	219	75	18 285
甘肃	131		71	60	4 900
青海	47		23	24	75
宁夏	94	2	71	21	15
新疆	154	12	130	12	319
重庆	48		39	9	1 382
武汉	45		34	11	250
沈阳	53	4	39	10	120
大连	115	3	101	11	194
哈尔滨	71	5	49	17	1 581
广州	24	4	20		24
西安	35	1	19	15	1 907
青岛	22		22		2 463
宁波	56		49	7	1 507
厦门	7		7		268
深圳					
南京	19		15	4	28
成都	30		22	8	
长春	83	3	71	9	1 167

农村信用社职称评聘状况

（1991年）

地区	职工总数	职称人员		高级师	会计师	经济师	中级师	会计师	经济师
		总数	总数％						
总计	577 599	286 638	49.6	2	1	1	16 697	3 351	13 346
北京	5 125	2 866	55.9				319	104	215
天津	3 675	2 017	54.9				168	36	132
河北	29 327	16 185	55.2				1 237	156	1 081
山西	20 298	11 484	56.6	2	1	1	1 540	235	1 305
内蒙古	12 677	6 785	53.5				513	83	430
辽宁	27 695	12 072	43.6				824	198	626
吉林	16 751	6 318	37.7				503	115	388
黑龙江	12 105	5 715	47.2				286	48	238
上海	4 074	2 759	67.7				335	111	224
江苏	31 155	18 897	60.7				859	158	701
浙江	26 366	12 648	48.0				609	110	499
安徽	21 517	10 426	48.5				870	141	729
福建	12 189	5 527	45.3				291	57	234
江西	12 925	8 248	63.8				445	84	361
山东	43 894	19 980	45.5				1 203	133	1 070
河南	38 209	19 453	50.9				1 183	262	921
湖北	23 786	8 777	36.9				560	112	448
湖南	24 533	13 748	56.0				1 214	291	923
广东	46 213	14 637	31.7				617	189	428
广西	19 602	9 053	46.2				203	33	170
海南	3 395	334	9.8				1	0	1
四川	43 830	27 935	63.7				542	142	400
贵州	10 854	4 873	44.9				206	86	120
云南	14 598	8 900	61.0				358	112	246
西藏	1 203	570	47.4				33	13	20
陕西	15 356	8 529	55.5				403	67	336
甘肃	8 131	4 273	52.6				293	25	268
青海	1 433	607	42.4				33	7	26
宁夏	2 320	774	33.4				78	14	64
新疆	5 963	3 666	61.5				29	9	20
重庆	5 055	3 258	64.5				98	22	76
武汉	2 248	1 158	51.5				83	14	69
沈阳	2 526	1 806	71.5				215	64	151
大连	4 241	2 483	58.5				172	45	127
哈尔滨	1 635	656	40.1				63	8	55
广州	3 761	1 238	32.9				35	15	20
西安	2 521	892	35.4				31	6	25
青岛	3 243	1 160	35.8				23	3	20
宁波	3 212	1 314	40.9				51	11	40
夏门	386	131	33.9				10	1	9
深圳	781	75	9.6				5	1	4
南京	2 055	1 126	54.8				40	8	32
成都	4 304	2 706	62.9				38	9	29
长春	2 432	579	23.8				78	13	65

农村信用社职称评聘状况(续)

(1991年)　　单位：人

地　区	助　师	会计师	经济师	员　级	会计员	经济员
总　计	**89 798**	**35 420**	**54 378**	**180 141**	**107 071**	**73 070**
北　京	1 279	812	467	1 268	993	275
天　津	407	194	213	1 442	973	469
河　北	5 397	2 329	3 068	9 551	5 715	3 836
山　西	4 282	1 709	2 573	5 660	3 484	2 176
内蒙古	2 995	1 106	1 889	3 277	1 735	1 542
辽　宁	4 137	1 720	2 417	7 111	4 257	2 854
吉　林	2 135	637	1 498	3 680	1 068	2 612
黑龙江	1 683	450	1 233	3 746	1 520	2 226
上　海	714	323	391	1 710	1 231	479
江　苏	3 869	1 495	2 374	14 169	10 573	3 596
浙　江	3 329	1 416	1 913	8 710	5 586	3 124
安　徽	3 506	1 476	2 030	6 050	4 073	1 977
福　建	1 239	496	743	3 997	2 197	1 800
江　西	1 927	752	1 175	5 876	3 474	2 402
山　东	8 468	3 138	5 330	10 309	6 441	3 868
河　南	5 729	1 942	3 787	12 541	6 050	6 491
湖　北	2 672	967	1 705	5 545	3 229	2 316
湖　南	5 365	2 541	2 824	7 169	2 568	2 601
广　东	4 397	1 821	2 576	9 623	5 571	4 052
广　西	2 012	347	1 665	6 838	2 745	4 093
海　南	116	40	76	217	110	107
四　川	7 944	3 398	4 546	19 449	13 137	6 312
贵　州	1 165	446	719	3 502	2 066	1 436
云　南	2 687	1 007	1 680	5 855	2 457	3 398
西　藏	361	219	142	176	90	86
陕　西	2 665	741	1 924	5 461	2 816	2 645
甘　肃	1 518	498	1 020	2 462	1 562	900
青　海	156	57	99	418	288	130
宁　夏	407	141	266	289	180	109
新　疆	1 351	648	703	2 286	1 066	1 220
重　庆	973	396	577	2 187	1 558	629
武　汉	346	114	232	729	459	270
沈　阳	743	371	372	848	538	310
大　连	634	265	369	2 677	1 146	531
哈尔滨	245	67	178	348	157	191
广　州	463	259	204	740	583	157
西　安	211	67	144	650	358	292
青　岛	560	216	344	577	313	264
宁　波	342	134	208	921	575	346
厦　门	48	31	17	73	24	49
深　圳	21	8	13	49	43	6
南　京	202	78	124	884	643	241
成　都	759	397	362	1 909	1 315	594
长　春	339	151	188	162	104	58

4

农业银行教育

农业银行系统中专学校教育情况统计

单位：人

	合计			普通中专班			成人中专全科班		
							脱产		
	招生	毕业	在校	招生	毕业	在校	招生	毕业	在校
合计	**208 715**	**89 037**	**420 436**	**7 949**	**3 567**	**13 732**	**28 355**	**22 758**	**56 644**
1985年	11 179	1 433	16 839				3 689	945	6 451
1986年	15 662	4 469	25 833	460		460	4 850	2 216	8 990
1987年	15 373	8 184	33 081	1 095		1 555	5 356	3 657	10 698
1988年	99 228	9 706	117 701	1 459	460	2 554	4 725	4 455	10 072
1989年	11 727	13 044	99 423	1 220	698	2 530	2 956	4 437	7 522
1990年	27 073	32 942	65 053	1 891	1 132	3 153	2 841	3 965	5 117
1991年	28 473	19 259	62 506	1 824	1 277	3 480	3 938	3 083	7 794

	成人中专全科班			成人中专专修班					
	函授			脱产			自学		
	招生	毕业	在校	招生	毕业	在校	招生	毕业	在校
合计	**60 447**	**19 080**	**115 798**	**10 935**	**10 491**	**12 018**	**97 287**	**32 801**	**214 085**
1985年	7 271	255	10 051	81	288	81			
1986年	7 178	2 172	13 003	1 735	81	1 375			
1987年	7 265	2 674	17 594	813	1 735	813			
1988年	19 031	3 704	28 917	2 791	810	2 780	69 901		69 901
1989年	3 031	4 453	14 456	2 229	3 456	2 723	2 291		72 192
1990年	4 786	1 756	12 827	1 967	2 611	1 967	15 588	23 478	41 989
1991年	11 885	4 066	18 950	1 319	1 510	2 279	9 507	9 323	30 003

农业银行高等教育统计

单位：人

项　　目	1989年	1990年	1991年
招　生	601	709	1 144
毕业生	720	634	799
在校生	1 530	1 733	2 420
一、农行自办			
专修科			
招　生	361	401	408
毕业生	473	391	362
在校生	748	762	801
二、委托举办			
本　科			
招　生		123	194
毕业生			
在校生	399	522	716
专修科			
招　生	240	185	542
毕业生	247	243	437
在校生	383	449	903

5

利 率

中国农业银行现行利率

项目	1991年4月21日年息 %	1990年8月21日年息 %
一、存款（包括单位存款）		
（一）活期	1.80	2.16
（二）定期		
1．整存整取		
三个月	3.24	4.32
半　年	5.40	6.48
一　年	7.56	8.64
二　年	7.92	9.36
三　年	8.28	10.08
五　年	9.0	11.52
八　年	10.08	13.68
2．零存整取、整存零取存本取息		
一　年	6.12	7.20
三　年	6.84	8.64
五　年	7.56	10.08
3．华侨人民币储蓄存款		
一　年	8.28	10.08
三　年	9.0	11.52
五　年	9.9	13.68
4．定活两便储蓄存款	按同档次利率打九折	同前
二、贷款		
（一）流动资金（包括乡镇企业、乡村工业、农工商企业、国营农场）		
三个月	取消	7.92
半　年	8.10	8.64
一　年	8.64	9.36
（二）固定资产贷款		
1．技术改造贷款	8.46	9.36
2．基本建设贷款		
一年以下（含一年）	8.46	9.36
一年以上至三年（含三年）	9.0	10.08
三年以上至五年（含五年）	9.54	10.80
五年以上	9.72	11.16
（三）特种贷款	9.72	10.80
（四）开发性贷款（包括农业开发，经济特区等）		
三年以下（含三年）	8.64	9.36
三年以上	9.54	10.08
（五）乡镇企业设备贷款、乡村工业设备贷款及其他设备贷款	同基建	同基建
（六）国务院扶贫贷款	2.88	2.88
（七）粮棉油收购贷款	7.74	8.28
（八）民族贸易和民族用品	5.76	6.48
（九）个体手工业、修理业	8.64	9.36
（十）林业专项贴息	8.64	9.36
（十一）民政部门福利工厂	7.20	7.56
（十二）商业、供销一、二级站储备	7.74	7.56
三、系统内资金往来*	7.74	8.28
（一）上存总行资金		
三个月以下（含三个月）	6.84	7.02
三至六个月（含六个月）	7.20	7.20
六个月以上	7.56	7.38
（二）上存总行统筹基金	7.20	7.20
（三）各分行向总行借款		
三个月以内（含三个月）	7.92	7.56
三个月以上	8.10	7.92
（四）联行往来	6.12	6.84
（五）铺底资金	6.12	6.84
（六）逾期借款	每天按5‰计息	同前
四、行、社往来利率		
（一）信用社缴存准备金	6.12	
1．同比例准备金		6.84
2．超13%比例部分		9.0
3．年底仍高于16%部分执行特种存款利率（特种存款利率为11.7%）		11
（二）信用社转存款（包括备付金，发展基金，一般存款）	7.56	8.64
（三）支持信用社贷款	7.56	8.64
五、同人民银行往来利率		
（一）存款准备金	6.12	6.84
（二）备付金存款	6.12	6.84
（三）年度性、季节性日拆性贷款	7.20	7.92

* 系统内资金往来的利率执行时间为1992年6月1日。

6

信贷资金使用情况专项调查

农业银行国营集体工业贷款统计

（1991年）　　单位：个、亿元

项　　目	国营工业生产企业	城镇集体工业
贷款企业数	7 066	30 833
固定资产原值	639.87	250.45
固定资产净值	479.69	183.25
自有流动资金	69.92	46.51
全部流动资金占用	489.18	292.71
储备资金	84.02	64.59
生产资金	45.59	42.17
成品资金	93.05	67.81
发出商品	39.62	27.19
应收款	122.12	81.71
总产值本年累计	562.84	661.12
销售收入本年累计	553.76	455.39
税利总额本年累计	69.56	36.92
流动资金贷款逾期数	11.80	15.52
固定资产贷款逾期数	3.09	4.12
关停企业个数	327	4 589
关停企业贷款余额	2.22	5.02
亏损企业个数	2 777	5 158
亏损企业亏损额	9.41	6.39
亏损企业贷款余额	36.81	24.19
技改贷款项目个数	1 585	1 832
在建项目个数	494	610
在建项目贷款余额	11.87	3.52
基建贷款项目个数	115	89
在建项目个数	87	35
在建项目贷款余额	6.06	0.58

农业银行乡镇企业贷款统计分析

指　　标	单　位	1988年	1989年	1990年	1991年
贷款企业数	万　个	46.28	45.55	37.98	35.96
固定资产原值	亿　元	679.80	829.64	891.03	1 136.31
固定资产净值	亿　元	518.00	625.41	676.70	841.01
自有流动资金	亿　元	150.00	175.98	199.04	259.80
自有流动资金比例	%	33.30	28.57	28.50	29.88
全部流动资金占用	亿　元	801.59	956.92	1 084.08	1 443.16
定额流动资金	亿　元	450.45	615.99	698.35	869.52
储备资金	亿　元	184.64	203.77	227.54	272.82
生产资金	亿　元	105.66	147.20	151.91	195.17
成品资金	亿　元	109.24	202.97	221.93	285.53
发出商品	亿　元	50.91	62.05	96.97	116.00
应收款	亿　元	518.94	257.33	301.92	450.00
三项资金占用	%	47.29	54.59	57.27	59.00
累计总产值	亿　元	1 707.20	1 949.86	1 913.51	2 667.34
累计销售收入	亿　元	1 575.45	1 754.09	1 723.50	2 278.35
累计利税总额	亿　元	193.56	207.77	186.70	226.17
产销率	%	92.28	89.96	90.07	85.42
销售资金率	%	28.59	35.12	40.51	38.16
百元固定资产原值实现产值	元	251.13	235.02	214.37	234.74
百元固定资产原值实现利税	元	28.47	25.04	20.87	19.90
百元产值占用流动资金	元	26.95	49.08	56.66	54.10
百元产值占用定额流动资金	元	26.38	31.59	36.28	32.60
百元产值占用流动资金贷款	元	17.27	16.91	17.19	15.30

农业银行乡镇企业贷款分行业统计分析

（1991年）

指　　标	单　位	轻　纺	食　品	矿　业	建　材
贷款企业数	万　个	6.78	2.46	1.83	4.69
固定资产原值	亿　元	344.79	64.18	54.41	168.17
固定资产净值	亿　元	25.76	4.79	4.10	118.91
自有流动资金	亿　元	74.57	12.73	13.82	28.96
自有流动资金比例	%	25.06	22.72	37.67	29.52
全部流动资金占用	亿　元	499.49	87.78	57.37	159.06
定额流动资金	亿　元	297.52	56.04	36.69	98.13
储备资金	亿　元	97.96	17.88	9.13	30.21
生产资金	亿　元	58.42	11.47	8.12	23.01
成品资金	亿　元	100.61	18.99	14.21	33.91
发出商品	亿　元	40.53	7.70	5.23	11.00
应收款	亿　元	144.82	20.48	16.01	42.90
三项资金占全部流动资金	%	57.25	53.74	61.88	55.24
累计总产值	亿　元	1 008.18	152.05	114.55	308.14
累计销售收入	亿　元	820.37	132.05	94.29	259.92
累计利税总额	亿　元	68.74	12.16	12.95	24.27
产销率	%	81.37	86.85	82.31	84.35
销售资金率	%	36.27	42.43	38.92	37.75
百元固定资产原值实现产值	元	292.40	236.91	210.53	183.23
百元固定资产原值实现利税	元	19.94	18.95	23.80	14.43
百元产值占用流动资金	元	49.54	57.73	50.08	51.62
百元产值占用定额流动资金	元	29.51	36.87	32.03	31.85
百元产值占用流动资金贷款	元	12.39	17.70	11.58	17.75
		124.94	26.92	13.26	54.70

农业银行乡镇企业贷款分行业统计分析(续)

(1991年)

指　　标	单位	电　力	冶、机、化	交、运、建	商　业	其　它
贷款企业数	万个	1.13	4.55	2.10	2.90	9.51
固定资产原值	亿元	123.75	193.51	36.48	27.73	123.28
固定资产净值	亿元	93.79	142.54	25.26	20.44	93.55
自有流动资金	亿元	19.39	48.52	10.49	11.03	40.29
自有流动资金比例	%	51.24	26.87	32.22	35.93	40.52
全部流动资金占用	亿元	81.17	291.62	60.02	55.52	151.11
定额流动资金	亿元	37.84	180.60	32.56	30.70	99.44
储备资金	亿元	13.60	53.64	9.59	11.40	29.42
生产资金	亿元	9.03	39.83	14.96	4.78	25.54
成品资金	亿元	10.38	61.80	5.91	9.67	30.05
发出商品	亿元	4.83	25.32	2.10	4.85	14.43
应收款	亿元	34.72	74.51	19.19	18.14	34.18
三项资金占全部流动资金	%	61.52	55.42	45.32	58.83	52.35
累计总产值	亿元	163.55	505.55	96.72	67.76	250.84
累计销售收入	亿元	22.90	538.40	86.40	91.77	232.23
累计利税总额	亿元	4.07	58.43	8.49	6.37	30.69
产销率	%	14.00	106.50	89.33	135.43	92.58
销售资金率	%	165.24	33.54	37.69	33.45	42.82
百元固定资产原值实现产值	元	132.16	261.25	265.13	244.36	203.47
百元固定资产原值实现利税	元	3.28	30.19	23.27	22.97	24.89
百元产值占用流动资金	元	49.63	57.68	62.06	81.94	60.24
百元产值占用定额流动资金	元	23.14	35.72	33.32	45.31	39.64
百元产值占用流动资金贷款	元	19.42	16.51	10.34	30.81	17.52
		31.76	83.49	10.00	20.88	43.95

各地区农业银行乡镇企业贷款企业数

(1991年)　　　　单位：个

地区	合计	轻纺	食品	矿业	建材	电力	冶机化工	运输建筑	商业	其它
北京	2 476	755	103	30	369	25	685	45	43	421
天津	2 797	1 033	104		235	1	908	41	140	335
河北	19 860	4 042	1 473	546	3 242	57	2 569	719	1 571	5 641
山西	13 268	1 044	579	2 707	1 713	86	1 537	823	595	4 184
内蒙古	5 171	397	280	613	1 098	8	478	344	356	1 597
辽宁	12 960	1 780	748	834	2 301	34	3 678	304	577	2 704
吉林	6 515	1 065	446	394	2 140	52	1 055	181	92	1 090
黑龙江										
上海	11 306	5 005	188	1	291		4 609	159	145	908
江苏	22 543	8 361	689	122	2 575	7	4 354	899	707	4 829
浙江	17 579	6 713	936	55	1 227	825	4 946	232	664	1 981
安徽										
福建	16 701	3 493	1 332	284	1 336	1 805	1 050	641	2 421	4 339
江西	22 854	2 898	1 750	2 223	2 227	1 073	1 291	1 740	2 400	7 252
山东	35 130	8 979	1 942	652	5 501	34	4 096	2 346	2 675	8 905
河南	31 979	3 637	2 877	1 778	5 696	223	4 695	3 176	3 187	6 710
湖北	15 349	2 503	1 165	852	2 006	571	1 050	1 129	986	5 087
湖南	18 994	3 718	1 528	1 717	2 319	1 240	1 932	976	1 239	4 325
广东	28 336	5 809	996	480	2 117	2 086	1 331	1 299	3 769	10 449
广西	9 491	1 013	665	289	932	391	560	662	1 218	3 761
海南	978	73	34	31	20	66	12	88	116	538
四川	33 137	3 057	4 452	1 561	3 142	1 474	2 450	2 064	3 163	11 774
贵州	5 073	405	469	981	449	562	260	510	405	1 032
云南	4 638	228	303	436	772	408	310	655	550	976
陕西	13 690	1 041	829	1 019	3 654	212	1 027	890	1 341	3 677
甘肃	7 209	631	576	533	1 173	17	438	1 005	565	2 271
青海	571	34	38	85	150	2	67	51	27	117
宁夏	982	117	94	43	204		122	62	84	256
新疆										
*重庆	2 713	559	259	135	268	75	438	165	286	528
武汉	1 374	249	34		207		248	95	5	536
沈阳	1 340	203	52	2	183		569	35	38	258
大连										
哈尔滨	964	159	112	5	225	2	245	48	23	145
广州	778	134	16	4	54	46	59	15	23	427
西安	2 433	327	112	19	368	10	215	178	323	881
青岛	1 019	289	51	21	96	1	144	58	78	281
宁波	1 822	868	116	1	100	78	474	11	53	121
厦门	405	48	55	1	52	6	38	12	114	79
深圳	264	1			7	3	1		75	177
长春	2 279	287	142	60	773		513	59	24	421
南京	1 266	431	40	6	243		428	61	16	41
成都	3 312	476	439	35	602	123	499	217	357	564
总计	359 587	67 831	24 596	18 266	46 889	11 259	45 510	21 041	29 036	95 159

各地区农业银行乡镇企业分行业贷款企业固定资产原值

（1991年） 单位：万元

地区	合计	轻纺	食品	矿业	建材
北京	233 974	76 493	10 453	3 127	33 451
天津	236 313	95 996	12 965		16 311
河北	497 375	118 798	42 076	25 947	91 376
山西	264 522	14 614	11 052	88 611	25 721
内蒙古	80 777	5 697	5 262	18 308	13 370
辽宁	418 858	55 933	35 055	39 400	96 186
吉林	128 209	20 425	20 044	6 250	38 061
黑龙江					
上海	1 186 847	547 827	33 683	193	33 510
江苏	1 442 198	702 797	33 197	6 969	149 070
浙江	603 625	272 578	52 089	3 538	89 055
安徽					
福建	311 212	72 684	25 279	5 377	42 121
江西	211 042	40 075	19 220	18 656	34 416
山东	1 757 047	565 457	116 040	78 243	253 335
河南	560 889	87 911	36 065	83 957	95 283
湖北	303 610	74 305	19 464	14 621	64 845
湖南	404 350	71 560	23 696	27 988	83 113
广东	1 172 546	385 000	34 914	10 011	190 791
广西	140 289	15 807	8 274	6 592	35 402
海南	17 328	1 980	263	1 501	340
四川	788 253	154 203	59 796	37 782	141 087
贵州	62 437	4 901	1 436	7 900	12 282
云南	157 984	7 896	9 042	24 416	43 721
陕西	217 855	27 672	17 640	21 653	59 633
甘肃	123 849	20 877	10 872	10 544	32 752
青海	15 918	1 439	656	1 822	4 093
宁夏	25 825	4 989	3 266	726	2 399
新疆					
*重庆	102 823	31 054	5 434	6 147	17 095
武汉	42 541	10 941	1 010		5 572
沈阳	40 674	5 524	2 473	249	7 839
大连					
哈尔滨	25 024	2 904	3 064	403	8 034
广州	102 320	36 565	5 552	593	13 006
西安	53 302	7 034	3 787	855	8 455
青岛	81 564	27 897	3 992	2 597	6 559
宁波	122 881	78 670	5 903	90	3 753
厦门	4 545	778	1 626	40	296
深圳	144 232	710			1 187
长春	27 320	3 836	2 512	513	9 671
南京	89 135	28 192	1 267	321	20 347
成都	132 227	18 459	9 413	555	28 411
总计	11 363 132	3 447 914	641 799	544 132	1 681 724

各地区农业银行乡镇企业分行业贷款企业固定资产原值(续)

(1991年)

单位：万元

地　区	电　力	冶机化工	运输建筑	商　业	其　他
北　京	2 363	68 459	3 800	6 948	28 880
天　津	6 663	87 605	3 419	1 301	12 053
河　北	16 379	109 697	8 690	8 504	75 908
山　西	4 272	50 209	8 836	2 964	58 243
内蒙古	60	15 009	8 984	2 592	11 495
辽　宁	3 551	161 356	13 535	6 840	7 002
吉　林	5 922	25 875	1 694	753	9 185
黑龙江					
上　海	504 506	18 179	6 230	42 719	
江　苏	4 538	400 821	35 551	13 441	95 814
浙　江	17 700	128 507	6 754	12 104	21 300
安　徽					
福　建	87 012	21 421	7 792	15 023	34 503
江　西	31 421	22 642	12 773	7 118	24 721
山　东	23 984	296 228	102 650	42 516	278 594
河　南	47 849	108 465	22 826	13 854	64 679
湖　北	35 455	34 540	16 665	5 497	38 218
湖　南	84 704	58 641	14 049	8 300	32 299
广　东	93 210	70 439	23 151	51 346	313 684
广　西	11 211	9 899	4 869	2 923	15 312
海　南	3 762	892	1 288	497	6 805
四　川	178 107	130 353	26 982	15 444	44 499
贵　州	8 363	19 198	2 466	2 063	3 828
云　南	29 730	24 068	10 057	3 856	5 198
陕　西	4 450	39 210	8 155	4 945	34 497
甘　肃	2 170	17 957	11 681	4 297	12 699
青　海	102	5 895	608	690	613
宁　夏		9 495	1 342	823	2 785
新　疆					
*重　庆	10 025	20 677	4 475	3 679	4 237
武　汉		10 001	3 113	43	11 861
沈　阳		22 343	773	849	624
大　连					
哈尔滨	417	6 798	773	218	2 413
广　州	1 555	18 708	328	201	25 812
西　安	70	6 591	2 513	2 196	21 801
青　岛	1 409	18 028	4 190	2 464	14 428
宁　波	630	28 492	194	549	4 600
厦　门	37	668	130	180	790
深　圳	1 581	318		8 863	131 573
长　春		8 253	493	233	1 810
南　京		35 409	2 583	89	927
成　都	29 042	35 915	3 533	3 100	3 799
总　计	1 237 484	1 935 060	364 847	277 358	1 232 814

各地区农业银行乡镇企业分行业贷款企业固定资产净值

（1991年）

单位：万元

地区	合计	轻纺	食品	矿业	建材
北京	178 733	58 850	7 387	2 399	24 361
天津	176 691	73 806	10 566		11 687
河北	377 602	88 752	32 332	19 638	65 539
山西	200 674	11 197	8 859	67 243	19 386
内蒙古	60 077	4 179	3 643	14 300	9 206
辽宁	293 983	40 334	26 725	29 160	66 210
吉林	99 333	15 217	16 565	4 980	29 797
黑龙江					
上海	839 870	403 538	24 137	123	20 787
江苏	1 054 531	533 863	23 745	5 313	93 039
浙江	434 859	199 031	37 294	2 361	58 488
安徽					
福建	234 024	51 672	19 555	3 622	30 355
江西	155 077	30 373	14 554	13 575	24 965
山东	1 326 294	428 652	89 155	63 829	178 987
河南	414 858	65 688	26 120	60 660	65 077
湖北	207 737	51 483	13 767	9 666	42 654
湖南	279 341	47 729	14 417	19 053	62 141
广东	909 197	293 290	26 124	7 011	148 017
广西	112 152	12 306	5 789	4 676	27 740
海南	15 136	1 762	128	1 003	235
四川	567 723	110 548	44 277	28 732	91 543
贵州	46 276	3 648	1 036	5 098	8 580
云南	127 128	6 329	7 320	18 650	34 495
陕西	164 923	20 063	13 892	17 686	45 345
甘肃	99 973	18 553	8 480	9 110	25 240
青海	13 310	1 494	574	1 558	3 360
宁夏	20 638	3 917	2 480	597	1 831
新疆					
*重庆	66 699	19 821	3 535	4 265	9 407
武汉	27 165	7 536	643	185	3 460
沈阳	26 997	4 202	1 670	190	4 586
大连					
哈尔滨	18 213	2 012	2 349	326	5 692
广州	75 585	27 321	4 550	551	8 165
西安	33 619	5 060	3 107	628	6 112
青岛	52 168	17 234	2 920	2 439	2 621
宁波	91 645	59 722	4 371	64	2 656
厦门	3 339	584	1 389	25	223
深圳	120 341	555			763
长春	19 695	2 447	2 002	384	6 958
南京	48 473	19 904	787	272	1 538
成都	94 199	13 841	7 689	492	18 166
总计	8 410 140	2 576 274	478 921	410 043	1189 065

各地区农业银行乡镇企业分行业贷款企业固定资产净值(续)

(1991年)　　　　单位：万元

地 区	电 力	冶机化工	运输建筑	商 业	其 他
北 京	2 029	52 866	2 808	4 717	23 316
天 津	6 263	60 177	2 838	848	10 506
河 北	15 564	86 604	5 995	6 269	56 909
山 西	2 946	37 583	5 987	1 896	45 577
内 蒙 古	39	12 027	6 677	1 915	8 091
辽 宁	2 769	111 395	8 891	4 901	3 598
吉 林	5 093	19 928	1 228	429	6 096
黑 龙 江					
上 海	342 483	11 716	4 903	32 183	
江 苏	3 073	291 788	24 736	10 047	68 927
浙 江	14 902	93 776	5 222	7 835	15 950
安 徽					
福 建	69 307	15 503	6 052	11 417	26 541
江 西	25 313	15 250	8 583	5 238	17 226
山 东	18 969	224 069	69 884	33 675	219 074
河 南	42 186	83 411	15 050	9 342	47 324
湖 北	27 165	25 104	9 979	4 040	23 879
湖 南	68 948	36 933	8 038	4 950	17 132
广 东	72 741	54 088	17 218	39 099	251 609
广 西	37 141	7 667	3 498	2 249	11 086
海 南	3 600	722	1 220	474	5 992
四 川	140 621	91 899	18 226	10 839	31 038
贵 州	6 882	14 343	1 488	1 657	3 544
云 南	24 050	21 029	7 639	2 875	4 741
陕 西	3 783	30 358	6 243	3 707	23 846
甘 肃	2 001	14 371	8 787	2 739	10 692
青 海	80	4 908	439	404	493
宁 夏		7 851	1 028	644	2 290
新 疆					
*重 庆	8 240	12 880	2 873	2 724	2 954
武 汉	83	5 814	2 006	31	7 407
沈 阳		14 915	504	696	234
大 连					
哈 尔 滨	417	5 185	53	166	2 013
广 州	1 373	14 120	188	116	19 201
西 安	40	4 350	1 745	1 479	11 098
青 岛	772	10 452	2 806	2 006	10 918
宁 波	431	21 083	117	393	2 808
厦 门	25	408	95	92	498
深 圳	1 221	213		7 466	110 123
长 春		6 334	332	60	1 178
南 京		23 836	1 538	64	534
成 都	21 757	25 156	2 262	2 247	2 589
总 计	937 948	1 425 366	252 657	204 389	935 477

各地区农业银行乡镇企业分行业贷款企业自有流动资金数额

（1991年）　　　　单位：万元

地区	合计	轻纺	食品	矿业	建材	电力	冶机化工	运输建筑	商业	其他
北京	55 075	18 881	1 786	479	8 138	120	19 018	586	524	5 543
天津	44 681	14 317	2 219		3 647		19 909	488	802	3 299
河北	246 046	66 321	17 473	11 800	42 853	1 060	41 423	8 567	11 329	45 220
山西	81 293	4 193	3 264	27 100	9 383	648	15 178	2 519	1 703	17 305
内蒙古	14 978	975	880	3 486	4 009	35	2 668	475	559	1 891
辽宁	77 489	9 763	5 409	7 237	14 679	100	34 354	3 892	1 629	426
吉林	22 369	3 551	2 460	1 538	6 881	376	5 612	316	121	1 514
黑龙江										
上海	281 808	101 001	5 360	14	4 528	153 641	3 982	1 636	11 646	
江苏	266 040	134 419	799	100	8 329	234	92 958	8 742	3 163	17 764
浙江	112 616	48 435	5 858	669	8 490	1 593	36 496	1 027	2 484	7 564
安徽										
福建	85 558	29 983	11 694	1 119	7 061	13	8 347	4 041	11 004	12 296
江西	47 120	10 200	3 957	6 297	7 578	1 972	5 482	3 953	2 408	5 273
山东	360 148	121 735	15 900	12 409	39 289	905	72 940	23 587	12 718	60 665
河南	230 119	36 235	16 453	27 636	36 946	7 745	52 862	11 998	7 848	32 396
湖北	34 062	6 901	3 475	3 105	3 928	3 387	5 878	3 167	1 318	2 903
湖南	67 040	14 439	2 933	6 297	10 738	4 859	12 325	5 941	3 593	5 915
广东	320 960	78 906	5 961	2 165	23 279	6 991	13 097	7 748	25 447	157 366
广西	24 424	4 378	2 282	1 243	3 972	3 051	2 509	1 083	1 258	4 648
海南	4 541	244	108	2 894	41	563	156	32	69	434
四川	93 513	25 487	9 910	5 348	15 084	4 178	18 713	4 556	4 116	6 121
贵州	12 473	998	413	2 712	1 346	526	3 753	557	444	1 724
云南	28 630	1 113	1 682	4 928	9 024	2 029	3 582	3 482	1 155	1 635
陕西	46 589	6 432	3 612	5 333	10 843	219	7 758	2 668	3 070	6 654
甘肃	32 248	5 194	2 764	3 960	7 686	93	4 135	3 310	1 429	3 677
青海	3 021	468	154	228	1 223		475	141	146	186
宁夏	5 163	1 099	541	144	604		1 570	355	336	514
新疆										
* 重庆	12 761	4 536	678	737	1 675	152	2 368	1 255	652	708
武汉	9 854	2 006	168		1 125		3 135	1 006	37	2 377
沈阳	7 396	1 017	306	5	1 863		3 917	124	158	6
大连										
哈尔滨	5 934	579	906	212	1 275		2 303	193	67	399
广州	12 595	3 697	728	34	1 426	56	2 060	97	329	4 168
西安	11 783	1 845	437	213	2 495	15	1 392	397	809	4 180
青岛	16 964	5 190	533	88	608		4 008	1 167	548	4 822
宁波	37 948	23 776	744	25	1 160	269	10 709	56	128	1 081
厦门	1 546	355	410	20	81		235	63	70	312
深圳	106 094	260			116	650	35		2 398	102 635
长春	6 520	947	350	156	2 087		2 643	84	7	246
南京	11 104	5 180	32	91	94		5 527	100	28	116
成都	23 006	5 594	2 800	28	5 449	351	6 249	711	1 126	698
总计	2 598 004	745 668	127 347	138 241	289 579	193 870	485 180	104 867	110 319	402 933

各地区农业银行乡镇企业分行业贷款企业全部流动资金占用额

（1991年）

单位：万元

地区	合计	轻纺	食品	矿业	建材
北京	326 816	115 364	11 005	4 148	40 886
天津	388 142	158 345	20 885		27 152
河北	751 466	183 020	63 341	38 293	137 116
山西	287 813	17 569	11 016	75 061	28 083
内蒙古	65 265	6 466	5 811	13 480	14 796
辽宁	573 616	88 694	36 096	59 788	108 072
吉林	156 796	26 513	23 604	9 752	43 238
黑龙江					
上海	1 625 665	736 280	44 838	198	33 188
江苏	2 296 006	1 044 493	52 266	7 363	166 425
浙江	905 508	433 230	78 916	2 436	75 320
安徽					
福建	273 353	93 261	39 236	4 475	26 770
江西	224 343	50 442	23 171	20 811	28 894
山东	2 457 314	836 152	164 535	73 004	282 829
河南	617 962	107 546	47 425	84 860	90 581
湖北	296 694	86 728	21 254	21 886	53 533
湖南	344 979	80 506	25 322	34 687	58 530
广东	1 397 614	613 518	55 530	12 224	133 015
广西	127 828	20 424	14 377	14 293	21 195
海南	17 489	1 461	899	4 603	340
四川	791 319	224 229	95 737	35 723	118 847
贵州	46 838	5 516	1 732	9 408	6 141
云南	112 864	9 233	6 841	14 960	19 950
陕西	185 257	29 622	17 501	18 622	44 909
甘肃	115 464	18 729	12 993	12 274	24 375
青海	15 168	2 093	536	948	4 151
宁夏	30 059	5 496	2 959	430	2 270
新疆					
#重庆	137 339	51 701	7 907	4 412	13 029
武汉	68 716	13 846	1 304		8 646
沈阳	59 223	9 826	2 047	335	9 765
大连					
哈尔滨	33 978	4 740	2 907	641	7 002
广州	116 365	36 342	8 706	323	10 402
西安	40 902	8 797	2 862	435	6 212
青岛	115 883	38 746	4 835	2 448	3 740
宁波	223 805	139 368	8 896	152	4 304
厦门	5 092	894	963	32	584
深圳	75 701	400			146
长春	35 868	7 002	2 729	900	10 558
南京	132 445	47 548	2 541	402	20 177
成都	161 207	31 860	21 693	354	35 105
总计	14 431 638	4 994 930	877 826	573 727	1 590 606

各地区农业银行乡镇企业分行业贷款企业全部流动资金占用额(续)

(1991年)　　单位：万元

地　区	电　力	冶机化工	运输建筑	商　业	其　它
北　京	296	117 964	3 236	5 585	28 332
天　津	663	147 620	3 230	3 320	26 927
河　北	2 465	164 074	18 185	27 404	117 568
山　西	1 678	60 217	9 605	6 902	77 682
内蒙古	155	11 922	2 616	3 449	6 570
辽　宁	883	244 325	22 963	10 313	2 482
吉　林	1 194	38 204	1 820	927	11 544
黑龙江					
上　海	684 131	43 729	11 115	72 186	
江　苏	3 481	710 677	74 300	34 568	202 433
浙　江	8 703	234 336	11 548	21 398	39 621
安　徽					
福　建	81	27 702	10 562	32 051	39 215
江　西	5 121	31 736	19 682	12 256	32 230
山　东	7 793	433 178	192 422	82 697	384 704
河　南	23 136	132 518	25 673	28 263	77 960
湖　北	5 073	44 224	21 521	9 419	33 056
湖　南	8 614	70 285	22 198	17 025	27 812
广　东	14 068	98 392	61 725	128 271	280 871
广　西	9 413	10 418	5 565	5 851	26 292
海　南	3 594	1 516	105	944	4 027
四　川	25 674	181 686	37 034	28 693	43 696
贵　州	1 633	14 436	2 263	1 740	3 969
云　南	3 316	26 768	22 216	4 680	4 900
陕　西	404	30 990	8 523	11 159	23 527
甘　肃	185	20 733	10 203	4 445	11 527
青　海		5 458	594	524	864
宁　夏		13 146	1 320	1 168	3 270
新　疆					
*重　庆	1 040	37 504	8 713	6 136	6 897
武　汉		17 976	7 478	28	19 438
沈　阳		34 656	903	1 510	181
大　连					
哈尔滨		13 965	955	483	3 285
广　州	17	25 635	5 639	1 228	28 073
西　安	74	4 501	2 456	2 510	13 055
青　岛	249	22 532	10 629	5 203	27 501
宁　波	405	58 911	911	1 339	9 519
厦　门		690	428	653	848
深　圳	2 175	508		8 429	64 043
长　春		11 928	358	187	2 206
南　京		54 641	5 151	295	1 690
成　都	3 457	48 376	8 509	5 742	6 111
总　计	811 754	2 916 254	600 224	555 238	1 511 079

各地区农业银行乡镇企业分行业贷款企业储备资金占用额

（1991年）

单位：万元

地　区	合　计	轻　纺	食　品	矿　业	建　材
北　京	58 774	21 605	2 739	385	9 242
天　津	83 664	32 961	5 116		4 728
河　北	194 945	51 634	16 200	8 279	35 789
山　西	48 967	4 018	2 141	12 761	5 311
内蒙古	13 659	1 527	1 829	1 714	2 805
辽　宁	97 977	14 809	7 921	9 990	18 656
吉　林	30 847	4 569	5 701	1 206	8 723
黑龙江					
上　海	297 454	143 534	9 745	72	5 205
江　苏	422 867	214 749	10 159	1 091	30 281
浙　江	166 219	81 800	13 192	484	12 479
安　徽					
福　建	63 307	20 686	7 437	807	6 924
江　西	39 522	8 264	3 774	2 702	5 538
山　东	443 057	150 758	33 260	11 322	49 663
河　南	121 570	22 052	9 780	15 340	16 778
湖　北	43 493	13 218	3 606	2 473	7 033
湖　南	74 974	15 400	7 538	5 390	13 481
广　东	248 667	103 633	10 469	2 068	24 717
广　西	23 774	3 432	2 533	2 816	4 806
海　南	782	83	5	213	10
四　川	153 633	55 555	16 693	4 192	19 960
贵　州	10 213	1 448	630	1 922	1 279
云　南	18 210	1 635	1 375	1 677	4 069
陕　西	38 788	7 007	3 718	2 736	9 128
甘　肃	24 384	4 019	2 543	1 471	4 154
青　海	3 090	313	206	100	828
宁　夏	5 333	859	481	64	485
新　疆					
*重　庆	28 710	11 818	1 604	359	1 715
武　汉	10 146	1 986	177		1 179
沈　阳	10 764	1 875	565	18	1 618
大　连					
哈尔滨	5 289	784	687	57	1 084
广　州	21 861	5 484	4 463	71	1 673
西　安	8 703	3 037	681	104	1 294
青　岛	20 533	6 543	990	549	736
宁　波	38 632	22 481	1 545	10	976
厦　门	1 653	290	465	6	184
深　圳	23 536	6			70
长　春	7 063	1 236	632	143	2 064
南　京	17 809	6 265	429	25	2 284
成　都	28 820	6 733	3 712	28	6 122
总　计	2 728 170	979 568	178 791	91 275	302 072

各地区农业银行乡镇企业分行业贷款企业储备资金占用额(续)

(1991年)　　单位：万元

地　区	电　力	冶机化工	运输建筑	商　业	其　他
北　京	8	18 395	886	721	4 793
天　津		32 410	563	1 407	6 479
河　北	422	41 739	4 986	8 817	27 079
山　西	579	10 716	1 802	1 554	10 085
内蒙古	77	2 608	952	792	1 355
辽　宁	32	40 032	3 658	2 452	427
吉　林	70	7 620	375	347	2 236
黑龙江					
上　海	31 779	4 965	2 772	14 382	85 000
江　苏	255	124 393	8 683	3 553	29 703
浙　江	2 216	42 938	1 378	4 874	6 858
安　徽					
福　建		7 517	1 902	9 917	8 117
江　西	712	4 859	3 176	3 534	6 963
山　东	2 438	75 856	25 918	16 328	77 514
河　南	3 269	24 539	6 157	8 186	15 469
湖　北	803	6 500	2 969	2 227	4 664
湖　南	1 127	16 009	5 066	4 758	6 205
广　东	1 740	15 008	10 306	16 596	64 130
广　西	1 044	2 297	821	1 195	4 830
海　南	4	296	28	92	51
四　川	3 409	35 122	6 124	5 122	7 456
贵　州	318	2 889	493	399	835
云　南	558	4 398	1 934	1 248	1 316
陕　西	113	6 681	1 939	2 917	4 549
甘　肃	73	5 881	2 577	1 385	2 281
青　海		1 009	78	412	144
宁　夏		1 751	331	736	626
新　疆					
*重　庆	313	9 058	1 697	757	1 389
武　汉		2 476	1 050	5	3 273
沈　阳		5 953	205	516	14
大　连					
哈尔滨		2 282	100	68	227
广　州		3 924	658	122	5 466
西　安	10	1 107	581	808	1 081
青　岛	72	4 847	1 106	928	4 762
宁　波	57	11 795	35	360	1 373
厦　门		195	80	218	215
深　圳	180			796	22 484
长　春		2 402	116	69	401
南　京		8 323	222	10	251
成　都	323	8 891	848	1 150	1 013
总　计	**51 046**	536 428	95 874	113 951	**379 165**

各地区农业银行乡镇企业分行业贷款企业生产资金占用额

（1991年）

单位：万元

地区	合计	轻纺	食品	矿业	建材	电力	冶机化工	运输建筑	商业	其他
北京	36 892	14 356	1 049	296	2 256	11	15 099	412	52	3 361
天津	34 304	14 947	928		2 614		11 960	160	78	3 617
河北	150 446	35 613	10 273	3 823	26 757	155	33 974	4 721	3 809	31 321
山西	45 960	4 510	1 976	12 309	4 950	461	8 555	1 548	1 083	10 568
内蒙古	12 083	1 164	839	1 898	2 404	10	3 488	581	322	1 377
辽宁	59 695	8 456	2 689	4 013	10 212	62	28 995	4 515	622	131
吉林	16 483	2 870	1 850	756	4 852	37	4 500	315	92	1 211
黑龙江										
上海	174 529	71 638	2 545	1	2 670	72 234	18 830	1 010	5 601	
江苏	265 709	113 614	5 014	675	20 408	736	78 940	19 636	1 529	25 157
浙江	103 128	42 786	8 701	379	9 873	883	30 128	3 650	1 668	5 060
安徽										
福建	45 593	17 654	6 037	570	3 556		4 717	2 281	3 634	7 144
江西	37 735	8 038	3 613	2 370	4 730	1 224	5 607	4 723	1 354	6 076
山东	348 220	109 446	22 025	8 261	39 777	391	57 504	46 389	7 285	57 142
河南	148 598	22 816	11 689	18 202	24 005	6 235	31 462	7 135	3 712	23 342
湖北	29 592	6 472	2 291	1 757	5 379	961	4 230	3 652	1 039	3 811
湖南	61 906	13 136	4 009	6 401	11 180	1 193	11 523	5 825	1 539	7 100
广东	176 603	59 957	6 755	1 641	19 483	1 987	14 629	13 931	8 989	49 231
广西	25 180	4 739	2 929	3 414	3 409	934	2 160	1 740	704	4 087
海南	1 580	60	12	1 149	35	4	30	31	10	249
四川	83 164	20 603	11 549	3 172	11 369	1 362	17 669	10 681	1 552	5 207
贵州	9 905	900	478	1 855	1 581	683	2 541	729	414	724
云南	27 993	1 131	1 434	2 568	4 695	633	3 113	12 154	635	1 630
陕西	30 521	5 131	2 905	3 097	7 816	47	4 475	1 547	1 237	4 266
甘肃	20 254	3 334	2 601	2 280	4 436	85	3 197	1 838	555	1 928
青海	2 727	367	34	248	1 295		320	169	18	276
宁夏	2 939	495	543	57	310		695	246	129	464
新疆										
*重庆	14 114	5 070	978	174	1 212	8	4 090	1 760	292	530
武汉	8 275	1 341	128		973		1 815	1 809	3	2 206
沈阳	6 473	1 254	248	76	757		4 007	104	25	2
大连										
哈尔滨	2 892	337	189		624		1 129	91	26	496
广州	11 453	3 316	320		1 680		3 015	351	504	2 267
西安	14 026	2 096	538	102	2 912	35	708	843	609	6 183
青岛	17 029	4 824	762	284	708		2 897	3 534	242	3 778
宁波	24 782	15 166	560	17	385	40	6 922	661	99	932
厦门	1 112	224	210	5	132		110	115	108	208
深圳	9 456	76			29		120		433	8 798
长春	5 663	998	382	110	1 515		2 342	59	52	205
南京	11 524	4 296	106	12	983		4 253	1 669	23	182
成都	19 332	3 652	2 737	24	3 331	97	5 458	2 997	244	792
总计	1 951 745	584 233	114 768	81 192	230 132	90 328	398 341	149 619	47 752	255 380

各地区农业银行乡镇企业分行业贷款企业成品资金占用额

（1991年）

单位：万元

地区	合计	轻纺	食品	矿业	建材	电力	冶机化工	运输建筑	商业	其他
北京	83 348	29 730	2 560	1 260	11 919		29 594	129	111	8 045
天津	81 541	31 909	4 809		7 211		31 523	278	611	5 200
河北	174 133	43 192	11 089	12 226	31 133	127	40 335	2 895	7 015	26 121
山西	66 058	3 732	2 038	16 500	5 007	38	14 579	1 650	788	21 726
内蒙古	15 585	1 670	1 089	4 383	3 633	43	2 395	198	893	1 281
辽宁	154 249	25 389	9 104	16 262	30 867		65 953	4 166	1 800	708
吉林	38 823	6 147	5 452	2 213	11 007	342	10 163	292	163	3 044
黑龙江										
上海	229 946	107 100	7 900	3	5 720	98 812	762	755	8 894	
江苏	400 441	190 304	9 636	1 482	31 420	387	122 111	5 585	3 806	35 710
浙江	189 423	97 877	18 319	536	12 849	131	46 521	2 283	3 999	6 908
安徽										
福建	43 000	13 518	6 736	1 029	4 827		5 417	1 062	4 311	6 100
江西	47 598	11 734	6 728	4 876	5 930	342	6 978	3 137	2 312	5 561
山东	548 072	211 453	40 515	16 804	71 476	101	98 752	16 227	16 346	76 398
河南	142 671	25 252	9 948	25 481	21 992	989	32 237	4 029	5 616	17 127
湖北	52 582	16 707	3 574	3 840	8 030	477	9 628	2 417	1 962	5 947
湖南	75 056	17 870	4 532	10 048	12 808	248	16 591	3 246	3 333	6 380
广东	234 379	104 288	12 825	2 690	17 936	168	20 679	3 188	21 982	50 623
广西	23 775	5 002	2 410	2 784	4 422	438	2 318	397	1 191	4 813
海南	1 682	136	15	1 314	18	50	47	14	1	87
四川	146 509	46 296	21 361	5 567	18 936	861	34 948	3 335	6 820	8 385
贵州	9 542	1 365	266	1 626	1 403	34	3 719	143	296	690
云南	21 353	2 628	1 120	4 442	3 906	221	6 362	945	814	915
陕西	38 137	5 949	3 588	3 463	9 545	3	6 161	1 428	2 705	5 295
甘肃	26 044	4 347	3 444	3 119	5 669	5	4 651	1 309	838	2 662
青海	3 690	767	100	47	954		1 557		18	247
宁夏	7 655	1 689	702	119	446		4 026	41	84	548
新疆										
*重庆	28 517	11 830	1 762	557	1 605	12	8 061	1 236	1 786	1 668
武汉	10 746	2 406	246		1 486		3 347	479		2 782
沈阳	15 432	3 195	368	68	2 512		9 055	122	69	43
大连										
哈尔滨	6 706	964	425	59	1 999		2 554	65	60	580
广州	21 633	7 601	894	42	1 304		6 199	275	6	5 312
西安	6 093	1 455	420	111	830	7	1 002	300	514	1 454
青岛	28 736	15 092	1 133	564	934		4 474	559	755	5 225
宁波	36 332	21 174	1 851	8	945	36	10 690	7	134	1 487
厦门	967	210	108	11	116		158	118	98	148
深圳	10 777	181			45		37		383	10 131
长春	8 624	1 995	242	172	2 722		2 980	84	3	426
南京	27 819	10 363	472	157	4 160		11 369	929	95	274
成都	30 632	6 718	4 292	33	5 750	356	10 566	621	1 456	840
总计	2 855 292	1 006 051	189 860	142 114	339 064	103 817	618 007	59 149	96 709	300 521

各地区农业银行乡镇企业分行业贷款企业发出商品占用额

（1991年）

单位：万元

地区	合计	轻纺	食品	矿业	建材	电力	冶机化工	运输建筑	商业	其他
北京	21 524	7 639	930	396	1 098		9 856	33	12	1 560
天津	9 865	3 951	380		1 311		3 361	10	23	829
河北	70 940	19 593	6 100	1 211	13 900	129	13 458	2 000	3 148	11 401
山西	31 483	1 825	1 602	8 928	3 996	222	4 912	419	581	8 998
内蒙古	5 896	661	590	1 354	978		1 268	182	373	490
辽宁	29 332	4 157	1 276	3 699	4 488	40	13 898	1 366	344	64
吉林	15 266	2 410	2 096	779	4 069	8	4 135	47	60	1 662
黑龙江										
上海	93 472	40 061	1 682	28	1 689	43 515	469	841	5 187	
江苏	177 261	92 856	3 839	268	7 495	48	49 396	1 519	652	21 188
浙江	116 791	58 323	7 111	193	4 551	124	38 897	321	1 126	6 145
安徽										
福建	21 832	7 833	3 521	246	1 575		2 092	231	3 896	2 438
江西	23 150	6 574	1 747	2 056	3 526	456	3 407	885	1 327	3 172
山东	189 244	74 037	12 079	2 774	15 450	201	46 408	3 957	4 827	29 511
河南	79 842	15 725	6 523	8 581	11 717	1 503	18 525	2 580	4 397	10 291
湖北	26 194	9 716	1 613	1 607	3 543	910	4 765	595	486	2 959
湖南	35 886	8 530	2 566	3 345	5 187	164	10 115	1 438	2 150	2 391
广东	83 303	23 380	3 606	2 205	6 086	132	3 670	696	14 812	28 716
广西	15 954	3 145	2 494	3 397	2 067	375	681	346	719	2 730
海南	1 116	47	16	752	20	16				265
四川	56 789	17 030	12 319	2 673	6 587	218	12 355	653	1 842	3 112
贵州	6 179	680	264	1 738	521	16	1 664	315	290	691
云南	9 071	1 611	699	1 680	1 410	235	1 796	924	187	529
陕西	20 985	2 954	2 087	2 797	4 961	5	3 353	645	1 252	2 931
甘肃	12 943	1 700	1 454	1 386	2 759	8	2 026	983	717	1 910
青海	2 593	288	97	151	686		1 206	12		153
宁夏	3 103	612	336	79	286		1 522	8	57	203
新疆										
*重庆	9 445	3 514	571	127	667		3 295	143	462	666
武汉	4 325	1 520	72		378		1 304	65		986
沈阳	2 030	220	44		291		1 459	9	7	
大连										
哈尔滨	1 377	174	59		237		844	4	3	56
广州	6 177	2 127	174	4	88		810	2	258	2 714
西安	3 481	870	349	42	580	12	708	60	149	711
青岛	6 845	3 036	350	46	99		1 427	151	126	1 610
宁波	44 752	31 995	640	21	378	161	9 368		120	2 069
厦门	417	85	98	8	40		10	6	130	40
深圳	5 140	98					130		2 622	2 290
长春	1 376	77	207	58	449		436	4	22	123
南京	6 593	2 182	102	1	665		3 607	12	10	14
成都	13 412	2 668	4 852		1 344	31	3 671	200	292	354
总计	1 160 014	405 338	77 027	52 323	109 956	48 325	253 235	21 006	48 465	144 339

各地区农业银行乡镇企业分行业贷款企业应收款占用额

（1991年）

单位：万元

地区	合计	轻纺	食品	矿业	建材	电力	冶机化工	运输建筑	商业	其他
北京	84 201	28 161	1 726	1 190	11 031	33	31 067	608	1 577	8 808
天津	137 508	49 852	7 370		8 697	584	59 052	2 651	895	8 407
河北	115 507	23 175	12 695	8 782	22 954	1 312	25 412	2 364	2 908	15 905
山西	60 373	3 023	1 615	15 537	4 909	334	13 047	1 755	538	19 615
内蒙古	16 095	1 239	932	4 078	4 551	25	2 148	601	911	1 610
辽宁	196 170	30 128	10 977	22 543	35 913	635	82 154	8 649	4 137	1 034
吉林	46 972	8 217	5 171	4 468	13 133	740	11 237	660	226	3 120
黑龙江										
上海	670 241	301 247	13 337	58	13 922	288 273	16 951	4 355	32 098	
江苏	618 915	298 918	14 200	2 441	43 268	1 583	169 920	24 983	17 381	46 221
浙江	211 702	97 084	17 920	619	21 806	2 745	53 128	2 651	6 002	9 747
安徽										
福建	64 694	17 815	11 307	1 436	7 809	47	6 118	3 726	7 142	9 294
江西	61 324	12 681	5 583	6 926	7 966	2 000	8 271	6 779	3 011	8 107
山东	588 753	189 902	34 309	23 762	68 421	2 805	98 468	63 488	21 360	86 238
河南	113 654	19 042	7 838	14 907	16 424	8 843	25 267	4 469	4 597	12 267
湖北	83 245	21 829	5 111	9 969	15 754	2 737	10 586	7 204	2 258	7 797
湖南	81 082	19 333	4 252	8 358	12 546	4 305	15 102	5 377	5 382	6 427
广东	517 588	251 719	18 456	3 553	53 693	7 190	32 309	26 774	55 963	67 931
广西	32 695	5 344	2 602	1 687	4 167	5 395	2 425	1 881	1 638	7 556
海南	2 134	277	43	1 170	79	53	240	15	18	239
四川	225 609	53 571	19 534	14 964	37 355	13 722	57 072	9 650	8 577	11 164
贵州	10 498	1 113	233	1 821	1 327	2 680	1 689	525	306	804
云南	27 771	1 975	1 480	4 180	5 173	1 001	5 630	6 136	1 453	743
陕西	41 149	6 704	3 946	3 631	9 948	79	7 423	2 491	1 963	4 964
甘肃	29 813	4 035	3 327	3 618	7 528	11	4 288	3 270	799	2 937
青海	3 210	321	96	265	557		1 366	322	83	200
宁夏	9 126	1 518	760	116	641	44	4 720	500	152	675
新疆										
*重庆	35 295	12 917	1 601	1 841	4 736	393	8 043	2 170	2 154	1 440
武汉	18 591	3 163	360		2 555		5 111	2 674	16	4 712
沈阳	22 350	2 876	738	161	4 069		13 254	399	805	48
大连										
哈尔滨	12 811	1 605	1 464	513	2 907		4 389	425	156	1 352
广州	34 277	11 629	2 723	145	2 906	17	5 232	2 044	924	8 657
西安	6 263	1 202	580	74	529	10	981	546	404	1 937
青岛	34 695	15 446	1 141	846	809	95	5 226	3 216	1 602	6 314
宁波	53 530	32 428	2 242	78	1 061	86	14 571	127	429	2 508
厦门	539	52	60		65		118	51	84	109
深圳	13 198	39			68		120		3 631	9 340
长春	11 432	2 176	849	413	3 175		3 712	89	41	977
南京	47 094	16 444	1 020	166	7 553		18 644	2 409	105	753
成都	44 371	8 325	4 480	230	10 452	2 063	12 695	2 053	2 066	2 007
总计	4 050 029	1 448 223	204 820	160 079	429 572	347 176	745 090	191 884	181 375	341 810

各地区农业银行乡镇企业分行业贷款企业累计总产值

（1991年）

单位：万元

地区	合计	轻纺	食品	矿业	建材
北京	534 650	190 043	10 995	4 023	77 641
天津	720 480	248 866	41 392		29 562
河北	1 201 592	341 190	95 447	47 349	211 210
内西	469 202	28 191	15 168	179 800	47 321
内蒙古	158 306	12 410	7 923	24 787	30 625
辽宁	912 444	141 226	63 883	80 446	198 218
吉林	185 953	23 540	29 278	9 577	56 886
黑龙江					
上海	3 206 450	1 509 782	87 473	425	55 385
江苏	4 763 667	2 682 887	92 961	18 103	307 226
浙江	1 844 812	982 649	134 107	4 899	141 738
安徽					
福建	588 207	192 157	63 217	13 645	77 975
江西	548 395	102 186	37 064	52 468	76 743
山东	4 385 910	1 599 192	304 542	140 690	516 007
河南	1 205 416	199 323	115 383	178 015	210 227
湖北	545 327	166 019	36 694	32 291	90 064
湖南	647 788	132 115	36 320	73 613	113 653
广东	2 070 790	960 119	87 037	16 352	305 789
广西	323 627	47 617	39 491	61 622	52 769
海南	16 114	627	127	2 767	128
四川	1 393 631	396 814	141 419	74 267	253 461
贵州	80 929	3 502	3 402	14 455	5 359
云南	129 022	18 467	6 734	20 407	29 372
陕西	442 377	57 030	45 969	65 922	125 920
甘肃	244 709	36 801	20 467	26 726	61 161
青海	16 060	2 914	420	1 749	3 450
宁夏	37 577	6 197	3 598	1 123	3 496
新疆					
#重庆	184 685	67 989	8 959	5 879	22 332
武汉	148 750	28 470	2 296		16 239
沈阳	106 904	16 157	6 608	405	21 673
大连					
哈尔滨	49 412	5 393	5 307		10 881
广州	152 469	40 660	13 767	317	7 759
西安	92 149	1 798	10 001	3 234	15 954
青岛	227 102	111 517	13 691	4 839	13 227
宁波	401 179	245 901	11 644	399	8 273
厦门	12 858	2 984	4 285	148	1 368
深圳	25 009				281
长春	43 503	4 565	3 285	969	13 876
南京	238 238	96 151	3 399	355	28 387
成都	302 672	52 738	27 832	382	101 126
总计	26 673 435	10 081 864	15 20 511	1 145 521	3 081 386

各地区农业银行乡镇企业分行业贷款企业累计总产值(续)

(1991年)　　　　　　　　　　　　　　　　　　　单位：万元

地　区	电　力	冶机化工	运输建筑	商　业	其　他
北　京	147	189 459	3 265	1 723	57 354
天　津	2 636	351 484	5 708	2 999	37 833
河　北	3 711	271 044	22 497	26 104	183 040
山　西	1 284	109 441	11 524	3 419	73 054
内蒙古	132	53 410	15 839	4 516	8 664
辽　宁	46 215	336 750	31 018	14 688	
吉　林	1 017	49 159	2 613	629	13 254
黑龙江					
上　海	1 358 377	58 849	24 660	111 499	
江　苏	7 038	1 191 626	104 436	50 807	308 583
浙　江	11 604	460 399	20 204	32 091	57 121
安　徽					
福　建	14 434	63 148	30 752	50 777	82 102
江　西	12 359	51 613	38 562	27 656	149 744
山　东	10 648	767 467	254 190	110 811	682 363
河　南	29 215	237 446	59 163	38 359	138 285
湖　北	7 818	81 648	49 251	16 019	65 523
湖　南	25 212	148 878	44 524	19 646	53 827
广　东	30 140	180 527	73 355	94 256	323 215
广　西	15 617	25 476	13 413	12 441	55 181
海　南	854	378	157		11 076
四　川	49 306	270 712	83 095	32 268	92 289
贵　州	2 310	19 930	5 062	1 898	25 011
云　南	4 087	20 368	16 391	5 640	7 556
陕　西	848	71 851	17 138	7 563	50 136
甘　肃	155	26 195	36 990	9 547	26 667
青　海		6 094	772	108	553
宁　夏	286	12 171	2 581	2 183	5 942
新　疆					
#重　庆	1 653	42 021	18 169	6 500	11 183
武　汉		37 916	25 407	28	38 394
沈　阳		54 741	2 438	4 882	
大　连					
哈尔滨		18 552	3 572	567	5 140
广　州	123	43 397	4 557	2 549	39 340
西　安	134	9 650	5 042	2 723	43 613
青　岛	55	31 168	13 356	3 908	35 341
宁　波	929	114 242	1 306	1 327	17 158
厦　门		1 495	889		1 689
深　圳	4 200	100		6 891	13 537
长　春		18 538	141	26	2 103
南　京		99 264	7 731	360	2 591
成　都	7 104	82 377	13 513	6 978	10 622
总　计	**1 635 450**	**5 055 523**	**967 160**	**677 647**	**2 508 373**

各地区农业银行乡镇企业分行业贷款企业累计销售收入

（1991年）

单位：万元

地　　区	合　计	轻　纺	食　品	矿　业	建　材
北　京	384 934	140 629	10 216	3 398	54 369
天　津	470 326	184 608	32 376		25 208
河　北	1 097 792	302 098	83 979	46 354	186 803
山　西	389 345	24 199	13 051	140 605	39 161
内蒙古	142 618	10 004	7 243	22 408	27 238
辽　宁	744 026	120 098	36 451	73 649	161 621
吉　林	162 479	19 324	28 052	8 296	51 652
黑龙江					
上　海	2 973 402	1 406 852	72 506	453	54 242
江　苏	3 895 164	2 015 273	90 021	16 469	251 584
浙　江	1 625 037	831 724	124 366	3 595	127 012
安　徽					
福　建	576 097	178 579	73 288	12 274	69 009
江　西	437 661	81 914	35 062	42 513	66 725
山　东	3 398 781	1 142 783	247 078	112 475	384 134
河　南	957 456	158 340	93 515	115 499	177 588
湖　北	417 409	123 767	26 489	28 335	73 737
湖　南	596 184	119 608	32 210	55 330	106 495
广　东	2 112 656	871 398	81 744	14 614	269 182
广　西	337 093	46 097	42 924	68 511	52 416
海　南	16 680	659	113	1 916	117
四　川	1 218 398	319 962	122 042	67 940	225 008
贵　州	61 839	2 377	2 452	9 285	4 255
云　南	112 639	14 876	6 131	19 747	27 437
陕　西	414 315	51 356	40 092	56 363	107 452
甘　肃	195 610	30 034	15 787	20 515	51 008
青　海	12 620	2 210	351	1 494	2 632
宁　夏	32 928	4 961	2 983	885	3 153
新　疆					
#重　庆	162 247	58 850	7 642	5 092	19 655
武　汉	110 209	21 931	1 804		10 393
沈　阳	71 746	11 880	3 937	381	12 173
大　连					
哈尔滨	35 950	3 194	3 906	670	9 289
广　州	196 513	49 600	13 226	365	28 188
西　安	75 224	11 517	7 228	2 854	12 664
青　岛	155 809	70 094	9 556	2 528	4 422
宁　波	332 126	206 311	9 229	371	6 811
厦　门	12 582	2 545	4 092	126	1 165
深　圳	104 387				597
长　春	33 974	3 109	2 547	377	10 671
南　京	191 220	70 958	2 579	330	26 608
成　都	268 884	42 325	25 623	418	94 608
总　计	22 783 489	8 203 730	1 320 522	942 923	2 599 238

各地区农业银行乡镇企业分行业贷款企业累计销售收入(续)

(1991年)　　　　单位：万元

地　　区	电　　力	冶机化工	运输建筑	商　　业	其　　他
北　　京	132	130 575	2 689	5 816	37 110
天　　津	2 636	183 993	5 334	7 344	28 827
河　　北	3 583	226 901	22 319	40 380	185 375
山　　西	971	84 242	12 978	5 140	68 998
内 蒙 古	89	46 688	13 323	5 733	9 892
辽　　宁	1 006	303 766	25 776	21 659	
吉　　林	695	40 828	1 842	1 006	10 784
黑 龙 江					
上　　海		1 247 782	55 898	31 045	104 624
江　　苏	6 508	1 067 075	92 771	96 445	259 018
浙　　江	8 687	400 352	15 578	52 400	61 323
安　　徽					
福　　建	17 783	53 894	25 343	65 037	80 890
江　　西	11 371	48 644	32 955	27 623	90 854
山　　东	11 375	574 258	224 620	149 746	552 312
河　　南	24 352	206 866	47 326	34 098	99 872
湖　　北	7 150	58 933	37 190	18 479	43 329
湖　　南	25 915	133 757	39 446	25 298	58 125
广　　东	30 789	172 622	64 081	226 880	381 346
广　　西	14 876	26 203	14 655	18 842	52 569
海　　南	835	397	161	62	12 420
四　　川	52 283	234 685	68 188	47 628	80 662
贵　　州	2 263	18 606	4 961	1 985	15 655
云　　南	4 739	19 003	7 961	6 231	6 514
陕　　西	829	65 731	20 160	17 061	55 271
甘　　肃	145	21 991	26 415	8 433	21 282
青　　海		4 422	413	597	501
宁　　夏		11 772	1 673	2 710	4 791
新　　疆					
#重　　庆	2 415	35 315	14 382	10 001	8 895
武　　汉		29 220	19 193	28	27 640
沈　　阳		38 431	1 089	3 855	
大　　连					
哈 尔 滨		12 849	2 270	838	2 934
广　　州	118	41 811	3 255	4 077	55 873
西　　安	140	6 589	3 375	4 268	26 589
青　　岛	181	23 605	12 912	5 480	27 031
宁　　波	574	90 041	637	3 887	14 265
厦　　门		1 278	753	1 388	1 235
深　　圳	4 108	75		11 254	88 353
长　　春		15 526	74	74	1 596
南　　京		81 100	7 173	469	2 003
成　　都	6 876	66 051	10 755	12 747	9 481
总　　计	**229 012**	**5 383 986**	**86 406**	**917 678**	**2 322 344**

各地区农业银行乡镇企业分行业贷款企业利税总额

（1991年）

单位：万元

地区	合计	轻纺	食品	矿业	建材	电力	冶机化工	运输建筑	商业	其他
北京	45 056	17 230	132	598	6 283	11	15 631	433		5 007
天津	58 656	21 731	4 624		3 515	512	22 722	811	477	4 264
河北	174 617	44 838	11 987	7 898	25 919	857	39 635	6 566	8 104	28 813
山西	59 870	3 480	1 614	23 300	5 803	263	10 692	2 054	740	11 924
内蒙古	22 248	1 910	765	3 565	3 354	16	8 302	2 396	692	1 248
辽宁	90 764	12 115	4 763	14 341	17 524	130	37 526	2 220	2 145	
吉林	17 348	1 699	4 167	1 024	4 651	278	3 910	397	79	1 143
黑龙江										
上海	337 775	136 230	7 636	52	5 432		169 229	4 735	1 897	12 564
江苏	249 355	123 132	5 959	715	19 321	617	73 498	4 792	2 473	18 848
浙江	136 003	64 982	8 046	359	8 793	1 139	42 795	1 273	2 275	6 341
安徽										
福建	64 783	20 220	7 580	1 329	7 604	3 438	6 202	3 652	6 400	8 358
江西	46 364	9 056	3 710	4 883	6 912	1 381	4 513	3 605	2 931	9 373
山东	269 898	80 380	17 338	15 229	31 486	1 150	53 670	17 151	8 522	44 972
河南	130 818	19 951	11 007	18 653	21 556	6 523	28 544	6 989	4 921	12 674
湖北	29 766	7 934	1 749	2 915	5 610	642	4 560	2 254	1 133	2 969
湖南	59 959	12 364	2 406	5 465	8 815	4 975	13 994	4 044	2 332	5 564
广东	228 377	66 540	6 363	1 666	19 637	4 263	7 485	6 698	9 421	106 304
广西	42 233	6 680	5 066	7 821	4 627	2 451	4 597	1 789	1 554	7 639
海南	3 155	88	34	561	35	45		1	3	2 388
四川	101 235	24 775	8 981	6 973	15 494	10 167	20 281	5 478	3 164	5 922
贵州	6 588	343	240	1 885	479	526	1 759	650	405	301
云南	11 054	760	449	1 942	2 730	1 016	860	1 342	485	1 470
陕西	52 254	7 441	3 706	5 641	12 246	292	10 949	3 154	2 896	5 929
甘肃	19 019	3 040	3 036	2 350	4 052	12	1 387	2 186	738	2 218
青海	1 361	199	29	164	574		317		38	41
宁夏	3 102	284	240	133	234		1 206	248	160	597
新疆										
#重庆	11 581	3 094	414	341	1 894	601	2 927	880	666	764
武汉	7 588	1 625	130		944		1 800	1 195	2	1 892
沈阳	7 885	1 293	677	35	1 277		3 957	204	442	
大连										
哈尔滨	4 572	510	924	125	955		1 516	123	41	378
广州	16 506	2 831	1 864	29	3 234	22	1 253	181	72	7 020
西安	9 101	1 347	983	270	1 517	7	1 026	390	550	3 011
青岛	11 818	4 012	1 484	352	551	15	2 028	659	557	2 160
宁波	35 311	20 950	613	35	693	148	10 961	53	190	1 668
厦门	2 269	293	558	20	232		425	168	265	308
深圳	74 113					561	34		689	72 829
长春	4 365	375	732	56	1 251		1 510	74	3	364
南京	4 782	1 019	35	44	350		3 205	82	9	38
成都	20 833	3 730	2 239	36	5 417	1 151	5 782	992	646	840
总计	2 261 658	687 411	121 627	129 462	242 686	40 704	584 264	849 917	63 716	306 871

农业银行农贷投向及结构统计

（1991年）　　　　单位：万元

	项　目	余　额	累　放					
				国　营	集　体	农　户	扶　贫	开　发
一、按产业分	合　计	5 132 785	6 826 672	3 535 520	1 711 238	947 261	214 873	417 780
	1. 农　业	1 876 679	2 210 508	988 441	497 706	474 755	88 539	161 067
	(1) 粮棉油	1 040 950	1 391 519	574 796	321 218	351 618	46 929	96 958
	*粮食	798 499	988 974	353 295	247 105	278 004	36 265	74 305
	(2) 其它经济作物	795 166	682 776	327 303	159 703	103 080	38 220	54 470
	2. 林　业	233 656	175 303	77 214	36 230	12 277	13 524	36 058
	3. 牧　业	363 236	467 741	276 612	119 450	35 100	15 630	20 949
	4. 渔　业	416 049	417 604	150 791	190 401	33 986	3 531	38 895
	5. 工商副及服务业	1 114 408	1 886 339	1 228 379	366 710	187 850	47 694	55 706
	6. 其　它	1 128 757	1 669 177	814 083	500 741	203 293	45 955	105 105
二、按用途分	合　计	5 159 314	6 551 635	3 451 303	1 665 165	816 948	214 065	404 154
	1. 农田水利	472 381	520 075	153 203	153 592	94 769	27 864	90 647
	2. 农业机械	253 706	269 366	79 276	78 351	76 841	10 148	24 750
	*大中型农机更新	47 403	61 682	16 983	22 528	11 301	3 722	7 148
	3. 农业科技	453 198	622 583	192 572	176 389	162 700	35 680	55 242
	4. 农业服务体系	916 722	1 218 697	629 829	359 877	131 840	43 113	54 038
	5. 其它	3 063 307	3 920 914	2 396 423	896 956	350 798	97 260	179 477
三、专项贷款	1. 丰收计划	33 290	87 268	16 191	23 172	31 812	8 056	8 037
	2. 农业星火计划	39 406	49 927	17 510	19 470	3 133	1 663	8 151
	3. 节水灌溉贴息贷款	13 099	14 029	3 207	5 060	2 406	103	3 253
四、按期限分	合　计	5 485 597	6 864 493	3 577 247	1 707 346	947 264	214 874	417 762
	一年期（含一年）	3 156 532	5 102 939	2 969 345	1 252 099	666 936	70 001	144 558
	一至三年期（含三年）	1 360 493	1 201 115	436 539	329 057	210 919	67 104	157 496
	三年以上	968 572	560 439	171 363	126 190	69 409	77 769	115 708

补充资料：

1. 本地区所辖国营农业企业　65 976　个，其中：贷款企业数　39 390　个。
2. 本地所辖农业集体经济组　1 586 355　个，其中：贷款组织数　456 952　个。
3. 本地所辖农户数　209 102 841　户，其中：贷款农户数　40 631 059　户。

农业银行扶贫专项贴息贷款统计

（1991年）　　　　单位：万元

项　　目	合　计	1. 贫困户	2. 户办和村办企业	3. 乡镇办企业	4. 县办企业	5. 其他经济组织
支持对象数（个）	3 183 425	3 115 704	55 123	5 645	2 856	4 097
累放合计	230 011	83 428	17 499	37 365	55 704	36 015
按资金、形态分						
1. 流动资金贷款	184 729	78 270	12 914	22 127	39 578	31 840
2. 固定资金贷款	45 282	5 158	4 585	15 238	16 126	4 175
按行业划分						
1. 农业	135 602	78 732	10 978	5 307	20 315	20 270
种植业	102 769	59 756	7 532	3 589	14 981	16 911
林　业	13 404	5 078	2 241	902	3 901	1 282
牧　业	17 011	12 651	816	565	1 264	1 715
渔　业	2 418	1 247	389	251	169	362
2. 工　业	66 598	1 881	4 508	28 221	30 182	1 806
3. 商　业	3 950	129	222	303	1 713	1 583
4. 劳务输出	653	131	37	277	145	63
5. 其他行业	23 208	2 555	1 754	3 257	3 349	12 293
累计收回	96 529	40 488	7 017	15 906	19 912	13 206
本期余额	681 284	241 200	49 510	128 646	209 888	52 040
#逾期贷款	108 627	51 986	7 350	21 302	17 378	10 611
呆滞贷款	43 577	23 439	2 651	10 557	5 029	1 901
呆帐贷款	5 742	1 127	992	2 806	616	201
农户新增收入	220 726	182 114	9 160	9 529	9 779	10 144
企业新增产值	243 518	4 706	35 492	116 124	72 293	14 903
企业新增利润	34 661	1 400	4 931	16 328	9 673	2 329

农业银行土地治理与开发贷款统计

（1991年）　　单位：万元

项　　目	合　计	1.农　户	2.联　户	3.国营农场	4.合作经济组织	5.农业开发公司	6.其他服务组织
贷款对象（个）	1 965 075	1 914 190	33 846	1 214	11 502	453	3 870
贷款项目（个）	143 799	133 649	2 516	1 027	3 840	325	2 442
累放合计	208 928	27 311	11 917	40 323	52 717	11 782	64 878
1. 农田水利	60 274	12 029	3 156	7 070	18 742	2 228	17 049
2. 农业机械	14 455	2 689	1 379	2 559	3 395	850	3 583
3. 科技推广	16 415	1 816	1 025	4 015	3 470	1 305	4 784
4. 林　业	12 616	1 390	561	3 940	4 055	321	2 349
5. 牧　业	11 701	2 298	406	3 652	2 489	405	2 451
6. 渔　业	14 341	805	1 167	2 791	4 781	2 222	2 575
7. 农产品加工，贮藏	20 225	369	467	4 401	5 286	2 038	7 664
8. 其　他	58 901	5 915	3 756	11 895	10 499	2 413	24 423
累计收回	82 385	14 667	5 755	12 658	20 809	2 990	25 506
本期余额	277 283	40 694	16 626	61 305	66 314	14 391	77 953
#逾期余额	9 998	3 640	879	562	2 786	317	1 814
呆滞贷款	3 015	1 155	114	656	735	35	320
呆帐贷款	863	280	95	37	275	70	106

农业银行林业项目贷款统计

（1991年）　　单位：万元、公顷、个

项　　目	合　计	国　营	集　体	农　户
一、贷款累计发放数	70 981	48 219	18 076	4 686
1. 速生丰产林贷款发放数	26 342	18 441	6 211	1 690
速生丰产林贷款支持面积	1 198 691	843 882	284 753	70 056
2. 经济林贷款发放数	16 052	7 272	7 165	1 615
经济林贷款支持面积	390 866	224 718	131 444	34 704
3. 抚育管理贷款发放数	9 670	6 086	2 896	688
抚育管理贷款支持面积	957 988	778 954	171 396	7 638
4. 多种经营贷款发放数	18 917	16 420	1 804	693
二、项目数	3 001	1 413	813	775
三、贷款累计收回数	28 253	19 073	6 843	2 337
1. 速生丰产林贷款收回数	7 217	5 407	1 440	370
2. 经济林贷款收回数	7 077	2 390	3 455	1 232
3. 抚育管理贷款收回数	2 785	1 975	694	116
4. 经营贷款收回数	11 174	9 301	1 254	619
四、贷款余额	171 454	112 512	44 389	14 553
1. 速生丰产林贷款	75 019	47 239	20 349	7 431
2. 经济林贷款	33 904	15 312	14 537	4 055
3. 抚育管理贷款	23 592	16 393	5 532	1 667
4. 多种经营贷款	38 939	33 568	3 971	1 400

大中城市副食品基地贷款统计

（1991年）　　单位：万元、万公斤、个

项　目	一、农业银行	1.国营	2.集、个体	二、信用社	农业银行、信用社合计
一、贷款发放情况					
1. 贷款项目数	58 424	9 000	49 424	148 738	207 162
2. 累　放	524 082	226 180	297 902	722 542	1 246 624
3. 累　收	474 795	334 254	140 541	94 934	569 729
4. 期末余额	657 531	371 343	286 188	119 079	776 610
二、贷款效益					
1. 猪					
贷款项目数	11 809	449	11 360	28 316	40 125
贷款累放	56 742	21 131	35 611	31 914	88 656
产　量	489 489	236 166	253 323	218 062	707 551
产　值	163 075	53 188	109 887	93 873	256 948
利　润	19 806	7 238	12 568	12 224	32 030
2. 鸡					
贷款项目数	6 884	570	6 314	15 875	22 759
贷款累放	117 171	80 473	36 698	31 561	148 732
鸡肉产量	155 846	105 391	50 455	71 974	227 820
鸡蛋产量	493 444	131 368	362 076	98 421	591 865
产　值	302 452	169 782	132 670	106 559	409 011
利　润	29 840	13 846	15 994	14 344	44 184
3. 牛					
贷款项目数	4 656	299	4 357	8 436	13 092
贷款累放	39 905	32 483	7 422	6 534	46 439
牛肉产量	21 263	5 610	15 653	11 582	32 845
牛奶产量	325 859	254 549	71 310	33 208	359 067
产　值	82 614	64 493	18 121	12 470	95 084
利　润	7 042	3 736	3 306	2 893	9 935
4. 鱼					
贷款项目数	3 908	577	3 331	11 378	15 286
贷款累放	45 123	20 997	24 126	25 690	70 813
产　量	339 257	130 009	209 248	119 126	458 383
产　值	153 879	40 790	113 089	79 684	233 563
5. 菜					
贷款项目数	17 664	264	17 400	65 537	83 201
贷款累放	18 544	5 112	13 432	174 568	193 112
产　量	412 558	198 886	213 672	280 841	693 399
产　值	68 784	10 302	58 482	80 136	148 920
利　润	14 056	2 654	11 402	17 220	31 276
6. 其　他					
贷款项目数	13 503	6 841	6 662	19 196	32 699
贷款累放	246 597	65 984	180 613	452 275	698 872
产　值	223 952	157 152	66 800	68 330	292 282
利　润	15 184	7 537	76 647	9 297	24 481

农业银行国营农业种养业投资性贷款统计

（1991年）　　　　单位：万元、个

项　　目	合　计	1.农垦系统	2.农业系统	#农业二场	3.畜牧系统	#种畜场
一、贷款项目数	4 039	979	790	224	427	118
二、本期累放额	125 712	42 360	14 043	3 148	26 738	8 254
1. 农田水利	6 356	3 540	984	145	128	65
2. 农业机械	6 960	6 142	328	130	172	99
3. 科技推广	5 320	1 576	1 524	228	623	354
4. 多年生经济林木	14 944	3 298	2 269	491	199	117
5. 综合利用	10 979	2 335	1 324	478	1 445	781
6. 其　他	81 153	25 469	7 614	1 676	24 171	6 838
三、本期累收额	72 422	27 094	8 283	1 782	15 016	5 768
四、期末余额	250 958	94 501	30 301	6 612	38 547	10 174
五、经济效益	13 263	1 397	787	78	6 853	6 555
1. 投产项目	2 229	625	365	135	253	68
2. 新增粮食	170 034	59 324	101 093	1 350	2 666	2 523
3. 新增产值	300 895	112 775	44 165	5 957	66 139	27 596
4. 新增利润	29 191	14 437	3 801	379	4 364	2 055
5. 新增税金	10 785	4 400	1 372	258	1 580	336

项　　目	4.水产系统	#渔种场	5.林业系统	6.水利系统	7.其他系统
一、贷款项目数	285	81	1 059	110	386
二、本期累放额	8 125	1 401	18 535	3 481	12 360
1. 农田水利	7		100	1 308	289
2. 农业机械	50	34	138	31	99
3. 科技推广	327	147	850	50	370
4. 多年生经济林木			8 436	11	731
5. 综合利用	594	336	3 219	1 623	439
6. 其　他	7 147	884	5 792	458	10 432
三、本期累收额	5 600	985	8 542	886	6 794
四、期末余额	16 054	1 469	43 754	5 838	21 356
五、经济效益	98	60	2 360	1 287	481
1. 投产项目	241	58	506	63	176
2. 新增粮食			294	453	6 204
3. 新增产值	17 321	1 982	33 620	2 890	23 985
4. 新增利润	1 414	249	3 319	241	1 615
5. 新增税金	503	64	2 130	91	709

农业银行国营农业流动资金贷款统计

（1991年）　　　　单位：万元、个

项　　目	合　　计	1.农垦系统	2.农业系统		3.林业系统
				#农业二场	
一、农业流动资金贷款					
企业单位数	35 427	9 244	6 567	1 521	3 057
贷款单位数	25 586	5 182	4 906	1 369	2 200
期末贷款余额	1 390 046	521 515	146 192	120 940	73 372
贷款累放	1 987 198	808 851	215 220	239 789	69 912
贷款累收	1 935 208	683 882	418 948	180 880	55 748
产　值	3 647 517	1 702 906	404 134	105 000	167 293
销售收入	5 351 708	2 461 343	914 269	162 883	173 161
利　润	253 857	91 681	44 307	10 575	15 060
税　金	106 429	43 509	15 312	3 751	11 749
创外汇（美元）	637 884	257 310	18 061	707	1 343
二、工业流动资金贷款					
企业单位数	12 135	5 890	1 942	635	922
贷款单位数	9 554	4 309	1 940	474	633
期末贷款余额	803 385	555 038	100 521	50 507	82 473
贷款累放	1 251 952	772 676	140 298	64 449	40 908
贷款累收	1 083 950	676 354	121 179	54 038	36 794
产　　值	3 559 897	2 268 116	341 087	192 969	75 930
销售收入	3 593 448	2 386 474	315 196	168 532	63 663
利　润	199 652	124 678	24 071	15 929	2 975
税　金	155 693	105 717	13 589	7 678	3 255
创外汇（美元）	225 735	184 038	1 762	1 016	5 249
三、商业流动资金贷款					
企业单位数	7 579	2 885	1 240	153	774
贷款单位数	5 618	2 022	921	84	575
期末贷款余额	344 319	154 141	36 066	1 587	25 295
贷款累放	784 809	430 613	83 835	2 927	54 370
贷款累收	783 029	240 969	78 407	2 962	45 487
商品销售额	1 845 331	778 442	235 838	7 585	119 333
利　润	63 844	27 256	5 954	158	4 425
税　金	34 233	14 579	2 461	156	2 536

农业银行国营农业流动资金贷款统计（续）

（1991年） 单位：万元、个

项　　目	4.畜牧系统	#种畜场	5.水产系统	#渔种场	6.水利系统	7.劳改系统	8.其它系统
一、农业流动资金贷款							
企业单位数	2 134	598	1 637	481	1 276	312	11 200
贷款单位数	1 486	530	1 175	671	800	213	9 624
期末贷款余额	176 203	32 162	56 084	11 824	26 986	34 553	355 141
贷款累放	240 531	94 892	79 919	14 122	31 110	47 491	494 164
贷款累收	213 681	24 083	75 473	10 805	22 627	40 803	424 046
产　值	638 555	144 728	163 003	46 743	58 066	117 732	395 828
销售收入	707 718	167 821	359 574	46 297	53 561	158 485	523 597
利　润	50 093	8 785	21 741	3 105	3 953	−3 140	30 162
税　金	5 477	1 438	6 333	1 985	2 742	4 739	16 568
创外汇（美元）	46 870	45 421	2 461	112	300 017	209	11 613
二、工业流动资金贷款							
企业单位数	550	93	280	75	719	526	1 506
贷款单位数	420	91	160	39	474	244	1 374
期末贷款余额	27 817	5 829	12 680	2 215	25 137	39 085	99 734
贷款累放	38 105	6 547	20 825	3 656	35 312	56 217	147 611
贷款累收	33 722	6 312	19 895	3 023	31 671	50 725	113 610
产　值	77 177	17 498	83 893	10 735	87 745	263 524	362 425
销售收入	80 788	14 519	84 774	9 188	67 397	237 133	358 023
利　润	4 790	1 006	4 526	647	5 210	13 903	19 499
税　金	3 040	721	4 382	1 038	3 083	7 698	14 929
创外汇（美元）	95		175	122	87	30 470	3 859
三、商业流动资金贷款							
企业单位数	446	53	545	36	253	100	1 336
贷款单位数	351	43	398	23	340	66	945
期末贷款余额	17 976	2 768	40 545	554	16 566	3 996	49 734
贷款累放	36 140	4 847	80 295	519	6 350	5 429	87 777
贷款累收	30 880	4 354	72 802	488	5 693	4 492	304 299
商品销售额	96 604	11 769	180 798	1 318	19 264	20 012	395 040
利　润	3 265	442	3 272	64	1 548	388	17 736
税　金	1 192	176	3 026	24	448	428	9 563

农业银行商办工业贷款情况

（1990年） 单位：万元、个

项目	合计	其中			
		供销社	粮食	国营商业	烟草公司
贷款企业数	4 663	3 379	756	293	54
流动资金贷款余额	1 549 325	1 128 053	119 715	140 263	128 490
流动资金贷款累放额	2 321 295	1 639 928	197 657	247 861	176 035
流动资金贷款累收额	1 974 978	1 333 338	190 555	229 683	170 082
固定资产贷款余额	171 473	106 979	32 915	16 617	10 570
固定资产贷款累放额	45 159	26 590	9 136	2 926	3 298
固定资产贷款累收额	38 028	23 176	7 097	3 305	2 381
贷款企业产品销售收入	3 213 708	1 857 483	591 810	364 771	285 112
贷款企业工业总产值	2 493 294	1 528 637	477 428	248 426	145 146
贷款企业利润总额	136 741	75 416	35 858	8 460	13 330

7

金融主要指标

国家银行信贷资金来源、运用

（年末余额）　　　　单位：亿元

项　　目	1986年	1987年	1988年	1989年	1990年	1991年
资金来源合计	**8 205.97**	**9 976.17**	**11 541.25**	**13 617.90**	**16 837.88**	**20 613.90**
一、各项存款	5 381.87	6 572.05	7 501.17	9 083.76	11 644.83	14 864.08
企业存款	2 643.36	3 125.55	2 936.58	3 084.85	3 997.68	4 918.10
财政存款	311.45	306.98	270.88	437.99	380.40	485.76
基本建设存款						
机关团体存款	395.97	449.20	392.67	483.97	614.78	752.78
城镇储蓄存款	1 471.45	2 064.02	2 659.16	3 734.80	5 192.58	6 790.33
农村存款	559.64	626.30	669.55	716.32	850.26	1 172.47
其他存款			496.78	555.92	609.13	744.64
二、债　券			75.55	69.91	91.99	134.06
三、对国家金融机构负债	124.23	185.63	148.63	138.70	185.71	184.67
四、流通中货币	1 218.36	1 454.48	2 134.03	2 344.02	2 644.37	3 177.80
五、银行自有资金	861.65	940.02	1 073.81	1 196.93	1 315.83	1 481.70
六、当年结益	78.37	121.56	123.12	118.90	165.87	453.78
七、其　他	541.49	702.43	560.49	735.59	789.28	317.81
资金运用合计	**8 205.97**	**9 976.17**	**11 541.25**	**13 617.90**	**16 837.88**	**20 613.90**
一、各项贷款	7 590.40	9 032.35	10 551.33	12 409.27	15 166.36	18 043.95
工业生产企业贷款	1 649.85	2 043.61	2 085.09	2 724.63	3 559.43	4 235.76
工业供销企业及物资部门贷款	477.05	493.47	520.96	582.15	652.95	696.77
商业企业贷款	3 092.42	3 506.14	4 100.61	4 775.07	5 768.48	6 691.19
建筑企业贷款	369.41	466.52	494.71	601.26	671.45	715.01
城镇集体企业及个体工、商户贷款	425.54	550.03	656.21	708.55	831.26	950.26
农业贷款	570.37	685.83	814.21	895.05	1 038.08	1 209.48
固定资产贷款	1 005.76	1 286.75	1 559.23	1 775.96	2 245.75	3 044.36
其他贷款			320.31	346.60	398.96	501.12
二、黄金占款	12.04	12.04	12.04	12.04	12.04	12.04
三、外汇占款	77.12	182.08	158.44	264.54	599.46	1 228.11
四、在国际金融机构资产	100.43	178.81	187.05	191.56	258.96	261.96
五、财政借款	370.05	514.96	576.46	684.56	801.06	1 067.84
六、其他支出	55.93	55.93	55.93	55.93	55.92	

国家银行信贷资金来源、运用增减额

单位：亿元

项　　目	1986年		1987年	1988年	1989年	1990年	1991年
	不含建行	含 建 行					
资金来源合计	2 314.77	1 775.10	1 770.20	1 565.08	2 076.65	3 219.98	3 776.02
一、各项存款	1 445.39	1 108.84	1 190.18	929.12	1 582.59	2 561.07	3 219.25
企业存款	1 147.94	571.83	482.19	−188.97	148.27	912.83	920.42
财政存款	−14.98	−56.92	−4.47	−36.10	167.11	−57.59	105.36
基本建设存款	−281.50						
机关团体存款	70.21	70.21	53.23	−56.53	91.30	130.81	138.00
城镇储蓄存款	413.64	413.64	592.57	595.14	1 075.64	1 457.78	1 597.75
农村存款	110.08	110.08	66.66	43.25	46.77	133.94	322.21
其他存款				496.78	59.14	53.21	135.51
二、债　券				75.55	−5.64	22.08	42.07
三、对国际金融机构负债	46.05	46.05	61.40	−37.00	−9.93	47.01	−1.04
四、流通中货币	230.53	230.53	236.12	679.55	209.99	300.35	533.43
五、银行自有资金	249.65	83.83	78.37	133.79	123.12	118.9	165.87
六、当年结益	17.45	8.07	43.19	1.56	−4.22	46.97	287.91
七、其　他	325.70	297.78	160.94	−141.94	175.10	53.69	−471.47
资金运用合计	2 314.77	1 775.10	1 770.20	1 565.08	2 076.65	3 219.98	3 776.02
一、各项贷款	2 224.56	1 684.89	1 441.95	1 518.98	1 857.94	2 757.09	2 877.59
工业生产企业贷款	484.77	484.77	393.76	41.48	639.54	834.8	676.33
工业供销企业及物资部门贷款	96.22	96.22	16.42	27.49	61.19	70.8	43.82
商业企业贷款	443.12	443.12	413.72	594.47	674.46	993.41	922.71
建筑企业贷款	369.41	102.34	97.11	28.19	106.55	70.19	43.56
城镇集体企业及个体工、商户贷款	104.26	104.26	124.49	106.18	52.34	122.71	119.00
农户贷款	153.74	153.74	115.46	128.38	80.84	143.03	171.40
固定资产贷款	573.04	300.44	280.99	272.48	216.73	469.79	798.61
其他贷款				320.31	26.29	52.36	102.16
二、黄金占款							
三、外汇占款	−15.98	−15.98	104.96	−23.64	106.10	334.92	628.65
四、在国际金融机构资产	11.74	11.74	78.38	8.24	4.51	67.4	3.00
五、财政借款	95.00	95.00	144.91	61.50	108.10	116.5	266.78
六、其他支出	−0.55	−0.55				−0.01	

各地区专业银行各项存款

(1991年)

	国家银行		工商银行	
	余额	比重(%)	余额	比重(%)
北京	1 080.98	100	641.30	59.33
天津	296.12	100	151.24	51.07
河北	698.69	100	313.02	44.80
山西	381.41	100	186.76	48.97
内蒙古	205.72	100	104.87	50.98
辽宁	775.98	100	417.44	53.80
吉林	316.66	100	171.56	54.18
黑龙江	538.30	100	290.83	54.03
上海	71.70	100	333.14	46.81
江苏	841.13	100	360.71	42.88
浙江	586.23	100	241.44	41.19
安徽	330.92	100	145.59	44.00
福建	389.23	100	157.69	40.51
江西	269.31	100	117.25	43.54
山东	845.06	100	338.26	40.03
河南	603.71	100	261.48	43.31
湖北	497.61	100	229.25	46.07
湖南	413.35	100	183.90	44.49
广东	1 566.15	100	590.46	37.70
广西	298.53	100	129.40	43.35
海南	113.12	100	37.30	32.97
四川	727.24	100	320.40	44.06
贵州	174.46	100	76.81	44.03
云南	326.52	100	136.41	41.78
陕西	349.26	100	187.27	53.62
甘肃	200.08	100	104.03	51.99
青海	64.70	100	26.55	41.04
宁夏	59.77	100	27.25	45.59
新疆	284.77	100	117.59	41.29

各地区专业银行各项存款(续)

(1991年)　　单位：亿元

	农业银行		中国银行		建设银行	
	余额	比重(%)	余额	比重(%)	余额	比重(%)
北京	86.24	7.98	87.31	8.08	115.58	10.69
天津	55.61	18.78	123.52	41.71	37.23	12.57
河北	215.74	30.88	114.54	16.39	73.18	10.47
山西	85.17	22.33	45.41	11.91	48.39	12.69
内蒙古	42.98	20.89	34.01	16.53	21.25	10.33
辽宁	157.82	20.34	166.45	21.45	49.98	6.44
吉林	66.65	21.05	50.55	15.96	25.53	8.06
黑龙江	111.78	20.77	85.31	15.85	51.70	9.60
上海	136.98	19.25	234.85	33.00	132.30	18.59
江苏	238.99	28.41	179.90	21.39	100.59	11.96
浙江	174.67	29.80	126.17	21.52	74.29	12.67
安徽	85.94	25.97	52.25	15.79	48.83	14.76
福建	90.24	23.18	88.52	22.74	48.67	12.50
江西	74.84	27.79	48.30	17.93	40.58	15.07
山东	250.11	29.60	185.74	21.98	113.56	13.44
河南	167.83	27.80	65.57	10.86	88.19	14.61
湖北	127.01	25.52	91.11	18.31	49.78	10.00
湖南	105.39	25.50	66.50	16.09	56.30	13.62
广东	360.80	23.04	436.67	27.88	133.93	8.55
广西	83.69	28.03	36.44	12.21	42.21	14.14
海南	30.29	26.78	34.92	30.87	16.93	14.97
四川	203.73	28.01	98.20	13.50	61.21	8.42
贵州	40.10	22.99	12.17	6.98	27.98	16.04
云南	91.14	27.91	29.59	9.06	43.10	13.20
陕西	70.65	20.23	40.22	11.52	34.34	9.83
甘肃	41.95	20.97	17.20	8.60	29.84	14.91
青海	11.97	18.50	7.31	11.30	15.14	23.40
宁夏	13.31	22.27	7.56	12.65	11.22	18.77
新疆	93.65	32.89	17.54	6.16	42.80	15.03

各地区专业银行各项贷款

（1991年） 单位：亿元

	国家银行		工商银行	
	余额	比重(%)	余额	比重(%)
北京	632.65	100	359.38	56.81
天津	449.95	100	223.83	49.75
河北	740.10	100	343.46	46.41
山西	427.48	100	216.42	50.63
内蒙古	326.82	100	164.94	50.47
辽宁	1 123.46	100	628.93	55.98
吉林	629.06	100	314.76	50.04
黑龙江	798.90	100	428.86	53.68
上海	949.52	100	469.96	49.49
江苏	978.27	100	441.47	45.13
浙江	566.46	100	248.66	43.90
安徽	495.13	100	206.24	41.65
福建	372.43	100	154.18	41.40
江西	419.06	100	177.99	42.47
山东	1 113.39	100	441.82	39.68
河南	772.02	100	328.37	42.53
湖北	839.03	100	387.97	46.24
湖南	549.74	100	362.13	65.87
广东	1 470.18	100	580.41	39.48
广西	328.98	100	148.09	45.01
海南	145.12	100	51.03	35.16
四川	965.02	100	442.18	45.82
贵州	218.18	100	100.89	46.24
云南	295.43	100	133.40	45.15
陕西	462.56	100	245.80	53.14
甘肃	250.85	100	112.50	44.85
青海	87.52	100	36.93	42.20
宁夏	83.78	100	39.17	46.75
新疆	300.41	100	107.26	35.70

各地区专业银行各项贷款(续)

(1991年)

单位：亿元

	农业银行		中国银行		建设银行	
	余额	比重(%)	余额	比重(%)	余额	比重(%)
北京	76.08	12.03	65.62	10.37	89.21	14.10
天津	65.56	14.57	100.44	22.32	54.83	12.19
河北	230.76	31.18	85.63	11.57	69.69	9.42
山西	92.46	21.63	30.14	7.05	89.53	20.94
内蒙古	92.40	28.27	26.69	8.17	34.46	10.54
辽宁	222.17	19.78	122.27	10.88	83.13	7.40
吉林	214.36	34.08	38.77	6.16	36.48	5.80
黑龙江	216.15	27.06	65.40	8.19	65.96	8.26
上海	126.08	13.28	197.02	20.75	143.93	15.16
江苏	302.40	30.91	136.19	13.92	69.53	7.11
浙江	159.56	28.17	85.85	15.16	50.54	8.92
安徽	175.94	35.53	39.02	7.88	64.54	13.03
福建	87.86	23.59	62.71	16.84	45.91	12.33
江西	149.61	35.70	37.48	8.94	46.67	11.14
山东	357.61	32.12	151.59	13.62	127.33	11.44
河南	286.03	37.05	51.40	6.66	99.11	12.84
湖北	273.51	32.60	71.25	8.49	76.22	9.08
湖南	179.89	32.72	49.73	9.05	52.84	9.61
广东	337.03	22.92	334.55	22.76	84.92	5.78
广西	98.76	30.02	29.53	8.98	39.70	12.07
海南	40.74	28.07	22.90	15.78	15.56	10.72
四川	303.73	31.47	76.52	7.93	86.64	8.98
贵州	70.62	32.37	8.73	4.00	32.60	14.94
云南	94.84	32.10	20.42	6.91	37.52	12.70
陕西	105.02	22.70	32.16	6.95	53.06	11.47
甘肃	61.53	24.53	13.58	5.41	55.15	21.99
青海	13.19	15.07	6.16	7.04	25.22	28.82
宁夏	17.77	21.21	5.67	6.77	16.48	19.67
新疆	126.06	41.96	13.52	4.50	39.71	13.22

农业银行存款占国家银行比重

单位：亿元

年　份	各项存款			企业存款			集镇储蓄存款		
	国家银行	农业银行	比重(%)	国家银行	农业银行	比重(%)	国家银行	农业银行	比重(%)
1986年	5 354.70	1 211.80	22.63	2 422.70	262.77	10.85	1 471.50	257.68	17.51
1987年	6 517.00	1 487.30	22.82	2 671.20	305.00	11.42	2 067.60	426.19	20.61
1988年	7 425.80	1 713.73	23.08	2 936.60	351.36	11.96	2 659.20	593.71	22.33
1989年	9 013.85	2 055.46	22.80	3 084.85	369.43	11.98	3 734.80	848.51	22.72
1990年	11 644.90	2 640.55	22.68	3 997.70	438.39	10.97	5 192.60	1 212.10	23.34
1991年	14 879.10	3 319.51	22.31	4 918.10	546.46	11.11	6 790.33	1 577.64	23.23

农业银行贷款占国家银行比重

单位：亿元

年　份	各项贷款			流动资金贷款			固定资产贷款		
	国家银行	农业银行	比重(%)	国家银行	农业银行	比重(%)	国家银行	农业银行	比重(%)
1988年	10 551.33	2 632.15	24.95	8 026.10	2 131.51	26.56	1 559.23	58.45	3.75
1989年	12 409.27	3 058.17	24.64	9 498.05	2 483.39	26.15	1 775.96	65.58	3.69
1990年	15 166.40	3 774.34	24.89	11 595.94	3 071.00	26.50	2 245.75	76.43	3.40
1991年	18 043.95	4 578.07	25.37	13 441.92	3 675.29	27.34	3 044.35	99.86	3.28

全国城乡储蓄存款

(年末余额)

单位：亿元

年　份	总　计	*定　期	城镇储蓄	*定　期	农户储蓄	*定　期
1986年	2 237.6	1 729.2	1 471.5	1 189.3	766.1	539.9
1987年	3 073.3	2 356.3	2 067.6	1 647.9	1 005.7	708.4
1988年	3 801.5	2 836.7	2 659.2	2 045.2	1 142.3	791.5
1989年	5 146.9	4 182.1	3 734.8	3 097.6	1 412.1	1 079.6
1990年	7 034.2	5 851.3	5 192.6	4 396.2	1 841.6	1 455.1
1991年	9 107.0	7 598.7	6 790.3	5 715.8	2 316.7	1 882.9

全国城乡储蓄存款增减额

(比上年末)

单位：亿元

年　份	总　计	*定　期	城镇储蓄	*定　期	农户储蓄	*定　期
1986年	615.0	504.0	413.7	348.1	201.3	155.9
1987年	835.7	627.1	596.1	458.6	239.6	168.5
1988年	728.2	480.4	591.6	397.3	136.6	83.1
1989年	1 345.4	1 345.4	1 075.6	1 057.3	269.8	288.1
1990年	1 887.3	1 669.3	1 457.8	1 293.7	429.5	375.5
1991年	2 072.8	1 747.4	1 597.7	1 319.5	475.1	427.8

全国人均储蓄存款

年份	总人口 （亿人）	#城镇人口	#乡村人口	城乡储蓄存款余额 （亿元）	#城镇储蓄	#农户储蓄	全国人均储蓄存款 （元）	城镇人均储蓄存款 （元）	农户人均储蓄存款 （元）
1986	10.75	2.64	8.11	2 237.6	1 471.5	766.1	208.1	557.4	94.5
1987	10.93	2.77	8.16	3 073.3	2 067.6	1 005.7	281.2	746.4	123.2
1988	11.10	2.87	8.24	3 801.5	2 659.2	1 142.3	342.5	926.6	138.6
1989	11.27	2.95	8.32	5 146.9	3 734.8	1 412.1	456.7	1 266.0	169.7
1990	11.43	3.02	8.41	7 034.2	5 192.6	1 841.6	615.4	1 719.4	219.0
1991	11.58	3.05	8.53	9 107.0	6 790.3	2 316.7	786.4	2 226.3	271.6

黄金和外汇储备

年份	黄金储备 （万盎司）	外汇储备 （亿美元）	国家外汇库存	中国银行外汇结存
1986	1 267	105.14	20.72	84.42
1987	1 267	152.36	29.23	123.13
1988	1 267	175.48	33.72	141.76
1989	1 267	170.22	55.50	114.72
1990	1 267	285.94	110.93	175.01
1991	1 267	426.65		

农业银行现金收支占国家银行的比重

单位：亿元

年份	现金收入			现金支出		
	国家银行	农业银行	比重(%)	国家银行	农业银行	比重(%)
1986年	6 613.30	2 615.22	39.54	6 843.90	3 175.10	46.39
1987年	8 779.60	3 577.30	40.75	9 015.70	4 199.21	46.58
1988年	12 810.50	4 973.88	38.83	13 790.00	5 796.70	42.04
1989年	15 057.60	5 482.89	36.41	15 267.60	6 075.35	39.79
1990年	17 171.10	6 220.88	36.23	17 471.40	6 862.03	39.28
1991年	21 465.09	7 500.43	35.18	21 998.52	8 422.46	38.29

各专业银行存、贷款变化情况

单位：亿元

年份	国家银行	工商银行		农业银行		建设银行	
	余额	余额	比重(%)	余额	比重(%)	余额	比重(%)
存款合计							
1985年	4 264.90	1 935.28	45.38	912.35	21.39	586.40	13.75
1986年	5 354.70	2 537.15	47.38	1 211.80	22.63	719.36	13.43
1987年	6 517.00	3 144.15	48.25	1 487.30	22.82	823.51	12.64
1988年	7 425.80	3 561.69	47.96	1 713.73	23.08	968.60	13.04
1989年	9 013.85	4 130.93	45.83	2 055.46	22.80	1 111.60	12.33
1990年	11 644.90	5 173.49	44.43	2 640.55	22.68	1 537.22	13.20
1991年	14 879.12	6 405.03	43.05	3 319.51	22.31	2 056.02	13.80
贷款合计							
1985年	5 905.60	2 962.67	40.17	1 687.70	28.58	562.58	9.53
1986年	7 590.80	3 786.41	49.88	1 996.12	26.30	808.64	10.65
1987年	9 032.50	4 377.75	48.47	2 319.26	25.68	992.67	10.99
1988年	10 551.33	4 969.76	47.10	2 632.15	24.95	1 212.97	11.50
1989年	12 409.27	5 751.87	46.35	3 058.17	24.64	1 456.69	11.74
1990年	15 166.40	6 871.89	45.31	3 774.34	24.80	1 858.15	12.25
1991年	18 043.95	7 951.81	44.07	4 578.07	25.37	2 437.75	13.51

各地区专业银行储蓄存款

（1991年）　　单位：亿元

	国家银行		工商银行	
	合计	#定期	小计	#定期
北京	249.88	227.59	188.74	82.42
天津	130.31	117.16	81.88	37.41
河北	391.78	340.28	197.51	76.42
山西	199.52	176.94	120.22	39.35
内蒙古	119.37	97.04	73.60	29.72
辽宁	464.26	418.07	286.16	115.39
吉林	201.68	163.95	120.58	48.66
黑龙江	334.45	286.26	202.62	73.78
上海	284.85	275.38	169.37	66.53
江苏	433.67	401.60	192.95	95.55
浙江	233.27	205.55	120.55	56.32
安徽	150.38	117.83	83.62	34.43
福建	190.58	163.60	94.35	46.50
江西	146.98	123.34	76.74	40.73
山东	459.92	388.16	208.19	82.89
河南	337.47	275.85	175.44	72.44
湖北	248.75	209.06	124.43	70.25
湖南	222.35	189.17	110.40	59.36
广东	676.62	484.90	325.45	186.97
广西	154.70	120.37	80.35	46.09
海南	57.04	39.40	23.30	12.44
四川	343.51	294.69	176.69	83.31
贵州	66.75	54.00	40.61	17.62
云南	120.82	100.89	67.70	26.85
陕西	198.30	163.14	121.38	44.90
甘肃	106.81	90.11	64.56	23.56
青海	30.15	25.31	16.45	6.27
宁夏	34.01	28.78	18.51	5.97
新疆	145.01	123.17	68.82	29.69

各地区专业银行储蓄存款(续)

(1991年)　　单位：亿元

	农业银行		中国银行		建设银行	
	小计	#定期	小计	#定期	小计	#定期
北京	18.19	16.24	16.77	15.04	13.69	11.89
天津	21.56	18.82	9.54	8.80	10.30	8.95
河北	114.26	97.30	21.64	19.46	36.58	28.80
山西	39.51	34.28	13.03	11.51	16.63	13.70
内蒙古	20.33	15.47	8.99	7.58	10.62	8.13
辽宁	84.36	71.78	25.88	22.51	29.47	23.96
吉林	37.44	28.72	12.33	10.60	17.02	11.11
黑龙江	61.25	51.92	13.51	10.97	32.94	26.55
上海	68.19	67.01	9.84	9.53	20.25	19.87
江苏	131.40	128.26	33.02	31.71	48.61	40.76
浙江	69.94	59.44	14.47	13.41	20.42	15.88
安徽	30.80	23.59	8.27	7.28	18.68	13.19
福建	44.67	37.95	25.28	21.27	16.21	12.79
江西	38.80	31.34	9.15	7.97	15.58	12.50
山东	137.32	125.11	28.47	25.34	54.08	40.03
河南	77.96	62.11	12.25	10.73	45.67	31.15
湖北	61.00	50.81	16.05	13.53	27.11	20.91
湖南	50.20	41.62	16.07	13.85	22.87	17.47
广东	149.31	108.10	114.72	111.13	49.67	27.61
广西	43.36	32.45	8.85	6.70	16.48	11.78
海南	18.36	13.21	10.14	6.31	3.88	2.20
四川	90.38	77.68	17.40	15.26	23.05	17.36
贵州	1 397.00	10.74	2.96	2.40	6.83	44.85
云南	33.50	28.37	4.84	4.04	11.33	8.89
陕西	37.57	31.49	7.60	7.25	17.78	12.84
甘肃	22.58	18.86	4.53	4.06	12.07	9.25
青海	5.39	4.42	1.15	1.03	6.32	4.88
宁夏	6.59	5.72	1.46	1.35	6.33	5.16
新疆	49.45	41.89	2.56	2.41	16.39	12.92

国家银行现金收入、支出

单位：亿元

项　　目	1986年	1987年	1988年	1989年	1990年	1991年
商品销售收入	3 279.4	3 895.7	5 216.3	5 482.5	5 690.6	6 602.1
服务事业收入	385.7	491.2	651.0	786.9	958.9	1 200.6
税金收入	44.4	59.0	80.2	110.2	126.8	156.3
农村信用收入	697.3	896.4	1 049.9	1 113.2	1 353.6	1 662.7
乡镇企事业收入	100.3	151.5	229.4	237.1	270.6	359.6
个体经营收入	42.4	70.8	110.7	115.3	138.5	191.9
储蓄存款收入	1 665.2	2 567.0	4 336.1	5 726.7	6 910.4	8 996.2
其他金融机构收入		72.6	138.4	206.7	281.3	404.9
汇兑收入	95.8	128.7	187.5	225.0	293.3	405.8
其他收入	309.8	446.7	811.0	1 054.0	1146.7	1 485.0
收　入　合　计	6 613.3	8 779.6	12 810.5	15 057.6	17 171.1	21 465.1
工资和对个人其他支出	2 158.2	2 512.4	3 178.7	3 680.1	4177.5	4 863.6
农副产品采购支出	1012.9	1 189.0	1 496.1	1 535.0	1744.3	1 874.2
行政企业管理费支出	412.9	530.0	796.8	925.1	1100.2	1 392.8
农村信用支出	1 222.1	1 524.8	1 934.3	1 805.2	1946.7	2 438.1
乡镇企事业支出	220.6	323.6	458.5	460.4	508.1	667.6
个体经营支出	67.9	112.7	181.8	191.5	216.8	292.7
储蓄存款支出	1 311.7	2 106.1	4 057.3	5 025.5	5817.9	7 948.7
其他金融机构支出		67.8	188.0	226.6	264.9	344.0
汇兑支出	106.3	135.8	198.6	231.9	272.9	361.0
其他支出	331.3	513.5	999.9	1 186.3	1422.1	1 816.0
支　出　合　计	6 843.9	9 015.7	13 490.0	15 267.6	17471.4	21 998.5

国家银行现金收入、支出增减额

（比上年末）　　　　单位：亿元

项　　目	1986年	1987年	1988年	1989年	1990年	1991年
商品销售收入	415.7	616.3	1 320.6	266.2	208.1	911.5
服务事业收入	64.1	105.5	159.8	135.9	172	241.7
税金收入	8.3	14.6	21.2	30.0	16.6	29.5
农村信用收入	116.9	199.1	153.5	63.3	240.4	309.1
乡镇企事业收入	16.1	51.2	77.9	7.7	33.5	89.0
个体经营收入	6.3	28.4	39.9	4.6	23.3	53.3
储蓄存款收入	416.2	908.8	1 769.1	1 390.6	1 183.8	2 085.7
城市信用社收入	0.0	72.6	65.8	68.3	74.7	123.5
汇兑传入	13.3	32.9	58.8	37.5	68.3	112.5
其他收入	57.3	136.9	364.3	243.0	92.7	338.3
收　入　合　计	1 114.2	2 166.3	4 030.9	2 247.1	2 113.5	4 294.0
工资和对个人其他支出	371.7	354.2	666.3	501.4	497.4	686.1
农副产品采购支出	178.1	176.1	307.1	38.9	209.3	129.9
行政企业管理费支出	48.1	117.1	266.8	128.3	175.1	292.6
农村信用支出	127.3	302.7	409.5	－129.1	141.5	491.4
乡镇企事业支出	51.3	103.0	134.9	1.9	47.7	159.5
个体经营支出	10.9	44.8	69.1	9.7	25.3	75.9
储蓄存款支出	302.8	794.4	1 951.2	968.2	792.4	2 130.8
城乡信用社支出		67.8	120.2		38.2	79.1
汇兑支出	13.1	29.5	62.8		41	88.1
其他支出	45.8	182.2	486.4		235.8	393.9
支　出　合　计	1 149.1	2 171.8	474.3		2 203.8	4 527.1

各时期全国城乡储蓄存款增长情况

时期	城乡储蓄存款合计	*城镇	*农户	时期	城乡储蓄存款合计	*城镇	*农户
年平均增加额(亿元)				年平均增加速度(%)			
"一五"时期	5.3	3.8	1.5	"一五"时期	32.6	26.5	48.8
"二五"时期	1.2	0.7	0.5	"二五"时期	3.1	2.4	5.8
1963—1965	8.0	7.0	1.0	1963—1965	16.6	18.5	10.0
"三五"时期	2.9	2.5	0.4	"三五"时期	4.0	4.3	3.1
"四五"时期	14.0	10.0	4.0	"四五"时期	13.5	12.2	18.5
"五五"时期	50.0	33.6	16.4	"五五"时期	21.7	19.8	27.3
"六五"时期	244.6	155.1	89.5	"六五"时期	32.4	30.2	37.0
"七五"时期				"七五"时期	34.1	37.5	26.7
1986	615.0	413.7	201.3	1986	37.9	39.1	35.6
1987	835.7	596.1	239.5	1987	37.6	39.8	33.4
1988	728.2	591.6	136.6	1988	32.8	36.0	26.5
1989	1 345.4	1 075.6	269.8	1989	33.5	37.1	25.7
1990	1 887.3	1 457.8	429.5	1990	34.1	37.5	26.7
"八五"时期				"八五"时期			
1991	2 072.8	1 597.7	475.1	1991	29.5	30.8	25.8

国家银行人员、机构情况

（1991年）

	合计	中国人民银行	中国工商银行	中国农业银行	中国银行	中国人民建设银行	交通银行
年末职工人数（人）	1 499 223	166 309	504 554	483 763	87 626	238 789	18 182
总行	6 849	2 405	628	703	1 990	835	288
年末机构总数（个）	123 345	2 531	30 834	55 614	6 362	27 586	418
总行	6	1	1	1	1	1	1
省级分行	160	30	29	29	30	30	12
计划单列市分行	69	14	14	14	13	14	
地（市）分支行	1 467	315	307	307	140	341	57
县支行	9 432	2 059	2 065	2 156	788	2 364	
城市（郊区）办事处	2 202	19	1 205	486	91	277	124
分理处	11 507		6 207		1 806	3 420	74
储蓄所	64 868		20 280	20 951	3 493	20 036	108
营业所	30 927			30 927			
其他	2 707	93	726	743		1 103	42

金融系统人员、机构情况

	合计	国家银行	保险公司	农村信用社	城市信用社	金融信托投资机构
年末职工人数（人）						
1986	1 468 893	1 006 808	60 286	401 799		
1987	1 651 415	1 122 404	68 648	433 866	26 497	
1988	1 797 287	1 204 009	71 600	471 910	49 768	
1989	1 910 597	1 343 310	79 171	488 116		
1990	2 024 519	1 421 724	85 712	517 083		
1991	2 131 843	1 499 223	93 394	539 226		
年末机构总数（个）						
1986	129 479	67 626	2 659	59 194		
1987	145 416	79 619	2 749	60 872	1 615	561
1988	165 848	98 076	2 865	60 897	3 265	745
1989	155 842	94 563	2 861	58 418		
1990	186 357	125 097	3 060	58 200		
1991	184 613	123 345	3 383	57 885		

8

国民经济与农村经济主要指标

自 然 状 况 及 资 源

（1991年）

项　　　　目	1991年	项　　　　目	1991年
一、自然状况		荒地面积（万公顷）	10 800
1．国　土		# 宜农荒地（万公顷）	3 535
国土面积（万平方公里）	960	林业用地面积（万公顷）	26 743
海域面积（万平方公里）	472.7	# 宜林荒山荒地（万公顷）	7 661.46
海洋平均深度（米）	961	草地面积（万公顷）	40 000
海洋最大深度（米）	5 377	# 可利用草地（万公顷）	31 333
岸线总长度（公里）	＞32 000	2．林木资源	
大陆岸线长度（公里）	＞18 000	活立木总蓄积量（亿立方米）	108.68
岛屿岸线长度（公里）	＞14 000	森林面积（万公顷）	12 863
岛屿个数（个）	＞ 5 000	森林蓄积量（亿立方米）	93.1
岛屿面积（万平方公里）	＞8	森林覆盖率	13.40%
2．气　候		3．水利资源	
热量分布（积温＞＝0 ℃）		大　陆	
黑龙江北部及青藏高原（℃）	2 000—2 500	地表水资源总量（亿立方米）	26 500
东北平原（℃）	3 000—4 000	地表径流（亿立方米）	19 800
华北平原（℃）	4 000—5 000	地下(浅层)水量(亿立方米)	6 200
长江流域及以南地区（℃）	5 800—6 000	冰川融水量（亿立方米）	500
南岭以南地区（℃）	7 000—8 000	水力资源蕴藏量(亿千瓦)	6.76
降水量		# 可开发量(亿千瓦)	3.78
全国年降水总量		淡水总面积(万公顷)	1 664
全国年平均降水量		# 可养殖面积(万公顷)	503
台湾中部山区（毫米）	≥4 000	# 已养殖面积(万公顷)	305
华南沿海（毫米）	1 600—2 000	海　洋	
长江流域（毫米）	1 000—1 500	海洋能源理论蕴藏量(亿千瓦)	6.3
华北、东北（毫米）	400—800	海岸带面积(万平方公里)	28
西北内陆（毫米）	100—200	海涂面积(万平方公里)	2.08
塔里木盆地、吐鲁番盆地和		海水可养勤面积(万公顷)	260.13
柴达木盆地（毫米）	≤25	# 已养殖面积(万公顷)	41.35
气候带面积比例（国土面积＝100）		浅海滩涂可养殖面积(万公顷)	242.07
湿润地区（干燥度＜1.0）	32%	# 已养殖面积(万公顷)	27.77
半湿润地区（干燥度＝1.0－1.5）	15%	4．矿产资源（保有储量）	
半干旱地区（干燥度＝1.5－2.0）	22%	煤（亿吨）	9 667.69
干旱地区（干燥度＞0.0）	31%	铁矿石（亿吨）	500.71
二、自然资源		磷矿石（亿吨）	157.12
1．土地资源		钾盐（亿吨）	3.96
耕地面积（万公顷）	9 565	盐（亿吨）	3 673.67

注：1．自然资源部分未包括台湾省；2．气候资料为多年平均值；3．土地、水利资源，均为以前清查数，有进一步勘测；4．森林资源为1988—1991调查数。

国民经济主要指标

指　　标	单　位	1978年	1980年	1985年	1989年	1990年	1991年
一、人口							
年底总收入	万　人	96 259	98 705	105 851	112 704	114 333	115 823
二、劳动力（年底数）							
劳动力资源人数	万　人	48 530	52 885	62 114	68 364	69 732	70 982
社会劳动者人数	万　人	40 152	42 361	49 873	55 329	56 740	58 360
* 职工人数	万　人	9 499	10 444	12 358	13 732	14 059	14 508
三、国民生产总值	亿　元	3 588	4 470	8 558	15 916	17 695	19 855
四、国民收入	亿　元	3 010	3 688	7 020	13 176	14 384	16 117
五、社会总产值	亿　元	6 846	8 534	16 582	34 519	38 035	43 803
* 工农业总产值	亿　元	5 634	7 077	13 335	28 552	31586	36 405
六、固定资产投资							
1. 全社会固定资产投资总额	亿　元	668.72	910.85	2 543.19	4 137.73	4 449.29	5 508.80
生产性	亿　元			1 544.10	2 571.97	2 768.28	3 453.39
非生产性	亿　元			999.09	1 565.76	1 681.01	2 055.41
* 住　宅	亿　元			641.63	1 063.84	1 164.48	1 417.41
2. 全民所有制单位固定资产投资	亿　元	668.72	745.90	1 680.51	2 535.48	2 918.64	3 628.11
基本建设投资	亿　元	500.99	558.89	1 074.37	1 551.74	1 703.81	2 115.80
更新改造及其他固定资产投资	亿　元	167.73	187.01	606.14	983.75	1 029.26	1 261.86
3. 集体所有制单位固定资产投资	亿　元		45.95	327.46	569.99	529.48	697.80
城　镇	亿　元		22.95	128.23	185.63	163.38	203.83
农　村	亿　元		23.00	199.23	384.36	366.10	493.98
七、国家财政							
1. 国家财政收入	亿　元	1 121.1	1 085.2	1 866.4	2 947.9	3 312.6	3 610.9
中　央	亿　元	164.6	209.8	707.9	1 105.5	1 367.9	1 399.7
地　方	亿　元	956.5	875.5	1 158.5	1 842.4	1 944.7	2 211.2
2. 国家财政支出	亿　元	1 111.0	1 212.7	1 844.8	3 040.2	3 452.2	3 813.6
中　央	亿　元	521.0	650.7	836.5	1 105.2	1 372.8	1 517.7
地　方	亿　元	590.0	562.0	1 008.2	1 935.0	2 079.4	2 295.8
3. 预算外资金收入	亿　元	347.1	557.4	1 530.0	2 658.8	2 708.6	
八、物价总指数（上年=100）							
1. 农副产品收购价格总指数	%	103.9	107.1	108.6	115.0	97.4	98.0
2. 零售物价总指数	%	100.7	106.0	108.8	117.8	102.1	102.9
3. 职工生活费用价格总指数	%	100.7	107.5	111.9	116.3	101.3	105.1
九、工　资							
1. 职工工资总额	亿　元	568.9	772.4	1 383.0	2 618.5	2 951.1	3 323.9
2. 职工平均货币工资	元	615.0	762.0	1 148.0	1 935.0	2 140.0	2 340.0
十、居民消费水平	元	175.0	227.0	403.0	691.0	723.0	803.0
农　民	元	132.0	173.0	324.0	511.0	524.0	569.0
非农业居民	元	383.0	468.0	727.0	1 387.0	1 477.0	1 686.0
十一、农业							
1. 农业总产值	亿　元	1 397.0	1 923.0	3 619.0	6 535.0	7 662.0	8 157.0
2. 主要农产品产量							
粮　食	万　吨	30 477	32 056.0	37 911.0	40 755.0	44 624.0	43 529.0
棉　花	万　吨	216.7	270.7	414.7	378.8	450.8	567.5
油　料	万　吨	521.8	769.1	1 578.4	1 295.2	1 613.2	1 638.3
甘　蔗	万　吨	2 111.6	2 280.7	5 154.9	4 879.5	5 762.0	6 789.8
甜　菜	万　吨	270.2	630.5	891.9	924.3	1 452.5	1 628.9
茶　叶	万　吨	26.8	30.4	43.2	53.5	54.0	54.2
水　果	万　吨	657.0	679.3	1 163.9	1 831.9	1 874.4	2 176.1

国民经济主要指标（续1）

指　　标	单　位	1978年	1980年	1985年	1989年	1990年	1991年
猪牛羊肉	万　吨	856.3	1 205.4	1 760.7	2 326.2	2 513.5	2723.8
水产品	万　吨	466	450	705	1 152	1 237	1 351
十二、工业							
1．工业总产值	亿　元	4 237	5 154	9 716	22 017	23 924	28 248
2．主要工业产品产量							
布	亿　米	110.3	134.7	146.7	189.2	188.8	181.7
机制纸及纸板	万　吨	439	535	911	1 333	1 372	1 479
糖	万　吨	227	257	451	501	582	640
自行车	万　辆	854	1 302	3 228	3 677	3 142	3 677
缝纫机	万　台	486.5	767.8	991.2	956.3	761.0	763.8
手　表	万　只	1 351.1	2 215.5	5 431.1	7 275.6	8 352.6	7 595.5
家用电冰箱	万　台	2.8	4.9	144.8	670.8	463.1	469.9
电视机	万　台	51.73	249.20	1 667.66	2 766.54	2 684.7	2 691.41
#彩色电视机	万　台	0.38	3.20	435.28	940.02	1 033.0	1 205.06
家用洗衣机	万　台	0.04	24.50	87.20	825.43	662.68	687.17
录放音机	万　台	4.7	74.3	1 393.1	2 349.0	3 023.5	2 873.7
照相机	万　架	17.89	37.28	178.97	245.18	213.22	478.18
原　煤	亿　吨	6.18	6.20	8.72	10.54	10.80	10.87
原　油	万　吨	10 405	10 595	12 490	13 764	13 831	14 099
发电量	亿千瓦小时	2 566	3 006	4 107	5 848	6 212	6 775
钢	万　吨	3 178	3 712	4 679	6 159	6 635	7 100
成品钢材	万　吨	2 208	2 716	3 693	4 859	5 153	5 638
水　泥	万　吨	6 524	7 986	14 595	21 029	20 971	25 261
3．全民所有制独立核算工业企业全员劳动生产率	元/人·年	11 131	12 081	1 080	18 320	18 639	32 304
4．全民所有制独立核算工业企业主要财务指标							
年底固定资产原值	亿　元	3 193.4	3 730.1	5 956.2	10 160.8	11 610.3	13 556.8
资金总额	亿　元	3 273.0	3 663.7	5 604.1	10 318.0	12 088.6	14 067.6
年底固定资产净值	亿　元	2 225.7	2 528.0	3 980.8	7 033.2	8 088.3	9 507.2
定额流动资金年平均余额	亿　元	1 047.3	1 135.7	1 623.3	3 284.8	4 000.3	4 560.4
利润和税金总额	亿　元	790.7	907.1	1 334.1	1 773.1	1 503.1	1 661.2
十三、运输邮电							
1．货物周转量	亿吨公里	9 829	12 026	18 126	25 591	26 207	27 986
铁　路	亿吨公里	5 345	5 717	8 126	10 394	10 622	10 972
公　路	亿吨公里	274	764	1 693	3 375	3 358	3 428
水　运	亿吨公里	3 779	5 053	7 700	11 187	11 592	12 955
管　道	亿吨公里	430	491	603	629	627	621
空　运	亿吨公里	1	1	4	7	8	10
2．旅客周转量	亿人公里	1 743	2 281	4 437	6 073	5 628	6 178
铁　路	亿人公里	1 093	1 383	2 416	3 037	2 613	2 828
公　路	亿人公里	521	730	1 725	2 662	2 620	2 872
水　运	亿人公里	101	129	179	188	165	177
空　运	亿人公里	28	40	117	187	230	301
3．沿海主要港口货物吞吐量	万　吨	19 834	21 731	31 154	44 214	43 229	47 117
4．邮电业务总量	亿　元	11.65	13.34	29.60	64.81	81.65	204.38
5．函　件	亿　件	28.35	33.13	46.78	57.28	54.87	52.11
6．报刊期发数	万　份	11 250	16 431	30 172	17 704	20 078	23 277
十四、能源生产与消费（标准煤）							
能源生产总量	万　吨	62 770	63 735	85 546	101 639	103 922	104 844
能源消费总量	万　吨	57 144	60 275	76 682	96 934	98 703	102 300

国民经济主要指标(续2)

指标	单位	1978年	1980年	1985年	1989年	1990年	1991年
十五、国内商业							
1. 社会商业商品购进总额	亿元	1 739.7	2 263.0	3 532.5	7 606.0	8 221.2	9 347.9
#工业品	亿元	1 263.4	1 567.6	2 462.3	5 468.7	5 871.2	6 767.2
农副产品	亿元	459.9	677.0	1 033.2	2 053.7	2 258.6	2 453.2
2. 社会农副产品收购量							
粮食	万吨	5 072.5	6 129.0	10 762.8	12 138.1	13 995.2	13 635.5
棉花	万吨	209.6	261.0	431.9	330.6	409.1	529.0
食用植物油	万吨	110.5	191.0	409.8	380.7	470.3	477.0
甘蔗	万吨	1 557.9	1 584.0	3 687.5	3 395.9	4 619.0	4 728.5
甜菜	万吨	255.3	554.1	806.4	776.3	1 402.8	1 556.6
茶叶	万吨	24.3	26.2	39.5	53.4	49.2	52.2
肥猪	万头	10 936.5	14 250.0	16 020.8	17 583.0	18 504.5	21 054.1
菜牛	万头	140.8	221.6	463.8	758.3	909.5	1 018.5
菜羊	万只	998.3	1 680.2	2 839.3	3 696.4	4 033.3	4 432.6
鲜蛋	万吨	56.0	99.1	192.2	267.5	282.4	350.5
水产品	万吨	269.2	239.3	334.2	467.1	575.3	652.4
3. 社会商品零售总额	亿元	1 558.6	2 140.0	4 305.0	8 101.4	8 300.1	9 415.6
4. 主要消费品零售量							
粮食	万吨	4 750.0	5 497.0	9 011.6	9 347.4	9 289.1	9 242.6
食用植物油	万吨	87.5	126.0	349.1	411.6	441.6	467.2
猪肉	万吨	467.5	704.5	916.4	1 131.3	1 246.9	1 316.8
食糖	万吨	315.6	363.5	572.5	530.8	541.6	547.6
布	亿米	76.9	98.4	121.2	127.8	120.3	118.5
缝纫机	万架	439.8	665.0	1 103.0	710.0	530.4	550.3
自行车	万辆	809.6	1 186.0	3 111.2	3 348.7	2 760.3	3 097.8
电视机	万台	55.1	364.0	2 156.9	2 173.8	1 923.0	2 096.1
洗衣机	万台	0.2	23.5	1 098.1	1 233.4	924.9	984.1
电冰箱	万台	2.0	5.5	220.0	604.4	436.0	465.7
5. 农业生产资料销售量							
化学肥料（标准量）	万吨	4 087.5	5 531.1	6 231.8	9 378.7	10 023.6	10 702.2
化学农药	万吨	146.4	152.7	65.3	63.7	61.5	62.6
农用动力机械	万千瓦	1 037.1	639.8	723.4	1 014.6	898.1	1 153.1
十六、对外贸易							
进出口总额	亿美元	206.4	381.4	696.0	1 116.8	1 154.4	1 357.0
进口额	亿美元	108.9	200.2	422.5	591.4	533.5	637.9
出口额	亿美元	97.5	181.2	273.5	525.4	620.9	719.1
十七、教育文化							
1. 在校学生数							
高等学校	万人	85.6	114.4	170.3	208.2	206.3	204.4
中等专业学校	万人	88.9	124.3	157.1	217.7	224.4	227.7
普通中学	万人	6 548.3	5 508.1	4 706.0	4 554.0	4 586.0	4 683.5
小学	万人	14 624.0	14 627.0	13 370.2	12 373.1	12 241.4	12 164.2
2. 出版数量							
图书	亿册(张)	37.7	45.9	66.7	58.6	56.4	61.4
杂志	亿册	7.6	11.2	25.6	18.4	17.9	20.6
报纸	亿份	127.8	140.4	199.8	156.2	160.5	176.6
十八、卫生							
医院床位数	万张	185.6	198.2	222.9	256.8	262.4	268.9
卫生技术人员	万人	246.4	279.8	341.1	380.9	389.8	398.5
#医生	万人	103.3	115.3	141.3	171.8	176.3	178.0

注：1. 本表价值指标均按当年价格计算。

2. 全民所有制独立核算工业企业全员劳动生产率按1980年不变价格计算。

3. 1979年起，货物周转量中公路运输包括社会车辆完成数，1984年起还包括私营运输完成数量。

4、1989、1990年沿海主要港口货物吞吐量如包括龙口、威海等中型港口应为49025、48321万吨。

5. 邮电业务总量，1981年起按1980年不变价格计算，以前按1970年不变价格计算。

全 国 行 政 区 划

（1991年底）　　　　单位：个

省级单位名称	地级单位数	市数			县级单位数	市辖区数
		合计	地级	县级		
全国总计	151	476	187	289	1 894	650
北京市					8	10
天津省					5	13
河北省	8	25	10	15	124	33
山西省	6	13	6	7	93	18
内蒙古自治区	8	17	4	13	71	16
辽宁省		22	14	8	36	56
吉林省	2	22	6	16	25	18
黑龙江省	4	25	10	15	54	63
上海市					9	12
江苏省		28	11	17	47	42
浙江省	2	26	9	17	50	19
安徽省	7	18	9	9	63	33
福建省	3	16	6	10	54	17
江西省	5	16	6	10	74	15
山东省	5	36	11	25	74	34
河南省	5	27	12	15	103	39
湖北省	7	30	8	22	49	27
湖南省	6	26	8	18	78	29
广东省		20	20		78	40
广西壮族自治区	8	12	5	7	76	21
海南省		3	2	1	16	3
四川省	10	24	11	13	168	36
贵州省	7	9	2	7	73	6
云南省	15	11	2	9	114	4
西藏自治区	6	2	1	1	76	1
陕西省	6	12	4	8	85	14
甘肃省	9	13	5	8	67	10
青海省	7	3	1	2	37	4
宁夏回族自治区	2	4	2	2	16	6
新疆维吾尔自治区	13	16	2	14	71	11
台湾省			（暂缺）			

注：1．市数如包括北京、天津、上海三个直辖市共479个。

2．地级单位数不包括地级市、县级单位数不包括县级市。

国民收入

单位：亿元

年份	国民收入总额	农业	工业	建筑业	运输邮电业	商业	国民收入指数（%）	人均国民收入（元）
1978	3 010	986	1 487	125	118	294	112.3	315
1979	3 350	1 226	1 628	130	121	245	107.0	346
1980	3 688	1 326	1 804	185	126	247	106.4	376
1981	3 941	1 509	1 840	193	131	268	104.9	397
1982	4 258	1 723	1 948	209	147	231	108.2	422
1983	4 736	2 921	2 136	259	166	254	110.0	463
1984	5 652	2 251	2 516	303	205	377	113.6	545
1985	7 020	2 492	3 163	409	259	697	113.5	668
1986	7 859	2 720	3 573	514	320	732	107.7	737
1987	9 313	3 154	4 262	637	384	876	110.2	859
1988	11 738	3 818	5 416	783	460	1 261	111.3	1 066
1989	13 176	4 209	6 241	774	547	1 405	103.7	1 178
1990	14 384	5 000	6 610	839	787	1 148	105.1	1 267
1991	16 117	5 269	7 703	1 055	850	1 240	107.6	1 401

注：本表绝对数按当年价格计算，指数按可比价格计算（下表同）。

社会总产值

单位：亿元

年份	社会总产值	农业	工业	建筑业	运输邮电业	商业	社会总产值指数（%）
1978	6 846	1 397	4 237	569	205	438	113.0
1979	7 642	1 698	4 681	645	209	409	108.5
1980	8 534	1 923	5 154	767	250	440	108.4
1981	9 075	2 181	5 400	747	257	490	104.4
1982	9 966	2 483	5 811	912	286	474	109.5
1983	11 131	2 750	6 461	1 053	318	549	110.2
1984	13 171	3 214	7 617	1 263	388	689	114.7
1985	16 582	3 619	9 716	1 656	488	1 103	117.1
1986	19 045	4 013	11 194	2 038	598	1 202	110.1
1987	23 034	4 676	13 813	2 431	702	1 412	114.1
1988	29 807	5 865	18 224	2 967	837	1 914	115.8
1989	34 519	6 535	22 017	2 834	990	2 143	105.4
1990	38 035	7 662	23 924	3 043	1 535	1 871	106.6
1991	43 803	8 157	28 248	3 700	1 665	2 033	111.4

工　农　业　总　产　值

单位：亿元

年　份	工农业总产值	农　业	工　业	轻工业	重工业
1978	5 634	1 397	4 237	1 826	2 411
1979	6 379	1 698	4 681	2 045	2 636
1980	7 077	1 923	5 154	2 430	2 724
1981	7 581	2 181	5 400	2 781	2 619
1982	8 294	2 483	5 811	2 919	2 892
1983	9 211	2 750	6 461	3 135	3 326
1984	10 831	3 214	7 617	3 608	4 009
1985	13 335	3 619	9 716	4 575	5 141
1986	15 207	4 013	11 194	5 330	5 864
1987	18 489	4 676	13 813	6 656	7 157
1988	24 089	5 865	18 224	8 979	9 245
1989	28 552	6 535	22 017	10 761	11 256
1990	31 586	7 662	23 924	11 813	12 111
1991	36 405	8 157	28 248	13 801	14 447

注：本表按当年价格计算。

工　农　业　总　产　值　构　成

年　份	以工农业总产值为100			以工业总产值为100	
	农　业	轻工业	重工业	轻工业	重工业
1978	24.8	32.4	42.8	43.1	56.9
1979	26.6	32.1	41.3	43.7	56.3
1980	27.2	34.3	38.5	47.1	52.8
1981	28.8	36.7	34.5	51.5	48.5
1982	29.9	35.2	34.9	50.2	49.8
1983	29.9	34.0	36.1	48.5	51.5
1984	29.7	33.3	37.0	47.4	52.6
1985	27.1	34.3	38.6	47.1	52.9
1986	26.4	35.0	38.6	47.6	52.4
1987	25.3	36.0	38.7	48.2	51.8
1988	24.3	37.3	38.4	49.3	50.7
1989	22.9	37.7	39.4	48.9	51.1
1990	24.3	37.4	38.3	49.4	50.6
1991	22.4	37.9	39.7	48.9	51.1

注：本表按当年价格计算。

国家财政收支总额

单位：亿元

年份	总收入	总支出	收支差额
1978	1 121.1	1 111.0	10.1
1979	1 103.3	1 273.9	−170.6
1980	1 085.2	1 212.7	−127.5
1981	1 089.5	1 115.0	−25.5
1982	1 124.0	1 153.3	−29.3
1983	1 249.0	1 292.5	−43.5
1984	1 501.9	1 546.4	−44.5
1985	1 866.4	1 844.8	21.6
1986	2 260.3	2 330.8	−70.6
1987	2 368.9	2 448.5	−79.6
1988	2 628.0	2 706.6	−78.6
1989	2 947.9	3 040.2	−92.3
1990	3 312.6	3 452.2	−139.6
1991	3 610.9	3 813.6	−202.7

注：国家财政收中支，包括国内外债务收入和用其安排的支出。

国家财政收支分项目数

单位：亿元

项目	1978年	1985年	1990年	1991年
财政收入总计	**1 121.1**	**1 866.4**	**3 312.6**	**3 610.9**
各项税收	519.3	2 040.8	2 821.9	2 990.2
企业收入	572.0	43.8	78.3	74.7
债务收入		89.9	375.5	461.4
征集能源交通重点建设基金收入		146.8	185.1	188.2
企业亏损补贴		−507.1	−578.9	−510.2
其他收入	29.8	52.2	430.7	406.6
财政支出总计	**1 111.0**	**1 844.8**	**3 452.2**	**3 793.9**
#基本建设拨款	451.9	583.8	725.6	739.8
企业挖潜改造资金和新产品试制费	63.2	103.4	153.9	180.8
增拨企业流动资金	66.6	14.3	10.9	13.1
文教科学卫生事业费	112.7	316.7	617.3	708.0
# 教育事业费	65.6	184.2	352.6	406.1
国防支出	167.8	191.5	290.3	330.3
行政管理费	49.1	143.6	303.1	375.8
支农支出和各项农业事业费	77.0	101.0	221.8	243.6

注：由于实行第二步利改税办法，1985年以后，分项目收入数字与以前年度数字与以前年度数字不可比，债务收入包括国外借款和国内债务收入。

全社会固定资产投资

指　　标	1987年	1988年	1989年	1990年	1991年
一、投资总额（亿元）	3 640.86	4 496.54	4 137.73	4 449.29	5 508.80
1. 按所有制分					
全民所有制单位	2 297.99	2 762.76	2 535.48	2 918.64	3 628.11
基本建设	1 343.10	1 574.31	1 551.74	1 703.81	2 115.80
更新改造	758.59	980.55	788.78	830.19	1 023.23
其他固定资产投资	196.30	207.90	194.97	199.07	238.64
集体所有制单位	547.01	711.71	569.99	529.48	697.80
城　镇	181.30	254.97	185.63	163.38	203.83
农　村	365.71	456.74	384.36	366.10	493.98
城乡个人	795.86	1 022.08	1 032.26	1 001.17	1 182.88
城　镇	100.51	156.85	140.23	124.70	140.32
农　村	695.35	865.23	892.03	876.47	1 042.56
2. 按资金来源分					
国家预算内投资	475.54	410.01	341.62	387.65	372.95
国内贷款	835.94	926.68	716.36	870.88	1 292.19
利用外资	175.37	358.99	274.15	278.26	316.27
自筹投资	1 745.18	2 900.87	2 355.50	2 329.49	2 878.61
其他投资	408.83		450.09	583.01	648.79
3. 按构成分					
建筑安装工程	2 377.56	2 938.28	2 812.57	2 962.84	3 594.26
设备、工具、器具购置	997.00	1 236.33	1 048.71	1 148.39	1 435.21
其他费用	266.30	321.92	276.45	338.08	479.33
4. 按用途分					
生产性建设	2 291.81	2 865.43	2 571.97	2 768.28	3 453.39
非生产性建设	1 349.06	1 631.11	1 565.76	1 681.01	2 055.41
#住宅	872.06	1 067.02	1 063.84	1 164.48	1 417.41
二、房屋建筑面积（万平方米）					
施工面积	174 597	168 951	131 788	137 171	152 813
竣工面积	141 963	135 943	105 749	107 793	119 107
#住宅	107 697	104 801	83 197	86 289	94 002

注：1. 其他固定资产投资包括油田维护、开发和采掘采伐工业开拓延伸工程投资，用公路养路费进行的公路、桥梁改建工程和用简易建筑费建造的仓库工程投资。

2. 1989和1990年投资中不含未列入计划的2—5元万零星固定资产投资。

3. 1990年及1991年投资总额和全民所有制单位投资中分别含商品房建设投资185.57亿元和250.45亿元。

各地区社会商品零售总额

（1991年，按用途和对象分）　　　　单位：亿元

地　区	社会商品零售总额	消费品	对居民	对社会集团	农业生产资料
全　国	9 415.60	8 245.70	7 358.50	887.20	1 169.90
北　京	357.75	339.92	286.26	53.66	17.83
天　津	169.19	159.44	138.06	21.38	9.75
河　北	434.36	351.35	316.32	35.03	83.01
山　西	206.59	179.42	158.12	21.30	27.17
内蒙古	163.17	145.52	130.83	14.69	17.65
辽　宁	511.11	467.33	402.56	64.77	43.78
吉　林	255.35	223.69	199.90	23.79	31.66
黑龙江	388.54	352.24	311.11	41.13	36.30
上　海	402.15	372.06	315.92	66.14	20.09
江　苏	665.64	578.12	515.35	62.77	87.52
浙　江	468.78	404.01	365.01	39.00	64.77
安　徽	299.47	247.50	226.53	21.00	51.97
福　建	258.78	230.99	219.85	11.14	27.79
江　西	201.45	169.19	155.42	13.77	32.26
山　东	663.40	536.03	485.95	50.08	127.37
河　南	442.08	352.51	317.46	35.05	89.57
湖　北	413.18	362.26	328.06	34.20	50.92
湖　南	389.70	334.95	307.52	27.43	54.75
广　东	857.58	786.64	728.12	58.52	70.94
广　西	236.31	200.23	188.12	12.10	36.08
海　南	44.97	41.97	39.19	2.78	3.00
四　川	621.84	538.50	484.29	54.21	83.34
贵　州	105.42	92.92	84.30	8.62	12.50
云　南	187.77	163.75	148.90	14.85	24.02
西　藏	15.11	13.85	9.57	4.28	1.26
陕　西	203.37	176.60	152.68	23.92	26.77
甘　肃	120.85	106.17	90.42	15.75	14.68
青　海	34.13	31.99	28.69	3.30	2.14
宁　夏	33.56	28.15	24.71	3.41	5.41
新　疆	137.11	121.52	107.80	13.72	15.59

注：各地区数字之和小于全国总计，原因是部分地区对其他集体所有制、个体和农民对非农业居民零售额统计不全（下同）

各地区社会商品零售总额

（1991年，按经济类型分）　　　　单位：亿元

地　　区	社会商品零售总额	全民所有制	集体所有制	#供销合作社	合　营	个　体	农民对非农业居民零售
全　　国	**9 415.60**	**3 783.70**	**2 826.20**	**1 366.60**	**51.50**	**1 844.40**	**909.80**
北　　京	357.75	191.80	122.87	25.43	2.63	20.45	20.00
天　　津	169.19	74.87	45.47	15.08	0.65	36.05	12.15
河　　北	434.36	187.52	128.60	76.27	1.09	84.19	32.96
山　　西	206.59	98.15	59.04	31.44	0.01	31.71	17.68
内 蒙 古	163.17	79.42	49.64	26.18	0.00	22.93	11.18
辽　　宁	511.11	225.81	129.43	51.21	1.33	108.78	45.76
吉　　林	255.35	106.28	70.96	37.47	1.63	50.45	26.03
黑 龙 江	388.54	192.59	98.45	40.96	0.15	75.54	21.81
上　　海	402.15	206.29	149.36	54.66	2.72	18.69	25.09
江　　苏	665.64	234.36	286.04	124.56	1.95	89.20	54.09
浙　　江	468.78	149.07	147.18	73.87	3.38	113.93	55.22
安　　徽	299.47	110.41	102.34	44.45	0.69	53.51	32.52
福　　建	258.78	81.38	60.95	29.23	5.00	86.31	25.14
江　　西	201.45	74.56	57.46	36.13	0.13	38.45	30.85
山　　东	663.40	253.32	252.19	130.13	0.49	121.92	35.48
河　　南	442.08	186.46	146.91	77.51	0.26	78.51	29.94
湖　　北	413.18	172.47	121.97	68.05	0.02	65.35	53.37
湖　　南	389.70	135.37	114.00	65.48	0.31	86.33	53.69
广　　东	857.58	329.94	170.20	79.89	25.49	235.39	96.56
广　　西	236.31	84.33	60.53	42.55	0.45	67.07	23.93
海　　南	44.97	15.57	5.70	3.77	1.23	15.88	6.59
四　　川	621.84	206.77	207.27	99.24	1.46	140.12	66.22
贵　　州	105.42	39.73	25.98	17.06	0.18	26.84	12.69
云　　南	187.77	85.53	56.16	37.39	0.00	28.81	17.27
西　　藏	15.11	9.33	1.87	0.63	0.00	3.61	0.30
陕　　西	203.37	85.09	69.00	29.68	0.11	29.45	19.72
甘　　肃	120.85	57.47	32.18	21.07		21.39	9.81
青　　海	34.13	19.13	6.22	2.79	0.04	6.82	1.92
宁　　夏	33.56	16.25	8.93	5.72		4.78	3.60
新　　疆	137.11	74.47	31.11	18.67	0.12	20.83	10.58

社会消费品零售额

年份	社会消费品零售额	食品类	衣着类	日用品类	文化娱乐用品	书报杂志类	药和医疗用品类	燃烧类
一、绝对额（亿元）								
1987	5 115.0	2 760.8	882.3	736.8	370.1	65.6	156.9	142.5
1988	6 534.6	3 539.9	1 108.8	965.6	464.6	77.5	207.9	170.3
1989	7 074.2	3 858.5	1 152.2	1 051.7	472.0	97.2	240.1	202.5
1990	7 250.3	4 014.2	1 182.2	993.9	443.0	106.0	292.0	219.0
1991	8 245.7	4 537.5	1 356.3	1 121.6	492.0	132.4	352.9	253.0
二、构成（%）								
1987	100.0	54.0	17.2	14.4	7.2	1.3	3.1	2.8
1988	100.0	54.2	17.0	14.8	7.1	1.2	3.2	2.6
1989	100.0	54.5	16.3	10.6	6.7	1.4	3.4	2.9
1990	100.0	55.4	16.3	13.7	6.1	1.5	4.0	3.0
1991	100.0	55.0	16.4	13.6	6.0	1.6	4.3	3.1

注：日用品类中包括了房屋和建筑材料类。

粮食、食用植物油和棉花收购量占产量的比重

单位：万吨

年份	粮食		食用植物油		棉花	
	收购量	占产量%	收购量	占产量%	收购量	占产量%
1987	12 092.0	34.4	441.1	74.6	407.1	95.9
1988	11 995.3	34.9	395.3	74.1	377.8	91.1
1989	12 138.1	34.4	380.7	73.0	330.6	87.3
1990	13 995.2	36.6	470.3	72.4	409.1	90.7
1991	13 635.5	36.6	477.0	72.3	529.0	93.2

注：1. 收购量是社会收购量。按日历年度计算。2. 粮食为贸易粮。

社会农副产品收购总额

单位：亿元

年份	社会农副产品收购总额	按商品来源分		按部门分			
		购自农民	购自其他生产部门	商业部门收购	#外贸	工业和其他部门收购	非农业居民向农民购买
1987	2 369.2	2 261.7	107.5	1 444.1	96.4	487.1	438.0
1988	2 998.0	2 860.1	137.9	1 794.2	125.7	633.8	570.0
1989	3 386.0	3 230.2	155.8	2 053.7	143.2	657.3	675.0
1990	3 711.0	3 524.0	187.0	2 258.6	149.9	704.6	747.8
1991	4 161.9	3 940.3	221.6	2 453.2	209.3	799.9	908.8

社会农副产品收购量

年份	粮食（万吨）	食用植物油（万吨）	肥猪（万头）	菜牛（万头）	菜羊（万头）	鲜蛋（万吨）
1987	12 092.0	441.1	18 044.5	665.0	3 264.9	232.4
1988	11 995.3	395.3	17 232.5	755.3	3 395.5	255.6
1989	12 138.1	380.7	17 583.0	758.3	3 696.4	267.5
1990	13 995.2	470.3	18 504.5	909.5	4 033.3	282.4
1991	13 635.5	477.0	21 054.1	1 018.5	4 432.6	350.5

年份	水产品（万吨）	茶叶（万吨）	甘蔗（万吨）	甜菜（万吨）	棉花（万吨）	黄红麻（万吨）
1987	426.9	48.9	3 497.5	765.1	407.1	82.9
1988	437.6	55.6	3 601.0	1 168.8	377.8	70.6
1989	467.1	53.4	3 395.9	776.3	330.6	73.4
1990	575.3	49.2	4 619.0	1 402.8	409.1	81.3
1991	652.4	52.2	4 728.5	1 556.6	529.0	58.2

年份	苎麻（万吨）	烤烟（万吨）	桑蚕茧（万吨）	柞蚕茧（万吨）	羊毛（万吨）	牛皮（万张）
1987	30.1	139.8	35.0	3.6	21.2	665.0
1988	28.9	211.3	32.6	1.9	20.0	837.0
1989	17.8	204.8	36.7	4.6	15.6	569.0
1990	10.9	194.3	42.0	2.8	20.0	804.0
1991	9.4	238.3	50.8	2.1	17.8	1 262.0

年份	山羊皮（万张）	绵羊皮（万张）	猪鬃（万箱）	猪肠衣（万根）	毛竹（万根）	桐油（万吨）
1987	2 648.9	1 703.1	38.8	12 345.4	7 725.2	7.3
1988	3 476.0	1 977.3	48.4	12 868.0	7 124.2	9.0
1989	3 266.0	1 229.0	33.8	13 107.0	6 251.7	10.6
1990	2 436.0	1 442.0	31.7	13 570.0	6 224.7	11.5
1991	3 118.0	1 765.0	26.2	17 033.0	8 301.2	10.0

注：1. 本表均按日历年度计算。

2. 粮食是贸易粮；食用植物油包括油料折油、加工豆油、米糖油和玉米胚油；水产品是干、鲜混合品；黄红麻是熟麻；桑蚕茧和作蚕茧是鲜茧；羊毛包括绵羊毛和山羊毛。

农副产品收购价格分类指数

（上年＝100）

年份	总指数	一、食物类	小麦	稻谷	玉米	高粱	二、黄豆	经济作物类	食用植物油及油料	棉花
1987	112.0	108.0	103.4	113.2	104.1	123.4	103.4	103.3	106.0	104.7
1988	123.0	114.6	115.2	119.8	104.7	100.4	109.1	111.3	119.7	108.6
1989	115.0	126.9	121.9	130.7	131.8	120.7	122.8	116.7	119.8	122.7
1990	97.4	93.2	92.0	92.6	97.6	97.6	98.4	111.9	101.1	129.1
1991	98.0	93.8	94.2	95.9	88.2	94.1	99.8	101.6	97.9	102.1

年份	麻	烟叶	糖料	茶叶	三、竹木材类	四、工业用油漆类	五、禽畜产品类	肉畜	＃肥猪	禽蛋
1987	74.1	105.9	110.3	112.6	120.3	103.9	117.9	119.0	118.6	123.7
1988	77.3	107.1	116.1	130.7	136.7	126.9	140.2	149.1	150.6	118.7
1989	115.1	95.5	135.1	92.6	105.2	107.0	110.2	109.6	110.5	115.6
1990	100.2	114.9	107.2	96.1	84.5	91.1	92.3	93.1	92.9	99.9
1991	101.7	100.7	104.5	112.7	102.4	109.5	97.4	97.4	96.6	93.6

年份	＃鸡蛋	皮张	鬃毛	六、蚕茧蚕丝类	七、干鲜果类	八、干鲜菜及调味品类	＃鲜菜	九、药材类	十、土副产品类	十一、水产品类
1987	126.6	112.6	113.4	124.0	109.2	119.5	126.2	111.8	115.5	122.8
1988	116.5	122.5	134.6	187.8	139.6	122.2	130.9	162.1	119.1	134.3
1989	112.4	101.9	109.9	106.7	90.2	101.3	117.3	70.7	142.5	99.8
1990	102.9	80.9	74.9	96.7	97.5	94.1	96.3	95.5	92.4	98.8
1991	94.2	108.7	97.4	99.7	106.8	112.4	107.8	115.9	105.5	104.7

农村基层组织和劳动力情况

项　　目	单　位	1980年	1985年	1990年	1991年
一、农村基层组织					
1. 乡政府	个		83 182	44 446	43 660
#民族乡	个		5 854	2 557	2 421
2. 镇政府	个		7 956	11 392	11 882
#民族镇	个		91	230	222
3. 村民委员会	个		940 617	743 278	804 153
二、乡村户数、劳动力					
乡村总户数	万　户	17 672.7	19 076.5	22 237.2	22 566.2
乡村劳动力	万　人	31 835.9	37 065.1	42 009.5	43 092.5
农林牧副渔业	万　人	28 398.0	30 351.5	33 336.4	34 186.3
工　业	万　人	1 942.0	2 741.0	3 228.7	3 267.0
建筑业	万　人	286.5	1 130.1	1 522.8	1 533.8
交通运输邮电业	万　人	95.5	434.1	635.3	655.0
商业、饮食业	万　人	127.3	462.6	693.2	722.8
房地产管理、公用事业、居民服务和咨询服务业	万　人		88.7	155.6	157.3
卫生、体育和社会福利业	万　人		122.4	137.2	139.5
教育、文化艺术和广播电视业	万　人	445.7	310.1	310.0	311.3
科学研究和综合技术服务业	万　人		13.0	19.5	21.6
金融、保险业	万　人		11.6	23.3	25.9
乡经济组织（乡务）管理	万　人	31.8	80.9	149.6	161.6
其　他	万　人	509.1	1 319.1	1 797.9	1 909.5

各地区农村社会总产值

（1991年）　　单位：亿元

地　　区	农村社会总产值	农　业	工　业	建筑业	运输业	商业饮食业
全　国	**19 004.09**	**8 157.03**	**8 266.50**	**1 142.32**	**660.76**	**777.48**
北　京	336.14	76.47	205.43	22.49	15.34	16.41
天　津	321.66	58.05	230.08	11.24	14.12	8.17
河　北	997.10	377.64	496.12	64.74	25.73	32.87
山　西	339.98	112.97	165.05	20.40	27.31	14.25
内蒙古	223.58	164.08	30.54	11.08	10.71	7.17
辽　宁	811.03	302.28	414.63	31.24	28.88	34.00
吉　林	330.19	188.38	82.48	22.58	17.77	18.98
黑龙江	404.12	247.71	87.05	23.37	27.90	18.09
上　海	510.09	73.65	381.04	35.37	5.71	14.32
江　苏	2 312.06	580.93	1 467.37	149.99	50.45	63.32
浙　江	1 408.87	368.61	869.46	106.00	24.22	40.55
安　徽	637.11	317.26	211.13	42.41	31.45	34.86
福　建	542.93	256.74	209.18	27.62	24.48	24.91
江　西	468.54	271.55	129.09	27.09	18.27	22.54
山　东	2 166.71	793.04	1 145.44	124.89	38.81	64.53
河　南	1 158.08	531.05	407.83	84.56	71.63	63.01
湖　北	731.80	405.04	224.01	38.72	26.94	37.09
湖　南	719.11	425.58	190.00	42.41	30.10	31.02
广　东	1 554.73	654.82	651.02	96.79	51.54	100.56
广　西	378.46	278.15	7.66	21.23	7.09	14.33
海　南	88.74	75.78	4.10	3.67	2.24	2.95
四　川	1 205.84	680.13	356.00	63.90	48.63	57.18
贵　州	223.03	165.34	34.97	7.40	7.36	7.96
云　南	305.32	222.93	43.90	17.38	10.55	10.56
西　藏	22.13	20.89	0.16	0.26	0.45	0.37
陕　西	358.27	185.37	106.18	24.12	23.13	19.47
甘　肃	184.60	108.36	42.13	9.22	12.79	12.10
青　海	32.03	25.24	3.49	1.21	1.02	1.07
宁　夏	39.62	26.95	7.17	1.66	2.88	0.96
新　疆	192.22	162.01	13.79	9.28	3.26	3.88

注：本表按当年价格计算。

农村社会总产值及构成

年份	农村社会总产值	农业	工业	建筑业	运输业	商业饮食业
绝对数（亿元）						
1987	9 431.61	4 675.70	3 284.86	723.31	334.47	413.27
1988	12 534.69	5 865.27	4 781.16	895.33	434.44	558.49
1989	14 480.17	6 534.73	5 886.02	919.17	515.50	624.75
1990	16 619.21	7 662.09	6 719.73	978.47	579.62	679.30
1991	19 004.09	8 157.03	8 266.50	1 142.32	660.76	777.48
构成（以农村社会总产值为100）						
1987	100.00	49.57	34.83	7.67	3.55	4.38
1988	100.00	46.79	38.14	7.14	3.47	4.46
1989	100.00	45.13	40.65	6.35	3.56	4.31
1990	100.00	46.10	40.63	5.89	3.49	4.09
1991	100.00	42.90	43.50	6.00	3.48	4.09

注：本表按当年价格计算。

各地区农业总产值

(1991)

单位：亿元

地区	农业总产值	农作物种植业	林业	牧业	副业	渔业
全国总计	8 157.03	4 662.76	367.90	2 156.31	486.58	483.48
北京	76.47	38.28	1.52	32.75	1.28	2.64
天津	58.05	32.58	0.34	16.38	4.10	4.65
河北	377.64	242.91	12.38	94.79	16.46	11.10
山西	112.97	72.25	7.86	30.05	2.23	0.58
内蒙古	164.08	91.89	6.67	49.45	14.71	1.36
辽宁	302.28	158.26	6.94	86.64	17.37	33.07
吉林	188.38	129.38	4.42	45.15	6.37	3.06
黑龙江	247.71	170.88	8.20	59.14	4.25	5.24
上海	73.65	30.51	0.39	33.38	0.40	8.97
江苏	580.93	316.17	7.55	168.09	38.46	50.66
浙江	368.64	180.00	17.42	82.11	37.30	51.81
安徽	317.26	189.29	18.66	79.53	16.99	12.79
福建	256.74	117.74	25.40	57.44	15.76	40.40
江西	271.55	143.30	20.80	68.69	26.15	12.61
山东	793.04	471.53	22.19	200.35	20.26	78.71
河南	531.05	340.93	22.19	122.96	40.79	4.20
湖北	405.04	247.01	16.81	102.19	13.97	25.06
湖南	425.58	234.74	24.59	122.57	23.45	20.23
广东	654.82	321.84	29.64	155.23	67.91	80.20
广西	278.15	149.37	20.87	81.81	15.54	10.56
海南	75.78	28.72	18.93	14.93	4.44	8.76
四川	680.13	387.01	25.48	225.03	31.20	11.41
贵州	165.34	94.86	9.44	42.66	17.24	1.14
云南	222.93	130.67	18.69	55.68	16.45	1.37
西藏	20.89	8.34	0.29	10.99	1.26	0.01
陕西	185.37	117.11	10.54	40.17	16.52	1.03
甘肃	108.36	69.33	3.53	28.24	6.99	0.27
青海	25.24	11.56	0.68	11.65	1.27	0.08
宁夏	26.95	18.72	1.26	6.04	0.41	0.52
新疆	162.01	117.58	4.24	32.22	6.98	0.99

注：本表按当年价格计算。

农业分项产值

指标	绝对数（亿元）		构成（%）		指数
	1990年	1991年	1990年	1991年	1991年为1990年%
农业总产值	**7 662.09**	**8 157.03**	**100.0**	**100.0**	**103.7**
一、农作物种植业	**4 481.74**	**4 662.76**	**58.5**	**57.2**	**101.0**
（一）粮食作物产值	2 704.92	2 651.54	35.3	32.5	97.1
主产品	2 409.44	2 369.56	31.4	29.0	97.3
副产品	295.48	281.98	3.9	3.5	94.9
（二）经济作物产值	838.42	961.64	10.9	11.8	112.3
主产品	796.82	912.12	10.4	11.2	112.0
副产品	41.60	49.52	0.5	0.6	118.1
（三）其他作物产值	938.40	1 049.58	12.2	12.9	102.5
蔬菜、瓜类	611.19	666.52	8.0	8.2	100.2
茶、桑、果	254.50	312.72	3.3	3.8	108.8
饲料、绿肥作物	23.94	24.12	0.3	0.3	98.7
其他农作物	48.77	46.22	0.6	0.6	92.6
二、林业产值	**330.27**	**367.90**	**4.3**	**4.5**	**108.0**
（一）竹木采伐	141.15	141.14	1.8	1.7	100.2
（二）林产品	85.12	93.74	1.1	1.1	107.6
（三）林木生长	104.00	133.02	1.4	1.6	121.1
三、牧业产值	**1 964.07**	**2 156.31**	**25.6**	**26.4**	**108.9**
（一）牲畜繁殖、增长、增重	1 244.29	1 326.69	16.2	16.3	105.7
猪	1 066.96	1 128.69	13.9	13.8	104.7
大牲畜	121.53	133.25	1.6	1.6	106.0
羊	55.80	64.75	0.7	0.8	103.5
（二）家禽饲养	229.75	267.60	3.0	3.3	115.2
（三）活的畜禽产品	412.48	475.37	5.4	5.8	114.3
（四）其他动物饲养	77.55	86.65	1.0	1.1	111.1
四、副业产值	**475.45**	**486.58**	**6.2**	**6.0**	**100.3**
（一）采集	171.64	176.15	2.2	2.2	97.3
（二）捕猎	2.93	2.91	0.0	0.0	87.7
（三）农民家庭兼营工业	300.88	307.52	3.9	3.8	102.4
五、渔业产值	**410.56**	**483.48**	**5.4**	**5.9**	**107.6**
（一）海水产品	206.75	254.68	2.7	3.1	106.6
（二）淡水产品	203.81	228.80	2.7	2.8	108.4

注：绝对数和构成按当年价格计算，指数按可比价格计算。

各地区耕地面积

（1991年）

单位：万亩

地区	年末实有耕地面积	水田	旱地	年内减少	# 国家基建占地	# 退耕造林占地	# 退耕改牧占地
全国	**143 480.4**	**38 559.7**	**104 920.7**	**732.0**	**107.8**	**194.6**	**84.3**
北京	616.8	50.2	566.6	2.3	1.5		0.6
天津	647.4	79.1	568.3	0.7	0.5		
河北	9 824.6	222.2	9 602.4	11.1	4.7	3.0	0.3
山西	5 531.9	15.6	5 516.3	17.2	2.5	7.1	4.3
内蒙古	7 507.0	130.4	7 376.6	74.7	2.7	31.7	27.7
辽宁	5 190.3	814.4	4 375.9	16.8	5.7	0.6	0.5
吉林	5 906.8	649.6	5 257.2	18.1	1.7	7.0	0.6
黑龙江	13 278.4	1 134.0	12 144.4	60.2	9.0	8.1	3.2
上海	481.4	425.7	55.7	4.2	2.6		
江苏	6 825.0	4 261.3	2 563.7	16.7	7.2	2.1	
浙江	2 572.3	2 136.1	436.2	18.3	3.9	0.5	
安徽	6 530.2	2 847.6	3 682.6	18.9	7.5	2.7	
福建	1 852.0	1 495.9	356.1	6.7	1.2	0.4	0.1
江西	3 515.6	2 982.1	533.5	10.9	2.4	5.5	0.4
山东	10 251.1	235.8	10 015.3	50.5	14.3	22.3	0.4
河南	10 380.0	639.7	9 740.3	32.3	6.8	4.1	0.2
湖北	5 187.7	2 803.8	2 383.9	36.2	6.0	8.5	0.8
湖南	4 965.3	3 946.6	1 018.7	13.9	2.5	2.9	
广东	3 779.7	2 812.0	967.7	35.4	4.3	2.2	0.1
广西	3 919.3	2 374.7	1 544.6	32.1	2.0	16.4	1.0
海南	655.9	382.6	273.3	6.6	0.8	0.6	0.2
四川	9 421.1	4 825.4	4 595.7	40.3	7.0	8.1	1.0
贵州	2 779.3	1 165.6	1 613.7	11.8	1.2	4.5	1.0
云南	4 287.6	1 469.2	2 818.4	66.4	3.2	24.9	15.6
西藏	334.0	9.0	325.0	2.0	0.1	0.2	0.5
陕西	5 281.7	259.8	5 021.9	53.4	2.7	10.7	5.3
甘肃	5 219.0	11.6	5 207.4	5.5	0.5	0.2	0.9
青海	868.8		868.8	4.7	0.1	0.1	1.1
宁夏	1 196.4	261.9	934.5	4.2	1.4	0.4	0.6
新疆	4 673.8	117.8	4 556.0	59.9	1.8	19.8	17.9

注：本表实有耕地面积数字偏小，有待进一步核查。

主要农作物播种面积和产量

指标	1990年		1991年		1991年为1990年%	
	播种面积（万亩）	产量（万吨）	播种面积（万吨）	产量（万吨）	播种面积	产量
一、粮食作物	170 198.8	44 624.3	168 470.4	43 529.3	99.0	97.5
1. 小麦	46 129.8	9 822.9	46 421.8	9 595.3	100.6	97.7
2. 稻谷	49 596.7	18 933.1	18 885.0	18 381.3	98.6	97.1
3. 薯类	13 681.1	2 743.2	13 617.5	2 715.9	99.5	99.0
4. 玉米	32 102.2	9 681.9	32 361.4	9 877.3	100.8	102.0
5. 高粱	2 317.3	567.5	2 081.6	494.3	89.8	87.1
6. 谷子	3 417.7	457.5	3 121.4	342.4	91.3	74.8
7. 其他杂粮	11 614.6	1 318.1	8 236.6	875.7	70.9	66.4
8. 大豆	11 339.4	1 100.0	10 561.5	971.3	93.1	88.3
二、经济作物	32 125.2		35 207.7		109.6	
1. 棉花	8 382.2	450.8	9 807.7	567.5	117.0	125.9
2. 油料	16 350.2	1 613.2	17 294.5	1 638.3	105.8	101.6
花生	4 360.6	636.8	4 319.9	630.3	99.1	99.0
油菜籽	8 255.2	695.8	9 200.0	743.6	111.4	106.9
芝麻	1 003.4	46.9	1 019.3	43.5	101.6	92.8
向日葵	1 069.0	133.9	1 185.8	142.2	110.9	106.2
3. 麻类	742.7	109.7	678.8	88.4	91.4	80.6
黄红麻	449.8	72.6	404.5	51.3	89.9	70.7
苎麻	120.8	8.9	81.4	5.8	67.4	65.2
亚麻	130.6	24.2	158.3	28.9	121.2	119.4
4. 糖料	2 518.7	7 214.5	2 920.8	8 418.7	116.0	116.7
甘蔗	1 513.2	5 762.0	1 745.6	6 789.8	115.4	117.8
甜菜	1 005.5	1 452.5	1 175.2	1 628.9	116.9	112.1
5. 烟叶	2 388.9	262.7	2 706.1	303.1	113.3	115.4
烤烟	2 013.2	225.9	2 343.2	267.0	116.4	118.2
6. 蚕茧	1 936.7	53.4	2 266.4	58.4	117.0	109.2
桑蚕茧	726.1	48.0	1 064.1	55.1	146.6	114.7
柞蚕茧	1 210.6	5.4	1 202.3	3.3	99.3	61.1
7. 茶叶	1 592.0	54.0		54.2		100.3
红毛茶		11.0		8.3		75.5
绿毛茶		33.3		35.7		107.2
8. 水果	7 768.1	1 874.4	7 976.3	2 176.1	102.7	116.1
香蕉	163.2	145.6	199.4	198.1	122.2	136.1
苹果	2 449.7	431.9	2 492.2	454.0	101.7	105.1
柑桔	1 591.8	485.5	1 684.1	633.3	105.8	130.4
梨	721.0	235.3	724.3	249.8	100.5	106.2
葡萄	183.9	85.9	170.9	91.6	92.9	106.7
红枣		42.3		44.9		106.1
柿子		62.5		64.2		102.7
三、其他农作物	20 219.4		20 700.6		102.4	
蔬菜	9 507.5		9 819.0		103.3	
青饲料	2 793.3					
绿肥	6 447.6		6 612.6		102.6	

注：茶园面积为当年采摘面积。

各地区农作物总播种面积

（1991年）

单位：万亩

地　区	农作物总播种面积				占总播种面积比重(%)		
		粮食作物播种面积	经济作物播种面积	其他农作物播种面积	粮食作物	经济作物	其他农作物
全　国	**224 378.7**	**168 470.4**	**35 207.7**	**20 700.6**	**75.1**	**15.7**	**9.2**
北　京	885.3	724.9	24.9	135.5	81.9	2.8	15.3
天　津	872.2	686.7	89.3	96.2	78.7	10.2	11.0
河　北	13 222.2	10 197.0	2 346.8	678.4	77.1	17.7	5.1
山　西	5 956.0	4 799.2	850.7	306.1	80.6	14.3	5.1
内蒙古	7 151.3	5 817.7	1 032.8	300.8	81.4	14.4	4.2
辽　宁	5 457.1	4 634.8	386.2	436.1	84.9	7.1	8.0
吉　林	6 098.9	5 313.0	474.5	311.4	87.1	7.8	5.1
黑龙江	12 922.3	11 140.3	1 230.2	551.8	86.2	9.5	4.3
上　海	939.1	623.2	167.1	148.8	66.4	17.8	15.8
江　苏	12 137.6	9 304.2	1 803.7	1 029.7	76.7	14.9	8.5
浙　江	6 569.5	4 901.1	639.2	1 029.2	74.6	9.7	15.7
安　徽	12 293.4	8 931.8	2 478.3	883.3	72.7	20.2	7.2
福　建	4 240.3	3 130.8	383.6	725.9	73.8	9.0	17.1
江　西	8 744.5	5 401.0	1 562.5	1 781.0	61.8	17.9	20.4
山　东	16 495.5	12 132.2	3 662.7	700.6	73.5	22.2	4.2
河　南	18 002.8	13 560.7	3 661.2	780.9	75.3	20.3	4.3
湖　北	11 135.9	7 791.8	2 121.6	1 222.5	70.0	19.1	11.0
湖　南	12 060.3	8 047.8	1 656.3	2 356.2	66.7	13.7	19.5
广　东	8 489.1	5 807.2	1 374.4	1 307.5	68.4	16.2	15.4
广　西	7 991.0	5 351.6	1 355.6	1 283.8	67.0	17.0	16.1
海　南	1 244.2	853.7	268.9	121.6	68.6	21.6	9.8
四　川	19 110.3	14 910.6	2 412.8	1 786.9	78.0	12.6	9.4
贵　州	5 711.4	3 937.3	1 110.8	663.3	68.9	19.4	11.6
云　南	6 900.5	5 428.4	910.7	561.4	78.7	13.2	8.1
西　藏	323.7	287.9	17.5	18.3	88.9	5.4	5.7
陕　西	7 322.4	6 132.6	821.4	368.4	83.8	11.2	5.0
甘　肃	5 380.5	4 260.1	608.2	512.2	79.2	11.3	9.5
青　海	815.2	602.9	176.1	36.2	74.0	21.6	4.4
宁　夏	1 352.1	1 093.1	186.3	72.7	80.8	13.8	5.4
新　疆	4 554.1	2 666.8	1 393.4	493.9	58.6	30.6	10.8

各地区主要农作物播种面积

（1991年）

单位、万亩：

地　　区	粮食作物	* 稻谷	* 小麦	* 玉米	* 大豆	* 薯类	经济作物	* 棉花
全　　国	**168 470.4**	**48 885.0**	**46 421.8**	**32 361.4**	**10 561.5**	**13 617.5**	**35 207.7**	**9 807.7**
北　　京	724.9	51.8	288.0	334.6	14.8	10.5	24.9	5.8
天　　津	686.7	86.5	219.2	228.5	73.3	7.3	89.3	44.8
河　　北	10 197.0	225.5	3 792.0	3 083.5	646.0	635.7	2 346.8	1 432.8
山　　西	4 799.2	14.5	1 539.9	956.6	357.1	419.0	850.7	220.2
内 蒙 古	5 817.7	132.4	1 788.4	1 217.2	451.5	358.7	1 032.8	0.6
辽　　宁	4 634.8	821.6	220.8	2 058.6	489.3	118.2	386.2	83.0
吉　　林	5 313.0	650.1	107.1	3 420.2	646.8	110.4	474.5	
黑 龙 江	11 140.3	1 120.3	2 604.9	3 345.1	3 141.3	303.8	1 230.2	
上　　海	623.2	371.5	125.7	15.6	7.0		167.1	20.9
江　　苏	9 304.2	3 527.1	3 547.4	639.7	266.7	321.8	1 803.7	825.9
浙　　江	4 901.1	3 567.0	477.6	71.3	96.2	233.6	639.2	102.3
安　　徽	8 931.8	3 374.7	3 094.9	642.9	470.5	890.0	2 478.3	608.2
福　　建	3 130.8	2 238.8	189.1	29.2	138.2	458.4	383.6	
江　　西	5 401.0	4 731.0	107.3	48.3	208.4	210.1	1 562.5	171.9
山　　东	12 132.2	221.5	6 296.2	3 603.9	604.4	1 038.0	3 662.7	2 343.8
河　　南	13 560.7	715.4	7 195.1	3 131.3	772.4	1 061.4	3 661.2	1 789.8
湖　　北	7 791.8	3 934.2	2 021.3	592.8	225.9	603.6	2 121.6	692.3
湖　　南	8 047.8	6 447.1	334.2	208.0	277.6	544.0	1 656.3	200.0
广　　东	5 807.2	4 596.9	130.8	86.5	163.3	746.7	1 374.4	
广　　西	5 351.6	3 712.7	25.3	801.4	308.4	393.3	1 355.6	2.8
海　　南	853.7	617.0		22.7	11.0	190.6	268.9	
四　　川	14 910.6	4 666.0	3 421.0	2 623.9	283.7	2 804.3	2 412.8	221.1
贵　　州	3 937.3	1 081.2	727.0	930.4	191.4	646.4	1 110.8	4.0
云　　南	5 428.4	1 517.2	873.8	1 467.2	116.0	432.7	910.7	3.1
西　　藏	287.9	1.5	65.0	3.9	0.3	1.7	17.5	
陕　　西	6 132.6	242.8	2 532.1	1 542.0	430.5	505.6	821.4	202.1
甘　　肃	4 260.1	8.0	2 175.1	482.9	90.8	439.2	608.2	11.9
青　　海	602.9		326.4			53.0	176.1	
宁　　夏	1 093.1	90.8	471.4	118.4	57.4	67.7	186.3	
新　　疆	2 666.8	119.9	1 724.8	654.8	21.3	11.8	1 393.4	820.4

各地区主要农作物播种面积(续1)

(1991年)　　　　单位：万亩

地　区	*油料	*花生	*油菜籽	*麻类	*黄红麻	*糖料	*甘蔗	*甜菜
全　国	17 294.5	4 319.9	9 200.0	678.8	404.5	2 920.8	1 745.6	1 175.2
北　京	18.3	16.9						
天　津	38.7	12.9		1.2	1.1			
河　北	838.6	448.2	49.1	12.8	10.6	19.2		19.2
山　西	560.6	34.4	9.4	1.6		39.3		39.3
内蒙古	826.9	0.3	113.1	6.5		179.1		179.1
辽　宁	213.9	138.9		2.4		37.7		37.7
吉　林	281.3	13.6		5.5		86.1		86.1
黑龙江	205.5	0.8	97.9	146.4		624.3		624.3
上　海	138.7	0.2	138.5			0.7	0.7	
江　苏	886.3	154.4	724.2	9.7	6.9	5.9	4.8	1.1
浙　江	459.9	11.7	442.4	35.0	34.4	18.7	18.7	
安　徽	1 624.6	141.5	1 345.6	106.1	94.2	5.1	5.1	
福　建	172.7	134.6	35.4	2.0	0.9	80.1	80.1	
江　西	1 201.0	138.0	985.8	20.3	12.4	62.7	62.7	
山　东	1 063.3	1 048.4	2.3	11.7	10.2	4.0		4.0
河　南	1 344.0	673.7	369.6	107.8	104.9	3.2	3.2	
湖　北	1 205.8	92.4	915.2	45.4	30.6	12.7	12.7	
湖　南	1 202.6	116.4	1 076.5	22.7	6.0	40.8	40.8	
广　东	500.1	472.1	22.8	8.4	8.1	471.6	471.6	
广　西	299.5	248.9	29.2	17.8	16.0	599.5	599.5	
海　南	65.7	55.7		0.4	0.4	144.3	144.3	
四　川	1 597.4	225.9	1 351.8	92.8	67.0	82.6	79.0	3.6
贵　州	671.0	38.5	618.0	5.8	0.4	10.0	9.7	0.3
云　南	202.8	46.1	140.6	6.1	0.3	212.8	212.4	0.4
西　藏	17.5		17.5					
陕　西	457.6	54.6	218.3	3.3	0.1	6.1	0.3	5.8
甘　肃	462.5	0.4	138.1	3.3		35.5		35.5
青　海	175.5		169.7			0.5		0.5
宁　夏	153.9		0.2	0.2		27.0		27.0
新　疆	408.3	0.4	188.8	3.6		111.3		111.3

各地区主要农作物播种面积(续2)

(1991年)　　单位：万亩

地　区	＊烟叶	＊烤酒	其他农作物	＊蔬菜	＊绿肥	年末实有茶园	年末实有果园
全　国	2 706.1	2 343.2	20 700.6	9 819.0	6 612.6	1 590.2	7 976.3
北　京	0.1		135.5	109.9	0.8		74.8
天　津	0.2		96.2	85.0	0.5		42.7
河　北	22.4	14.3	678.4	432.7	13.4		901.5
山　西	15.3	15.1	306.1	164.4	7.9		287.9
内蒙古	11.1	6.8	300.8	88.8	30.8		57.9
辽　宁	34.5	27.0	436.1	382.5	9.9		585.7
吉　林	64.3	43.5	311.4	271.4	0.1		91.2
黑龙江	197.3	185.1	551.8	326.4	52.8		34.2
上　海			148.8	113.2	8.1		13.6
江　苏	8.3	7.7	1 029.7	529.1	315.5	20.2	151.6
浙　江	3.7		1 029.2	373.6	562.6	238.5	338.3
安　徽	71.5	69.6	883.3	354.9	397.2	178.3	109.6
福　建	68.0	63.2	725.9	404.1	225.5	179.2	532.9
江　西	51.8	42.2	1 781.0	408.4	1 238.0	84.4	160.6
山　东	129.5	125.3	700.6	590.3	6.4	1.8	920.2
河　南	371.4	367.2	780.9	593.4	70.5	21.0	322.6
湖　北	139.8	85.3	1 222.5	578.1	550.6	118.3	193.5
湖　南	157.9	125.8	2 356.2	567.9	1 448.3	142.8	319.4
广　东	81.9	59.3	1 307.5	867.9	200.6	64.1	986.4
广　西	55.2	40.8	1 283.8	440.7	602.7	34.9	282.5
海　南	0.6	0.6	121.6	93.4	0.2	11.7	51.3
四　川	227.3	134.5	1 786.9	1 002.3	218.0	160.6	360.7
贵　州	396.3	365.4	663.3	346.9	251.9	49.8	39.4
云　南	435.8	420.3	561.4	247.3	196.1	238.1	122.6
西　藏			18.3	12.4	0.1	0.2	1.2
陕　西	135.0	121.8	368.4	215.6	21.6	45.5	501.5
甘　肃	25.3	21.8	512.2	95.5	44.4	0.8	255.1
青　海	0.1		36.2	11.0	4.8		9.1
宁　夏	0.2	0.2	72.7	26.4	2.3		41.4
新　疆	1.3	0.1	193.9	85.5	131.0		186.9

各地区主要农产品产量

（1991年）

地区	粮食（万吨）	*稻谷	*小麦	*玉米	*大豆	*薯类	棉花（万吨）
全国	43 529.3	18 381.3	9 595.3	9 877.3	971.3	2 715.9	567.5
北京	279.7	22.5	108.5	139.4	2.2	2.8	0.3
天津	198.5	33.0	62.0	79.9	8.4	2.3	2.5
河北	2 268.7	89.1	900.4	906.1	56.6	130.6	63.4
山西	742.4	5.7	310.3	234.2	15.9	45.4	11.2
内蒙古	958.5	34.0	280.2	413.7	45.1	46.5	
辽宁	1 532.4	390.9	49.6	822.3	36.3	23.7	4.2
吉林	1 898.9	306.3	14.5	1 400.1	71.7	31.1	
黑龙江	2 164.3	316.2	381.1	1 007.5	309.8	57.3	
上海	241.6	181.4	30.5	5.8	1.1		1.6
江苏	2 988.9	1 632.8	847.5	208.7	26.9	82.2	55.7
浙江	1 678.8	1 433.0	72.1	11.5	11.5	65.7	7.5
安徽	1 781.5	1 058.0	315.4	158.7	27.7	192.2	27.1
福建	889.7	725.7	30.5	3.0	10.2	110.9	
江西	1 625.7	1 552.3	7.5	7.3	16.5	36.0	10.9
山东	3 916.8	111.5	1 889.4	1 353.2	98.3	368.4	135.1
河南	3 010.3	242.9	1 554.3	849.1	66.1	230.9	94.8
湖北	2 244.1	1 553.9	388.7	120.3	20.6	108.2	49.1
湖南	2 682.0	2 473.3	35.1	27.4	24.3	99.1	14.9
广东	1 852.6	1 619.1	22.9	15.1	12.6	175.0	
广西	1 341.0	1 186.8	1.7	107.3	13.5	27.4	0.1
海南	177.7	150.9		2.8	0.7	22.4	
四川	4 330.7	2 105.6	714.0	734.1	34.0	567.4	14.6
贵州	885.5	433.0	86.3	228.6	13.5	97.2	0.1
云南	1 093.0	512.5	115.3	293.5	9.7	68.0	0.1
西藏	58.0	0.3	18.3	0.9	0.1	0.2	
陕西	1 047.0	102.7	445.7	357.2	26.2	59.0	9.0
甘肃	657.6	2.4	369.4	138.9	6.2	49.9	1.2
青海	114.6		76.9			8.4	
宁夏	198.2	56.1	81.6	41.5	2.7	4.4	
新疆	670.6	49.4	385.6	209.2	2.9	3.3	63.9

各地区主要农产品产量(续1)

(1991年)

地　　区	油　料 (万吨)	*花生	*油菜籽	*芝麻	麻　类 (万吨)	*黄红麻	甘　蔗 (万吨)	甜　菜 (万吨)	烟　叶 (万吨)	*烤烟
全　　国	1638.3	630.3	743.6	43.5	88.4	51.3	6789.8	1628.9	303.1	267.0
北　　京	3.3	3.2		0.1						
天　　津	4.5	2.1		0.3	0.2	0.2				
河　　北	72.9	60.2	1.7	2.9	2.0	1.8		23.0	2.6	1.5
山　　西	29.8	2.8	0.6	2.1	0.1			67.8	1.5	1.4
内 蒙 古	71.8		3.3	0.6	0.8			302.8	1.2	0.7
辽　　宁	20.3	15.3		0.9	0.2			58.6	3.9	2.9
吉　　林	43.5	1.5		0.1	0.6			109.6	6.9	4.4
黑 龙 江	15.2	0.1	7.0		26.8			620.3	18.5	16.8
上　　海	20.0		19.9				1.8			
江　　苏	114.1	28.1	85.3	0.5	2.0	1.7	14.8	1.3	0.7	0.7
浙　　江	45.6	1.4	43.8	0.3	7.1	7.0	68.8		0.4	
安　　徽	97.1	15.0	76.4	5.5	9.8	8.9	8.8		5.5	5.3
福　　建	15.6	13.6	1.9	0.1	0.2	0.1	385.4		5.9	5.5
江　　西	62.2	14.9	44.5	2.8	2.6	2.0	229.9		3.8	3.1
山　　东	233.1	232.0	0.2	0.8	1.7	1.6		7.3	20.1	19.4
河　　南	127.6	93.8	21.4	11.7	8.0	7.7	6.7		46.0	45.6
湖　　北	106.3	11.4	83.8	10.8	6.8	5.9	33.5		14.5	8.6
湖　　南	84.3	9.8	74.0	0.4	2.6	1.2	159.6		15.4	13.2
广　　东	57.2	56.1	0.9	0.2	1.5	1.5	2371.1		8.5	5.8
广　　西	24.1	22.7	1.0	0.4	2.4	2.3	1990.7		5.4	4.2
海　　南	4.7	4.4		0.3	0.1	0.1	403.0			
四　　川	175.6	28.1	146.5	0.5	11.0	9.0	271.5	1.8	22.5	13.6
贵　　州	61.8	3.5	57.6		0.2	0.0	22.8		40.8	38.5
云　　南	17.2	3.1	13.1		0.2	0.0	820.7	0.5	59.2	58.2
西　　藏	1.8		1.8							
陕　　西	35.4	6.9	21.1	2.1	0.2		0.6	8.7	15.7	14.4
甘　　肃	32.5		10.4		0.2			103.6	3.7	3.2
青　　海	13.2		12.9					0.3		
宁　　夏	7.2							66.5		
新　　疆	40.5	0.1	14.6		1.0			256.9	0.3	

各地区主要农产品产量(续2)

(1991年)

地区	蚕茧(吨)	#桑蚕茧	茶叶(吨)	水果(吨)	#苹果	#柑桔	#梨	#葡萄	#香蕉
全国	583 656	550 541	541 581	21 761 256	4 540 445	6 332 543	2 497 760	915 882	1 981 170
北京	51	35		278 423	74 594		68 091	12 784	
天津				125 470	35 850		15 171	17 694	
河北	824	664		1 970 854	530 998		813 950	100 201	
山西	3 250	3 250		396 207	168 297		49 251	18 714	
内蒙古	1 154	1		80 842	23 307		26 635	6 077	
辽宁	23 982	170		1 011 230	570 542		204 839	89 895	
吉林	1 068	14		130 566	12 338		52 889	20 530	
黑龙江	1 427			45 758	21 927		8 038	4 359	
上海	608	608		86 913		17 168	12 807	20 394	
江苏	130 066	130 066	13 161	459 810	83 675	35 351	135 783	22 380	
浙江	119 432	119 432	114 081	1 344 871	475	1 064 175	27 493	24 285	
安徽	23 728	23 724	50 534	228 668	39 822	7 768	95 407	21 636	
福建	230	230	65 322	1 105 282	85	583 930	14 809	3 790	188 950
江西	5 644	5 644	18 554	334 161		269 135	16 279	1 461	
山东	22 217	20 677	665	2 815 749	1 626 545		343 550	131 594	
河南	5 949	2 564	3 366	636 742	380 457	1 882	30 510	23 887	
湖北	10 447	9 976	29 756	464 653	23 712	283 960	72 020	3 043	
湖南	2 702	2 702	72 510	944 599		816 710	19 945	4 274	
广东	35 617	35 607	26 738	3 941 912		1 756 771	15 275		1 365 540
广西	11 821	11 763	15 015	1 139 222		388 736	25 050		309 832
海南	35	35	6 115	138 380		4 746			55 334
四川	164 813	164 813	59 879	1 472 332	66 998	1 031 478	118 845		
贵州	871	855	12 922	171 663	4 362	28 546	34 361	3 846	7 013
云南	3 035	3 027	47 682	367 801	31 266	24 908	110 884	3 773	54 501
西藏			123	4 878	4 005		396		
陕西	10 873	10 873	4 994	800 608	505 200	15 881	35 775	17 671	
甘肃	210	209	164	404 162	184 610	1 398	71 024	6 116	
青海				21 365	14 471		5 148	77	
宁夏				27 164	17 217		1 646	1 801	
新疆	3 602	3 602		810 971	119 692		71 889	355 600	

主要农产品产量与解放前最高年产量比较

（1991年）

产品名称	单位	解放前最高年		指数（以解放前最高年为100）		
		年份	产量	1949年	1952年	1991年
粮食	万吨	1936	15 000.00	75.45	109.28	290.20
稻谷	万吨	1936	5 735.00	84.83	119.40	320.51
小麦	万吨	1936	2 330.00	59.27	77.90	411.82
玉米	万吨	1936	1 010.00		166.83	977.95
大豆	万吨	1936	1 130.00	45.04	84.10	85.96
薯类	万吨	1936	635.00	155.12	257.50	427.70
棉花	万吨	1936	84.90	52.40	153.59	668.43
花生	万吨	1933	317.10	39.99	73.04	198.77
油菜籽	万吨	1934	190.70	38.49	48.87	389.93
芝麻	万吨	1933	99.10	32.90	48.54	43.90
黄红麻	万吨	1945	5.50	33.90	280.70	932.73
桑蚕茧	万吨	1931	22.10	14.03	28.05	249.11
柞蚕茧	万吨	1921	9.40	12.77	64.89	35.13
茶叶	万吨	1932	22.50	18.22	35.40	240.70
甘蔗	万吨	1940	565.20	46.74	125.90	1 201.31
甜菜	万吨	1939	32.90	58.05	145.59	4 951.06
烤烟	万吨	1948	17.90	24.02	124.02	1 491.62
苹果	万吨	1926	12.10		97.52	3 752.43
柑桔	万吨	1926	40.10		51.62	1 579.19
香蕉	万吨	1927	10.30		106.80	1 923.47
大牲畜年底头数	万头	1935	7 151.00	83.93	106.92	184.49
牛	万头	1935	4 827.00	91.02	117.26	216.68
马	万头	1935	649.00	75.12	94.45	155.53
驴	万头	1935	1 215.00	78.14	97.17	91.84
骡	万头	1935	460.00	31.98	35.59	121.87
猪年底头数	万头	1934	7 853.00	73.54	114.31	470.71
羊年底只数	万只	1937	6 252.00	67.74	98.82	329.83
水产品	万吨	1936	150.00	30.00	111.33	900.52

按人口平均的主要农产品产量

产品名称	单位	1949年	1952年	1957年	1965年	1978年	1980年	1985年	1989年	1991年
粮食	公斤/人	208.9	288.1	306.0	272.0	318.7	326.7	360.7	364.3	378.3
棉花	公斤/人	0.8	2.3	2.6	2.9	2.3	2.8	3.9	3.4	4.9
油料	公斤/人	4.8	7.4	6.6	5.1	5.5	7.9	15.0	11.6	14.2
肉猪	头/人		0.12	0.11	0.17	0.17	0.20	0.23	0.26	0.29
猪牛羊肉	公斤/人	4.1	6.0	6.3	7.7	9.0	12.3	16.8	20.8	23.7
水产品	公斤/人	0.9	3.0	4.9	4.2	4.9	4.6	6.6.7	10.3	11.7

主要农产品单位面积产量

(按播种面积计算)　　单位：公斤/亩

年 份	粮 食	* 稻谷	* 小麦	* 玉米	* 大豆	* 薯类	棉 花
1987	241	361	199	261	98	212	58
1988	239	352	198	262	96	199	50
1989	242	367	203	259	85	200	49
1990	262	382	213	302	97	201	54
1991	258	376	207	305	92	199	58

主要农产品单位面积产量(续)

(按播种面积计算)　　单位：公斤/亩

年 份	花 生	油菜籽	芝 麻	黄红麻	甘 蔗	甜 菜	烤 烟
1987	136	84	40	139	3 676	1 090	119
1988	127	68	38	130	3 541	1 146	120
1989	121	73	31	154	3 390	1 083	107
1990	146	84	47	161	3 808	1 444	112
1991	146	81	43	127	3 890	1 386	114

各种物价总指数

（上年＝100）

年　份	全国零售物价总指数	职工生活费用价格总指数	农副产品收购价格总指数	农村工业品零售价格总指数	工农业商品综合比价指数（以农副产品收购价格总指数为100）
1987	107.3	108.8	112.0	104.8	93.6
1988	118.5	120.7	123.0	115.2	93.7
1989	117.8	116.3	115.0	118.7	103.2
1990	102.1	101.3	97.4	104.6	107.4
1991	102.9	105.1	98.0	103.0	105.1

注：本表零售物价总指数、职工生活费用价格总指数是包括牌价、议价和市价的指数。农副产品收购价格总指数是包括牌价、议价和超购加价（1985年起为合同订购价、比例价和议价等市场收购价）的指数（下同）。

集市贸易价格分类指数

（1991年）

项　目	上年＝100			本年国营商业价格＝100		
	全国平均	城　市	县　城	全国平均	城　市	县　城
总指数	99.2	99.4	97.3	105.2	105.3	104.5
一、消费品	99.1	99.4	96.6	105.2	105.3	104.5
1．粮　食	86.4	87.4	80.6	161.3	156.5	185.1
2．食用植物油	95.2	96.3	92.0	120.2	116.4	136.7
3．鲜　菜	102.3	102.9	102.2	115.6	116.4	106.3
4．干　菜	108.6	109.0	101.5	101.3	103.0	93.8
5．肉禽蛋	95.0	95.3	92.3	106.6	106.9	104.1
6．水产品	101.1	101.1	100.1	103.8	103.9	103.1
7．鲜　果	104.0	102.8	111.7	89.5	89.6	89.0
8．干　果	97.0	97.1	94.7	91.6	91.7	91.3
9．日用杂品	102.6	105.7	98.7	102.6	102.7	82.4
10．柴　草	97.0	88.7	99.1	97.0	95.2	99.3
11．其　他	98.9	97.2	102.5	98.9	74.6	119.8
二、农业生产资料	100.1		100.1			
1．饲　料	91.6		91.6			
2．小农具	99.6		99.6			
3．幼禽家畜	102.3		102.3			
4．大牲畜	100.6		100.6			
5．竹木材	99.4		99.4			

各地区集市贸易价格指数

（1991年）

地区	上年＝100			本年国营商业价格＝100		
	平均	城市	县城	平均	城市	县城
全国	**99.2**	**99.4**	**97.3**	**105.2**	**105.3**	**104.5**
北京	104.9	104.9		108.6	108.6	
天津	100.6	100.6		115.6	115.6	
河北	100.5	99.2	101.1	108.2	114.4	102.1
山西	103.7	104.8	100.8	108.8	106.4	109.3
内蒙古	98.1	98.7	97.3	93.7	104.8	81.2
辽宁	99.1	99.2	98.8	102.7	102.5	110.3
吉林	99.9	102.1	98.2	97.7	98.2	81.9
黑龙江	100.9	100.8	101.6	110.8	110.3	103.5
上海	106.8	106.8		121.4	121.4	
江苏	104.3	105.0	103.0	105.8	109.1	101.7
浙江	101.4	103.1	100.2	115.1	119.9	110.2
安徽	103.8	105.8	102.2	105.0	109.0	100.8
福建	96.7	97.3	95.2	108.5	112.3	102.6
江西	98.2	97.6	99.3	100.6	99.5	102.1
山东	102.5	101.7	103.9	104.5	103.9	104.8
河南	101.1	101.0	101.4	110.1	110.0	110.5
湖北	100.4	104.4	100.7	110.8	100.2	102.6
湖南	99.6	100.4	99.0	108.5	114.4	102.4
广东	96.5	96.6	96.3			
广西	97.0	96.9	97.5	104.7	104.7	98.1
海南	97.4	94.3	100.4	96.3	101.2	106.4
四川	100.6	102.4	99.7	102.2	101.3	103.7
贵州	97.9	97.3	98.8	109.3	111.6	107.0
云南	98.7	98.3	99.0	109.1	112.3	113.2
西藏						
陕西	101.4	100.8	102.0	96.9	88.7	100.4
甘肃	104.3	105.4	103.2	103.3	106.2	102.7
青海	100.6	103.7	97.5	119.8	125.7	115.8
宁夏	101.9	99.6	104.5	107.2	107.5	106.8
新疆	109.5	109.8	108.5	118.2	119.9	112.1

农村零售物价分类指数

（以上年价格为100）

年份	总指数	一、消费品	1.粮食	（1）粮食	（2）副食品	（3）烟酒茶	（4）其他食品
1987	106.3	106.1	108.4	106.1	112.5	102.7	107.4
1988	117.1	117.4	120.9	114.0	129.5	111.3	119.5
1989	118.8	118.6	118.0	125.0	116.7	110.3	123.3
1990	103.2	102.7	101.7	96.7	103.2	101.1	104.0
1991	102.0	101.7	101.3	99.9	101.9	100.4	102.4

年份	2.衣着类	3.日用品	4.文化娱乐用品	5.药及医疗用品	6.燃料	二、农业生产资料
1987	102.7	105.8	101.9	104.3	103.7	107.0
1988	111.7	111.8	111.1	124.7	117.2	116.2
1989	117.8	116.1	113.5	121.2	129.7	118.9
1990	107.2	103.2	99.4	102.4	106.0	105.5
1991	103.8	101.5	96.9	103.2	108.8	102.9

机耕、灌溉面积、化肥施用量、农村小水电站和农村用电量

年份	机耕面积（万亩）	灌溉面积（万亩）	*机电灌溉	机电灌溉面积占灌溉面积比重（%）
1987	57 589.5	66 604.5	37 237.5	55.9
1988	61 371.0	66 564.0	39 124.5	58.8
1989	63 889.5	67 375.8	39 160.5	58.1
1990	72 382.8	71 104.6	40 722.5	57.3
1991	75 285.0	71 733.0	41 442.0	57.8

机耕、灌溉面积、化肥施用量、农村小水电站和农村用电量（续）

年份	化肥施用量（万吨）	农村小型水电站 个数（个）	农村小型水电站 发电能力（万千瓦）	农村用电量（亿千瓦小时）
1987	1 999.7	51 978	394.1	658.8
1988	2 141.5	51 558	428.9	712.0
1989	2 357.1	50 862	416.8	790.5
1990	2 590.3	52 387	428.8	844.5
1991	2 805.1	49 644	456.9	963.2

各地区农用化肥施用量

(1991年)

单位：万吨

地区	氮肥				磷肥		钾肥		复合肥	
	实物量	*氨水	折纯量	*氨水	实物量	折纯量	实物量	折纯量	实物量	折纯量
全国	6 784.2	69.3	1 726.1	9.5	3 063.9	499.6	388.7	173.9	1 013.5	405.5
北京	46.3	0.0	9.8		3.2	0.6	0.9	0.2	9.5	3.8
天津	27.8		5.0		7.3	0.6	0.8	0.2	6.6	1.2
河北	425.1	1.2	98.2	0.2	189.5	30.3	9.7	4.2	62.0	28.0
山西	158.1	0.2	36.0		90.5	14.5	2.5	1.2	17.4	9.0
内蒙古	76.4	0.1	23.7		18.3	6.0	1.5	0.7	18.8	7.3
辽宁	208.0	0.2	61.0		74.5	12.8	3.5	1.6	27.4	9.7
吉林	180.7	0.2	58.6		22.9	3.7	7.2	3.6	37.3	25.7
黑龙江	91.2	0.5	39.2	0.5	59.3	19.2	5.5	2.5	47.2	22.9
上海	80.2	6.6	16.1	0.9	19.5	3.1	0.4	0.2	2.8	0.8
江苏	643.6	2.6	156.5	0.3	205.8	38.6	14.4	6.8	101.9	36.5
浙江	324.2	5.7	68.3	0.6	80.8	14.6	23.3	6.0	36.8	8.1
安徽	397.1	1.5	87.1	0.3	258.8	31.8	13.7	6.6	46.5	18.8
福建	179.6	4.1	43.8	0.5	85.8	13.7	26.6	13.1	27.2	10.1
江西	162.2	0.8	52.0	0.2	91.3	18.9	27.4	14.3	23.4	8.1
山东	673.9	19.7	159.6	2.6	265.3	43.5	25.0	10.3	132.6	58.1
河南	624.9	1.8	145.8	0.1	359.2	60.6	21.3	10.0	55.2	23.3
湖北	411.6	4.6	100.0	0.8	202.9	29.1	21.2	9.3	52.8	16.9
湖南	354.2	0.4	84.4	0.1	166.3	21.6	39.3	19.6	28.9	13.1
广东	288.8	11.0	100.3	1.2	141.0	20.5	64.3	29.4	78.7	24.9
广西	179.6	0.6	47.0	0.1	105.9	16.9	44.6	18.6	39.7	12.8
海南	17.5	0.0	8.0		11.3	2.1	3.2	0.8	6.7	3.4
四川	623.7	2.9	140.5	0.4	279.1	42.5	10.1	5.0	43.1	17.8
贵州	79.8	1.3	30.3	0.2	56.7	9.1	6.9	2.4	17.4	4.1
云南	143.0	0.8	41.2	0.1	80.7	13.4	7.5	3.4	21.0	6.8
西藏	1.8		0.8		0.8	0.4	0.1		1.6	0.7
陕西	224.2	1.7	52.7	0.1	94.8	11.4	4.3	2.2	19.1	9.6
甘肃	60.9	0.4	22.2		55.1	10.0	1.0	0.5	13.7	5.9
青海	6.6		2.7		5.5	1.3	0.5	0.2	3.5	1.6
宁夏	33.5		8.8		9.8	1.4	0.2		5.4	2.4
新疆	59.7	0.3	26.5	0.2	22.0	7.4	1.8	0.8	29.3	14.1

乡 镇 企 业 单 位 数

单位：万个

年份	合计	乡办	村办	农业	工业	建筑业	交通运输业	商业饮食业
1979	148.04	32.05	115.99	44.39	76.71	4.97	8.21	13.76
1980	142.46	33.74	108.22	37.83	75.78	5.08	8.94	14.83
1981	133.75	33.53	100.22	31.90	72.54	4.83	8.89	15.59
1982	136.17	33.79	102.38	29.28	74.92	5.38	9.58	17.01
1983	134.64	33.81	100.83	26.98	74.40	5.70	9.16	18.40
1984	606.52	40.15	146.15	24.84	481.22	8.04	12.96	79.46
1985	1 222.45	41.95	143.04	22.42	493.03	8.26	10.61	688.13
1986	1 515.30	42.55	130.22	23.97	635.50	89.25	261.98	504.60
1987	1 750.24	42.01	116.27	23.12	708.28	90.25	325.24	603.35
1988	1 888.16	42.35	116.65	23.28	773.52	95.58	372.55	623.23
1989	1 868.63	40.57	113.00	22.68	736.47	92.55	379.88	637.05
1990	1 850.40	38.78	106.61	22.40	722.00	90.40	381.40	634.20
1991	1 907.98	38.16	106.01	23.10	742.60	88.80	400.30	652.90

注：1978—1983年为乡、村两级数，1984年以后为乡镇企业全部数（以下两表同）。

乡 镇 企 业 职 工 人 数

单位：万人

年份	合计	乡办	村办	农业	工业	建筑业	交通运输业	商业饮食业
1979	2 909.34	1 314.44	1 594.90	533.00	1 814.38	298.45	116.90	146.61
1980	2 999.67	1 393.81	1 605.86	456.07	1 942.30	334.67	113.56	153.07
1981	2 969.56	1 417.55	1 552.01	379.94	1 980.80	348.83	107.38	152.61
1982	3 112.91	1 495.00	1 617.91	344.00	2 072.81	421.29	112.94	161.87
1983	3 234.64	1 566.95	1 667.69	309.22	2 168.14	482.72	109.71	164.85
1984	5 208.11	1 879.17	2 103.00	283.93	3 656.07	683.49	129.30	455.32
1985	6 979.03	2 111.36	2 215.69	252.38	4 136.70	789.95	114.18	1 685.82
1986	7 937.14	2 274.88	2 266.40	240.80	4 761.96	1 270.37	541.26	1 122.75
1987	8 805.18	2 397.45	2 320.78	244.18	5 266.69	1 373.98	623.14	1 297.19
1988	9 545.45	2 490.42	2 403.52	239.99	5 703.39	1 484.81	684.16	1 423.10
1989	9 366.78	2 383.57	2 336.57	239.30	5 624.10	1 403.73	699.37	1 400.28
1990	9 264.75	2 333.24	2 259.21	246.06	5 571.69	1 346.84	711.22	1 398.94
1991	9 609.1	2 431.01	2 336.02	243.10	5 813.50	1 384.30	732.30	1 435.9

乡 镇 企 业 总 产 值

单位：亿元

年　份	合　计	乡　办	村　办	农　业	工　业	建 筑 业	交通运输业	商业饮食业
1978	493.07	281.13	211.94	36.19	385.26	34.80	18.77	18.05
1979	548.41	307.43	240.98	38.46	423.52	46.77	23.06	16.60
1980	656.90	369.44	287.46	39.38	509.41	60.05	24.52	23.44
1981	745.30	428.98	316.32	38.97	579.34	70.28	25.06	31.66
1982	853.08	492.28	360.80	40.06	646.02	100.38	29.27	37.35
1983	1 016.83	591.05	425.78	43.72	757.09	136.20	32.73	47.09
1984	1 709.89	817.51	648.38	52.91	1 245.35	216.54	47.31	147.78
1985	2 728.39	1 138.95	910.54	58.70	1 827.19	310.00	40.99	482.51
1986	3 540.87	1 413.85	1 102.56	68.87	2 413.40	522.73	255.93	279.94
1987	4 764.26	1 825.85	1 411.55	88.72	3 243.88	650.96	360.48	419.87
1988	6 495.66	2 438.51	1 924.19	115.27	4 529.38	827.70	473.46	549.85
1989	7 428.38	2 672.85	2 182.73	126.03	5 244.11	886.46	578.82	592.96
1990	8 461.64	2 987.38	2 441.81	141.80	6 050.25	952.37	647.95	669.27
1991	11 621.69	4 274.54	3 445.28	179.47	8 708.61	1 140.62	766.81	826.18

乡镇企业主要经济效益指标

单位：元

年　份	每百元固定资产原值实现利润	每百元资金实现利润	每百元资金实现的利润税金	每百元总收入实现利润	每百元固定资产原值实现总收入	每百元总收入占用的流动资金
1978	38.4	31.8	39.8	20.4	187.9	22.0
1979	37.3	29.1	35.4	21.3	175.3	27.0
1980	36.3	26.7	32.5	19.9	182.7	29.7
1981	30.0	22.3	29.1	16.8	178.6	30.0
1982	26.9	20.2	28.0	15.0	179.8	29.9
1983	24.8	18.5	27.8	12.7	195.2	28.3
1984	22.4	15.2	24.6	10.1	220.6	31.4
1985	22.8	14.5	23.7	9.4	243.5	32.3
1986	17.0	10.6	19.7	7.2	234.9	34.6
1987	15.3	9.0	17.0	6.4	239.2	38.7
1988	16.4	9.3	17.9	6.1	267.1	36.4
1989	12.5	7.1	15.2	5.0	251.0	39.2
1990	10.6	5.9	13.0	4.5	237.0	43.0
1991	10.8	5.8	12.7	4.3	249.6	44.6

乡镇企业主要财务指标

年份	总收入(亿元)	各项费用支出(亿元)	#生产费用	国家税金(亿元)	#所得税	纯利润(亿元)
1978	431.4	308.4	159.7	22.0	7.4	88.1
1979	491.1	364.0	227.7	22.6	7.0	104.5
1980	596.1	452.1	339.0	25.7	7.9	118.4
1981	670.4	523.3	402.0	34.3	9.5	112.8
1982	771.8	610.0	501.2	44.7	12.5	115.5
1983	928.7	752.0	615.7	58.9	18.9	117.8
1984	1 268.2	1 060.8	847.1	79.1	26.3	128.7
1985	1 827.4	1 547.0	1 266.9	108.6	32.7	171.3
1986	2 223.6	1 913.7	1 606.8	137.3	38.6	161.0
1987	2 934.1	2 560.5	2 136.2	168.1	43.9	187.8
1988	4 232.2	3 704.8	3 128.6	236.5	59.8	259.2
1989	4 821.6	4 288.4	3 628.2	272.5	60.9	240.1
1990	5 218.6	4 612.0	3 942.7	275.5	57.1	232.7
1991	6 556.0	5 891.3	5 007.0	333.8	68.1	284.7

乡镇企业主要财务指标(续)

年份	工资总额(亿元)	银行贷款余额(亿元)	固定资产余额(亿元)	固定资产净值(亿元)	年末占用流动资金(亿元)
1978	86.6	22.0	229.6	181.8	95.0
1979	103.8	35.3	280.2	226.1	132.7
1980	119.4	56.1	326.3	266.0	177.2
1981	130.6	70.3	375.4	304.0	201.0
1982	153.3	81.5	429.3	342.4	230.5
1983	175.8	97.7	475.7	373.0	262.5
1984	239.3	198.0	575.0	445.7	398.7
1985	301.4	277.8	750.4	589.7	590.1
1986	355.5	408.3	946.7	743.2	769.8
1987	427.7	577.1	1 226.6	959.8	1 134.6
1988	541.2	732.4	1 584.3	1 234.5	1 540.6
1989	580.7	865.2	1 920.7	1 486.2	1 890.1
1990	606.8	1 056.1	2 202.0	1 668.7	2 244.7
1991	706.5	1 351.8	2 626.3	1 959.3	2 925.0

注：本表为乡村两级数字。

全国乡镇企业主要经济指标

项　　目	单位	1978年	1980年	1985年	1990年	1991年
企业单位数	万　个	152.4	142.5	1 222.5	1 850.4	1 907.9
企业职工人数	万　人	2 826.6	2 999.7	6 969.0	9 264.8	9 609.1
占全社会劳动力比重	%	7.0	7.1	14.0	16.3	16.5
占农村劳动力比重	%	9.2	9.4	18.8	22.1	22.3
企业总产值	亿　元	493.1	669.5	2 755.0	9 581.1	11 621.7
占全社会总产值比重	%	7.2	7.8	16.6	25.2	26.6
占农村社会总产值比重	%	24.3	24.0	43.5	57.7	59.2
农业产值	亿　元	36.1	39.4	59.7	151.3	179.3
工业产值	亿　元	385.3	522.1	1 845.9	7 097.0	8 708.6
建筑业产值	亿　元	34.8	60.1	415.1	973.8	1 140.6
运输业产值	亿　元	18.8	24.5	191.6	658.9	766.8
商业产值	亿　元	18.1	23.4	242.7	700.1	826.2
出口产品总额	亿　元			39.0	485.6	669.9
企业利税总额	亿　元	110.1	144.0	424.8	1 012.1	1 188.4
上交国家税金	亿　元	22.0	25.6	137.4	391.6	454.6
占国家各项税金比重	%	4.2	4.5	6.7	13.9	15.2
企业利润	亿　元	88.1	118.4	287.4	588.0	687.6
乡村企业利润使用						
用于企业扩大再生产	亿　元	30.9	47.0	79.4	128.1	162.8
用于支援农村各项建设	亿　元	30.9	48.7	83.1	105.4	121.8
农村福利事业建设	亿　元	4.0	6.8	19.7	23.9	29.2
农村教育	亿　元			6.0	14.7	18.1
小城镇建设	亿　元			2.5	5.2	6.1
以工补农建农	亿　元	26.3	22.7	30.0	77.8	86.5
企业固定资产原值	亿　元	229.6	326.3	910.0	2 857.1	3 385.2
企业定额流动资金	亿　元	95.0	177.2	770.0	1 684.0	2 044.2
银行贷款余额	亿　元	21.2	53.0	352.4	1 162.9	1 443.8
固定资产贷款余额	亿　元	11.7	22.9	87.8	162.2	242.3
企业工资总额	亿　元	86.7	119.4	472.1	1 129.6	1 305.1
企业全员劳动生产率	元	1 744	2 232	4 247	10 893	12 691
百元固定资产原值实现利税	元	48.0	44.1	46.7	35.4	36.3
百元固定资产原值实现产值	元	214.8	205.2	302.5	335.3	343.3
乡村企业亏损个数	万　个	1.1	1.7	6.5	8.6	6.7
乡村企业亏损金额	亿　元	1.0	1.5	8.5	47.4	42.7

全国乡村企业主要经济指标

项　　目	单　位	1978年	1980年	1985年	1990年	1991年
企业单位数	万　个	152.4	142.5	156.9	145.4	144.2
企业职工人数	万　人	2 826.6	2 999.7	4 152.1	4 592.4	4 767.0
占全社会劳动力比重	%	7.0	7.1	8.3	8.1	8.2
占农村劳动力比重	%	9.2	9.4	11.2	10.9	11.1
企业总产值	亿　元	493.1	669.5	2 011.9	6 253.8	7 713.1
占全社会总产值比重	%	7.2	7.8	11.7	16.0	17.3
占农村社会总产值比重	%	24.2	24.0	30.7	38.6	39.3
农业产值	亿　元	36.1	39.4	59.7	151.3	179.3
工业产值	亿　元	385.3	522.1	1 478.0	5 240.6	6 518.3
建筑业产值	亿　元	34.8	60.1	312.4	602.6	720.5
运输业产值	亿　元	18.8	24.5	50.4	88.6	99.9
商业产值	亿　元	18.1	23.4	111.4	170.8	195.1
出口产品总值	亿　元			39.0	485.6	669.9
占全国出口总额比重	%			4.8	23.7	17.5
企业利税总额	亿　元	110.1	144.0	279.9	540.5	664.7
上交国家税金	亿　元	22.0	25.6	108.6	275.4	333.8
占国家各项税金的比重	%	4.2	4.5	5.3	9.8	11.2
企业利润	亿　元	88.1	118.4	171.3	232.7	284.7
乡村企业利润使用						
用于企业扩大再生产	亿　元	30.9	47.0	79.4	128.1	162.8
用于支援农村各项建设	亿　元	30.9	48.7	83.1	105.4	121.8
农村福利事业建设	亿　元	4.0	6.8	19.7	23.9	29.2
农村教育	亿　元			6.0	14.7	18.1
小城镇建设	亿　元			2.5	5.2	6.1
以工补农建农	亿　元	26.3	22.7	30.0	77.8	92.2
企业固定资产原值	亿　元	229.6	326.3	750.4	2 202.0	2 626.3
企业定额流动资金	亿　元	95.0	177.2	590.1	1 296.7	1 593.1
银行贷款余额	亿　元	21.2	53.0	188.0	462.2	531.1
固定资产贷款余额	亿　元	11.7	22.9	58.5	103.8	121.2
企业工资总额	亿　元	86.7	119.4	301.4	606.8	706.5
企业全员劳动生产率	元	1 744	2 232	4 956	13 791	16 370
百元固定资产原值实现利税	元	48.0	44.1	37.3	24.5	25.3
百元固定资产原值实现产值	元	214.8	205.2	268.1	284.0	293.9
乡村企业亏损个数	万　个	1.1	1.7	6.5	8.6	6.7
乡村企业亏损金额	亿　元	1.0	1.5	8.5	47.4	42.7

全国乡镇企业总产值占社会总产值比重

单位：亿元

年　份	社会总产值	农村社会总产值	乡镇企业总产值	乡镇企业占社会总产值%	乡镇企业占农村社会总产值%	社会总产值指数(%)	乡镇企业总产值指数(%)
1978	6 848	2 038	491.3	7.23	24.30	100.0	100.0
1979	7 642		552.25	7.23		108.5	111.2
1980	8 534	2 792	669.0	7.79	24.00	117.6	133.2
1981	9 075		736.65	8.12		122.8	151.2
1982	9 966		846.26	8.49		134.4	173.0
1983	11 131	4 124	1 007.87	9.05	24.44	148.2	206.2
1984	13 171	5 033	1 697.78	12.89	33.73	170.0	346.8
1985	16 582	6 340	2 755.04	16.61	43.45	199.1	553.3
1986	19 045	7 554	3 583.28	18.81	47.44	219.4	718.1
1987	23 034	9 432	4 945.59	21.47	52.43	250.3	966.2
1988	29 807	12 078	7 017.76	23.54	58.10	290.0	1 317.2
1989	34 519	14 480	8 401.82	24.34	58.02	305.7	1 506.4
1990	37 969	16 619	9 581.11	25.23	57.65	325.3	1 716.1
1991	43 691	19 631	11 621.69	26.60	59.20	638.2	2 347.2

各地区乡镇企业情况

（1990—1991年）

地区	企业单位数（万个）		职工人数（万人）		总产值（亿元）	
	1990年	1991年	1990年	1991年	1990年	1991年
全国总计	1 850.44	1 907.88	9 264.75	9 609.11	9 581.11	11 621.69
北京	10.38	10.11	108.82	111.28	226.67	280.34
天津	4.83	3.96	88.69	89.28	219.95	264.04
河北	136.95	139.64	641.22	656.55	604.64	723.94
山西	40.70	43.48	240.42	251.22	206.29	240.04
内蒙古	29.84	31.66	97.62	102.50	56.18	70.31
辽宁	54.28	55.22	305.09	317.14	456.95	549.90
吉林	46.46	46.75	155.26	159.04	152.54	161.26
黑龙江	51.85	52.79	162.21	163.98	149.79	180.98
上海	1.64	1.67	151.58	155.62	290.71	379.35
江苏	105.84	82.83	896.17	865.57	1 447.16	1 664.26
浙江	49.40	51.56	495.49	525.38	772.48	1 002.37
安徽	82.39	84.85	462.29	476.55	314.60	375.75
福建	47.20	49.59	279.16	295.21	266.16	334.80
江西	71.16	75.40	232.69	250.24	156.38	200.01
山东	143.59	147.85	943.90	989.01	1 196.15	1 476.43
河南	191.36	196.86	881.88	936.94	666.32	838.84
湖北	105.35	104.33	388.98	387.86	367.74	393.01
湖南	110.22	113.90	418.36	433.51	289.77	339.98
广东	119.65	123.53	658.33	707.85	740.32	955.87
广西	75.39	80.23	199.11	216.07	91.61	121.43
海南	8.65	9.05	24.46	25.58	13.78	16.86
四川	191.11	196.10	705.74	739.74	474.60	586.97
贵州	38.39	44.00	106.95	120.50	44.49	55.44
云南	46.44	49.00	148.44	154.09	96.11	90.71
西藏	0.82	0.00	4.39	0.00	1.51	0.00
陕西	61.77	64.62	253.53	260.25	160.36	183.88
甘肃	21.15	22.01	129.36	132.11	72.34	82.16
青海	4.14	40.9	14.68	14.30	6.41	7.07
宁夏	8.16	8.13	23.53	24.52	13.79	15.62
新疆	14.43	14.48	46.40	47.23	25.31	30.07

各地区乡镇企业情况(续1)

(1990—1991年)

地区	固定资产原值(亿元)		利税总额(亿元)		国家税金(亿元)	
	1990年	1991年	1990年	1991年	1990年	1991年
全国总计	**2 857.07**	**3 385.20**	**1 012.00**	**1 229.53**	**391.60**	**454.55**
北京	70.61	82.39	32.83	42.33	12.97	15.07
天津	50.29	58.44	21.55	25.99	10.03	12.35
河北	164.67	195.60	88.19	108.74	17.70	21.67
山西	90.67	105.28	34.93	40.40	11.30	11.74
内蒙古	27.10	31.56	9.40	12.48	2.48	3.05
辽宁	129.53	145.62	61.93	77.06	25.15	28.51
吉林	44.62	49.03	20.16	22.63	6.93	7.69
黑龙江	51.83	55.97	15.09	17.18	4.54	5.39
上海	115.05	136.01	39.26	41.19	20.73	18.59
江苏	340.72	415.31	73.49	85.83	48.99	61.62
浙江	203.47	251.03	67.85	89.54	43.12	55.88
安徽	81.43	93.61	33.04	37.96	9.76	11.24
福建	78.70	92.99	29.35	36.43	11.37	14.03
江西	44.43	51.54	17.21	21.47	6.12	7.47
山东	336.90	394.64	119.19	144.31	41.07	50.37
河南	173.98	204.54	78.54	98.94	13.59	16.45
湖北	102.70	114.09	28.44	31.78	10.68	12.01
湖南	93.11	104.95	33.55	39.04	12.80	14.72
广东	306.32	398.72	84.38	113.67	29.39	38.09
广西	36.72	45.21	12.27	17.22	5.23	6.78
海南	7.85	9.56	2.16	2.64	0.51	0.59
四川	134.39	155.07	38.25	53.56	17.35	20.72
贵州	18.89	21.50	7.62	9.46	2.54	3.18
云南	40.94	46.73	9.01	10.84	3.81	4.42
西藏						
陕西	56.27	62.79	21.69	25.14	6.42	7.37
甘肃	27.82	30.93	7.86	9.15	2.52	2.84
青海	4.60	4.94	0.67	0.73	0.32	0.35
宁夏	7.97	8.77	2.07	9.55	0.70	0.76
新疆	15.42	18.39	3.85	4.28	1.41	1.62

各地区乡镇企业情况（续 2）

（1990—1991年）

项　目	纯利润（亿元）		工资总额（亿元）		劳动生产率（元/年）	
	1990年	1991年	1990年	1991年	1990年	1991年
全国总计	**588.00**	**687.62**	**1 129.64**	**1 305.06**	**10 669**	**12 094**
北　京	18.30	20.52	19.15	21.86	21 284	25 192
天　津	9.73	11.30	12.61	13.80	25 022	29 574
河　北	69.81	72.91	90.32	95.90	9 683	11 026
山　西	22.88	25.99	32.01	37.87	8 776	9 555
内蒙古	6.69	8.02	11.33	13.62	6 073	6 860
辽　宁	34.02	38.04	45.14	48.95	15 555	17 339
吉　林	13.10	14.83	22.98	25.00	9 996	10 140
黑龙江	10.09	11.36	22.95	24.26	9 750	11 037
上　海	7.07	9.24	23.41	26.31	19 178	24 377
江　苏	24.50	26.33	87.58	103.02	16 287	19 227
浙　江	20.54	27.69	73.25	86.96	15 672	19 079
安　徽	23.28	26.40	46.40	51.75	7 059	7 885
福　建	17.98	22.40	45.36	53.33	9 802	11 341
江　西	11.00	13.99	23.95	28.88	6 977	7 993
山　东	72.78	85.52	99.72	116.85	13 017	14 928
河　南	64.95	82.49	82.12	96.44	7 685	8 953
湖　北	17.64	19.62	38.32	42.09	9 886	10 133
湖　南	20.62	23.98	49.48	55.10	7 277	7 842
广　东	54.73	72.58	139.26	173.57	11 545	13 504
广　西	7.07	9.56	19.74	24.93	4 834	5 620
海　南	1.64	2.05	3.95	4.81	5 902	6 591
四　川	20.90	23.04	65.74	74.90	7 383	7 935
贵　州	5.10	6.26	12.58	14.88	4 309	4 601
云　南	5.20	6.03	15.48	17.45	6 680	5 887
西　藏					3 597	
陕　西	15.27	17.13	25.15	27.81	6 584	7 066
甘　肃	5.31	5.98	12.72	4.29	5 756	6 219
青　海	0.34	0.37	1.56	1.66	4 467	4 944
宁　夏	1.34	1.47	2.22	2.45	6 008	6 370
新　疆	2.41	2.60	5.13	6.37	5 922	6 367

各地区牲畜饲养情况

（1991年）

地区	大牲畜年底头数	#役畜（万头）	牛（万头）	#乳牛	马（万头）	驴（万头）	骡（万头）
全国	13192.6	7682.1	10459.2	294.6	1009.4	1115.8	560.6
北京	27.9	15.0	13.4	6.6	2.6	5.7	6.2
天津	32.6	25.6	11.8	2.6	2.9	11.8	6.1
河北	528.9	392.4	213.4	16.4	55.0	176.6	83.9
山西	296.1	220.1	181.5	8.7	10.9	49.4	54.3
内蒙古	699.9	252.8	376.5	44.1	154.7	89.8	58.5
辽宁	326.0	220.1	149.4	6.6	46.1	86.6	43.9
吉林	318.5	201.9	199.1	5.3	80.4	14.6	24.4
黑龙江	378.1	204.4	264.7	61.8	100.9	6.2	6.3
上海	8.4	0.9	8.4	7.4			
江苏	93.3	64.5	71.8	4.1	2.2	16.9	2.4
浙江	65.1	44.8	65.1	4.3			
安徽	515.2	376.9	483.7	1.1	7.2	19.6	4.7
福建	131.6	95.3	131.4	2.4	0.1		
江西	334.9	259.5	334.9	1.5			
山东	774.9	573.2	559.9	2.8	32.7	140.8	41.5
河南	1102.1	782.3	887.5	1.4	37.5	113.0	64.1
湖北	353.6	259.6	348.9	2.7	2.4	2.0	0.3
湖南	406.3	300.1	404.9	1.0	1.0	0.2	0.2
广东	480.0	360.1	480.0	2.5			
广西	755.2	512.6	727.2	0.5	27.0		0.9
海南	126.2	72.4	126.2	0.1			
四川	1087.2	456.6	1023.4	4.8	53.9	5.9	4.0
贵州	680.6	465.2	607.9	1.6	71.3	0.1	1.3
云南	931.9	514.9	767.0	5.9	93.9	27.0	44.0
西藏	575.1	111.8	521.8	23.4	34.3	14.1	1.1
陕西	301.9	201.1	239.6	4.8	4.5	40.0	17.8
甘肃	585.2	364.6	338.0	10.2	40.7	143.7	59.2
青海	630.5	65.8	557.4	6.8	42.0	12.1	16.8
宁夏	73.5	55.4	28.1	2.1	2.4	26.8	15.9
新疆	572.2	212.0	336.3	51.1	102.8	112.8	2.7

各地区牲畜饲养情况(续)

(1991年)

地区	骆驼(万头)	肉猪出栏头数(万头)	猪年底头数(万头)	羊年底只数(万只)	山羊	绵羊	养蜂(万箱)
全国	**44.1**	**32 897.1**	**36 964.6**	**20 621.0**	**9 535.5**	**11 085.5**	**754.1**
北京		337.2	241.7	68.9	44.5	24.4	5.4
天津		126.1	84.7	66.9	35.2	31.7	0.4
河北		1 480.8	1 555.8	995.4	517.9	477.5	17.7
山西		340.8	368.2	679.2	288.5	390.7	13.7
内蒙古	20.4	341.1	559.8	2 960.9	946.0	2 014.9	4.3
辽宁		865.0	1 137.7	247.9	73.7	174.2	8.3
吉林		443.6	522.6	228.7	15.3	213.4	7.9
黑龙江		554.0	725.1	304.6	37.5	267.1	8.1
上海		394.6	227.9	35.4	27.1	8.3	1.2
江苏		2 136.2	1 858.9	832.0	780.5	51.5	27.0
浙江		1 306.1	1 332.7	181.3	73.5	107.8	128.6
安徽		1 097.3	1 232.3	341.7	328.0	13.7	22.7
福建		850.3	954.8	62.6	62.6		22.2
江西		1 417.0	1 580.6	15.8	15.7	0.1	27.6
山东		2 108.3	1 923.6	2 165.3	1 652.8	512.5	17.5
河南		1 323.1	1 820.8	1 185.9	1 042.9	143.0	44.0
湖北		1 793.3	2 017.4	132.5	130.3	2.2	42.3
湖南		3 247.9	2 837.5	71.4	70.8	0.6	26.4
广东		1 942.6	2 083.0	14.4	14.4		29.2
广西		1 195.0	1 808.6	84.0	84.0		19.8
海南		143.0	282.3	39.5	39.5		1.9
四川		6 367.3	6 600.9	947.9	594.4	353.5	105.2
贵州		816.8	1 398.1	176.2	139.1	37.1	18.4
云南		963.9	2 096.3	685.7	543.9	111.8	91.8
西藏		8.8	17.8	1 723.7	577.4	1 146.3	
陕西		581.5	838.3	580.6	429.2	151.4	30.1
甘肃	3.6	184.4	597.0	1 019.8	211.0	808.8	25.5
青海	2.2	62.6	93.2	1 670.1	218.3	1 452.1	0.1
宁夏	0.3	59.8	66.8	271.7	81.4	190.3	2.5
新疆	17.6	77.9	91.2	2 830.7	460.1	2 370.6	4.2

各地区畜产品产量

（1991年）

地区	猪牛羊肉产量（万吨）	猪肉	牛肉	羊肉	奶类（万吨）	#牛奶
全国	2 723.8	2 452.3	153.5	118.0	524.3	464.4
北京	24.8	22.8	1.1	0.9	23.9	23.9
天津	10.6	9.1	0.5	1.0	8.9	8.8
河北	131.1	115.6	7.0	8.5	16.3	13.2
山西	33.3	25.5	3.4	4.4	21.0	19.1
内蒙古	56.6	31.0	9.6	16.1	40.3	38.6
辽宁	88.8	82.3	5.1	1.4	17.7	16.8
吉林	46.8	40.9	4.9	1.0	12.7	12.3
黑龙江	55.2	47.0	6.7	1.5	121.2	120.0
上海	23.3	23.0	2.3	0.3	25.6	25.6
江苏	163.3	153.0	0.5	8.0	10.2	10.0
浙江	88.5	86.9	10.8	1.1	12.8	12.8
安徽	100.3	86.8	0.8	2.7	2.5	2.5
福建	68.9	67.6	1.7	0.5	5.1	5.0
江西	115.8	111.9	21.0	0.2	2.6	2.6
山东	207.1	160.8		17.3	31.6	8.2
河南	141.3	108.7	24.8	7.8	8.2	3.1
湖北	147.9	144.6	2.1	1.2	5.6	5.6
湖南	199.4	197.0	1.9	0.5	1.2	1.2
广东	162.2	158.0	3.8	0.4	6.1	6.0
广西	101.5	97.4	3.8	0.4	0.9	0.9
海南	33.3	12.1	1.0	0.2		
四川	433.4	421.2	8.3	3.9	28.0	27.5
贵州	78.2	74.1	2.9	1.2	1.0	1.0
云南	81.3	76.9	2.8	1.6	8.5	8.1
西藏	9.1	0.5	4.4	4.2	17.7	14.0
陕西	50.3	43.6	4.0	2.7	23.7	11.5
甘肃	41.5	32.2	4.2	5.1	8.2	8.0
青海	15.5	4.6	5.3	5.6	19.8	19.1
宁夏	6.6	4.2	0.7	1.7	5.5	5.5
新疆	29.8	5.0	8.1	16.7	37.5	33.7

各地区畜产品产量(续)

(1991年)

地区	绵羊毛(吨)	#细羊毛	山羊毛(吨)	羊绒(吨)	禽蛋(万吨)	蜂蜜(万吨)
全国	239 607	108 673	16 701	5 930	922.0	20.6
北京	197		138	28	27.9	0.2
天津	332		60	1	21.4	
河北	11 941	4 881	1 804	358	60.6	0.2
山西	5 670	2 402	860	314	19.2	0.5
内蒙古	59 701	32 672	2 155	2 146	13.1	0.3
辽宁	7 196	3 480	289	145	55.3	0.3
吉林	9 124	7 847	48	1	27.4	0.5
黑龙江	10 766	4 281	79	5	39.4	0.2
上海	102		36		19.5	0.3
江苏	1 886		79	1	98.3	1.2
浙江	2 438	2 438	165		21.1	6.8
安徽	571	27	54		34.5	0.8
福建					15.2	0.8
江西	3		3		18.9	0.9
山东	21 574	10 476	3 269	376	156.8	0.8
河南	5 327	3 253	1 190	60	73.8	1.4
湖北	42	18	25		55.4	0.9
湖南	9				29.1	0.4
广东			2		21.9	0.6
广西					8.0	0.3
海南					1.2	
四川	2 798	207	303	4	31.3	1.8
贵州	673	82	11		4.7	0.1
云南	1 573	202	57		5.0	0.4
西藏	8 064	20	765	805	0.1	
陕西	3 934	2 679	932	508	25.5	0.5
甘肃	16 001	4 477	1 101	253	9.4	0.2
青海	17 736	323	492	134	1.1	
宁夏	3 371	302	293	159	2.2	0.1
新疆	49 578	28 534	2 287	632	6.7	0.2

各地区水产品产量

(1991年)

单位：吨

地区	水产品总产量	海水产品	天然生产	人工养殖	#鱼类	#虾蟹类	#贝类
全国	13 507 755	8 000 999	6 096 358	1 904 641	4 662 407	1 193 586	1 585 776
北京	55 990	285		285		285	
天津	108 056	31 303	24 703	6 600	15 087	12 873	2 441
河北	236 885	170 474	132 042	38 432	49 575	76 677	14 191
山西	11 273						
内蒙古	32 110						
辽宁	1 140 635	1 063 711	514 277	549 434	294 880	162 296	487 234
吉林	78 620						
黑龙江	163 812						
上海	290 695	182 035	177 951	4 084	159 812	21 747	461
江苏	1 174 511	376 218	340 496	35 722	247 091	66 396	47 017
浙江	1 511 089	1 235 281	1 083 267	152 014	750 440	324 711	147 979
安徽	316 104						
福建	1 357 108	1 248 736	947 769	300 967	836 535	112 566	216 317
江西	339 342						
山东	1 981 169	1 779 214	1 138 436	640 778	769 909	249 593	501 550
河南	107 695						
湖北	696 279						
湖南	531 628						
广东	2 253 140	1 351 065	1 191 858	159 207	1 050 663	130 090	141 458
广西	368 741	234 198	222 279	11 919	182 391	24 713	23 623
海南	198 787	172 479	167 280	5 199	150 024	11 639	3 505
四川	256 818						
贵州	22 889						
云南	49 381						
西藏	268						
陕西	23 397						
甘肃	4 292						
青海	3 943						
宁夏	11 898						
新疆	25 200						
中国水产品联合总公司	156 000	156 000	156 000		156 000		

各地区水产品产量(续)

(1991年)　　单位：吨

地区	*藻类	淡水产品	天然生产	人工养殖	*鱼类	*虾蟹类	*贝类
全国	400 259	5 506 756	914 850	4 591 906	5 303 796	107 250	85 303
北京		55 705		55 705	55 705		
天津		76 753	12 296	64 457	75 159	620	957
河北		66 411	20 454	45 957	63 058	3 267	40
山西		11 273	252	11 021	11 257	16	
内蒙古		32 110	15 635	16 475	32 009	101	
辽宁	83 237	76 924	7 516	69 408	75 954	970	470
吉林		78 620	29 472	49 148	77 750	400	
黑龙江		163 812	56 404	107 408	163 001	775	36
上海		108 660	4 779	103 881	107 708	869	83
江苏	2 404	798 293	200 199	598 094	738 901	29 220	27 304
浙江	8 216	275 808	28 125	247 683	267 369	2 108	5 704
安徽		316 104	118 173	197 931	293 305	17 411	5 190
福建	80 395	108 372	14 526	93 846	101 943	1 697	4 270
江西		339 342	64 773	274 569	321 510	9 094	8 169
山东	221 143	201 955	41 772	160 183	192 783	7 613	1 559
河南		107 695	11 117	96 578	104 815	1 770	453
湖北		696 279	115 602	580 677	667 693	14 964	10 572
湖南		531 628	53 321	478 307	517 488	6 052	6 699
广东	2 680	902 075	46 044	856 031	885 764	4 225	11 753
广西		134 543	11 423	123 120	132 751	1 030	752
海南	2 184	26 308	2 626	23 682	25 912	130	128
四川		256 818	26 283	230 535	256 464	354	
贵州		22 889	2 617	20 272	22 585	188	74
云南		49 381	18 730	30 651	43 942	4 348	1 090
西藏		268	268		268		
陕西		23 397	707	22 690	23 373	24	
甘肃		4 292	266	4 026	4 292		
青海		3 943	3 622	321	3 943		
宁夏		11 898	348	11 550	11 894	4	
新疆		25 200	7 500	17 700	25 200		
中国水产品联合总公司							

农村经济收入分配情况

指标	1990年		1991年		1991年为
	金额（亿元）	比重（%）	金额（亿元）	比重（%）	1990年%
一、总收入	14 230.7	100.0	16633.0	100.0	116.9
1. 乡村企业收入	5 218.6	36.7	6 556.0	39.4	125.6
2. 集体统一经营收入	386.9	3.7	499.8	3.0	129.2
3. 联户企业收入	458.6	3.2	525.7	3.2	114.6
4. 家庭经营收入	8 166.6	57.4	9 051.5	54.4	110.8
二、总费用	7 760.4	100.0	9 531.1	100.0	122.8
1. 乡村企业费用	4 105.0	52.9	5 224.3	54.8	127.3
2. 集体统一经营费用	233.0	3.0	301.7	3.2	129.5
3. 联户企业费用	324.9	4.2	374.3	3.9	115.2
4. 家庭经营费用	3 097.5	39.9	3 630.8	38.1	117.2
三、纯收入	6 470.3	100.0	7 101.9	100.0	109.8
1. 国家税金	380.0	5.9	427.0	6.0	112.4
2. 集体提留	621.5	9.6	827.9	11.7	133.2
3. 个人所得	5 468.8	84.5	5 847.0	82.3	106.9
（一）乡村企业	1 113.6	100.0	1 331.7	100.0	119.6
国家税金	206.2	18.5	244.3	18.3	118.5
企业利润	333.1	29.9	492.0	36.9	147.7
工资	574.3	51.6	595.4	44.7	103.7
（二）集体统一经营	153.9	100.0	198.1	100.0	128.7
国家税金	12.9	8.4	15.9	8.0	123.3
集体提留	40.0	26.0	44.0	22.2	110.0
个人所得	101.0	65.6	138.2	69.8	136.8
（三）联户企业	133.7	100.0	151.4	100.0	113.2
国家税金	15.0	11.2	17.0	11.2	113.3
集体提留	22.5	16.8	26.8	17.7	119.1
个人所得	96.2	72.0	107.6	71.1	111.9
（四）家庭经营	5 069.1	100.0	5 420.7	100.0	106.9
国家税金	145.9	2.9	149.8	2.8	102.7
集体提留	225.9	4.5	265.1	4.9	117.4
个人所得	4 697.3	92.7	5 005.8	92.3	106.6

9

农民家庭经济调查

农民家庭总收支

(1991年)　　单位：元

项目	人均				
	金额	比1990年		比1989年	
		增减	增长(%)	增减	增长(%)
一、全年总收入	1 125.99	67.57	6.38	84.82	8.15
(一)从集体得到的收入	115.16	16.80	17.08	19.98	21.00
# 从乡镇企业得到的收入	70.48	8.69	14.07	10.99	18.48
(二)从经济联合体得到的收入	5.70	0.55	10.58	－0.57	－9.13
(三)家庭经营收入	881.95	38.81	4.60	50.31	6.05
# 农业收入	440.71	3.51	0.80	20.10	4.78
# 粮食收入	243.65	－14.00	－5.43	－3.41	－1.38
(四)其他非借贷性收入	123.19	11.41	10.21	15.10	13.97
# 保险收入	0.76	0.24	46.24	0.40	109.65
二、全年总支出	1 022.44	83.48	8.89	73.20	7.71
(一)家庭生活消费支出	577.64	39.28	7.30	27.79	5.05
# 食品	258.78	10.45	4.21	11.09	4.48
衣着	64.86	6.26	10.69	7.67	13.41
住房	86.66	3.42	4.10	－8.16	－8.60
(二)家庭经营费用支出	303.41	30.37	11.12	21.59	7.66
# 农业生产费用	131.35	10.37	8.57	11.95	10.01
林、牧、渔业生产费用	95.06	10.33	12.19	2.99	3.25
(三)缴纳税款	13.99	－0.67	－4.60	1.03	7.95
(四)上缴集体的承包任务	23.87	5.09	27.13	8.88	59.25
(五)上缴集体的其它支出	7.65	1.83	31.42	2.95	62.85
(六)购置生产性固定资产支出	40.35	4.33	12.02	2.69	7.15
(七)其他非借贷性支出	55.52	3.25	6.22	8.26	17.47
# 保险费支出	1.16	0.35	42.22	0.48	70.82

农民家庭总收支(续)

(1991年)　　　　单位：元

项目	户均				
	金额	比1990年		比1989年	
		增减	增长(%)	增减	增长(%)
一、全年总收入	5 556.42	204.84	3.83	265.82	5.02
(一)从集体得到的收入	568.29	70.96	14.27	84.65	17.50
# 从乡镇企业得到的收入	347.78	35.40	11.33	45.51	15.06
(二)从经济联合体得到的收入	28.11	2.06	7.93	-3.74	-11.75
(三)家庭经营收入	4 352.12	89.09	2.09	126.25	2.99
# 农业收入	2 174.77	-35.82	-1.62	37.46	1.75
# 粮食收入	1 202.33	-100.38	-7.71	-53.08	-4.23
(四)其他非借贷性收入	607.91	42.73	7.56	58.67	10.68
# 保险收入	3.74	1.12	42.72	1.90	103.59
二、全年总支出	5 045.40	297.85	6.27	221.95	4.60
(一)家庭生活消费支出	2 850.48	128.44	4.72	56.48	2.02
# 食品	1 276.99	21.38	1.70	18.39	1.46
衣着	320.09	23.79	8.03	29.45	10.13
住房	427.64	6.74	1.60	-54.16	-11.24
(二)家庭经营费用支出	1 497.26	116.67	8.45	65.21	4.55
# 农业生产费用	648.17	36.45	5.96	41.47	6.84
林、牧、渔业生产费用	469.09	40.69	9.50	1.24	0.26
(三)缴纳税款	69.04	-5.11	-6.89	3.18	4.83
(四)上缴集体的承包任务	117.77	22.85	24.08	41.62	54.65
(五)上缴集体的其它支出	37.76	8.32	28.27	13.88	58.15
(六)购置生产性固定资产支出	199.13	16.99	9.33	7.76	4.06
(七)其他非借贷性支出	273.96	9.68	3.66	33.81	14.08
# 保险费支出	5.75	1.61	38.80	2.28	65.89

农民家庭现金收支

（1991年）

单位：元

项目	人均				
	金额	比1990年		比1989年	
		增减	增长(%)	增减	增长(%)
一、期初手持现金	167.37	10.88	6.95	29.13	21.08
二、期内现金收入合计	1 133.48	104.62	10.17	124.89	12.38
1. 从集体得到的现金收入	106.05	13.17	14.17	15.34	16.91
* 从乡镇企业得到的现金	65.84	7.42	12.71	7.74	13.32
2. 从经济联合体得到的现金	4.50	−0.82	−15.41	−0.85	−15.91
3. 家庭经营现金收入	671.46	43.72	6.96	55.71	9.05
* 出售农业产品的现金收入	268.16	7.80	3.00	26.16	10.81
建筑运输生产性劳务收入	105.22	10.32	10.87	7.39	7.55
商业饮食服务业收入	44.41	5.51	14.15	4.73	11.92
4. 其他非借贷性现金收入	124.48	13.59	12.26	17.37	16.21
5. 储蓄借贷现金收入	226.98	34.97	18.21	37.33	19.69
* 从银行、信用社贷款	43.29	6.86	18.82	15.99	58.54
三、期内现金支出合计	1 098.46	101.74	10.21	115.15	11.71
1. 生活消费支出	477.77	36.20	8.20	31.44	7.04
2. 生产消费支出	283.26	28.03	10.98	31.77	12.63
家庭经营费用支出	244.78	24.67	11.21	31.03	14.52
购买生产性固定资产支出	38.48	3.37	9.59	0.74	1.96
3. 缴纳税款	12.07	0.38	3.23	1.53	14.51
4. 上缴集体承包任务支出	19.15	2.76	16.82	6.73	54.21
5. 上缴集体其它支出	6.65	1.21	22.17	2.57	62.90
6. 其他非借贷性支出	60.56	7.97	15.15	10.33	20.57
7. 储蓄借贷支出	239.00	25.20	11.79	30.78	14.78
* 归还银行、信用社贷款	37.57	5.64	17.66	6.36	20.38
四、期末手持现金	202.39	13.76	7.29	38.88	23.78

农民家庭现金收支(续)

(1991年)　　　　　　　　　　　　　　单位：元

项目	户均				
	金额	比1990年		比1989年	
		增减	增长(%)	增减	增长(%)
一、期初手持现金	825.91	34.67	4.38	123.49	17.58
二、期内现金收入合计	5 593.36	391.28	7.52	468.32	9.14
1. 从集体得到的现金收入	523.35	53.69	11.43	62.38	13.53
# 从乡镇企业得到的现金	324.89	29.54	10.00	29.65	10.04
2. 从经济联合体得到的现金	22.22	−4.69	−17.44	−4.99	−18.33
3. 家庭经营现金收入	3 313.43	139.46	4.39	184.56	5.90
# 出售农业产品的现金收入	1 323.30	6.88	0.52	93.56	7.61
建筑运输生产性劳务收入	519.24	39.40	8.21	22.11	4.45
商业饮食服务业收入	219.16	22.45	11.41	17.52	8.69
4. 其他非借贷性现金收入	614.29	53.61	9.56	69.98	12.86
5. 储蓄借贷现金收入	1 120.06	149.22	15.37	156.40	16.23
# 从银行、信用社贷款	213.64	29.41	15.96	74.88	53.96
三、期内现金支出合计	5 420.53	380.97	7.56	423.94	8.48
1. 生活消费支出	2 357.66	124.98	5.60	89.67	3.95
2. 生产消费支出	1 397.78	107.32	8.32	119.87	9.38
家庭经营费用支出	1 207.91	94.97	8.53	121.76	11.21
购买生产性固定资产支出	189.87	12.34	6.95	−1.89	−0.99
3. 缴纳税款	59.55	0.44	0.75	6.00	11.20
4. 上缴集体承包任务支出	94.51	11.62	14.01	31.40	49.76
5. 上缴集体其它支出	32.79	5.29	19.23	12.06	58.20
6. 其他非借贷性支出	298.83	32.92	12.38	43.62	17.09
储蓄借贷支出	1 179.41	98.40	9.10	121.32	11.47
# 归还银行、信用社贷款	185.41	23.94	14.83	26.81	16.90
四、期末手持现金	998.73	44.98	4.72	167.87	20.20

农民家庭储蓄存款情况

（1991年）　　单位：元

项目	人均				
	金额	比1990年		比1989年	
		增减	增长(%)	增减	增长(%)
1．期初储蓄存款余额	236.50	33.92	16.74	55.41	30.60
活期	66.28	1.84	2.85	2.85	4.49
定期	170.21	32.08	23.23	52.56	44.68
# 在农业银行存款余额	92.65	19.14	26.03	31.44	51.35
活期	24.34	2.56	11.73	3.68	17.81
定期	68.31	16.58	32.06	27.76	68.44
2．期内存入款	126.98	9.85	8.41	10.35	8.88
活期	47.65	−1.96	−3.95	−2.77	−5.49
定期	79.33	11.81	17.49	13.12	19.81
# 在农业银行存入款	47.92	5.04	11.76	5.75	13.64
活期	18.36	0.88	5.06	−0.46	−2.45
定期	29.57	4.16	16.37	6.21	26.60
3．期内提取存款	87.87	14.79	20.24	6.25	7.65
活期	41.09	1.93	4.92	−6.43	−13.54
定期	46.79	12.87	37.93	12.68	37.17
# 在农业银行提取存款	34.46	7.66	28.56	5.87	20.53
活期	16.40	2.05	14.31	−0.76	−4.44
定期	18.06	5.60	44.97	6.63	58.00
4．期末储蓄存款余额	275.60	28.97	11.75	59.52	27.54
活期	72.84	−2.05	−2.74	6.51	9.82
定期	202.76	31.03	18.07	53.00	35.39
# 在农业银行存款余额	106.12	16.53	18.45	31.32	41.87
活期	26.30	1.39	5.56	3.98	17.83
定期	79.82	15.14	23.41	27.34	52.09
5．本期新增储蓄存款	39.10	−4.94	−11.22	4.11	11.73
活期	6.56	−3.89	−37.21	3.66	126.60
定期	32.55	−1.06	−3.14	0.44	1.37
# 在农业银行存款余额	13.47	−2.61	−16.25	−0.12	−0.86
活期	1.96	−1.17	−37.35	0.30	18.06
定期	11.51	−1.44	−11.14	−0.42	−3.50

农民家庭定期储蓄存款情况

（1991年）　　　　单位：元

项目	人均				
	金额	比1990年		比1989年	
		增减	增长(%)	增减	增长(%)
1. 期初定期储蓄存款余额	170.21	32.08	23.23	52.56	44.68
一年及一年以内	85.41	16.88	24.63	22.47	35.71
三　年	60.63	11.26	22.81	24.43	67.48
五年及五年以上	24.17	3.94	19.48	5.66	30.60
# 在农业银行存款余额	68.31	16.58	32.06	27.76	68.44
一年及一年以内	32.12	7.14	28.58	11.48	55.63
三　年	25.97	7.04	37.17	12.66	95.16
五年及五年以上	10.23	2.41	30.81	3.61	54.66
2. 期内存入定期储蓄存款	79.33	11.81	17.49	13.12	19.81
一年及一年以内	46.65	6.15	15.20	11.46	32.59
三　年	25.13	4.00	18.95	0.16	0.63
五年及五年以上	7.55	1.65	28.03	1.49	24.69
# 在农业银行存入款	29.57	4.16	16.37	6.21	26.60
一年及一年以内	16.63	3.01	22.06	4.77	40.17
三　年	9.93	0.94	10.48	0.41	4.30
五年及五年以上	3.00	0.21	7.59	1.04	52.70
3. 期内提取定期储蓄存款	46.79	12.87	37.63	12.68	37.17
一年及一年以内	29.04	6.80	30.59	7.15	32.65
三　年	13.83	4.53	48.64	4.27	44.60
五年及五年以上	3.91	1.54	64.69	1.26	47.62
# 在农业银行提取存款	18.06	5.60	44.97	6.63	58.00
一年及一年以内	9.91	2.19	28.37	2.75	38.35
三　年	6.32	2.57	68.34	2.96	87.79
五年及五年以上	1.82	0.84	86.43	0.93	103.23
4. 期末定期储蓄存款余额	202.76	31.03	18.07	53.00	35.39
一年及一年以内	103.02	16.23	18.70	26.79	35.14
三　年	71.93	10.74	17.55	20.32	39.37
五年及五年以上	27.81	4.06	17.08	5.90	26.91
# 在农业银行存款余额	79.82	15.14	23.41	27.34	52.09
一年及一年以内	38.84	7.95	25.76	13.50	53.28
三　年	29.53	5.41	22.40	10.12	51.98
五年及五年以上	11.41	1.78	18.43	3.73	48.49

各地区农民家庭储蓄存款情况

（1991年）

单位：元

地区	期末储蓄存款余额			1．活期			2．定期		
	金额（人均）	比1990年增减	比1989年增减	金额（人均）	比1990年增减	比1989年增减	金额（人均）	比1990年增减	比1989年增减
北京	648.89	−70.88	51.33	189.61	−113.19	−39.09	459.28	42.30	90.42
天津	879.30	54.23	299.41	221.11	9.60	6.90	658.19	44.63	292.51
河北	429.58	43.32	101.00	104.07	2.30	15.64	325.51	41.02	85.36
山西	343.36	54.90	102.49	57.32	−1.47	3.35	286.04	56.37	99.15
内蒙古	183.86	−30.69	−16.81	84.14	−8.94	−2.07	99.72	−21.74	−14.75
辽宁	555.12	118.79	229.95	107.90	−6.37	19.87	447.23	125.16	210.08
吉林	190.74	−26.08	24.75	133.65	−9.16	24.48	57.09	−16.92	0.27
黑龙江	249.69	85.80	139.85	59.19	4.86	13.33	190.50	80.93	126.52
上海	962.58	290.42	380.77	16.29	−3.36	−12.45	946.29	293.78	393.22
江苏	334.98	77.07	133.77	51.03	13.83	17.52	283.95	63.24	116.25
浙江	418.96	83.37	200.20	66.20	−6.11	3.79	352.76	89.48	196.41
安徽	109.27	−10.01	2.99	46.73	−3.74	0.94	62.54	−6.27	2.05
福建	239.81	36.07	70.40	41.60	−2.09	0.51	198.21	38.15	69.89
江西	121.59	13.85	42.69	44.49	2.86	15.40	77.10	11.00	27.29
山东	380.41	62.93	120.23	81.91	12.70	17.10	307.50	50.23	103.13
河南	168.22	28.42	56.91	65.58	11.88	22.93	102.64	16.54	33.98
湖北	182.65	36.68	65.16	30.70	−5.99	−5.67	151.95	42.67	70.83
湖南	170.86	22.98	54.25	50.98	1.49	15.96	119.88	21.50	38.29
广东	539.95	126.96	32.60	227.77	2.99	103.74	312.18	123.97	−71.13
广西	215.98	57.94	66.57	76.95	20.30	2.19	139.03	37.63	64.38
海南	260.81	18.75	51.93	72.45	−0.11	15.45	188.36	18.86	36.48
四川	66.62	13.95	12.70	16.64	−0.13	−0.04	49.99	14.08	12.75
贵州	116.27	13.66	21.33	55.92	7.76	12.87	60.35	5.90	8.46
云南	145.09	8.46	42.31	37.19	4.89	7.28	107.90	3.57	35.03
陕西	234.50	49.17	91.17	51.33	13.57	20.05	183.17	35.60	71.11
甘肃	84.58	0.72	−2.50	33.41	3.03	19.03	51.17	−2.31	−21.53
青海	121.42	−3.55	33.04	37.85	−1.23	15.32	83.57	−2.32	17.72
宁夏	304.31	88.02	171.44	89.04	32.02	42.69	305.30	56.00	28.75
新疆	253.13	−40.16	−8.89	86.66	−10.55	3.77	166.47	−29.61	−12.66

各地区农民家庭新增储蓄存款情况

（1991年）

单位：元

地　区	本期新增储蓄存款		1. 活　期		2. 定　期	
	金　额（人均）	比1990年增　减	金　额（人均）	比1990年增　减	金　额（人均）	比1990年增　减
北　京	138.55	10.06	44.29	−5.07	94.26	15.13
天　津	130.42	−67.23	−1.78	−33.47	132.20	−33.76
河　北	61.89	7.97	6.03	−6.21	55.86	14.18
山　西	55.52	9.72	−0.84	−10.83	56.36	20.55
内蒙古	2.19	−11.31	0.95	−6.70	1.24	−4.61
辽　宁	71.28	2.08	12.63	0.24	58.65	1.84
吉　林	−3.82	−64.54	−4.98	−42.66	1.17	−21.88
黑龙江	21.92	−11.60	9.41	−3.20	12.51	−8.40
上　海	244.81	70.47	3.04	1.42	241.78	69.05
江　苏	73.25	18.90	13.86	10.84	59.40	8.06
浙　江	79.19	−33.60	−4.10	−21.74	83.28	−11.86
安　徽	4.78	−13.94	1.09	−8.16	3.69	−5.77
福　建	31.84	−9.92	−2.99	−7.40	34.84	−2.53
江　西	20.58	−7.16	5.70	−7.57	14.88	0.41
山　东	52.64	−12.71	10.52	4.19	42.12	−16.90
河　南	27.23	5.39	12.25	3.43	14.97	1.97
湖　北	11.72	−18.02	−0.13	−5.48	11.85	−12.53
湖　南	30.06	−5.27	5.06	−1.86	25.00	−3.40
广　东	99.49	32.89	23.27	1.36	76.22	31.52
广　西	37.44	23.99	7.96	6.90	29.48	17.09
海　南	17.46	−17.67	−0.50	−16.59	17.95	−1.08
四　川	16.56	8.42	2.50	0.40	14.06	8.02
贵　州	11.99	1.88	6.98	0.51	5.01	1.37
云　南	20.64	−9.21	−1.39	−2.71	22.03	−6.50
陕　西	36.49	−6.31	10.99	4.34	25.50	−10.64
甘　肃	12.01	−3.44	2.83	−2.17	9.18	−1.27
青　海	−2.55	−34.76	−0.19	−16.87	−2.36	−17.89
宁　夏	86.58	5.75	31.75	21.62	54.83	−15.87
新　疆	−50.42	−74.59	−17.49	−29.34	−32.93	−45.25

农民家庭贷款情况分析

（1991年）

单位：元

项　目	户均贷款总额					[#]1. 农　业				
	金额	比1990年		比1989年		金额	比1990年		比1989年	
		增减	增长(%)	增减	增长(%)		增减	增长(%)	增减	增长(%)
一、期初贷款余额	212.83	22.98	12.10	－1.09	－0.51	90.65	20.33	28.91	19.03	26.57
[#]在农业银行贷款余额	84.57	2.54	3.10	－9.01	－9.63	35.04	6.34	22.11	6.47	22.66
[#]逾期贷款	23.71	－1.31	－5.24	－6.34	－21.09	9.37	0.30	3.28	－1.51	－13.90
二、期末贷款余额	240.21	28.10	13.25	45.93	23.64	99.28	13.78	16.11	33.06	49.92
[#]在农业银行贷款余额	94.70	13.55	16.69	10.43	12.38	39.13	7.99	25.66	13.96	55.45
[#]逾期贷款	27.29	5.64	26.05	－4.11	－13.09	12.32	3.80	44.53	2.78	29.08
三、本期新增贷款	27.38	5.12	22.98	47.02		8.63	－6.55	－43.16	14.03	
[#]在农业银行新增贷款	10.13	11.00		19.44		4.10	1.65	67.25	7.49	
[#]新增逾期贷款	3.58	6.95		2.23	165.39	2.06	3.50		4.29	

项　目	[#]2. 林　业					[#]3. 牧　业				
	金额	比1990年		比1989年		金额	比1990年		比1989年	
		增减	增长(%)	增减	增长(%)		增减	增长(%)	增减	增长(%)
一、期初贷款余额	3.50	0.19	5.63	－1.62	－31.69	26.18	－2.15	－7.58	－3.99	－13.21
[#]在农业银行贷款余额	1.84	－0.08	－4.00	－0.86	－31.87	13.46	0.01	0.06	－1.33	－8.98
[#]逾期贷款	0.44	－0.50	－53.40	－0.42	－48.95	4.03	0.61	17.82	－0.87	－17.79
二、期末贷款余额	3.59	0.43	13.59	0.30	9.08	30.47	2.67	9.60	3.73	13.97
[#]在农业银行贷款余额	2.06	0.61	41.67	－0.05	－2.58	15.32	2.52	19.66	5.27	52.37
[#]逾期贷款	1.10	0.63	135.22	0.22	24.61	3.52	0.79	29.01	0.21	6.32
三、本期新增贷款	0.09	0.24		1.92		4.28	4.81		7.72	
[#]在农业银行新增贷款	0.22	0.68		0.81		1.86	2.51		6.59	
[#]新增逾期贷款	0.66	1.14		0.64	2 857.55	－0.51	0.18		1.08	

农民家庭贷款情况分析（续）

单位：元

项　目	*4．渔　业					*5．工业、建筑、运输业				
	金额	比1990年		比1989年		金额	比1990年		比1989年	
		增减	增长(%)	增减	增长(%)		增减	增长(%)	增减	增长(%)
一、期初贷款余额	6.12	0.15	2.55	−2.51	−29.09	39.37	−2.08	−5.02	−10.54	−21.11
*在农业银行贷款余额	1.95	−0.07	−3.56	−1.96	−50.05	12.41	−6.51	−34.41	−6.06	−32.79
*逾期贷款	0.76	−0.18	−19.26	0.22	39.73	3.89	−1.73	−30.72	−2.16	−35.73
二、期末贷款余额	6.39	−0.25	−3.80	−1.47	−18.66	44.24	0.51	1.17	−2.33	−5.01
*在农业银行贷款余额	2.16	−0.24	−9.86	−1.45	−40.15	13.45	−1.62	−10.76	−8.57	−38.91
*逾期贷款	0.67	−0.15	−18.10	−0.37	−35.80	3.98	−0.82	−17.05	−5.85	−59.50
三、本期新增贷款	0.27	−0.40	−59.79	1.04		4.87	2.59	113.78	8.20	
*在农业银行新增贷款	0.21	−0.16	−44.10	0.51		1.03	4.89		−2.51	−70.87
*新增逾期贷款	−0.09	0.03	−27.21	−0.59		0.09	0.91		−3.69	−97.57

项　目	*6．商业、饮食、服务业					*7．生　活				
	金额	比1990年		比1989年		金额	比1990年		比1989年	
		增减	增长(%)	增减	增长(%)		增减	增长(%)	增减	增长(%)
一、期初贷款余额	18.24	1.49	8.92	−4.30	−19.07	12.40	1.85	17.51	0.88	7.60
*在农业银行贷款余额	8.17	−0.75	−8.40	−6.58	−44.62	4.33	0.42	10.61	0.58	15.54
*逾期贷款	1.48	0.08	5.61	−0.34	−18.77	1.99	0.17	9.59	−0.12	−5.55
二、期末贷款余额	23.39	6.24	36.42	2.18	10.28	15.23	2.78	22.34	4.91	47.50
*在农业银行贷款余额	10.58	2.22	26.59	−3.15	−22.96	4.90	0.47	10.73	1.39	39.40
*逾期贷款	1.21	−0.11	−8.31	−2.31	−65.74	2.00	0.17	9.49	0.16	8.55
三、本期新增贷款	5.15	4.75	1 192.85	6.48		2.83	0.93	49.30	4.03	
*在农业银行新增贷款	2.42	2.97		3.43		0.57	0.06	11.63	0.80	
*新增逾期贷款	−0.27	−0.19	219.27	−1.97		0.00	0.00		0.27	

农民家庭贷款情况分析(比重)

(1991年)

项目	户均贷款总额比重(%)	*1. 农业			
		本期(比重%)	比1990年增减	比1989年增减	本期(比重%)
一、期初贷款余额	100.00	42.59	5.55	9.11	1.64
* 在农业银行贷款余额	100.00	41.43	6.45	10.91	2.18
* 逾期贷款	100.00	39.51	3.26	3.30	1.85
二、期末贷款余额	100.00	41.33	1.02	7.25	1.49
* 在农业银行贷款余额	100.00	41.32	2.95	11.45	2.18
* 逾期贷款	100.00	45.17	5.78	14.76	4.03
三、本期新增贷款	100.00	31.53	－36.68	4.05	0.33
* 在农业银行新增贷款	100.00	40.45			2.18
* 新增逾期贷款	100.00	82.70			18.48

项目	*2. 林业		*3. 牧业		
	比1990年增减	比1989年增减	本期(比重%)	比1990年增减	比1989年增减
一、期初贷款余额	－0.10	－0.75	12.30	－2.62	－1.80
* 在农业银行贷款余额	－0.16	－0.71	15.92	－0.48	0.11
* 逾期贷款	－1.92	－1.01	17.01	3.33	0.68
二、期末贷款余额	0.00	－0.20	12.68	－0.42	1.08
* 在农业银行贷款余额	0.38	－0.33	16.18	0.40	4.25
* 逾期贷款	1.87	1.22	12.91	0.30	2.36
三、本期新增贷款	1.01	－8.98	15.63	18.03	－1.89
* 在农业银行新增贷款			18.35		
* 新增逾期贷款			－14.22		

农民家庭贷款情况分析(比重)(续)

(1991年)

项目	# 4. 渔业			# 5. 工业、建筑、运输业		
	本期(比重%)	比1990年增减	比1989年增减	本期(比重%)	比1990年增减	比1989年增减
一、期初贷款余额	2.88	-0.27	-1.16	18.50	-3.34	-4.83
# 在农业银行贷款余额	2.31	-0.16	-1.87	14.68	-8.39	-5.06
# 逾期贷款	3.19	-0.55	1.39	16.41	-6.04	-3.74
二、期末贷款余额	2.66	-0.47	-1.38	18.42	-2.20	-5.56
# 在农业银行贷款余额	2.28	-0.67	-2.00	14.20	-4.37	-11.92
# 逾期贷款	2.46	-1.32	-0.87	14.60	-7.59	-16.73
三、本期新增贷款	0.99	-2.05	-2.93	17.79	7.56	0.81
# 在农业银行新增贷款	2.06			10.18		
# 新增逾期贷款	-2.41			2.57		

项目	# 6. 商业、饮食、服务业			# 7. 生活		
	本期(比重%)	比1990年增减	比1989年增减	本期(比重%)	比1990年增减	比1989年增减
一、期初贷款余额	8.57	-0.25	-1.97	5.83	0.27	0.44
# 在农业银行贷款余额	9.66	-1.21	-6.10	5.12	0.35	1.12
# 逾期贷款	6.24	0.64	0.18	8.41	1.14	1.38
二、期末贷款余额	9.74	1.65	-1.18	6.34	0.47	1.03
# 在农业银行贷款余额	11.18	0.87	-5.13	5.18	-0.28	1.00
# 逾期贷款	4.42	-1.66	-6.79	7.31	-1.11	1.46
三、本期新增贷款	18.80	17.01	12.02	10.33	1.82	4.19
# 在农业银行新增贷款	23.86			5.65		
# 新增逾期贷款	-7.65			0.07		

各地区农民家庭新增贷款情况

（1991年）

单位：元

地区	本期新增贷款			#1. 农业		#2. 牧业	
	金额（户均）	比1990年增减	比1989年增减	金额（户均）	比1990年增减	金额（户均）	比1990年增减
北京	7.88	2.82	19.76	0.11	-0.07	5.68	2.68
天津	55.83	47.40	11.62	-8.34	-18.88	89.23	117.10
河北	29.48	73.87	33.27	3.61	14.01	2.00	2.81
山西	4.03	-41.51	20.81	16.93	-47.41	2.94	3.89
内蒙古	42.82	-6.90	111.42	49.74	2.81	-12.13	-19.67
辽宁	-37.56	-85.37	3.36	-36.19	-55.51	4.50	-0.28
吉林	-22.94	-46.21	-10.59	3.38	-7.11	5.11	34.80
黑龙江	46.14	35.36	63.82	36.41	26.49	19.05	19.05
上海	-14.97	-70.31	-9.01			3.43	-16.27
江苏	38.21	28.55	49.69	15.24	8.37	8.78	14.40
浙江	65.56	68.98	105.91	42.56	42.44	1.88	-1.99
安徽	111.65	65.56	118.25	57.70	25.94	1.87	6.80
福建	113.42	82.15	95.25	-26.18	-23.45	3.10	1.43
江西	25.96	18.80	83.00	9.40	9.40	4.20	-4.52
山东	52.88	10.50	41.49	10.91	-15.41	8.81	10.08
河南	13.52	-16.77	21.50	6.88	-15.02	0.51	0.56
湖北	-4.94	-8.97	42.86	-17.36	-25.41	1.09	3.71
湖南	89.02	59.76	126.85	7.07	-9.20	2.09	4.14
广东	6.60	-53.32	-0.65	-0.72	-29.14	6.11	2.70
广西	11.57	16.98	25.31	0.21	14.83	0.23	-0.63
海南	-12.33	6.59	47.41	1.31	0.21		3.27
四川	44.89	11.32	52.57	6.62	0.46	8.01	11.61
贵州	-25.54	-79.76	5.89	-14.09	-34.22	-1.04	-4.34
云南	49.49	19.94	55.51	12.14	6.63	-17.22	-33.32
陕西	-4.29	-106.46	-44.97	13.25	-11.91	-16.64	-20.23
甘肃	-87.47	45.55	-49.10	-43.07	-0.15	27.02	28.93
青海	-69.74	-15.44	66.13	-21.20	-48.97	-19.39	35.55
宁夏	28.56	14.26	33.97	-2.40	41.30		1.21
新疆	79.18	30.53	114.57	30.07	-3.63	7.02	1.61

各地区农民家庭新增贷款情况(续)

(1991年)　　单位：元

地区	# 3. 渔业		# 4. 工业、建筑、运输业		# 5. 商业、饮食、服务业	
	金额(户均)	比1990年增减	金额(户均)	比1990年增减	金额(户均)	比1990年增减
北京				-0.02	2.09	2.00
天津	16.39	16.39	-41.45	-48.48		-18.74
河北			17.90	52.17	-3.61	-6.08
山西			-9.96	-0.41	-7.94	-1.60
内蒙古			8.96	11.98	-0.80	-0.41
辽宁		0.86	2.06	-19.44	0.36	-2.39
吉林	-4.94	-9.88	-23.23	-45.16		
黑龙江		3.62	-14.91	-19.07	-2.24	-0.32
上海	-1.33	-2.66	-10.88	-41.38		
江苏	2.48	0.21	4.18	1.70	0.26	-0.06
浙江	-5.24	-0.66	-3.70	16.77	26.76	25.80
安徽	-0.55	3.78	24.85	18.53	7.60	6.11
福建	-2.19	-5.63	142.11	131.18	14.56	18.18
江西	-0.37	-0.37		0.97	8.78	12.85
山东	-2.28	-2.90	5.61	7.67	21.81	11.30
河南	-0.06	0.13	-3.86	1.16	2.72	3.37
湖北	-0.21	0.34	-7.68	-0.06	3.31	5.85
湖南	8.07	6.94	15.63	0.10	55.00	59.31
广东	-0.03	-34.84	2.88	3.37	2.60	3.07
广西	-3.38	-5.76	-3.74	-8.35	0.78	1.50
海南	-7.96	-2.37	-0.20	0.01		
四川	0.31	0.41	-0.98	-13.53	12.35	5.43
贵州		-0.32	-11.30	-22.90	1.60	-1.95
云南	4.53	4.53	22.26	11.27		
陕西	0.67	0.67	-4.97	-52.71	-7.96	-7.31
甘肃			-17.56	4.83	-19.23	0.51
青海			8.42	33.48	-9.25	-13.58
宁夏			20.03	-27.97		
新疆		1.46	16.80	20.20	6.30	-3.29

各地区农民家庭贷款情况

（1991年）

单位：元

地区	期末贷款余额					*1 农业		*2. 牧业	
	金额（户均）	比1990年		比1989年		金额（户均）	比1990年增减	金额（户均）	比1990年增减
		增减	增长(%)	增减	增长(%)				
北京	10.16	−2.93	−22.41	−4.39	−30.16	0.11	−0.07	7.96	−2.54
天津	577.05	5.48	0.96	220.73	61.95	45.43	−6.00	505.15	57.61
河北	162.18	27.76	20.65	−16.64	−9.30	28.17	1.89	7.24	2.00
山西	364.36	9.44	2.66	65.90	22.08	177.70	24.06	14.99	2.94
内蒙古	212.04	−28.59	−11.88	40.60	23.68	123.03	0.07	49.54	−15.71
辽宁	167.99	−26.74	−13.73	−73.17	−30.34	105.83	−5.22	24.31	0.11
吉林	182.07	−26.55	−12.73	−41.10	−18.42	98.34	−2.70	39.28	7.58
黑龙江	256.31	63.83	33.16	70.02	37.59	197.27	46.58	25.84	25.84
上海	59.40	−14.97	−20.12	29.58	99.18			30.97	3.43
江苏	115.40	37.70	48.52	51.33	80.12	36.92	15.27	16.60	7.77
浙江	171.19	71.76	72.17	54.15	46.27	57.17	42.49	9.57	−0.55
安徽	347.51	49.95	16.79	85.59	32.68	150.23	37.54	11.86	−2.18
福建	319.98	113.42	54.91	134.96	72.94	36.26	−26.18	27.96	3.10
江西	156.21	28.98	22.78	35.47	29.38	96.60	25.90	18.57	−1.16
山东	231.74	52.88	29.57	95.26	69.79	112.31	10.91	11.61	8.81
河南	155.61	25.92	19.99	45.92	41.87	73.05	13.56	6.43	0.71
湖北	177.49	16.81	10.46	22.68	14.65	93.69	39.24	17.58	9.08
湖南	270.66	90.17	49.95	108.33	66.73	66.02	9.70	28.60	−2.75
广东	308.57	54.37	21.39	106.64	52.81	187.67	69.87	37.64	−4.50
广西	245.74	66.10	36.80	1.88	0.77	119.92	19.89	11.86	1.75
海南	499.33	−27.61	−5.24	−43.96	−8.09	118.95	−3.54	55.40	−2.13
四川	160.56	48.35	43.08	83.21	107.57	44.15	−0.53	17.19	8.29
贵州	193.73	−25.54	−11.65	23.18	13.59	79.42	−14.09	18.15	−1.04
云南	296.98	62.01	26.39	92.74	45.41	163.22	41.30	19.40	−8.67
陕西	414.77	−4.30	−1.02	97.87	30.88	124.77	13.25	46.38	−16.64
甘肃	603.97	96.47	19.01	113.36	23.10	159.71	20.15	64.08	38.85
青海	267.73	−74.81	−21.84	−601.72	−69.21	177.93	−46.33	26.11	−19.39
宁夏	232.10	57.33	32.80	71.63	44.63	45.21	16.37	1.46	
新疆	403.75	73.82	22.37	131.37	48.23	243.06	20.97	46.14	17.94

各地区农民家庭贷款情况(续)

(1991年)　　单位：元

地区	*3. 渔业		*4. 工业、建筑、运输业		*5. 商业、饮食、服务业	
	金额(户均)	比1990年增减	金额(户均)	比1990年增减	金额(户均)	比1990年增减
北京				-0.47	2.09	2.09
天津	16.39	16.39	10.07	-39.11		-23.42
河北			74.72	17.90	23.54	-3.61
山西			112.51	-10.08	13.87	-9.55
内蒙古			20.63	-8.55	0.81	-0.80
辽宁			13.01	-18.75	10.07	1.59
吉林		-4.94	18.52	-23.23		
黑龙江			20.64	-12.76	1.51	0.69
上海		-1.33	28.43	-10.88		
江苏	12.60	2.49	18.58	4.20	2.20	-0.33
浙江	4.37	-5.28	26.00	4.77	39.72	25.98
安徽	7.55	-2.96	74.06	9.66	18.20	2.82
福建	5.01	-2.19	170.35	142.11	25.82	14.56
江西			4.62	-0.61	18.93	4.45
山东	0.19	-2.28	35.66	5.61	43.68	21.81
河南	0.02	-0.06	26.25	2.45	23.08	11.72
湖北	5.21	0.74	6.56	-37.83	15.98	-1.85
湖南	18.19	15.13	57.28	17.86	67.74	51.19
广东	27.29	-33.82	14.40	3.08	7.12	4.21
广西	9.40	-2.63	34.81	10.91	10.81	1.35
海南	224.97	-19.11	30.97	-1.19		
四川	0.36	0.36	31.61	7.84	20.01	12.27
贵州	0.70		41.77	-11.30	14.07	1.60
云南	9.22	9.22	56.88	-18.26		-1.86
陕西	1.00	0.67	129.41	-4.97	35.03	-7.96
甘肃			118.56	-15.86	197.67	48.09
青海			33.10	20.14	1.06	-9.25
宁夏			145.02	30.03		
新疆			39.55	5.08	19.48	5.94

农 民 家 庭 基 本 情 况

(1991年)

项目	单位	本期	比1990年		比1989年	
			增减	增长(%)	增减	增长(%)
一、调查户数	户	25 262	1 143	4.74	1 233	5.13
二、常住人口	人	124 660	2 710	2.22	2 559	2.10
三、人均经营						
1. 耕 地	市亩	1.78	−0.35	−16.52	−0.35	−16.52
2. 山 地	市亩	0.65	−0.02	− 3.62	−0.11	−13.98
3. 水 面	市亩	0.08	0.00	5.67	−0.11	−56.34
四、户均经营						
1. 耕 地	市亩	8.78	−2.00	−18.53	−2.05	−18.93
2. 山 地	市亩	3.21	−0.20	− 5.94	−0.63	−16.46
3. 水 面	市亩	0.40	0.01	3.13	−0.55	−57.60
五、年内新建房屋情况						
1. 户均新建房屋面积	平方米	5.44	−0.52	− 8.69	−1.56	−22.25
2. 户均新建房屋间数	间	0.43	0.09	27.29	0.06	15.11
六、户均年末生产性固定资产原值	元	2 032.65	75.83	3.88	180.22	9.73

农民家庭拥有主要生产性固定资产情况

(1991年)

项目	单位	本期	比1990年		比1989年	
			增减	增长(%)	增减	增长(%)
平均每百个调查农户拥有						
1. 大中型拖拉机	台	1.10	−0.58	−34.39	0.09	9.21
2. 小型和手扶拖拉机	台	10.21	−1.80	−15.00	1.07	11.70
3. 铁木农具	件	314.03	32.03	11.36	50.88	19.33
4. 机引农具	部	8.21	0.64	8.49	1.51	22.52
5. 胶轮大车	辆	10.92	0.66	6.39	1.17	11.97
6. 胶轮手推车	辆	36.93	−3.36	−8.34	−3.24	− 8.07
7. 抽水机	台	4.35	0.78	22.01	0.72	19.74
8. 水 泵	台	7.75	0.45	6.21	0.91	13.28
9. 机动船	条	2.94	1.78	153.01	−2.98	50.40
10. 役 畜	头	77.97	12.64	19.35	11.42	−17.16

农民家庭生产经营总收入情况

（1991年）　　　　单位：元

项　　目	户均 金　额	比1990年 增　减	比1990年 增长(%)	比1989年 增　减	比1989年 增长(%)
全年家庭经营收入总额	4 352.12	89.09	2.09	126.25	2.99
1．农业收入	2 174.77	−35.82	− 1.62	37.46	1.75
#粮食收入	1 202.33	−100.38	− 7.71	−53.08	− 4.23
2．林业收入	99.01	18.97	23.70	22.52	29.44
3．牧业收入	848.82	26.24	3.19	−22.72	− 2.61
4．渔业收入	110.84	23.67	27.15	23.75	27.27
5．手工业收入	97.20	−24.90	−20.39	−13.05	−11.84
6．采集捕猎收入	17.89	−1.37	− 7.09	0.33	1.87
7．工业收入	40.30	2.44	6.43	3.31	8.95
8．建筑、运输业收入	267.44	9.77	3.79	− 4.32	− 1.59
9．生产性劳务收入	286.54	31.46	12.33	28.79	11.17
10．商业收入	134.93	21.02	18.46	8.16	6.44
11．饮食、服务业收入	95.75	5.35	5.92	14.49	17.83
12．其他家庭经营收入	178.62	12.26	7.37	27.52	18.21

农民家庭生产经营费用总支出情况

（1991年）　　　　单位：元

项　　目	户均 金　额	比1990年 增　减	比1990年 增长(%)	比1989年 增　减	比1989年 增长(%)
全年家庭生产经营费用总支出	1 497.26	116.67	8.45	65.21	455
1．农业生产费用	648.17	36.45	5.96	41.47	684
2．林业生产费用	19.20	4.55	31.04	5.46	3975
3．牧业生产费用	391.86	12.09	3.18	− 21.16	−512
4．渔业生产费用	58.02	24.05	70.81	16.93	4120
5．手工业生产费用	47.35	− 12.34	−20.67	−7.62	−1386
6．工业生产费用	24.76	6.69	36.98	3.24	1506
7．建筑、运输业生产费用	115.33	9.28	8.75	−0.09	−008
8．商业费用	66.80	11.71	21.25	0.56	084
9．饮食、服务业费用	41.07	15.69	61.78	12.21	4230
10．其他家庭经营费用	84.69	8.51	11.18	14.20	2014

农民家庭生产资金(现金)使用情况

(1991年)

单位：元

项　目	户均				
	金额	比1990年		比1989年	
		增减	增长(%)	增减	增长(%)
生产资金支出合计	1 397.78	107.32	8.32	119.87	9.38
1．家庭经营费用支出	1 207.91	94.97	8.53	121.76	11.21
农业生产费用	511.50	21.58	4.41	58.13	12.82
林业生产费用	14.20	2.08	17.18	3.84	37.09
牧业生产费用	299.18	16.88	5.98	8.28	2.85
渔业生产费用	55.88	25.56	84.28	20.35	57.28
手工业生产费用	44.74	−10.68	−19.28	−3.35	−6.97
工业生产费用	23.12	8.75	60.87	2.06	9.78
建筑、运输业费用	101.93	6.29	6.58	8.15	8.69
商业费用	60.35	8.30	15.95	−0.23	−0.39
饮食、服务业费用	37.60	13.78	57.83	12.67	50.84
其他家庭经营费用	59.41	2.45	4.29	11.86	24.95
2．购买生产性固定资产支出	189.87	12.34	6.95	−1.89	−0.99
购买役畜、产品畜	39.01	5.48	16.35	3.76	10.65
购买铁木农具	13.31	−0.12	−0.87	1.31	10.89
购买农林牧渔业机械	29.61	2.93	10.97	3.13	11.81
购买工副业机械	9.52	−1.95	−16.97	−3.35	−26.05
购买运输机械	67.92	6.02	9.73	−0.76	−1.11
购买其它固定资产	30.49	−0.03	−0.09	−5.96	−16.36

农民家庭生活消费总支出情况

（1991年）　　　　单位：元

项　目	人均				
	金　额	比1990年		比1989年	
		增　减	增长(%)	增　减	增长(%)
家庭生活消费支出总额	577.64	39.28	7.30	27.79	5.05
1. 食　品	258.78	10.45	4.21	11.09	4.48
2. 衣　着	64.86	6.26	10.69	7.67	13.41
3. 燃　料	20.54	0.36	1.79	−2.83	−12.10
4. 住　房	86.66	3.42	4.10	−8.16	−8.60
#建筑材料	58.85	0.42	0.72	−8.08	−12.07
5. 医　疗	22.08	2.46	12.54	5.56	33.67
6. 用　品	59.39	5.05	9.29	−1.41	−2.31
7. 文化生活服务支出	38.39	6.21	19.30	10.11	35.75
8. 其他支出	26.93	5.07	23.22	5.75	27.15

农民家庭生活消费现金支出情况

（1991年）　　　　单位：元

项　目	人均				
	金　额	比1990年		比1989年	
		增　减	增长(%)	增　减	增长(%)
家庭生活消费现金支出合计	477.77	36.20	8.20	31.44	7.04
1. 食　品	180.68	10.82	6.37	14.01	8.41
2. 衣　着	61.61	5.33	9.48	6.91	12.63
3. 燃　料	14.66	0.55	3.89	1.78	13.80
4. 住　房	82.15	3.09	3.91	−8.68	−9.56
5. 医　疗	21.22	2.31	12.24	5.51	35.06
6. 用　品	57.67	4.95	9.39	−0.73	−1.24
7. 文化生活服务支出	36.90	6.01	19.44	9.35	33.93
8. 其他支出	22.89	3.13	15.83	3.29	16.79

各地区农民家庭现金收入情况

（1991年）

单位：元

地区	现金收入合计					* 1.从乡镇企业得到的收入		* 2.出售农产品得到的收入	
	金额（人均）	比1990年 增减	比1990年 增长(%)	比1989年 增减	比1989年 增长(%)	金额（人均）	比1990年 增减	金额（人均）	比1990年 增减
北京	1 932.62	340.24	21.37	349.54	22.08	348.81	45.05	257.18	39.33
天津	3 028.82	114.59	3.93	341.46	12.71	171.23	−46.32	289.63	− 46.97
河北	990.68	64.57	6.97	9.43	0.96	31.43	4.85	276.19	2.35
山西	1 025.30	103.32	11.21	173.30	20.34	55.77	−7.53	223.54	− 25.20
内蒙古	945.64	65.81	7.48	201.05	27.00	5.19	1.08	289.53	− 21.16
辽宁	1 508.12	67.93	4.72	− 20.67	− 1.35	58.86	1.43	394.17	9.81
吉林	1 287.62	−146.88	−10.24	74.02	6.10	2.63	−9.31	497.70	−120.60
黑龙江	1 150.49	143.46	14.25	141.53	14.03	20.83	−3.27	475.85	−2.98
上海	2 560.56	316.25	14.09	333.62	14.98	901.92	100.94	348.91	63.18
江苏	1 567.55	201.97	14.79	193.08	14.05	195.85	34.54	259.40	− 22.02
浙江	2 207.34	263.40	13.55	343.32	18.42	182.80	1.70	256.49	6.83
安徽	875.77	−7.08	− 0.80	− 11.25	− 1.27	45.33	14.08	214.30	− 37.24
福建	1 365.46	216.43	18.84	373.95	37.71	42.89	5.77	313.17	92.10
江西	906.63	59.28	7.00	123.13	15.72	20.79	−2.59	247.45	17.84
山东	1 180.79	211.73	21.85	252.69	27.23	62.79	14.11	324.29	52.77
河南	743.22	81.36	12.29	83.41	12.64	15.36	6.08	253.60	32.48
湖北	886.70	19.68	2.27	−1.18	− 0.13	23.16	5.00	220.44	− 38.71
湖南	1 306.20	162.88	14.25	212.22	19.40	25.16	1.93	210.48	11.34
广东	1 824.03	165.39	9.97	246.98	15.66	128.39	63.02	471.69	1102.25
广西	842.59	195.90	30.29	134.74	19.04	14.08	4.83	184.21	10.27
海南	1 406.38	309.56	28.22	112.45	8.69	0.05	−24.75	342.34	77.53
四川	839.84	90.71	12.11	183.47	27.95	7.66	2.05	185.67	−7.02
贵州	633.06	54.89	9.49	33.94	5.67	7.45	0.77	168.78	39.79
云南	1 046.33	296.88	39.61	383.42	57.84	23.34	3.93	270.50	74.60
陕西	1 001.01	99.18	11.00	132.77	15.29	21.97	5.67	259.53	22.20
甘肃	330.34	− 99.62	−23.17	−139.04	−29.62	4.16	−1.60	81.34	−1.06
青海	847.91	− 10.32	− 1.20	118.94	16.32	13.24	−0.01	125.74	8.09
宁夏	1 064.95	− 64.24	− 5.69	192.54	22.07	2.85	−0.73	431.24	− 46.60
新疆	943.71	54.97	6.19	219.69	30.34	3.68	0.09	416.57	3.64

各地区农民家庭现金收入情况(续)

(1991年)

单位：元

地区	#3.建筑、运输、生产性劳务收入		#4.商业、饮食、服务业收入		#5.从银行、信用社贷款	
	金额(人均)	比1990年增减	金额(人均)	比1990年增减	金额(人均)	比1990年增减
北京	139.21	−39.19	30.22	−2.58	3.28	−0.45
天津	165.07	−20.70	336.56	−23.89	239.55	112.37
河北	141.42	15.05	39.05	9.66	25.00	6.17
山西	173.04	57.82	67.87	12.87	44.04	−1.10
内蒙古	69.84	12.71	11.30	2.67	63.32	8.13
辽宁	100.98	−9.35	75.00	4.63	57.46	4.42
吉林	124.31	−6.54	16.02	−8.77	63.01	5.90
黑龙江	118.06	27.16	30.52	1.65	39.20	10.45
上海	91.39	43.23	18.17	3.09	8.97	−11.68
江苏	107.71	1.76	27.49	2.71	33.71	4.10
浙江	173.53	25.40	108.30	38.97	68.83	31.89
安徽	70.16	−1.81	35.92	2.21	58.89	11.44
福建	136.28	10.54	36.56	2.74	95.23	29.85
江西	71.89	−5.25	33.60	−3.43	34.97	7.49
山东	86.67	16.83	52.27	8.71	49.64	18.50
河南	79.27	8.10	24.34	4.50	15.68	−1.37
湖北	67.20	−13.11	64.57	24.96	25.67	−0.43
湖南	176.14	49.73	83.61	30.85	61.14	19.55
广东	300.04	105.82	63.64	−4.92	12.46	−30.45
广西	63.81	20.96	39.43	16.21	19.70	9.07
海南	108.17	24.73	27.49	8.29	13.08	2.09
四川	88.91	22.92	17.25	3.97	39.09	8.92
贵州	77.59	7.59	31.78	4.86	20.93	−7.79
云南	106.44	22.26	36.01	22.38	47.25	18.77
陕西	121.28	4.87	26.67	−5.71	40.70	−25.02
甘肃	55.18	−28.86	33.07	−12.12	19.82	−13.91
青海	158.18	35.99	20.81	−8.15	53.90	20.28
宁夏	138.81	−1.75	4.46	0.37	56.83	−0.63
新疆	40.98	−0.68	27.56	7.49	53.54	15.63

各地区农民家庭现金支出情况

（1991年）

单位：元

地区	现金支出合计					＊1.生活消费支出		＊2.家庭生产经营费用支出	
	金额	比1990年		比1989年		金额	比1990年	金额	比1990年
	（人均）	增减	增长(%)	增减	增长(%)	（人均）	增减	（人均）	增减
北京	1 814.18	290.76	19.09	268.48	17.37	966.83	122.58	278.80	68.32
天津	2 962.70	155.44	5.54	536.26	22.10	783.79	−80.93	1 133.88	141.48
河北	988.63	86.57	9.60	35.26	3.70	433.99	30.22	202.13	38.32
山西	1 053.00	201.57	23.67	206.11	24.34	436.51	50.57	233.21	49.50
内蒙古	903.38	67.50	8.08	184.76	25.71	357.03	33.57	225.77	25.89
辽宁	1 489.75	79.40	5.63	5.12	0.34	558.15	12.33	376.91	18.66
吉林	1 206.21	−167.34	−12.18	2.64	0.22	452.14	−16.58	264.42	−35.90
黑龙江	1 144.65	196.05	20.67	179.83	18.64	450.72	45.00	312.41	77.46
上海	2 499.89	329.54	15.18	309.31	14.12	1 343.69	214.66	316.67	− 39.26
江苏	1 457.87	110.80	8.23	99.43	7.32	667.04	30.30	274.18	31.09
浙江	2 163.02	251.63	13.16	314.97	17.04	966.12	90.57	411.10	90.96
安徽	864.61	− 15.00	− 1.71	− 32.21	− 3.59	422.71	2.00	178.79	12.94
福建	1 262.02	156.59	14.17	283.71	29.00	505.17	35.22	282.05	50.16
江西	889.55	52.80	6.31	123.93	16.19	414.51	41.22	223.51	−8.91
山东	1 164.20	204.15	21.26	239.53	25.90	475.99	63.37	235.50	23.78
河南	731.68	67.22	10.12	73.45	11.16	361.56	33.20	133.13	5.64
湖北	833.00	− 22.81	− 2.67	− 48.78	− 5.53	336.20	−15.69	186.43	−17.61
湖南	1 290.48	156.04	13.76	210.29	19.47	520.83	39.25	271.37	16.01
广东	1 801.81	235.02	15.00	379.18	26.65	846.71	70.06	477.86	85.58
广西	819.89	232.12	39.49	150.57	22.50	378.08	74.33	189.85	73.23
海南	1 290.38	316.27	32.47	81.33	6.73	769.68	253.88	304.42	46.68
四川	818.31	89.67	12.31	164.40	25.14	366.95	39.44	186.31	−1.52
贵州	616.85	32.81	5.62	18.97	3.17	289.90	23.59	137.57	−1.19
云南	972.82	287.26	41.90	364.84	60.01	449.47	102.95	206.27	74.48
陕西	969.29	86.38	9.78	113.99	13.33	400.00	38.75	231.89	42.81
甘肃	346.66	− 63.15	−15.41	−159.36	−31.49	127.33	−48.30	76.32	−28.98
青海	873.16	37.45	4.48	173.59	24.81	378.71	−26.60	176.00	−25.41
宁夏	1 050.13	− 59.28	− 5.34	200.83	23.65	355.04	−36.03	237.91	14.33
新疆	809.04	14.74	1.86	189.31	30.55	314.38	37.51	247.77	−5.09

各地区农民家庭现金支出情况(续)

(1991年) 单位：元

地区	\# 3.购买生产性固定资产支出		\# 4.缴纳税款		\# 5.归还银行、信用社贷款	
	金额(人均)	比1990年增减	金额(人均)	比1990年增减	金额(人均)	比1990年增减
北京	21.28	4.44	6.70	-4.37	1.27	-1.18
天津	102.16	34.79	24.74	-5.55	227.37	102.09
河北	54.63	11.02	11.65	1.09	18.86	-9.25
山西	79.15	34.86	13.19	0.97	41.93	9.62
内蒙古	46.52	0.69	22.83	4.70	54.28	-0.02
辽宁	44.66	-0.76	12.77	-5.28	68.24	24.73
吉林	48.72	-34.52	16.45	-10.25	67.57	15.10
黑龙江	59.83	18.39	10.87	-6.58	30.39	4.25
上海	2.54	-5.22	9.98	3.24	13.12	7.61
江苏	30.28	-0.79	9.37	-0.72	25.28	-2.22
浙江	52.14	-17.72	13.69	-0.38	53.58	15.86
安徽	31.66	-5.13	4.99	-3.75	36.59	-2.04
福建	40.52	0.71	14.30	4.74	76.08	15.87
江西	20.53	-2.12	10.97	-2.06	30.02	3.84
山东	42.73	9.61	9.05	-1.50	38.66	16.10
河南	34.42	-2.58	6.95	1.49	13.00	1.96
湖北	20.26	-1.40	10.78	-4.49	26.32	0.93
湖南	48.91	24.56	21.34	9.04	41.46	6.00
广东	49.53	12.87	25.49	16.42	11.07	-21.75
广西	13.94	-2.15	9.04	4.52	16.28	6.10
海南	30.50	7.52	9.16	5.71	19.62	5.36
四川	12.16	2.74	17.47	1.80	27.68	5.42
贵州	20.49	-7.25	9.95	1.31	25.63	6.74
云南	44.35	10.76	4.22	0.84	34.36	11.43
陕西	42.86	-10.93	15.10	1.33	41.65	-5.88
甘肃	20.91	10.43	6.41	-1.42	34.27	-9.96
青海	65.05	28.44	27.29	6.85	65.62	22.90
宁夏	77.61	-61.83	6.73	-0.23	51.83	-3.14
新疆	49.22	6.65	12.54	2.16	40.71	10.49

各地区农民家庭手持现金情况

（1991年）

单位：元

地区	期末手持现金					本期新增手持现金				
	金额	比1990年		比1989年		金额	比1990年		比1989年	
	（人均）	增减	增长(%)	增减	增长(%)	（人均）	增减	增长(%)	增减	增长(%)
北京	295.21	−49.95	−14.47	11.88	4.19	118.43	49.49	71.78	81.06	216.90
天津	91.77	−207.75	−69.36	−329.80	−78.23	66.12	−40.85	−38.19	−194.80	−74.66
河北	163.99	1.77	1.09	27.10	19.79	2.06	−22.00	−91.45	−25.83	−92.63
山西	184.25	−27.20	−12.86	41.09	28.71	−27.70	−98.25	−139.26	−32.80	−642.25
内蒙古	195.36	34.64	21.55	78.88	67.72	42.26	−1.69	−3.85	16.29	62.72
辽宁	314.16	24.22	8.35	−18.95	−5.69	18.36	−11.47	−38.45	−25.79	−58.41
吉林	319.43	82.80	34.99	106.80	50.22	81.41	20.46	33.56	71.37	710.88
黑龙江	300.78	−43.54	−12.64	1.66	0.56	5.83	−52.59	−90.01	−38.30	−86.78
上海	288.40	58.44	25.41	77.46	36.72	60.67	−13.29	−17.97	24.31	66.84
江苏	222.08	97.62	78.43	105.45	90.42	109.69	91.17	492.23	93.65	583.93
浙江	209.77	31.35	17.57	64.77	44.66	44.32	11.77	36.17	28.35	177.48
安徽	103.52	12.39	13.59	17.24	19.98	11.16	7.92	244.82	20.97	−213.80
福建	358.65	108.62	43.44	142.75	66.12	103.44	59.85	137.30	90.24	683.53
江西	128.36	1.70	1.34	13.00	11.26	17.08	6.49	61.25	−0.80	−4.47
山东	139.06	20.33	17.13	25.97	22.96	16.59	7.58	84.03	13.16	382.82
河南	118.01	−2.21	−1.84	28.91	32.44	11.54	14.15	−542.72	9.95	627.51
湖北	130.28	54.96	72.98	61.48	89.37	53.71	42.49	378.89	47.60	778.85
湖南	108.72	−7.55	7.46	20.14	22.73	15.72	6.83	76.89	1.93	14.00
广东	426.13	−137.94	−24.45	−132.20	−23.68	22.22	−69.63	−75.81	−132.20	−85.61
广西	368.08	19.38	5.56	157.51	74.81	22.70	−36.22	−61.47	−15.83	−41.08
海南	453.34	95.11	26.55	215.61	90.69	116.00	−6.71	−5.47	31.12	36.66
四川	83.04	−2.21	−2.59	14.45	21.07	21.53	1.04	5.06	19.07	776.90
贵州	88.10	17.37	24.55	10.28	13.22	16.21	22.08	−376.27	14.97	1 209.39
云南	387.76	121.86	45.83	192.20	98.28	73.51	9.61	15.04	18.57	33.81
陕西	164.42	40.21	32.38	58.52	55.27	31.72	12.81	67.75	18.78	145.25
甘肃	95.16	−6.00	−5.93	29.53	44.99	−16.33	−36.47	−181.06	20.32	−55.45
青海	224.88	−39.98	−15.10	3.78	1.71	−25.25	−47.76	−212.18	54.65	−185.90
宁夏	166.56	21.28	14.65	42.49	34.25	14.82	−4.96	−25.07	−8.29	−35.88
新疆	544.73	57.79	11.87	194.97	55.74	134.66	40.23	42.60	30.38	29.13

农民家庭主要产品生产、出售情况

（1991年）

项目	单位	生产情况（户均）					出售情况(户均)		
		数量	比1990年		比1989年		数量	比1990年	
			增减	增长(%)	增减	增长(%)		增减	增长(%)
1. 粮食	公斤	2 565.84	－182.93	－6.65	173.95	7.27	1 326.13	83.99	6.76
2. 棉花	公斤	41.30	1.60	4.02	17.67	74.78	39.70	4.08	11.45
3. 油料	公斤	368.13	245.60	200.44	263.67	252.40	84.19	0.45	0.54
4. 麻类	公斤	7.95	－1.69	－17.54	0.33	4.30	51.89	42.89	476.50
5. 糖料	公斤	267.23	－37.85	－12.41	6.39	2.45	557.93	271.70	94.92
6. 烟	公斤	24.36	12.51	105.54	12.17	99.88	27.16	16.78	161.61
7. 蔬菜	公斤	880.04	52.83	6.39	－148.39	－14.43	614.69	78.85	14.71
8. 茶叶	公斤	7.17	－11.10	－60.75	3.19	79.93	6.21	－11.92	－65.75
9. 瓜果	公斤	258.45	71.22	38.04	85.89	49.78	235.59	70.03	42.30
10. 树苗	株	48.40	8.05	19.96	22.23	84.94	39.94	－19.64	－32.96
11. 渔虾	公斤	24.50	2.10	9.40	－23.47	－48.93	28.81	8.52	42.03
12. 家禽	只	24.16	0.74	3.15	－1.01	－4.00	29.17	9.10	45.37
13. 禽蛋	公斤	39 585.15	39 558.20	146 777.6	39 550.84	115 275.9	28.84	6.81	30.93
14. 蚕茧	公斤	3.49	1.47	72.86	1.67	92.24	3.37	1.40	71.10

项目	单位	出售情况（户均）						
		比1989年		金额（元）	比1990年		比1989年	
		增减	增长(%)		增减	增长(%)	增减	增长(%)
1. 粮食	公斤	227.11	20.66	717.68	31.2020	4.54	84.72	13.38
2. 棉花	公斤	18.65	88.61	143.08	14.2020	11.02	67.16	88.46
3. 油料	公斤	10.86	14.80	112.06	1.8585	1.68	11.44	11.37
4. 麻类	公斤	47.27	1 023.83	9.02	0.1515	1.69	2.28	33.89
5. 糖类	公斤	289.79	108.07	44.18	－6.2929	－12.47	7.26	19.65
6. 烟	公斤	15.48	132.57	36.51	10.9191	42.65	10.29	39.27
7. 蔬菜	公斤	－322.86	－34.44	226.05	41.25	22.32	27.99	14.13
8. 茶叶	公斤	2.48	66.71	17.14	－1.77	－9.34	0.32	1.88
9. 瓜果	公斤	87.80	59.41	135.63	6.09	4.70	49.47	57.42
10. 树苗	株	15.13	60.99	11.09	－0.45	－3.92	3.18	40.11
11. 渔虾	公斤	11.13	62.97	100.08	37.28	59.37	51.52	106.07
12. 家禽	只	3.02	11.55	112.50	26.97	31.54	2.11	1.91
13. 禽蛋	公斤	3.01	11.64	109.59	29.07	36.10	24.25	28.42
14. 蚕茧	公斤	1.43	73.17	23.93	6.61	38.12	6.48	37.10

农民家庭购买生产资料及建筑材料情况

（1991年）

项　　目	单　位	数量				
		户　均 购买总量	比1990年		比1989年	
			增　减	增长(%)	增　减	增长(%)
一、购买生产资料	元					
1．化　肥	公　斤	556.94	44.57	8.70	106.52	23.65
2．农　药	公　斤	9.88	3.77	61.65	4.19	73.55
3．机、柴油	公　斤	38.80	0.77	2.02	3.26	9.18
4．塑料薄膜	公　斤	3.79	−1.69	−30.79	0.46	13.77
5．种　子	公　斤	21.81	−5.25	−19.39	0.24	1.11
6．种　畜	头(只)	0.16	−1.22	−88.21	−0.05	−22.24
7．役　畜	头(只)	0.23	0.17	305.93	0.17	306.53
8．家　畜	只	14.29	3.27	29.65	1.78	14.24
9．饲　料	公　斤	279.63	7.16	2.63	11.24	4.19
10．手工业原料	元					
11．铁木农具	件	0.41	−0.15	−27.02	0.03	6.97
二、购买建筑材料	元					
1．木　材	立方米	1.16	0.89	334.12	0.62	113.21
2．水　泥	公　斤	238.19	−0.07	−0.03	19.80	9.07
3．钢　材	公　斤	18.74	2.91	18.35	1.01	5.69
4．玻　璃	平方米	1.12	0.47	73.92	0.35	45.73
5．砖　瓦	元					
6．其　他	元					

农民家庭购买生产资料及建筑材料情况(续)

(1991年)

项目	金额(元)					
	户均购买总额	比1990年增减	比1989年增减	#用贷款购买	比1990年增减	比1989年增减
一、购买生产资料	1 122.33	49.53	83.51	93.63	17.24	28.74
1. 化肥	311.28	15.71	35.21	32.77	8.06	13.46
2. 农药	44.09	3.12	5.96	1.78	−0.22	0.39
3. 机、柴油	56.47	3.28	0.36	2.99	0.89	0.32
4. 塑料薄膜	24.31	4.26	3.31	2.43	0.49	0.21
5. 种子	40.97	−5.59	8.50	1.98	−0.21	0.58
6. 种畜	4.85	−0.68	0.66	0.55	0.35	0.51
7. 役畜	21.60	−0.46	−4.09	1.19	−0.04	0.14
8. 家畜	24.09	8.30	6.97	0.63	0.35	0.13
9. 饲料	176.35	10.14	11.82	19.33	6.91	10.05
10. 手工业原料	36.60	−13.56	−6.30	2.39	−0.65	0.30
11. 铁木农具	11.50	−0.15	−1.51	0.31	0.16	0.04
二、购买建筑材料	357.96	−2.09	−66.66	6.18	2.77	0.07
1. 木材	57.66	−5.06	−19.88	0.82	0.33	−1.01
2. 水泥	51.63	4.65	−7.66	0.82	0.43	−0.20
3. 钢材	29.38	2.10	−1.19	0.24	0.16	−0.90
4. 玻璃	4.78	−0.67	−0.69	0.08	0.08	0.08
5. 砖瓦	109.22	3.00	−11.09	1.98	0.79	0.55
6. 其他	105.28	−6.10	−26.16	2.24	0.97	1.55

农民家庭购买生活用品情况

(1991年)

项目	单位	金额(元)				
		户均	比1990年		比1989年	
		购买总额	增减	增长(%)	增减	增长(%)
一、生活用品	元	1 527.18	55.17	3.75	37.73	2.53
1. 食品	元	866.15	21.30	2.52	28.09	3.35
(1) 主食	元	180.11	-23.72	-11.64	-22.40	-11.06
(2) 副食	元	463.64	24.83	5.66	27.72	6.36
(3) 其他食品	元	222.40	20.20	9.99	22.77	11.41
2. 衣着	元	300.85	18.36	6.50	24.70	8.94
(1) 棉布	公尺	21.41	-1.23	-5.42	-3.55	-14.24
(2) 化纤布	公斤	46.32	1.22	2.72	-1.16	-2.45
(3) 呢绒绸缎	公尺	14.25	-1.44	-9.16	-1.17	-7.58
(4) 成衣	件	139.74	11.31	8.81	19.48	16.20
(5) 其他	件	79.14	8.48	12.01	11.10	16.32
3. 用品	元	288.57	15.31	5.60	-19.81	-6.42
(1) 自行车	辆	20.78	1.06	5.39	-3.25	-13.53
(2) 缝纫机	架	4.87	0.07	1.53	-0.32	-6.22
(3) 收录机	台	11.36	1.91	20.16	-3.13	-21.58
(4) 钟表	只	4.48	-0.82	-15.52	-2.09	-31.85
#手表	只	2.85	-0.76	-21.06	-1.46	-33.96
(5) 电视机	台	57.06	3.67	6.88	-4.44	-7.22
(6) 电风扇	台	11.20	1.85	19.77	0.45	4.23
(7) 洗衣机	台	6.97	0.25	3.66	-3.38	-32.65
(8) 电冰箱	台	13.95	4.32	44.90	-0.72	-4.88
(9) 家俱(50元以上)	件	38.05	0.06	0.16	-6.32	-14.25
(10) 其他	元	119.85	2.94	2.51	3.39	3.91
4. 燃料	元	71.61	0.20	0.28	4.74	7.08
(1) 煤	公斤	54.23	-1.78	-3.17	3.17	6.22
(2) 其他	元	17.38	1.98	12.84	1.56	9.88
二、期内农民购买商品总额	元	3 007.47	102.61	3.53	54.57	1.85

按人均纯收入分组调查农户构成情况

(1991年)

地区	调查户数		全年人均纯收入200元以下					
	合计	比重	户数	比1990年		比1989年		比重
	(户)	(%)	(户)	增减	增长(%)	增减	增长(%)	(%)
全国	**25 262**	**100.00**	**1 576**	**−20**	**−1.25**	**−316**	**−16.70**	**6.24**
北京	1 100	4.35	3	3		−1	−25.00	0.27
天津	427	1.69	1	−2	−66.67	−11	−91.67	0.23
河北	932	3.69	31	−9	−22.50	−48	−60.76	3.33
山西	1 158	4.58	42	−10	−19.23	−56	−57.14	3.63
内蒙古	1 533	6.07	247	17	7.39	−63	−20.32	16.11
辽宁	1 388	5.49	55	−15	−21.43	−26	−32.10	3.96
吉林	405	1.60	15	−6	−28.57	−10	−40.00	3.70
黑龙江	530	2.10	38	12	46.15	11	40.74	7.17
上海	420	1.66				−1		
江苏	1 672	6.62	44	−25	−36.23	−6	−12.00	2.63
浙江	420	1.66	1	1		1		0.24
安徽	2 000	7.92	168	109	184.75	130	342.11	8.40
福建	570	2.26	10	−7	−41.18	−14	−58.33	1.75
江西	1 000	3.96	47	−4	−7.84	−11	−18.97	4.70
山东	1 620	6.41	39	−35	−47.30	−29	−42.65	2.41
河南	1 680	6.65	157	61	63.54	14	9.79	9.35
湖北	959	3.80	51	15	41.67	5	10.87	5.32
湖南	1 090	4.31	53	−5	−8.62	5	10.42	4.86
广东	550	2.18				−10		
广西	693	2.74	97	−5	−4.90	−1	− 1.02	14.00
海南	270	1.07				−3		
四川	960	3.80	12	−21	−63.64	−22	−64.71	1.25
贵州	1 050	4.16	61	−9	−12.86	−36	−37.11	5.81
云南	490	1.94	57	−4	−6.56	13	29.55	11.63
陕西	600	2.38	57	−10	−14.93	−8	−12.31	9.50
甘肃	855	3.38	167	62	27.07	−67	−28.63	19.53
青海	240	0.95	54	1	1.89	1	1.89	22.50
宁夏	150	0.59	19	4	26.67	4	26.67	12.67
新疆	500	1.98	50	−14	−21.88	−77	−60.63	10.00

按人均纯收入分组调查农户构成情况(续1)

(1991年)

地区	全年人均纯收入200—400元					
	户数	比1990年		比1989年		比重
	(户)	增减	增长(%)	增减	增长(%)	(%)
全国	**4639**	**160**	**3.57**	**−536**	**−10.36**	**18.36**
北京	16	−2	−11.11	−8	−33.33	1.45
天津	9	−5	−35.71	−30	−76.92	2.11
河北	154	7	4.76	−39	−20.21	16.52
山西	272	25	10.12	−51	−15.79	23.49
内蒙古	490	75	18.07	60	13.95	31.96
辽宁	180	−19	−9.55	−119	−39.80	12.97
吉林	70	20	40.00	5	7.69	17.28
黑龙江	104	−7	−6.31	−47	−31.13	19.62
上海	1	1				0.24
江苏	154	53	52.48	−25	−13.97	9.21
浙江	9	−6	−40.00	−3	−25.00	2.14
安徽	476	195	69.40	196	70.00	23.80
福建	67	−9	−11.84	−19	−22.09	11.75
江西	135	44	48.35	19	16.38	13.60
山东	206	−70	−25.36	−130	−38.69	12.72
河南	492	−17	−3.34	−60	−10.87	29.29
湖北	262	19	7.82	27	11.49	27.32
湖南	105	1	0.96	−12	−10.26	9.63
广东	10	−2	−16.67	−25	−71.43	1.82
广西	211	−15	−6.64	−5	−2.31	30.45
海南	14	−3	−17.65	−22	−61.11	5.19
四川	116	−65	−35.91	−63	−35.20	12.08
贵州	283	−64	−18.44	−62	−17.97	26.95
云南	109	22	25.29	−11	−9.17	22.24
陕西	161	−9	−5.29	−59	−26.82	26.83
甘肃	283	22	8.43	−14	−4.71	33.10
青海	67	−4	−5.63	−31	−31.63	27.92
宁夏	18	−14	−43.75	−15	−45.45	12.00
新疆	165	−13	−7.30	7	4.43	33.00

按人均纯收入分组调查农户构成情况(续2)

(1991年)

地　区	全年人均纯收入400—600元					
	户数(户)	比1990年		比1989年		比重(%)
		增减	增长(%)	增减	增长(%)	
全国	**6261**	**149**	**2.44**	**77**	**1.25**	**24.78**
北京	40	-32	-44.44	-30	-42.86	3.64
天津	25	-17	-40.48	-14	-35.90	5.85
河北	285	11	4.01	-16	-5.32	30.58
山西	341	6	1.79	27	8.60	29.45
内蒙古	338	-20	-5.59	-17	-4.79	22.05
辽宁	327	-41	-11.14	-38	-10.41	23.56
吉林	89	4	4.71	-16	-15.24	21.98
黑龙江	92	-22	-19.30	-28	-23.33	17.36
上海		-4		-7		
江苏	414	74	21.76	125	43.25	24.76
浙江	29	-26	-47.27	-33	-53.23	6.90
安徽	668	121	22.12	73	12.27	33.40
福建	132	-26	-16.46	-21	-13.73	23.16
江西	296	116	64.44	116	64.44	29.60
山东	436	-71	-14.00	-143	-24.70	26.91
河南	540	-13	-2.35	-30	-5.26	32.14
湖北	304	73	31.60	-1	-0.33	31.70
湖南	206	15	7.85	-35	-14.52	18.90
广东	42	-5	-10.64	-59	-58.42	7.64
广西	185	9	5.11	51	38.06	26.70
海南	37	-41	-52.56	-34	-47.89	13.70
四川	354	22	6.63	74	26.43	36.88
贵州	313	-7	-2.19	40	14.65	29.81
云南	90	2	2.27	12	15.38	18.37
陕西	183	3	1.67	40	27.97	30.50
甘肃	285	5	1.79	21	7.95	33.33
青海	68	17	33.33	27	65.85	28.33
宁夏	24	2	9.09	-13	-35.14	16.00
新疆	118	-6	-4.84	6	5.36	23.60

按人均纯收入分组调查农户构成情况(续3)

(1991年)

地区	全年人均纯收入600—800元					
	户数	比1990年		比1989年		比重
	(户)	增减	增长(%)	增减	增长(%)	(%)
全国	**4 608**	**85**	**1.88**	**384**	**9.09**	**18.24**
北京	77	−23	−23.00	−72	−48.32	7.00
天津	44			−31	−41.33	10.30
河北	197	−42	−17.57	2	1.03	21.14
山西	242	4	1.68	22	10.00	20.90
内蒙古	238	−22	−8.46	17	7.69	15.53
辽宁	289	25	9.47	26	9.89	20.82
吉林	80			20	33.33	19.75
黑龙江	95	−22	−18.80	11	13.10	17.92
上海	9	−2	−18.18	−15	−62.50	2.14
江苏	269	−74	−21.57	−26	−8.81	16.09
浙江	50	−35	−41.18	−33	−39.76	11.90
安徽	373	62	19.94	95	34.17	18.65
福建	183	40	27.97	54	41.86	32.11
江西	291	105	56.45	98	50.78	29.10
山东	403	22	5.77	55	15.80	24.88
河南	260	−27	−9.41	24	10.17	15.48
湖北	155	−22	−12.43	−25	−13.89	16.16
湖南	245	18	7.93	−36	−12.81	22.48
广东	83	−41	−33.06	−22	−20.95	15.09
广西	95	−1	−1.04	19	25.00	13.71
海南	54	5	10.20	−18	−25.00	20.00
四川	250	58	30.21	97	63.40	26.04
贵州	210	34	19.32	50	31.25	20.00
云南	79	10	14.49	16	25.40	16.12
陕西	102	6	6.25	8	8.51	17.00
甘肃	73	−15	−17.05	14	23.73	8.54
青海	26	−5	−16.13			10.83
宁夏	57	5	9.62	6	11.76	38.00
新疆	79	22	38.60	28	54.90	15.80

按人均纯收入分组调查农户构成情况(续4)

(1991年)

地区	全年人均纯收入800—1000元					
	户数	比1990年		比1989年		比重
	(户)	增减	增长(%)	增减	增长(%)	(%)
全国	**3 127**	**137**	**4.58**	**348**	**12.52**	**12.38**
北京	121	−32	−20.92	−48	−28.40	11.00
天津	131	70	114.75	8	6.50	30.68
河北	135	−2	−1.46	47	53.41	14.48
山西	118	−31	−20.81	6	5.36	10.19
内蒙古	124	−45	−26.63	−4	−3.13	8.09
辽宁	222	−6	−2.63	52	30.59	15.99
吉林	53			−4	−7.02	13.09
黑龙江	75	22	41.51	22	41.51	14.15
上海	18	−19	−51.35	−34	−65.38	4.29
江苏	202	−89	−30.58	−149	−42.45	12.08
浙江	82	5	6.49	14	20.59	19.52
安徽	171	−19	−10.00	−4	−2.29	8.55
福建	95	1	1.06	10	11.76	16.67
江西	144	58	67.44	84	140.00	14.40
山东	293	73	33.18	131	80.86	18.09
河南	119	−11	−8.46	10	9.17	7.08
湖北	109	−11	−9.17	20	22.47	11.37
湖南	212	29	15.85	14	7.07	19.45
广东	123	27	28.13	−4	−3.15	22.36
广西	59	1	1.72	20	51.28	8.51
海南	60	15	33.33	28	87.50	22.22
四川	120	55	84.62	47	64.38	12.50
贵州	107	39	57.35	47	78.33	10.19
云南	60			17	39.53	12.24
陕西	55	−9	−14.06	−5	−8.33	9.17
甘肃	31	−8	−20.51	−26	−45.61	3.63
青海	15	−2	−11.76	6	66.67	6.25
宁夏	24	8	50.00	14	140.00	16.00
新疆	49	18	58.06	29	145.00	9.80

按人均纯收入分组调查农户构成情况(续5)

(1991年)

地区	全年人均纯收入1000元以上					
	户数	比1990年		比1989年		比重
	(户)	增减	增长(%)	增减	增长(%)	(%)
全国	**5 042**	**623**	**14.10**	**1 267**	**33.56**	**19.96**
北京	843	86	11.36	159	23.25	76.64
天津	217	−46	−17.49	78	56.12	50.82
河北	130	35	36.84	54	71.05	13.95
山西	137			46	50.55	11.83
内蒙古	96	−5	−4.95	7	7.87	6.26
辽宁	315	56	21.62	88	38.77	22.69
吉林	98	−18	−15.52	20	25.64	24.20
黑龙江	126	77	157.14	91	260.00	23.77
上海	392	24	6.52	57	17.01	93.33
江苏	589	59	11.13	81	15.94	35.23
浙江	249	63	33.87	57	29.69	59.29
安徽	144	−10	−6.49	32	−18.18	7.20
福建	83	1	1.22	20	31.75	14.56
江西	87	41	89.13	54	163.64	8.70
山东	243	81	50.00	116	91.34	15.00
河南	112	7	6.67	42	60.00	6.67
湖北	78	−33	−29.73	15	23.81	8.13
湖南	269	32	13.50	1	0.37	24.68
广东	292	41	16.33	81	38.39	53.09
广西	43	6	16.22	1	2.38	6.20
海南	105	34	47.89	59	128.26	38.89
四川	108	51	89.47	77	248.39	11.25
贵州	76	7	10.14	11	16.92	7.24
云南	95	30	46.15	43	82.69	19.39
陕西	42	19	82.61	24	133.33	7.00
甘肃	16	4	33.33	9	128.57	1.87
青海	10	−7	−41.18	−3	−23.08	4.17
宁夏	8	−5	−38.46	4	100.00	5.33
新疆	39	−7	−15.22	7	21.88	7.80